上海市劳模精神进校园系列

时代领跑者

——上海劳模口述史（二）

主　编　刘　文
副主编　李文祺　陈敏俐

上海人民出版社

目 录

Contents Contents Contents Contents

目 录

Contents Contents Contents Contents

目 录

Contents Contents Contents Contents

序

习近平总书记在党的十九大报告中提出："建设知识型、技能型、创新型劳动者大军，弘扬劳模精神和工匠精神，营造劳动光荣的社会风尚和精益求精的敬业风气。"习近平总书记的讲话为新时代工人阶级和劳动群众赋予了新使命，提出了新要求，注入了新动能。

劳动模范是民族的精英、国家的栋梁，是伟大时代的领跑者。在我国革命、建设、改革的各个历史时期，劳动模范始终是我国工人阶级中一个闪光的群体。上海是中国工人阶级的摇篮，上海工人阶级长期以来一直是中国工人阶级的带头羊。在这样一座英雄辈出、劳模辈出的城市，一代又一代劳动模范在平凡的岗位上创造了不平凡的业绩，他们身上共同体现着"爱岗敬业、争创一流，艰苦奋斗、勇于创新，淡泊名利、甘于奉献"的伟大劳模精神，集中展示了这座城市的精气神，他们是上海工人阶级和劳动群众的杰出代表。

劳动模范来自各行各业和基层一线，他们出身平凡，朴实无华，爱岗敬业，争创一流，在平凡的劳动中铸就丰功伟业。他们起于平凡成于卓越，他们所树立的伟大形象、所体现的伟大品格、所取得的伟大成就与功绩，都一再强有力地证明了劳动本身的伟大，诠释了劳动神圣、崇尚劳动的理念。劳动创造人类、创造社会，是财富的源泉，也是幸福的源泉。劳动神圣、崇尚劳动反映了社会主义核心价值观的重要内容，体现了中华优秀传统文化、革命文化和社会主义先进文化的优秀品质，彰显了党和国家始终倡导的价值取向和思想观念。

劳动模范是人民的楷模和时代精神的体现者，通过劳模口述，采访调查、收集整理、编撰各条战线、不同时期上海劳模"成长之路、奋斗历程、奉献之歌"等第一手史料，可以更好地传承和弘扬劳模精神、劳动精神，为上海工人阶级树魂；可以让人们穿越时光，感触不同时代劳模的美德和力量，引发对劳模精神内涵和时代价值的思考。

作为全国改革开放的排头兵，上海40多年改革开放取得了伟大成就，上海工人阶级和劳动模范发挥了重要作用，做出了巨大贡献。上海要继续当好改革开放排头兵、创新发展先行者，全力打响“四大品牌”，加快推进“五个中心”建设，成为卓越全球城市和具有世界影响力的社会主义现代化国际大都市，归根结底要靠全体上海人民的劳动、创造和奉献。劳动模范是时代的领跑者、社会的风向标，通过劳模口述，记录上海劳模群体的发展变迁及其所折射的时代特点，从劳模群体的发展变迁见证上海的建设、改革和发展，可以更好地激励全社会辛勤劳动、诚实劳动、创造性劳动，让一切劳动者的创造活力和聪明才智竞相迸发，汇聚成推动上海改革发展的不竭动力。

时代在变迁，每一个时期的劳模都各具风采，他们坚定理想信念，不懈奋斗奉献，脚踏实地把每件平凡的事做好，他们在平凡工作中创造了不平凡的成就，铸就了上海发展的新辉煌。回首上海走过的几十年不平凡的历程，劳动模范所体现出来的人文精神，代表着一个时代的价值观、道德观和精神风貌，展示了中华民族顽强拼搏、自强不息的崇高品格，体现了上海与时俱进、开拓创新、追求卓越的崭新形象。无论时代如何变迁，永远不变的是劳模精神的本质。榜样的力量是无穷的，通过编撰“上海劳模口述史”，让劳模精神成为激励青年奋斗前进的精神动力和人生信念，在习近平新时代中国特色社会主义思想指引下，在岗位奉献中追求卓越、成就梦想、创造伟大。

一、爱岗敬业篇

钟扬的“种子”

口述 张晓艳（钟扬夫人） 整理 郦帼瑛

钟扬（1964.5—2017.9）简介

男，湖南邵阳人，中共党员。复旦大学原研究生院院长、生命科学学院教授、博士生导师，中组部第六、七、八批援藏干部，教育部长江学者、特聘教授、国家杰出青年科学基金获得者，长期从事植物学、生物信息学研究和教学工作。兼任北京大学理论生物学中心教授、西藏大学教授、中国生物物理学会生物信息学与理论生物物理学专业委员会主任、中国植物学会系统与进化植物学专业委员会副主任。2015 年被评为全国先进工作者。2017 年中共上海市委追授其“上海市优秀共产党员”称号。2018 年 3 月中宣部追授其“时代楷模”称号，同年 6 月中共中央追授其“全国优秀共产党员”称号。2019 年 2 月获得“感动中国 2018 年度人物”荣誉，同年 9 月获“最美奋斗者”称号。

一粒种子可以造福万千苍生

2017年9月25日上午，钟扬在内蒙古鄂尔多斯市出差途中遭遇车祸去世。他原计划当天飞回上海，三天之后飞拉萨。闻讯钟扬噩耗，真是如雷轰顶……9月26日一早，学生边珍到钟教授办公室整理老师遗物，发现他的电脑还开着，显示的是9月28日上海至拉萨航班信息查询页面。电脑开着，人机已难以对话。钟扬的遗言让所有人肃然起敬："任何生命都有结束的一天，但我毫不畏惧。因为我的学生，会将科学探索之路延续；而我们采集的种子，也许在几百年后的某一天生根发芽，到那时，不知会完成多少人的梦想……我曾经有过许多梦想，那些梦想都在遥远的地方，我独自远航。我坚信，一个基因可以为一个国家带来希望，一粒种子可以造福万千苍生。"

不，钟扬没有走，他只是去了远方。他《生命的高度》一文，诠释了种子的内涵以及给人类带来的生命启示——

"'更高、更快、更强'似乎是生命世界共同的追求。一个物种的高度常常是生物学家们首先关注的特性。一株植物能长多高？它的高度与其遗传背景和生态环境密切相关，是其成功地利用阳光、水分、土壤营养等诸多条件的综合结果。分布于美国加州的北美红杉株高可达150米以上，这不仅是现存植物界中一个令人叹为观止的高度，而且已经接近科学家们理论预测的高度极限。无疑，在生态环境适宜的原始森林中，每一棵北美红杉都算得上是一个真正的成功者。"

"从我到青藏高原第一天起，我也一直在寻觅这样的成功者。我们对西藏巨柏和沙棘植物进行了多年的研究，特别是后者，引发了我对青藏高原植物株高的思考——沙棘近缘种的株高依海拔高度从10米到10余厘米呈梯度变异，取决于每一株植物的生境。那些生长在海拔5000米以上、株高不足20厘米的沙棘更令人感怀，在这里生存已属不易，繁衍更是奇迹，由于缺乏传粉的昆虫它们甚至需要在不同的群体中变换性别的比例（对这一科学问题的探究已成为我们主持的国家自然科学基金重大研究计划项目的主题之一）。我们在向这些矮小而顽强的生命致敬的同时，不禁要问：它们是怎么来的？为什么要在如此恶劣的环境中生存？"

"随着我们对喜马拉雅山的雪莲——鼠麴雪兔子的研究不断深入，心中的答案渐渐清晰起来。1938年，德国探险家在海拔6300米左右的珠穆朗玛峰南坡采集到一棵几厘米高的鼠麴雪兔子，将其记载为世界上分布最高的高等植物，被国际高山植物学专著和教科书奉为经典。随着全球气候变化和冰川消融，植物的分布可能有新的高度。为此，我们一次又一次去珠峰考察。2012年6月15日，我们团队攀登到中国植物学家采样最高高度，终于在海拔6100米以上的北坡采集到了宝贵的样品（凑巧的是，这与‘蛟龙号’深潜突破6000米是同一天），那是盛开在世界上最高最美的一朵雪莲花。这些样品使我们在北坡找到突破现有世界纪录的最高海拔分布植物的信心倍增，而进一步的分子生物学分析将为揭示其种群来源和动态及其与全球变化的关系提供科学的依据。”

“然而，鼠麴雪兔子并不是一个青藏高原特有物种，它广泛分布于我国西南和西北各地以及邻近国家，其中不乏低海拔和环境优越的种群。仅从生物学特性看，青藏高原种群明显要差得多，但这些矮小的植株竟能耐受干旱、狂风、贫瘠的土壤以及45 ℃的昼夜温差。生物学上的合理解释是：它之所以能成为世界上分布最高的植物就是靠这些一群又一群不起眼的小草承担着‘先锋者（奠基者）’的任务，向新的高地一代又一代地缓慢推进。在一个适宜生物生存与发展的良好环境中，不乏各种各样的成功者，它们造就了生命的辉煌。然而，生命的高度绝不只是一种形式。当一个物种要拓展其疆域而必须迎接恶劣环境挑战的时候，总是需要一些先锋者牺牲个体的优势，以换取整个群体乃至物种新的生存空间和发展机遇。换言之，先锋者为成功者奠定了基础，它们在生命的高度上应该是一致的。这就是生长于珠穆朗玛峰的高山雪莲给我的人生启示，它将激励我毕生在青藏高原研究之路上攀登。”

英国皇家植物园——邱园是世界著名植物园之一，也是植物分类学研究中心，始建于1759年，至今收集约5万种植物，约占已知植物的1/8。那里植物种子的保存条件是−20 ℃左右，相对湿度15 ℃左右，保存时间标准为80年至120年。然而，假如遭受核打击或断电，种子库会怎样呢？钟扬的团队在十几年前发现，邱园里居然没有一粒来自中国西藏的种子。

人类进入公元21世纪，致力于保护生物多样性的斯瓦尔巴特种子库在挪威落成，目前储存着来自全球各种规模基因银行超过4000个植物物种的86万份种子备份。那里被称为全球农业的“种子方舟”或“末日种子库”，位于距北极点1000公里左右的永久冰川冻土层，关于安全性的工程设计已经达到了人类目前可以做到的极限水平。

从2004年开始，由中国科学院主导，在云南昆明建立了中国西南野生生物资源库，成为世界上三大种子库之一。

这些种子库，能够确保地球植物种子万无一失吗？

植物学中，也有“领土”。“晚清时期中国贫穷落后，英国人先后来华采集了几万颗种子、2000多种珍稀植物。”钟扬心里发酸，就拿那从新西兰进口的高档水果“奇异果”来说，还有多少人知道它就是有着土生土长“中国基因”的猕猴桃呢？还有那大熊猫般珍贵的“鸽子树”珙桐，居然是外国人发现的……西方人从中国拿走的珍稀种子和苗木，把英国这个只有1500种植物的岛国装扮成了世界植物的圣殿，更让西方在植物学研究中掌握话语权。

作为中国植物学家，钟扬立誓要为祖国守护植物基因宝库。作为对人类负责的植物学家，要在生物多样性不断遭到破坏的当下，为人类建一艘种子的“诺亚方舟”。这个想法，因复旦大学和西藏大学的结缘成为现实。“青藏高原的植物资源从来没有进行过彻底盘点，即使在全世界最大的种子资源库中，也没有西藏地区的植物种子。”钟扬急切地想盘清西藏的生物“家底”。从藏北高原到藏南谷地，从阿里无人区到雅鲁藏布江边，到处都留下钟扬忙碌的身影。不管多么危险，只要对研究有帮助，他就去。藏族同事给他起了一个特别的名字“钟大胆”。

钟扬对西藏巨柏和沙棘这两种高度迥异的植物给予特别关注。为了分析西藏特有植物巨柏在藏东南地区和雅鲁藏布江两岸生存和发育情况，钟扬和他带的第一个博士生扎西次仁，还有其他学生，用 3 年时间，将全世界仅存的 3 万多棵西藏巨柏全部登记在册，并取得了一系列研究成果。采集的高原香柏已提取出抗癌成分。钟扬团队在海拔 4000 米以上的山峰收集到很多重要植物，如香柏和杜鹃，被发现含有抗癌成分，并通过美国药学会认证。

历经数年，钟扬团队终于在海拔 4150 米的米琼日找到“植物界小白鼠”拟南芥并获得拟南芥广泛存在的有力证据。研究价值堪比果蝇和小白鼠。寻找特殊的拟南芥材料，成为全球植物学界重要目标的方向之一。在钟扬指导下，许敏和赵宁两位学生利用休息时间，每周末都坐公交、爬山路，到 4000 多米海拔高峰探寻，终于找到一种全新的拟南芥生态型。钟扬将其命名为“XZ 生态型”，这既是两位年轻人姓氏拼音的缩写，更是西藏首字母的组合。钟扬说：“这是西藏的馈赠，也是大自然的回报。”

钟扬在西藏行走 40 多万公里。他把自己比作裸子植物，像松柏，在艰苦环境下生长起来的植物才有韧性，生长得慢却刚直遒劲。这是用生命在上班。

2010 年上海世博会，英国馆种子殿堂，很多种子都是包括钟扬团队在内的中国科学家提供的。在国家和上海种子库中，存放着钟扬和他的团队收集的上千种植物的四千万颗种子，可以存放 100 年至 400 年不等。

钟扬认为，从高逾百米的世界最高植物北美红杉，到喜马拉雅雪莲，这些高大或矮小的植物同样令人肃然起敬，这就是生命的哲学。关注不起眼的小草，是为了整个人类的生命高度！

ICU 病房中的“天路计划”

从 2001 年起，钟扬坚持 10 年自主进藏开展科研，此后更连续成为中组部第六、第七、第八批援藏干部。一方面他收集植物种子，为保护生态存储未来的希望；另一方面致力于在西藏建设生态学科，培养人才。

第一次踏入西藏大学，钟扬发现，藏大植物学专业堪称“三无”：专业无教授，老师无博士学位，课题申请无基础。那时的藏大，连硕士点都没有。藏大的老师们第一次见到这位著名植物学家时很“淡定”，来学校的教授多了，一拨又一拨，也没搞出什么了不得的科研突破呀！但慢慢地他们发现，这个“钟大胆”好像跟别人不一样。“不拿到博士学位授予权，我就不离开西藏大学！”来西藏大学第一天，全体大会上，钟扬对全校师生拍了胸脯。

西藏被称为地球的第三极，钟扬深知当地人才培养的重要性。2002年，尽管经过精心准备，但他和藏大老师琼次仁合作申请的国家自然科学基金还是失败了。消息传来，钟扬没气馁：“我们明年再来！”他更频繁地跑野外，更深入地做研究……钟扬带着琼次仁铆上了劲儿，有时高原反应严重得喘不上气来，他就一边插着氧气管，一边连夜修改研究报告。2003年，喜讯传来，申报成功了！这是西藏大学历史上第一个国家自然科学基金项目。

16年艰苦磨砺，钟扬帮助西藏大学创造了一个又一个“第一”：申请到西藏第一个国家自然科学基金，第一个理学博士点，为藏族培养了第一位植物学博士，带领西藏大学生态学科入选国家“双一流”……不仅填补了西藏高等教育的空白，更将西藏大学生物多样性研究成功推向世界。

“钟老师带动和培养了一批又一批高水平科研人才，打造了高端人才培养的援藏新模式。”西藏大学副校长李俊杰说。

经年累月的高原工作，让钟扬的身体频发警报。2015年5月2日，51岁生日当晚，他突发脑溢血，大脑破裂血管中流出的殷红鲜血化作CT片上大块惊人的白斑。真是万幸，因抢救及时，钟扬在ICU病房中缓缓睁开眼睛。短短几日，对他来说仿佛一生。脑溢血后第4天，他想了又想，摸索出让人偷偷带来的手机，拨通了学生兼助理赵佳媛的电话：“小赵，麻烦你来医院一趟，拿着笔记本电脑。”

一头雾水的赵佳媛，见到了浑身插满管子的钟老师。“我想写一封信给组织上，已经想了很久了”，钟扬吃力地开口。赵佳媛在惊愕中忍住眼泪，在ICU各种仪器闪烁的灯光和嘀嘀声中，努力辨识着老师微弱的声音，一个字一个字地敲下：“西藏是我国重要的国家安全和生态安全屏障，怎样才能建立一个长效机制来筑建屏障？关键还是要靠队伍。为此，我建议开展‘天路计划’，让更多有才华、有志向的科学工作者，为建设社会主义新西藏而奋斗……就我个人而言，我将矢志不渝地把余生献给西藏建设事业。”署名：钟扬，于长海医院ICU病房。

15天后，钟扬出院了，连午餐盒都没力气打开的他，在学生搀扶下，拖着“半身不遂”的身体一步步爬上25级台阶，“瘫坐”在二楼办公室里。从这天起，他正式恢复工作。

医院出来，医生给他规定了3条“铁律”：一是戒酒，二是吃药，三是绝不可再去西藏。担心钟扬的人们"舒了口气"：这个"钟大胆"，可以在进藏上消停消停了吧。

这个一顿饭能喝两瓶白酒的汉子，心一横，把酒戒了。可这个对青藏高原爱得深沉的汉子，无论医生如何警告，无论家人如何担忧，终究没"戒"得了西藏，"我戒得了酒，戒不了进藏。我不去心里就痒痒，好像做什么事都不提气"。他说他有一种紧迫感，希望老天再给他十年，让他把这个人才梯队真正带起来。

2015 年 9 月 17 日，由中央电视台和光明日报社联合主办的 2015"寻找最美教师"大型公益活动，钟扬被推选为"特别关注教师"。

2017 年，西藏自己的种子资源库也建立起来了，负责人正是钟扬的第一个藏族博士扎西次仁。钟扬春风满面，逢人就说："来西藏吧，我做东！"

钟扬因材施教，培养学生，把特殊的"种子"工程始终贯穿于教学之中。培养的少数民族学生已遍布西藏、新疆、青海、甘肃、宁夏、内蒙古、云南等省份，不少已成长为科研带头人。

对西藏的爱，已深深藏在钟扬心底。他唱藏歌、喝藏酒、穿藏袍、学藏语，边做事边大声用藏语唱歌。终于有一天，这个特别钟爱藏式围裙的"藏族大叔"自豪地对别人说："藏语听力教材，我已经能听懂 1/4 了！"索朗顿珠，是钟扬的藏族名字，意思是"有福德、事业有成"。

"天地君亲师"

钟扬的"种子"，不仅仅是植物界的种子，也是人类不断繁衍不断进化的优质种子——人才！

钟扬说，种子是生命的终结，亦是生命的开始。每个学生都是一颗宝贵的种子，全心浇灌就会开出希望之花。这些年，除了为国家收集植物种子，钟扬倾注了巨大心血培育最心爱的"种子"——学生。

2016 年钟扬在南京师范大学做了一场《教师是一种什么样的职业》的报告。在报告中，钟扬大声说出"天地君亲师"这句话。接着，他细分五类："天地，乃人类生存的大环境。君，古代谓之官。亲，即父母。师，教师也。教师，是人类灵魂的工程师！师范大学的学生，将来做教师，就必须要有'范'！这就是品质、素质和特质的集中表现。

"我这人最喜欢教师这个职业。我的父亲母亲都是教师，母亲还是特级教师，当教师的基因融化在我的血液中。所有的藏族男生女生，在藏族人的心目中，感觉不一样。而老师是最了不得的，都是值得尊敬的。这让我坚持在西藏大学做老师的感觉增加十倍！在法国，有数以百计的大学，但巴黎师范大学的教师，地位最高，他们是由法国总统亲手颁发教师资格证书的，因为他们是构建人类灵魂的工程师。

“那么，教师是一种什么样的职业？首先要有‘同情心’。要具备关乎人类命运的情怀。比如，老人倒了要不要扶？现在很多人不敢扶，想着会不会被讹了。但是，你是先去扶了，还是先去想了？作为教师，你的职业道德让你先去扶，至于被讹，那是律师的事。这事必须是非分明。当年，我的母亲看了《乡村女教师》的电影，被她钟爱孩子的事迹深深感动，她自己也是一辈子爱着学生。

“其次，教师要有‘洞察力’。作为教师，对学生要具有敏锐的洞察力，看你有无本事看出孩子的未来，这就是教师的特质。想当年我读初中一、二年级，老师就预测我将来一定有出息。原因说不上来，但她有这种感觉和特质，配得上人类灵魂工程师的称号。最好的老师就是对学生提出独创的见解，引导学生朝着自己热爱的方向发展。教师的特质，就是对学生心里有谱。

“现在，我们再来说说职业训练。这是一种很奇怪的现象。有一次，我在西藏大学讲课，因腰肌劳损疼得厉害，扎西把我扶到凳子上，我坚持讲了20分钟。中间休息后，上课铃声响了，我立刻站起来了，还能挪动。我高兴，就一直站着讲课，直到讲完，我坐不下了，担架抬走了。铃声一响，又站起来了。铃声，就是教师的职业训练。”

钟扬常说：“教师是我最在意的身份。”十几年来，他坚持身体力行带学生到野外开展生物多样性研究。

2015年6月，西藏大学第一批7位生物学研究生毕业，他们中的绝大部分都留在西藏工作。

美国科学院院刊PNAS在线发表了中国科学院昆明植物研究所、西藏大学、云南大学及比利时根特大学等国内外多个实验室合作的研究论文，对青藏高原特有分布的须弥芥进行了基因组适应性进化研究。该课题也是复旦大学和西藏大学钟扬教授团队历时多年的研究成果，文章共同通讯作者西藏大学拉琼教授是钟扬教授培养的藏族博士，共同第一作者中科院昆明植物所张体操副研究员和云南大学乔琴副教授曾在钟扬实验室从事博士后研究。该项目同时得到国家自然科学基金、国家重点研发计划、科技部863青年科学家、中国科学院先导A等项目的资助。

钟扬曾经说：“人这一辈子是为了一件大事而来，人生没有绝对，不必等到临终才来回首自己的人生，只要把每个年龄段该干的事都干了，就不负你的人生。要珍惜35/45/55这几个年龄段。35岁看到了社会百态，45岁打好事业的牢固基底，55岁对人对事从容不迫。”

然而，他的生命在53岁却戛然而止……

索朗顿珠走了，可他的故事还在雪域高原流传！

送给上海未来的礼物

2019 年 5 月 10 日，复旦大学生命科学院有一场“家国情怀、种子精神”的讲座。钟扬的助手经佐琴老师做了“红树林故事”的生动讲述。

在上海的海滨，钟扬引种过一片红树林。红树林是恐龙时代的植物，是一种热带、亚热带特有的海岸带植物群落。作为世界上生物量最大的生态系统之一，它在改善生态环境和维持生物多样性方面具有重要作用。钟扬说，这是献给上海未来的礼物。钟扬还说：“中国最长国道，318 国道，零公里处是上海人民广场，到西藏终点绵延五千多公里，西藏人也说，沿着这条路，就可以走到上海。这就是上海和西藏的缘分，也是我作为一个上海援藏教授冥冥中的使命。”

2007 年，钟扬带领团队开始尝试红树北移。2011 年，钟扬团队将 10 种红树植物引种到临港南汇嘴的海堤内侧。2018 年夏天，在南汇新城镇政府、上海港城集团的支持下，50 亩红树林育苗基地落户临港新城。

而今，十余种红树幼苗正在育苗大棚里茁壮生长，随后它们将移至滩涂上适应环境，最终长成一片自然繁衍、自我更新的红树林。

红树是一种适应海岸生活的植物，以往最北存活在浙江温州。一次钟扬提出，现在气温变暖了，也许上海也能种活。这是前人不曾有过的设想。上海的海岸线很脆弱，如果有红树，对于生态保护将大有裨益。钟扬在南汇投入了这项尝试。从小苗长大需要 50 年，成为红树林则要 100 年甚至更久，种树者自然看不到这一幕。但在钟扬内心里，他希望上海光秃秃的海岸线能长出美丽的红树林，成为上海新的生态名片。

传承是最好的纪念，开创是真正的永存。我曾将一株红树幼苗赠送给复旦大学希德书院的学生代表，希望未来有更多的青年学子加入守护红树林的队伍中，让钟扬的家国情怀和“种子精神”发扬光大。

引种红树林，许上海一个美丽海滨，是钟扬教授生前的心愿，斯人虽逝，红树常存。

“云杉”和“云实”

我和钟扬一起走过了 33 年，共同经历过风风雨雨，唯独没有考虑过生离死别。

钟扬为双胞胎儿子取名“云杉”和“云实”，一个是裸子植物，一个是被子植物。他说，如果人们都喜欢用植物给孩子取名字，那就是最好的科普时代到来了。我的童年一套残缺不全的《十万个为什么》，让我相信，科学能深入儿童的心灵。

整理者言：每一个成功者都有一个开始，勇于开始，才能找到成功的路。全国先进工作者、中国科学院院士、复旦大学附属中山医院院长樊嘉，百忙之中接受采访，聆听他娓娓道来：从初心到使命，一路走来，有奋斗的泪水，有成功的明艳。30多年来，殚精竭虑斗癌王，满腔真情护苍生！作为院长，开拓创新、科学管理，打造“中山医院管理模式”；作为医学专家，德技双馨，在肝癌领域不断取得突破，用精湛的医术给无数肝癌病人带来了生的希望和生命的质量。这位用一把“柳叶刀”创造了无数生命奇迹的白衣天使，他的人生格言：不是所有人都能成为名医，但是每个医生都可以做良医。樊院长，你已然是一位名医，更是从当一名良医开始。

医生的“刀锋”闪耀人文之光

现在许多人叫我樊老师、樊医生、樊教授、樊院长，甚至还有一些人叫我樊院士……但我最喜欢的称呼，还是医生。

在我近40年时间里，一直从事一个专业，就是医生，这辈子的梦想愿望，也是我努力要去做好的一件事，就是成为一名良医。

我至今记得第一次做主刀医生时的情景：第一刀划开病人的皮肤，全神贯注之中，整个身心充满着神圣的使命感和责任感。一转眼，30多年过去，我依然在开刀，依然在手术台上感受不变的使命和责任，而在这些岁月中，我越来越深刻感悟到，对于外科医生手上的柳叶刀而言，那“刀锋”上必须有一道光芒——人文之光。如果说，人文之光让“刀锋”变得温暖，那么同时，也要将我们的“刀锋”磨得更为锐利，让我们的精湛医技使得这道光芒更为闪亮。

武侠小说里的绝世高手是“手中无剑，心中有剑”，我想，一名优秀的外科医生应当是“手中有刀，心中有人”——手中的技艺绝不能搁下，心中的病人从不能放下。因为，医生看的不仅是病，更是人。不管是做肝癌切除手术，还是做肝脏移植，这样的医疗往往比较凶险复杂，我们要对人负责，对生命负责，尽量要把他从死亡线上抢救过来。记得有一位病人，我们帮他把病肝拿下来，把好的肝脏种上去，血流都恢复了，我就下了手术台。刚走不到十分钟，手术室的人叫我赶快回去，说病人心脏已经停止跳动。我赶紧回去，给病人做心脏按摩，手术台上是要把胸腔打开直接按摩在心脏上，按了一个小时并且同时电击，没有成功；再按到一小时一刻，再电击，还是没有成功。按理此刻我们已经尽到责任了，也可以放弃了吧！虽然已经是深夜两三点钟了，但我们还是没有放弃，继续按摩抢救到一个半小时，再做电击，结果病人心脏完全恢复了自主跳动，至今这个病人已经活了八年。所以我就想，我们对于病人，不管在什么情况下，不应该轻易放弃。往往经过我们的努力，和病人自身的意志和配合，有时候奇迹能够发生的。

中国是全球肝癌多发的国家，每年新发现肝癌46万例，死亡42万例，占全球50%，手术切除或肝移植是肝癌病人长期生存的最主要手段。迄今为止，从医30多年来，我个人主刀完成近1万例肝肿瘤切除手术、2200多例肝移植手术。发表论文400余篇，其中SCI论文260余篇，编写专著10多部。作为第一完成人获2016教育部自然科学奖一等奖；2008年、2012年国家科技进步二等奖各1项，上海市科技进步奖一等奖等多项奖项；曾创造多项世界纪录：首创肝癌门静脉癌栓多模式综合治疗技术，世界首例“废弃肝脏”成人—儿童部分肝移植，亚洲首例成人肝心联合移植，亚洲首例机器人辅助活体供肝移植手术，首次提出适应我国国情的肝癌肝移植适应症标准“上海复旦标准”，率先在国际上揭示肝癌肝移植术后复发转移的关键机制；研发“7种微小核糖核酸肝癌检测试剂盒”与“全自动循环肿瘤细胞分选检测系统”，投入临床应用，实现了肝癌早诊早治、预测复发转移重大技术突破；主持国家卫健委颁发的《原发性肝癌诊疗规范》。

是无数病人让我们成为“名医”“大师”

对病人我始终怀着一份特别的感激：是他们帮助我成长，特别是开展肝移植手术的最初几年，最艰难的时候，我们共同度过。正因如此，虽然手术中常冒着被感染的风险：有时血珠溅到眼睛里，有时不小心被针扎到手，但如果停下来，病人就可能大出血，必须坚持到手术结束——因为我告诉自己，病人把生命托付给我，是对我最大的信任。

医学是一门永远遗憾的科学，正是无数病人让我们成为所谓“名医”“大师”，我们怎能不感谢那些以生命为代价、使我们的技术不断进步和超越的病人呢？记得我的第一位肝移植病人老徐，当时49岁，患肝癌，肿瘤直径已有7厘米，肝硬化严重，并伴有腹水，之前曾做过多次保守治疗，效果不理想，肝移植是他活下去的最后一丝希望。那时我要给他做肝移植，但是我们团队仅仅在猪身上做过实验，还没有为病人做过肝移植手术；我因为在世界上最大的肝移植中心——美国匹兹堡大学器官移植中心学过肝脏移植术，积累了一定的经验。我对老徐说，我们做的是第一例肝移植手术，很有可能失败，你愿不愿意承担风险？他没有任何顾虑和迟疑地表示：“相信你们，愿意为医学作出贡献，即使不成功，做出这样的奉献我也值了！”这对于我们是非常感动和激励。那是2001年4月16日，从晚上7点到第二天早上7点，我们做了整整12小时，我完成了主刀的第一例肝移植手术。

我清晰地记得当我打开他的腹腔时，发现肿瘤已经突出在肝脏表面，一碰就会破，这是在影像上无法看到的景象。我先切除肿瘤，再拿掉“坏肝”，安静的手术室里，时间一秒一秒过去，我为他一针一针缝合……终于，把一个新鲜的肝脏“种”

在老徐的体内……如今，十八年过去，老徐成了上海肝癌肝移植术后生存最久的“换肝人”。

不久，上海肝癌患者组成的“肝友会”，老徐担任了会长。他也是我们中山医院“明星志愿者”的负责人，“肝友会”的病友们都会为自己的重生过“集体生日”，每次吃着他们的“生日”蛋糕，我都会很骄傲，因为我用我的所学所能，实现了一个又一个对于生命的承诺。

我为何要举这个例子，因为我们有许许多多像这样的第一例，新技术在病人身上的应用，因为他们的信任，才使得我们医生能不断地积累经验，不断地成长。他们将自己的生命托付给我们，才使得我们逐步成为名医，我真诚地感谢他们，所以，不管是院士也好，院长也好，教授也好，我依然是一名医生。

用人文的光芒温暖医患关系

因为感谢他们，所以更要尊重和理解他们，设身处地为他们着想。记得多年前，我的老师余业勤教授患病在床，插着胃管，紧锁眉头对我说：“看了多少教科书，当了这么多年的外科医生，也没有办法真正体会插胃管的痛苦。”那时，我深切了解到很多病人拒绝插管的原因；也是从那时起，我提醒自己要多为病人想一想。

理解病人的同时，也要学会理解家属。我曾遇到过一个陪母亲就医的女孩，从倾诉母亲病灶部位的疼痛到质疑每种治疗方案，整整 15 分钟，其他病人无法忍受，纷纷表示“抗议”。我叫随诊的学生陪伴女孩先坐到一边回答问题，门诊结束后，我再跟她详谈。因为我注意到女孩的心理已接近崩溃，这时，我们医生要做的就是细心抚慰，耐心释疑，让他们安心。

“察言观色”是一名外科医生的基本功：什么病人需要安慰，什么病人需要郑重提醒；什么病人“治心重于救人”……看病时，既要“快”，又要“慢”；诊断时要“快而果断”，解除病人疑虑要“不厌其烦”。

观察细致、处理细腻，永远怀着一颗同情心，这是医生的必备素质——只有真心待人，才能真正用心看病。我们面对的不是一种疾病、一个器官，而是一个活生生的人、一个家庭的希望和幸福，所以我们要用人文的光芒让医学更有温度，让医患之间更加温暖。

当然，单纯靠安慰和关怀患者，作用毕竟有限，作为医生，只有彻底治愈疾病，才能根本解除病人的痛苦——提升疾病诊疗水平，不仅是医生个人的不断追求，更是病人的迫切需求。所以，每次有年轻医生来进修，我只要看看他的打结、剪线、分离，就能知道他是否下过苦功。

成功毫无捷径可走，对于外科医生而言，更是如此。解剖层次是否牢记于心、关键步骤是否滚瓜烂熟、操作手法是否娴熟准确，一上手术台，就见真章：你面对的是最珍贵的生命，你怎么能、怎么敢不全力以赴！

我们为一对父子开展“父肝子受”的成人活体肝移植；我们为一个7岁孩子修整供体肝脏的减体积肝移植；我们为一对母女进行“一肝二用”的劈裂式肝移植……上海第一、全国第一乃至世界第一的这些病例背后，饱含着人世间的辛酸与深情，那些期盼的眼神，那些无声的托付，是我们医生一次次勇闯禁区的动力；同时，也正因为我们有着久经磨炼与考验的实力，我们才能一次次闯关成功，把那些病人从死神手上抢回来，平平安安“交还”给他们的家人。

让不治之症变成可治之症

医生是一门必须终身学习的特殊职业，时时刻刻都要怀着“不进则退”的警醒，在扎实的基本功与超越常人的胆量和魄力之外，还需要一种抬头看路、用心思考、永远创新的精神，一种放眼世界、不懈进取、引领发展的胸怀。

我们成功实施的世界首例“利用切除的废弃肝脏行成人——儿童部分肝移植”，就是证明之一。那是一个患有先天性肝内胆汁淤积症、肝功能不全的6岁女孩，只有尽早肝脏移植手术才能挽救生命，可是儿童肝脏移植的供体少之又少，孩子父母的肝脏又都不适合，一家人陷入绝望。机缘巧合的是，我们病房正巧收治一名病人，他的肝脏肿瘤直径6.8厘米，准备进行“肝尾状叶＋肝左叶切除术”。于是，我们有了一个大胆设想：利用这位病人手术中需要切除的“废弃”肝左叶为孩子进行肝移植。反复确认手术可行性之后，我们向这位病人说明情况。经过慎重考虑，他决定自愿、无偿捐献其废弃的肝左叶。术前，我们医院伦理委员会也认真讨论，所有委员一致同意实施手术。后来，手术很顺利，大病人、小病人都康复出院。

“病人把生命都托付给你，你还有什么不能为病人做的呢?”这是汤钊猷院士常说的一句话。医生不能够停留在现有的医学诊断治疗的知识水平上面，还得要不断地去创新，才可能提高疗效。他十分强调医生的“软实力建设”，认为辩证思维就是软实力的重要组成部分。他提出的研究“微环境与肝癌发生发展关系”、“种子与土壤”关系、“消灭与改造并举”等学科发展思路，都闪耀着哲学思考和辩证思维的智慧光芒。

正是他的言传身教，让我在确定学科方向、引领学科发展时敢于发现问题、提出问题，并用实践去检验自己的合理质疑，努力为实现“让不能治疗变成能够治疗，让不治之症变成可治之症，发展有中国特色的、适合我们14亿人民、并使其都能受益的医疗办法”的目标竭尽全力。

事实上，回顾我们攻克肝癌的艰辛历程，每一步都是怀着这样的信念走过来的。

我们一次次向肝癌发起“战役”，创造了治疗肝癌的“世界奇迹”——从20世纪60年代肝癌号称“癌王”，最难诊断、最难治疗、预后最差，到“早诊早治——小肝癌研究”；从“不能切除的大肝癌”，到巨块型肝癌介入治疗、缩小后切除；从肝癌门静脉癌栓的“死亡禁区”，到实现外科综合治疗技术的突破，将病人的1年、3年、5年生存率提升至76%、39%、26%；把“不可治”变为“部分可治”，再到肝癌门静脉癌栓形成机制及多模式综合治疗技术，提出肝癌肝移植适应证的“复旦标准”，显著扩大肝癌肝移植的适应证范围，写入《中国肝移植手册》，以及肝癌肝移植术后复发转移防治新策略及关键机制，乃至如今的肝癌个体化诊疗基因检测……创新精神，已融入每一代“中山人”的血液中。因为，我们从未敢忘记打造中国医学“国家名片”的梦想：对标乃至赶超国际最先进水平，实现我们的“中国梦”。

心里始终装着老百姓

我尝到过最底层劳动者的艰辛，他们是那样的不容易，我心里始终装着他们，这也驱使我始终怀揣一颗朴实的心，要服务好大众百姓。

我是1958年3月出生，我的家乡是在江苏江都的一个小镇上，父母都是中学教师。1966年在我小学三年级的时候，随着“文化大革命”那一场动乱，在江苏盐城中学教书的父母受到冲击，中学停课了，我父母也难逃厄运：因“臭老九”关进了“牛棚”和被批斗。我们兄弟姐妹也被迫停课，并由奶奶带着。1969年，我们随着父母下放到大丰农村，才进入村建的一个小学，虽然属于完小，但无论是师资力量还是教学质量都比较差，教师都是下乡知青，更谈不上师范专业毕业的老师上课。甚至很长一段时间连语言都听不懂，这对于像我们要学习的人，是感到非常吃力的；教室条件也是相当简陋，记得课桌是用木板条子钉起来的，高低不平，板凳都是自己从家里带去上课。在初中上了两年半以后的1973年冬季，我抓紧自学复习，经过刻苦学习，以名列前茅的成绩考入大丰完中。1975年，在等待分配工作期间的半年里，我不想闲着等着，就到造房子的工地找活干：比如搬运砖头、拉黄沙、和水泥石灰，反正什么样的小工事情都干过。

1975年底，我接到分配工作的通知，按照政策我被分配到江苏大丰县的淮南纱厂工作，那是一个20世纪30年代建立的老厂，战争年代曾为新四军纺纱织布做军衣，机器设备都是老旧的，我分配在织布车间。那时候招了好几百人，分配工种不同，有常日班，有三班倒，有技术工，保全工，粗壮工等等。有的人开始找关系“走后门”，想分配时工种好一点。我家庭成分不好，更没后门可走，作为十七八岁的壮小伙，当然分配当粗壮工。在织布车间里，300多台织布机只有6个人，定岗定位各有分工。粗壮工最苦，每天都是人拉肩扛靠力气，将二百多斤重织布用的大纱盘头从浆纱车间运到织布车间，放到织布机上，再把空的盘头取下来送到经纱间，然后再把经好的盘头送到浆纱车间……循环往复，劳动强度特别大。

幸运的是恰巧那时候厂里请来无锡等地著名纺织厂的高级工程师，为我们一批年轻人培训，我被挑选进培训班，通过一个月的培训，最终进行理论考试和操作考试，我两门都考了第一名，厂里的八级老师傅、工程师、厂长商议最终把我改成机修工。作为一名机修工，也跟着甲乙丙三班倒，我养成坚持每天记日记的习惯：维修的每台机器毛病出在哪里，为什么会坏，怎样才能修好，都会用心去揣摩，这也是我培养自己的思维能力和悟性的开始。

在工厂艰苦劳动的经历，对我来说既是一种历练，同时也使我产生对劳动者充满同情的那一份特殊情感。这对我以后为大众治病救人，自觉地为病人着想，无私奉献自己的光和热大有裨益。所以，尽管现在我的行政工作很忙，但我仍然坚持每周出诊。我的病人大都来自全国各地，不少病人来自农村或是贫困家庭，他们从外地赶来，有的一家子都陪着，光住宿费就不少。如果按照惯例半天只看 20 个号，那就意味着会增加病人的开支，意味着很多病人的病情会被耽搁。选择医生这一行，就应该奉献，就得做好牺牲的思想准备。因为，病人是等不起的。

门诊中，我遇到一遍遍重复诉说病情甚至哭泣着不愿离开的病人，也遇到过很多在门外候诊觉得时间过久、不停探头进来询问的病人……不管面对怎样的病人，我都不会漠视或挥手打发。

不断学习，一路向前

这段经历回想起来很宝贵，它让我认识到了各行各业的艰辛奋斗，更珍惜来之不易的学习机会；那时候我才十八岁，由于纺织机器的轰鸣声，造成脑子和耳朵里整天嗡嗡作响，但我仍然坚持一边上班，一边学习书本知识，除了学习各种纺织机修原理的书籍，从不放弃对文化知识的学习。

1977 年恢复高考，我由于三班倒，又没有一天休息，也没有时间参加各种补习班。在这种情况下，坚持每天骑自行车来回十多里地，夜班下班回家稍睡一会就起来复习功课，咬咬牙全是靠自学，终于我以优异成绩取得了进大学的机会。等到填志愿时，我犹豫了：我的理想是重点大学，但由于父母历史问题，不敢填报重点大学，因此错过了一次机会。等到第二年，也就是 1978 年我再考试时又取得了好分数，最后考进了南通医学院临床医学专业。

五年大学的刻苦学习，为今后从事医疗事业打下基础。当然，我认为坚强的体魄一定会对今后的工作起到很好的帮助，因此，我很喜欢体育锻炼：体操、单双杠、跑步等都是我的锻炼项目；我还喜欢阅读，涉及政治、文学、哲学、历史等各个方面。

1983年7月，我本科毕业，学习成绩优秀，破格留校任教。在病理学教研室工作两年后的1985年，我又考入南京铁道医学院（现东南大学）外科学肝胆胰脾外科专业攻读硕士，毕业后又被留校任教，并在附属医院工作。

到了1992年，我已经34岁，在胃肠手术中担任主刀积累了许多经验，我计划考博士，当时肝癌方面的研究比较热门，我慕名报考汤钊猷院士。那时，我还照样上班，80多人考试，只有4人取得最后面试机会，我以优异的成绩考入上海医科大学（现为复旦大学上海医学院）外科学肝脏肿瘤学专业攻读博士。1995年7月，我博士毕业后留在了中山医院（复旦大学附属中山医院）从事肝肿瘤医疗工作。

掐指算来，从1992年至今，我在中山医院学习、工作了27个年头，从最初的主治医师、到副主任医师、副教授、主任医师、教授、博士生导师。2003年，在我45岁时担任了中山医院副院长。10年后的2013年我又担任了中山医院院长。当了院长以后，要涉及方方面面很多事务：经济运营管理、医教研、人才培养、学科建设、对外联络等等，但还要不断学习，深入第一线从事一部分临床工作，关键是自己的医疗技术要不断进步；还要了解医务人员有什么想法，医疗流程方面有哪些需要改进的……至今在院长的岗位上已是第7个年头了。

当医生更需要核心价值观，引领前行

2017年，我荣幸地当选为中国科学院院士，步入中国科学界的最高殿堂。当选院士我感到无比高兴，但也感到身上的担子更重了，责任更大了。当然，我还会继续为病人看病和手术，还得埋头科研，为攻克肝癌作贡献。

这一刻，我心中充满感恩：感恩复旦大学和中山医院给予我成长的发展环境和支持平台，能在这里学习和工作是我最幸运、最幸福的事情；感谢在我从医路上汤钊猷院士、余业勤教授等医学前辈的言传身教，使我学会如何在临床思考和探索，体会何为科学精神和科技创新，他们的指导和帮助使我终身受益。独木难以成林，我所取得的成绩离不开我的团队和同事们的帮助和支持，因为他们的无私奉献，我们复旦大学肝癌研究所才能取得今天的成绩。同时，对于我的病人们，感谢他们的信任和支持，没有他们就没有我们团队所取得的成功。

中山医院已有80多年历史，从老一辈创院伊始到现在，学风严谨，对待患者无私奉献，一切想着患者的优良传统代代相传，一切为了患者的“中山精神”始终未变，作为一名院长，我要起到传承和引领的作用。目前要带领好团队站在医疗改革的潮头，创新性地投入医改当中，使中山医院在学科建设、医院管理、人才培养、学科发展等多方面走在中国大医院的前列；上海要成为整个亚洲的医疗中心，中山医院义不容辞要走在前列。

乐于奉献、以病人为中心、有良好的医德和同情心，这是做医生三个必备的素质。当医生，更需要树立一种价值观，这种价值观引领你为了患者不断去探索前行，这条征程上没有终点，只有出发点。

我是一名临床外科医生，我对自己定位是首先要做到以德为本，修身为上：医德必须放在第一位，时刻不断地提升自己的综合素养和素质，要心甘情愿地为病人服务；其次是病人为本，修术为上：如果没有精湛的医术，也不能成为一个好医生，也不能很好地为病人服务，也不能救治需要救治的病人；第三是以勤为本，修业为上：要一心扑在医学事业上，从看病到研究，到教学，到培养更多人才，要把业修精了，这样我们才能成为良医。

其实，不仅是外科医生，对于所有医生而言，心中都有着各自的“刀锋”。我希望，所有医生都能拥有体谅病人的同情之心、细致入微的观察之心、想方设法的探索之心、果敢决策的担责之心、辩证思考的创新之心——让人文之光遍照于每个角落，照亮医学，照亮生命。

筑梦高楼

口述 顾建平　整理 潘阿虎

顾建平简介

男，1960年12月生，江苏宜兴人，中共党员。上海中心大厦建设发展有限公司党委书记、董事、总经理、教授级高级工程师。曾任上海城投房地产开发公司总经理、上海城投置业发展有限公司总经理、上海城投置地集团有限公司执行总经理、上海露香园置业有限公司董事长、总经理。2006年开始参与上海中心大厦项目前期启动和策划、方案定位及以后的建设和运营工作。荣获2009年度、2011年度、2012年度上海市建设功臣，2015年被评为全国劳动模范。兼任英国皇家测量师协会（RICS）资深会员、国际业主与管理者协会（BOMA）中国分会副主席、世界高层建筑和都市人居学会（CTBUH）中国理事会理事，在2018年被CTBUH授予年度Fellow称号。

美国犹他州盐湖城当地时间2019年6月25日晚，国际商业地产运营管理行业权威组织——BOMA国际年会的颁奖现场，一群东方人被请到了舞台上领取一个重要奖项。他们是来自中国第一高楼——由我带领的上海中心大厦工程建设团队，领取了“BOMA全球创新大奖”。上海中心大厦是BOMA创立112年以来唯一一个获大奖的中国商业地产项目。此刻全场人员起立为我们喝彩，我们不仅代表上海中心大厦，更是代表了积极进取、奋力追赶的中国商业地产业者，而我们领取该项大奖也是国际商业地产业对上海中心大厦、对中国商业地产运营管理水平的认可。这一天，也是我在上海中心大厦这个项目工作的第4828天。

2006年4月7日下午1点半，我被叫去市政府开会，会上，市领导决定由城投公司牵头征集上海中心大厦的建筑方案。我回想起多年前接受任务的那一幕，依然历历在目，连开会的时间都记得清清楚楚。

根据上海市的《上海陆家嘴中心区规划设计方案》，小陆家嘴中心区要建三幢超高层建筑，形成小陆家嘴中心区的制高点区域。当时，第一幢超高层建筑金茂大厦已经投入使用，第二幢环球金融中心大厦也接近完工，我接受的任务正是小陆家嘴地区超高层建筑群的收官之作，位于Z3-2地块的项目，也就是现在的上海中心大厦。从那天起，我一干就是13年……

中国自己的超级工程

上海中心大厦——这座世界级的地标建筑矗立在黄浦江东岸，垂直高度632米，地上127层，地下5层，它是目前已建成项目中中国第一、世界第二高楼。上海中心大厦是一座集商务、办公、酒店、商业、娱乐、观光、会展等功能于一体的超高层建筑，由上海城投（集团）有限公司、上海陆家嘴金融贸易区开发股份有限公司和上海建工集团股份有限公司共同投资开发，2008年11月开工，2017年1月投入试运营。

这是中国人第一次自己建设600米以上的高楼，正是这个“首次”，在建设过程中遇到了许许多多令人难以想象的困难，甚至每前进一步就会遇到新的问题、新的挑战。但我和我的团队与建设者们团结一心，用智慧、创新、努力和辛劳攻克了一个个难关，才使得这项超级工程得以完工，同时也创造了一个又一个工程奇迹和建设纪录。

在大楼建设过程中和建成运营后，我曾经多次接受媒体采访，媒体最常问的一个问题是，“上海中心大厦碰到最难的一件事情是什么？”我说，“其实我觉得真的很难回答这个问题。这个项目从一开始就碰到了无数个问题，每一个阶段都有每一个阶段的挑战。”

要造一栋超高层的摩天大楼，先要打好地基，然而上海地区特有的深厚软土地基，让“如何在豆腐土上建高楼”成为建设者必须攻克的首要难题。先前较为成功的案例是先在土壤中打入钢管桩基，然后浇筑能帮助分摊建筑压力的钢筋混凝土底板，再在其上造大楼。上海中心大厦的地基建设基本沿袭了这一思路，但同时又遇到了新问题。由于周边所有的道路、所有的管线、所有的建筑物都已经基本建成，在3万平方米这么大的地方要打入近千根深入地下80多米的桩，如果用传统的技术，有较大的噪声和震动，容易扰民，更可怕的后果是土体的挤压，因为一个桩打下去，土就往四周方向挤，几千根桩的重量会导致所有的管线道路变形，因此传统技术在这里行不通。

在建设者的技术攻关下，最终采取了“钻孔灌注桩+桩底注浆”技术，“打一个孔，把钢筋笼放下去，然后水泥再浇下去”。但这项技术并不简单，工程师们当时为此进行了专项实验，实验结果论证了“钻孔灌注桩后注浆工艺”科研攻关成果的可靠性，一举攻克难关，为后续施工的进行打下了坚实的基础。

在上海中心大厦工程的攻坚克难中，中国技术人员秉持“中国智造”之心，不畏艰难，最终研发出具有自主知识产权的技术，一举打破国外的技术垄断。

其中最典型的例子就是上海中心大厦的幕墙工程。上海中心大厦整个外幕墙14万平方米，一共20357块板块，而由于楼体旋转120度，而且每层往上收，下面大上面小，所以这样造成没有一块幕墙的框是完全一样的，这就带来了一个巨大的设计施工挑战。除了这个挑战，上海所处的地区季节性台风气候也同时带来了新的问题，幕墙不能太紧密，不然在风的作用下玻璃受压会碎，太松也不行，不然会漏水。外幕墙有没有可能随着这个楼体一起动？这种被称为柔性幕墙区别于传统意义上的幕墙。它是每一个区从上面挂下来，就像我们家里的窗帘一样挂在这里，就可以随着这个楼在动。要让幕墙动起来，需要一种叫滑移支座的东西。这种装置必须从美国进口，要价2.5亿元，几乎是当时预算的十倍。不仅如此，这个装置国外只在100多米的建筑上运用过，像上海中心大厦600米以上的建筑，全世界都没有运用实例可以参考。当时大楼仍在一天天长高，破解幕墙难题可谓迫在眉睫。于是，我和我的建设团队决定依靠中国人的技术团队来攻克这个难题，最后花了10个月左右的时间，终于啃下了这块“硬骨头”。

像这样的事例，我还能讲许多许多，更让我引以为自豪的是“中国智造”的含金量非常高。据不完全统计，上海中心大厦获得授权发明专利90项，授权实用新型专利45项，发表论文135篇，SCI/EI 34篇，出版专著6部，完成国家级工法4项，完成省级工法21项，主编参编国家标准9部以及行业标准3部。

不仅如此，多位国际重量级专业人士对于上海中心大厦也给予了高度评价。国际桥梁与结构工程协会（IABSE）主席David A. Nethercot称，上海中心大厦“创新采用的双层幕墙结构将引领超高层建筑的未来”；世界高层建筑与都市人居学会（CTBUH）秘书长 Antony Wood 认为，上海中心大厦“充分体现了绿色建造理念，反映出当今世界建造技术领先水平”；世界绿色建筑协会（WGBC）主席 Tony Arnel 表示，上海中心大厦“在促进中国建筑行业发展中具有里程碑的意义”；世界结构工程师协会（IStructE）主席 Tim Ibell 评价，上海中心大厦“代表了建筑工程设计艺术的创新、创造力和深厚的技术技能”；英国土木工程师学会（ICE）主席 Lord Robert Mair 赞叹上海中心大厦“是一项伟大的超级工程，成为世界超高层建筑的典范工程”。

上海中心大厦在 2019 年摘取了上海科技进步奖的特等奖，目前正在申请国家科技进步奖。在这之前，上海中心大厦已经把鲁班奖、詹天佑奖等建造工程的国家级奖项尽数收入囊中。

上海中心大厦的国际认可度非常高，因此拿下了多个国际级重要奖项。2016 年 3 月，上海中心大厦在法国戛纳获得世界最大房地产展会 MIPIM 的最具人气奖。同年 9 月，上海中心大厦在瑞典斯德哥尔摩获得国际桥梁与结构工程协会颁发的 2016 年度杰出结构奖。同年 11 月，世界高层建筑与都市人居学会（CTBUH）在美国芝加哥向上海中心大厦颁发了 2016 年度“最佳世界高层建筑奖”。

吃水不忘挖井人

在上海中心大厦的西门外侧有一段矮墙，长约 60 米，墙上覆盖着一块块的琉璃砖，当内置灯光在夜晚亮起时，墙体分外耀眼。这堵墙被称为“荣誉墙”，在这堵墙上刻着一个一个人名，每个名字一样大小。在这个荣誉墙上，我们刻了 4300 多个人的名字，这些人都是直接参与项目建设的，所有的人的名字都是一样大小，哪怕一个农民工也跟设计师完全一样。

“荣誉墙”的缘起是一顿在建设工地上的年夜饭。特别难忘的是世博会那一年的春节，为了保证工程进度，工地上的建设者们放弃了春节假期，加紧建设。那是在大年夜那一天的下午，我们在工地现场临时搭棚，办了 120 多桌的年夜饭，请所有加班的农民工来吃，场景很壮观。当时工人还在下面施工、绑扎钢筋，从下面上来的时候，身上都被汗水浸湿了。当时的场景，至今印象深刻。

这些农民工放弃春节回家休息加班加点，和我们一起吃个简单的年夜饭，尽管是简单的年夜饭，但那些农民工还是非常感激。其实我们这些很普通的工人真的非常了不起，这么大的一个工程，或者我们说是一个伟大的工程，其实都离不开这些千千万万的普通工人。绑扎钢筋要有工人做、砌墙要有工人做。没有他们，我们这些人也就嘴上说说、纸上画画，楼还是盖不出来的，还得靠他们。这就给了我们很大的一个震撼，同时我们也在思考要怎么来记住这些千千万万的普通劳动者，所以我们为此在基地的边上建了一堵荣誉墙。

我至今对荣誉墙上很多名字都记忆深刻，而名字被刻在荣誉墙上的人们也觉得非常光荣。曾参与上海中心大厦建设的塔吊司机李杰的名字刻在了荣誉墙上。他老家的女友问他这两年在上海干啥？他带着女友来到了陆家嘴，告诉女友，“这个楼是我们建的，这里刻了我的名字”。

我觉得这实际上是一种人文体现，我们社会发展建设不应该忘掉这些普通的劳动者。

匠心独具，文化为魂

在上海中心大厦规划之初，我和同事们就不打算只是简单的建一座楼，仅仅是多花一点钱，去盖一栋只是比别人高一点的楼，似乎不太有意义。所以当时就觉得有没有可能通过这个项目去做一些创新，做一些跟别人不一样的，或者说对以后类似这样超大、超高的建筑综合体做一些探索的东西。

于是，在经过广泛的调研，学习国内外超高层建筑的经验和教训，我和我的同事们对建设目标进行了这样的规划：这幢大楼建成之后，将向世界展示的是上海这座现代化国际大都市的经济实力和科技水平，展示“海纳百川，追求卓越，开明睿智，大气谦和”的城市精神，要成为城市经济发展的新航标。因此，上海中心大厦的定位是“形神兼备、秀外慧中、汇集大成”。

在业主后来的设计任务书里，这个目标被细化为两个具体要求，一个是“垂直城市”，还有一个就是“绿色环保”。我们希望上海中心大厦是一个自然与人文、环境与生活有机结合的和谐空间，能够完美体现 21 世纪现代摩天大楼与自然的和谐共存。上海中心大厦不纯粹是一座建筑，而是一座竖立的微型城市，一座资源高度集约化，能源高度节约化的超级大楼城市。

称呼上海中心大厦是一座“垂直城市”，其实一点也不夸张。从体量上看，上海中心大厦总建筑面积 57.8 万平方米，这相当于上海外滩从外白渡桥到中山东一路第一排建筑面积的总和，因此，上海中心大厦也被称为“竖起来的外滩”。

在这座垂直城市里，业态丰富、功能齐全，然而最吸引人的地方在于它的人文之光。无论是在建设期文化艺术空间规划和艺术装置的设置，还是建成后举办的各类活动，我和同事们一直很上心、很用心、很匠心。

在上海中心大厦电涡流阻尼器所在的楼层在原本的设计中只是个设备层，我和我的同事们匠心独具地将它打造成了一个云端中的艺术空间。在阻尼器的上方，上海中心大厦特地邀请了国内知名跨界艺术大师设计了一座酷似眼睛的雕塑，名为

“上海慧眼”，这是上海中心大厦对于功能性机械艺术化的一次大胆尝试，也成为上海中心大厦文化建设的一个标志性亮点。美国人设计的设备用房就是和设备有关，没有其他概念。我们用了五六年的时间，大家不断地去努力、不断地去想、不断地去做，现在变成一个可以做活动的、可以去享受音乐的一个艺术空间，所以CNN曾经把这个空间评为“世界上最高的艺术空间”。

在这个殿堂级的艺术空间内，前NBA的著名球星科比举行过演讲；国际斯诺克大师希金斯与对手在此进行过“巅峰对决”；展示过传世三百年的意大利国宝级小提琴“克纳蒙纳人”；好莱坞著名电影《阿凡达》和《泰坦尼克号》音乐制作人西蒙为这个空间度身定制了一首曲子——《上海的一天》。

不仅是巅峰艺术空间，从马未都先生的云中博物馆到陈逸飞大师的雕塑遗作《上海少女》，从令人惊艳的史上最高明星红毯仪式到获得国际奥委会授权的云中奥林匹克博览会，从国际知名的世界最高垂直马拉松到与敦煌研究院等联袂举办的敦煌大展，上海中心大厦的各类文化活动一直很热闹。

从落成的那一刻起，上海中心大厦从本体上就已经固化了。但建筑的生命不会停止，文化就是延续建筑生命、不断注入新的灵魂。有媒体问我，上海中心大厦为何做了那么多文化活动，我对他们说，传统的商业大楼常常白天人气十足，晚上或周末就人去楼空，上海中心大厦就是要尽力改变这一现状，要打造一座有温度、可阅读的垂直城市。所以上海中心大厦为大楼注入更多的文化元素，满足人们的精神生活需求。

上海中心大厦建成后的几年，曾经有记者请我回过头去评估当初的建设目标是否实现了？我说，应该说我们最初的目标基本达到了。

从“绿色环保”方面而言，上海中心大厦是目前世界上最高的绿色建筑，它作为世界上唯一一座400米以上获得重量级中美绿色双认证（中国的绿色三星和美国LEED铂金级）的超高层建筑，创新地结合了40多项绿色技术，为国际建筑业树立了一个绿色标杆。

而另外一方面，上海中心大厦的“垂直城市”不仅功能齐备，“城市生活”也是丰富多彩的。国际化的体育运动赛事、国际化的展览、多国国宝级的艺术展示，都曾在上海中心大厦举办过。546米高的上海中心大厦观光厅能360度俯瞰上海浦江两岸的美景，遇到特殊天气，在观光厅仍能看到独一无二的景色。观光厅每年都接待超过100万来自全球的游客，包括许多国家的元首和政要。同样，上海中心大厦每年接待100多家来自世界各地媒体的采访拍摄，可以这么说，上海中心大厦是上海这个城市向世界敞开的新窗口和新名片。

面对这样的“成绩单”，我们还需要不断地往前走，毕竟这是我们10年以前定的，随着社会的发展，实际会有很多新变化，可能当时是非常先进的，但现在就不一定。

企业合作打造党建新模式

在上海中心大厦的22楼，位置最佳、视野最好的地方有一座上海之巅金领驿站，这是上海中心大厦业主公司无偿拿出的588平方米的面积，与各方共同打造的党群服务中心。

在做这个党群服务中心的时候，我曾经听说过一件事情。当时北京有一位部长的儿子，在一家外资企业工作，但是他的党员身份没地方落户，他的党员是袋袋户口。这件事引发了我的思考，进驻上海中心大厦的企业中，绝大多数是非公有制企业，这些企业的党员怎么办？

这是个很大的问题，当时就促使我们去思考这个问题。上海中心大厦最终无偿拿出了500多平方米的商业面积来做党群服务中心。要知道这个面积如果出租的话，一年大概可有六七百万元的收入。我们觉得能够为大楼的党员创造一些条件，特别是能够让一些海归人士，让一些“90后”、“00后”的年轻人能够有机会、有地方参与党的活动，把党组织建到经济最活跃的商务大楼，我想这也是我们应该去做的。特别是我们三个股东都是国有企业，这也是我们国有企业的一个政治责任。所以后来我们就拿出一块地方和浦东新区组织部、陆家嘴管委会联合办起了这个党群服务中心。

目前党群服务中心，集漂流书屋、健身设施、医疗器械、爱心妈咪小屋、会议场所、服务查询、爱心公益、典型引领、活动发布等功能于一身。从写春联的中国传统年俗文化、到上海城市历史的新书发布会，从陆家嘴“三高”的歌唱比赛到外国艺术家的献艺，从医疗保健咨询到为单身白领组织的相亲活动……仅2018年，党群服务中心就接待和安排活动518场次，受益人员达5万余人次，极大地吸引了楼内及党群服务中心所辖区域广大党员群众。

与其他楼宇中的党群服务中心不同的是，上海中心大厦这个党群服务中心不仅是楼宇党建的3.0版，更走出了企业合作参与党建的新模式。

上海中心大厦不仅无偿拿出了场地，更是积极贡献出自己的资源，包括人员、服务、优质商业资源，与有关各方共同经营这个党群服务中心。比如，上海中心大厦知名公益活动“午间一小时”就是与党建服务中心合作，仅在2018年就举办了22场活动，涵盖艺术鉴赏、音乐演奏、手艺创作、民俗文化、体育互动等等。这些活动还走出22楼金领驿站，来到上海之巅观光厅、少女艺术空间、公共艺术长廊等多个区域，不仅吸引了广大白领、游客和市民，还成为新思想实践课等主题教育的重要载体。

2018年11月6日，上海中心大厦22楼党群服务中心迎来了习近平总书记的视察。习近平总书记仔细考察了上海中心大厦楼宇党建工作情况，称赞陆家嘴楼宇党建工作搞得好。他表示，我在这里找到了楼宇党建的答案。他指出，基层党建既要发扬优良传统，又要与时俱进，不断适应新形势，拓宽基层党建的领域，做到党员工作生活在哪里、党组织就覆盖到哪里，让党员无论在哪里都能找到组织找到家。

我们仍在探索企业合作参与党建的“升级版”，从企业角度出发，结合国家战略、上海市重大战略以及大楼运营的实际，全方位拓展功能，加强服务和参与。

打造全球领先品牌

万丈高楼平地起，在历经了近10年的规划、设计、建设，上海中心大厦最终建成，但我们并没有停下脚步，而是迅速转入运营管理。

我有一个不太恰当的比喻，做工程建设是“有期徒刑”，这个工程建设再怎么长，总有一个结束的时间，它不可能永远不结束。但是搞运营就是“无期徒刑”，它是没底的，五年、十年、几十年，这个楼存在100年，你就要运营100年。

对于我来说，转入运营不仅意味着我带领的团队需要在理念、知识、能力、实践等方面进行全方位的转型，是告别自我、告别过去的全新挑战。我们要转好、做好、更好、最后是最好。

这种挑战可能在全世界都是少见的，让我们来看一组数字：上海中心大厦仅电梯就154台；光设备用房大大小小超过1700间；各类管道最少400公里以上；仅公共空间部位的线缆加起来至少2000公里；IBM的信息点25万个……这些非常庞大的数据就让你有点抓狂了，所以这是一个挑战。与这些数字对应的是庞大的人流量。在大楼投入运营后，已经发放了超过15000张门禁卡，电梯按钮在一年内被按了1883万次，大楼工作人员、租户、访客、观光客、餐饮客叠加，除了需要提供基本服务设施以外，从安全、反恐的要求来说，这些庞大客流都对管理带来了巨大的挑战。虽然挑战巨大，但我并没有退缩，既然领导把我放在这个位置上，我们总得要有责任心，要尽自己最大的努力去把这份工作做好。

像上海中心大厦这样的超高层综合体的运营管理，几乎是没有模式可以照搬、没有先例可循的。我带领着我的团队开始了摸索。我认为，要么不做，要做就做最好，所以我们要做的第一件事是对标国际，寻找全球最好、最高的标准。最后上海中心大厦选择了有着百多年商业地产运营管理经验的BOMA进行合作。上海中心大厦积极引入BOMA相关标准，对照大楼的运营实际进行了运维管理全方面的整改和提升。不得不说，这是一个痛苦而漫长的过程。我们要有建设期那种攻坚克难的勇气，一年、两年、三年，直到成功。功夫不负有心人，上海中心大厦先后拿到了BOMA中国地区、BOMA国际的优质品质认证，最终在2019年拿到了含金量极高的项目——BOMA 全球创新大奖。

这样的努力也受到客户和市场的认同，也因此吸引了 JP 摩根、支付宝蚂蚁金服总部、安联保险、惠誉评级、劳合社、蔚来汽车等来自各行业、各类型国内外知名企业入驻。周到细心的物业、亲切可人的观光接待、高端大气的会务、美味新巧的餐饮、创意非凡的展览……它们汇聚在一起，全面展现了上海中心大厦作为地标建筑品牌的魅力。

通过建设阶段，上海中心大厦已经建立起它在工程建设领域的一个品牌。那么现在想通过我们的努力在经营、运维管理、商业运营方面也建立一些品牌，使上海中心大厦这个品牌变得非常完整。未来我觉得上海中心大厦这个品牌还是有继续发展的可能。

我们目前也在向外拓展，比如说我们的工程建设领域积累的经验教训，未来也是我们的一个产业。

超高层建筑目前在全球快速发展，根据权威机构统计，全球高度排名前 100 名的超高层建筑，有过半在中国，排名前 20 名的超高层建筑有 11 座在中国，因此，超高层建筑运营管理也在中国越来越热。我能够参与这样的历史进程也深感荣幸。上海中心大厦先前邀请了世界知名咨询公司做了一份战略规划，目前战略规划已经获得董事会通过，并开始逐步落地实施，上海中心大厦以努力成为“全球领先的地标运营商”为愿景，正在不懈地努力着。

我作为一个学建筑出身、且多年从事建筑、地产相关行业的专业人员，一直有一个愿望，就是以建筑师的身份在设计图纸上签名，然而那些上海中心大厦浩如烟海的建筑图纸上并没有我的签名。但我签署过的那些重要文件、我付出的那些心血却成就了上海东岸天际线最炫目的存在。

美国有一本叫《建筑实录》的杂志，在创刊 125 周年时，他们要在全世界寻找 125 栋建筑，包括著名的悉尼歌剧院、帝国大厦等，这 125 栋建筑被认为是对这个行业、这个城市、这个国家，对全球都有影响力的。上海中心大厦非常荣幸地被它选进去了，而且杂志出版的时候，我们还不知道，是美国的专业人士看到以后把这本杂志寄给我们，我们才获知这一信息的。从这个意义上讲，上海中心大厦更多的是承载着上海这座城市的文化，让世界更多的人了解中国。

上海中心大厦，这座以这个城市为名的超级项目，正在以自己的努力为世人呈现最美的“心中上海”。

教育追求“人之为人”

口述 仇忠海　整理 范　洁

仇忠海简介

男，1949年3月生于上海，中共党员。上海市七宝中学原校长、党委书记。上海市特级教师、特级校长，中学正高级教师，上海教育学会副会长。1984年以来，先后担任上海市闵行区塘湾中学、上海市闵行区教育学院附属友爱实验中学和上海市七宝中学校长。曾荣获全国优秀教育工作者、上海市十佳我心目中的好校长、上海市劳动模范、上海市教育功臣等殊荣，享受国务院政府特殊津贴。

成长之路，幸福之路

1968年，我从七宝中学高中毕业，响应国家号召到塘湾乡插队落户。我特别想读大学，但一直没机会。当时弄到几本泰戈尔、海涅、普希金等名家的诗集，我爱不释手每天抄读，直到现在，“我体验了愿望，我厌倦了幻想，现在只剩下一片苦难，那心灵空虚的果实”都记得特别深。我想，后来我特别注重人文教育，与自己这段经历有着密切关系。

随后，我被抽调到华东师范大学参加一年的物理学师资培训。学物理对我的思维方式影响很大，物理是实验科学讲究规律，来不得半点虚假。往深里说，学物理使我的世界观和为人处世的方式都发生了改变。实事求是，讲究规律，是物理学对我的影响。

1972年，我当了乡村学校的代课教师，当时不想当老师，为什么呢？原来在农村插队，虽然白天很累，但晚上还有自己的休息时间。一代课，从此就没有晚上的闲暇时间了，备课、批改作业、家访都是在工作结束之后的事。当时，我给一位朋友写信感慨说：晚上的时间多宝贵啊！

1977年，我被分配到塘湾中学教物理，当时高考已经恢复，我接手的班级总共50多人，第二年七月就要参加高考。这批学生大多数没有学过理科课程，有一点理科基础的只有12人，于是我把这些人组成了一个理科班，从大年初三开始给他们上课，从“什么是力”开始教，一直到七月参加考试。所有给学生做的卷子，我都要自己做一遍，当时备课没有教材，我用的是“中学数理化丛书”《物理》一到四册，还有中专的教材和《大学物理》，每天备课我都要把它们通读下来，然后再根据学生的情况写教案，有时工作到半夜两点。

我教的理科班是12名学生，最后有8个人考上了大学。看到学生和家长溢于言表的喜悦，我很有成就感，觉得当老师挺好，虽然比较累，但可以通过自己的努力，成就学生的人生，我从中看到了教育的价值，尝到了为人师者的快乐。

做教师成功的关键点，就是要在教学过程中不断有新的发现，调动自己的兴奋点，而且陶醉于学生的成长，感觉学生成长的每一步都是和自己的付出紧密相关的。那个时候，我想自己一定会当个好教师的，因为我愿意把心放在上面。

由于1978年学生考得好，我当年就被评上了上海县先进工作者。从那以后，我对教育工作更加投入，而投入让我的教学越来越娴熟。渐渐地，我从物理组长变成理化生大组长，再到教导处副主任、工会主席，1984年当上了校长。

在塘湾中学，我一边教书一边学习。1979年到1984年，我用四年多时间拿到了大专学历，1985年塘湾中学高中部被撤掉，我被推荐到上海师范大学教育管理系脱产两年读本科。后来也参加了华东师范大学举办的骨干校长培训班、高级研修班。

通过系统的理论学习，许多实际中碰到的问题就会顿悟："哦，原来背后涉及这个规律。"1988 年，我写了一篇文章《在科学管理中求超脱》。理论学习，让我的思维得到碰撞，闪出火花，直到现在我也没有停止学习。

塘湾中学虽然是农村完中，但在我当校长期间，它的教学质量仅次于区重点中学。后来我到友爱实验中学、七宝中学，都是在学校陷入低谷的时候接手的，也都在很短的时间让这些学校发展起来。这个过程，不仅是自我挑战的过程，也是实现自我价值的过程。

1988 年我到友爱实验中学当校长，感受到的是另一种责任担当。这是一所农村中学，孩子基本都来自附近农村，学习基础很差，两百个学生最多十多个能够考取高中，百分之九十多回农村。

所以，我决定在初中阶段增设职业教育课程，教学生一些现代农业知识，让他们即便考不上大学也能很好地生存，我在友爱实验中学当了六年校长，学校连续三次被评为加强初中先进单位，我自己也被评为上海市劳动模范、全国先进教育工作者。我感到通过自己的努力，能够帮助学生学到一些文化知识的同时，还能学到一些生存的本领，很有意义。

1994 年，我被调到七宝中学担任校长，这个舞台更大了，闵行区最好的一批学生在这里读书，我总希望把他们培养得更好，希望他们能为国家多做点贡献。尽管我曾经有机会当副镇长、当教育局局长、当董事长，但我都放弃了，因为我觉得自己就适合当校长，让更多人通过我的努力走向成长和成功，通过我的办学之路走向人生的幸福之路。

自我约束，自主发展

我在七宝中学当了 20 多年的校长，缘起是情结、信任、使命感三个词。为什么说"情结"？七宝中学是我的母校，我作为一名学子，当然希望母校能够办好。为什么说"信任"？区里把我从一所农村初中调到市重点，是相信我能把这所学校办好，有这份信任。为什么说"使命"？当时七宝中学人心涣散，骨干教师流失，看到学校状况这么差，我下决心要改变这所学校。

那是 1994 年，时任闵行区教育局局长陈儒俊跟我说："区委常委讨论决定，把你调到七宝中学任校长。"当时，我所在的友爱实验中学是副科级单位，七宝中学是正处级，相当于"连跳三级"。但七宝中学当时情况很糟糕，升学质量已经滑到市重点的最后了，重点率只有 31%，起初我不想去接这个"烂摊子"。

陈儒俊局长跟我说："忠海啊，七宝中学就交给你啦，我们只认你。学校怎么发展是你的事，你可以放开手脚去干，在学校发展的过程当中，你的权可以比我还大。但是你记得不能乱来，乱来我还保留一个权，我可以罢免你。”现在想想，这些话虽然是 1994 年说的，但其实就是今天提倡的现代学校制度，“学校交给你啦，你不能乱来”是依法办学、自我约束；“学校怎么发展是你的事”是自主发展。

我到七宝中学的当天，办公桌上放了五张请调报告，学生不愿意戴校徽，看不起自己的学校。这所市重点没有校长办公室、心理咨询室、教科研室，没有任何规章制度，连校旗校歌都没有。我连夜背着铺盖住到学校，除了周末回家，连续住了三年，通过全校师生的共同努力，七宝中学两年一个台阶，稳扎稳打地朝前发展。

要做校长，先要做人，根据校长这个特定的角色所需要的修养去做人，不断在办学实践中自觉修正自己的缺点。人无完人，我最大的缺点就是感情用事，心直口快，甚至不考虑后果，但教职工能原谅我，他们熟悉我的这些弱点，甚至觉得有缺点的校长更值得信赖。这是因为我与教职工坦诚相待，个性豪爽讲诚信，教师有安全感。

光凭自己的工作热情和执著追求还不够，要把人心凝聚起来。需要有一个好的导师，或者能借助外部智库的帮助，善于集聚一批专家帮助自己出谋划策，使学校能够在正确理念的指导下与时俱进。

学校的管理队伍，是帮助校长完成学校管理任务的助手，是各部门的专家和领头羊。你不仅要把他们看成自己的助手，更要把他们看作专家，每个条线的负责人都是这个条线的专家。比如分管德育的同志，他整天考虑德育方面的问题，德育方面的书看得比你多，对德育的理解也比你深一些。校长不可能样样都精，你要向他请教。对他们，要恰到好处地授权，且用人不疑，责、权、利到位。一个明智的校长，应该让教职员工明确目标、各司其职，不要过多地干涉他人的工作。

教师是立校之本，是学校教育教学工作取得成效的关键性群体。但现在教师的压力非常大，家庭的、工作的、心理的，校长了解吗？要善待老师，力所能及地帮助他们解决后顾之忧，只给他留下一个工作的压力。校长应经常留心教师的情绪和表现，要察言观色：上班看脸色，吃饭看胃口，工作看劲头，开会听发言，平时听反映；做到情绪低必问，同事纠纷必谈，婚丧大事必访，天灾人祸必关心，对有特殊困难的教师，给予特殊照顾。我的任务是尽最大努力创造条件，帮助化解和减轻教师可能遇到的各种压力，使他们在心情愉快的状态下努力工作，同时享受不错的待遇。

我去了几所学校，每所学校要去之前，朋友都劝我别去：这个学校一塌糊涂，矛盾很大，一个语文组就有三派，你怎么搞？但我去了之后，都太太平平，什么原因呢？因为我一直用三句话来指导自己的工作：一是与人为善。不管教师、家长、学生，我都以诚相待，以心相待。二是成人之美。尽自己的努力去帮助需要帮助的人。三是常怀感恩之心。对别人给我的点滴帮助，都放在心里，而且涌泉相报。

全面发展，人文见长

从 1994 年到 1996 年，我在七宝中学做了三件事：人际环境建设、学术环境建设和校园文化环境建设。学校发生了很大的变化，许多调出去的教师也要求回来。

学校有了这样的精神状态后，对你校长就是一个考验了：你选择把学校带到什么方向？如果你想的是在升学率上超过别的学校，那你就可能去动脑筋挖人家的老师，抢人家的生源，或者关起门来补课。但这是没有出路的。

当时，上海全市有 26 所被命名的市重点中学，不管师资还是生源，七宝中学都很弱，而且如果单纯追求升学率，可能会一步步上去，但也有下来的时候，校长就只能在无穷无尽的烦恼当中，这就叫“苦海无边”了。我就想，要尽快把学校办出名气来，一定不能走这条路。

当时我看上海，只有建平中学很有声音，不是“四大名校”但声音盖过了他们。什么道理呢？因为这所学校有自己的办学理念，提出了与时俱进的、被认为是非常正确的教育观点，“合格 + 特长”“规范 + 选择”，学校所有的制度、课程、校园文化都按这个理念去改变了，于是办得非常火，教育行政部门认可、教育专家认可，整个学校的办学品质也上去了。我就想，找个正确的理念来带动学校的发展，是一条“大道”。其实当时上海很多学校也有自己的口号，但真正拿出东西来，让整个学校围绕理念去改变的，还不多。

那么七宝中学应该是什么理念呢？我提出了“全面发展，人文见长”。这个理念，不是一下子蹦出来的，是在我对教育和社会长期关注的基础上提出来的：长期以来，我们的教育重理轻文，重智轻德，培养的学生人格不健全；社会上，人文精神的缺失导致了社会道德滑坡。吕型伟先生不是说过吗？德育如果是庄稼的话，那人文精神就是土壤，你要想庄稼长得健壮一点，就要有肥沃的土壤。

从关注教育和社会的现实，到最后形成“全面发展，人文见长”这八个字，我用了近三年的时间进行思考，经历了三次修改。第一次提的是“五育和谐发展，力求人人成才”，第二次提出“给学生创造充分发展机会的学校教育”，第三次才是“全面发展，人文见长”。理念的形成有一个过程，校长要在实践中不断磨合自己的理念。现实是螺旋式发展的，校长的思想和理念，也必须根据实际，第一轮、第二轮不断地攀升发展。

当校长提出了自己个性化的教育理念后，他才在某种意义上开始了真正的“自主办学”。什么叫自主办学？就是在深刻把握教育规律和学生成长规律的基础上，对基础教育改革的发展趋势有一个宏观把握和一种内在的预见性，并能把教育理想果断地付诸教育实践。

校长提出理念，办学就有了“蓝图”。下一步，就要按“蓝图”去“施工”，而课程是“施工”的重要途径。像我们开设的校本课程《文化与人生》，每周星期五下午，拿出三节课时间，请来国内外的作家、艺术家和学者，讲他们对人性的理解和对人生的看法。学生非常喜欢这门课，称为“人生的报告”。其实当时的选修课中，适合学生的人文课程比较少，我们就发动老师，编写了《中国传统文化课程纲要》《当代中国外交简史》等。在别的学校觉得主科的课时都不够时，我们不管，我们有勇气把升学率放在一边，因为我们的办学理念就决定了：我们培养的学生要有一定的人文修养和较高的文化品位，能够全面发展。

当我们把升学率放在一边的时候，我们的升学率是稳定上升的。而且越到后来，提高得越快。我一直说两句话，以同样的分数考取同一所大学的，七宝中学学生一定比人家更优秀，因为我们是靠学生的综合素质带出来的；第二句话，20 年后，看哪所学校出来的栋梁之材更多，我有这个自信和别的学校比一比。

学生为本，教学相长

好学校的关键，是要有先进的办学理念，要有一流的教师队伍，要有满足学生充分发展的软硬环境。好学校是什么样子呢？在课堂内，学生有充分的思想碰撞，在课堂外，有满足个性化需求的各类活动。教师在办公室讨论的是教学、是学生的成长，师生关系非常和谐。

学校的一切工作，落脚点都应是为了学生的发展。学生是学校的主体，要关注学生的生存环境，坚持一切为学生的发展服务的管理理念。学生有无限的潜力，要相信他们，放手让学生去干一切他们能干的事情，要倾听他们对学校的意见或建议，及时修正不利于学生成长的规章制度。

2001 年冬天，一位学生给我写了封信。他说，学校现在的作息制度有问题。这么冷的天，6 点 20 分开始跑步，违反科学常识。这位同学还说：“我在科学杂志上看到，太阳没升起来，人体剧烈运动是有害的。”我刚看到信时，想他是在挑战学校制度啊。因为七宝中学从 1947 年成立的时候就是寄宿制学校，一直以“半军事化管理”为骄傲的，但现在学生提出来了，我不能视而不见。

我问一位副校长是不是看到过这种报道，他说，有的。我就找学生座谈，一开始学生不肯说。我把学生的信读给他们听。告诉他们，如果大家都感到有问题，我们可以讨论怎样改变。之后学生就开始说了。一位学生说：“仇校长，我就盼望着下雨，下雨就可以不出来早锻炼，我这一天感觉都很好。如果跑了，一天的精神都不好。”还有一个女孩子说：“我一跑就头晕，妈妈说这是低血糖，要带两块巧克力。”学生七嘴八舌说完后，我们又在全校发调查问卷，结果 73.5%的同学都赞成改变。

于是我们决定，每年冬至到第二年的3月1日最冷的时候，不搞集体的户外剧烈活动。后来在升旗仪式上宣布，几千名学生经久不息地鼓掌。所以，学校工作的出发点，不要以校长为主，而是要以学生的发展为主。

学生也很认可学校。2011年7月，已经毕业的一群学生，自发聚集起来重返校园，重返17岁，重睡架子床，重新体验当年在七宝中学的高中生活，校友们很开心，我也非常感动，说明学生喜欢这所学校，毕业后依然怀念自己的母校。

我们举行的学校文化节，也是师生同乐的一个校园文化。从2005年开始，每年设计和安排八个主题文化节，包括体育节、艺术节、狂欢节、科技节、感恩节、“爱生节”、班主任节和读书节。每个节日都是精心设计的，使其富有不同的文化追求和教育内涵。

比如说，把体育节放在三月份，是因为三月万物刚刚开始复苏，通过运动激活学生的身体，让学生充满活力，以饱满的姿态进入学习状态；把狂欢节放在三月份最后一周的周五、周六和周日，是因为到了四月份大部分学生要进入高度紧张的学习状态，高一、高二要迎接会考，高三要开始准备高考，学生在三天的狂欢节中“摆摊头”、把教室装扮成“鬼屋”或咖啡屋，配以风格迥异的节目，学生就能释放压抑的情绪，缓解迎考带来的压力。

现在，很多校长喜欢到别的学校参观学习，以为学了一套东西后，挪过来就行了，其实不是这样的。我一直说，好学校要有“天时、地利、人和”三个必备条件。“天时”往大里说是国家的教育环境，政府对教育的关注程度，往小里说就是一方教育主管。“地利”是校长的人格力量。“人和”就是要把师生真正地装在心里。

天时、地利、人和不是什么硬性的东西，常常是看不见、摸不着的。很多制度或事情，在我七宝中学能够做成，但到别的学校就做不成，它不是你学一个技巧、一种做法就能达到的。天时不是校长可以控制的，但地利与人和，却是校长可以通过加强自身修养达到的。

平民本色，精英气质

2006年初，国家在科学大会上提出“建设创新型国家”后，我们开始思考创新型人才的培养，所以学校提出，要在加强学生人文素养培育的基础上，加强学生科技创新能力的培养。学校先后花了四五年时间，筹建了共计19所科技场馆和人文书院，包括相应课程和专业团队的建设。

从这样一条线看起来，原来我们说七宝中学育人目标，是培养有一定人文修养和较高文化品位的全面发展的学生，这是“全面发展、人文见长”的初定目标，具有显性的人文教育的要求，但发展到不断加强科技教育的今天，这几句话已经不能涵盖今天的学校教育定位。

2007年，我们把育人目标改成“平民本色，精英气质”，育人定位模式为“以德育为核心，科技与人文结合，身心智协调发展”，就很有特色，这二十个字实际上是循环上升的，要求更高。如果说以前的人文是关注学生人格修养的话，今天在人格的基础上加强了能力的培养，考虑到学生能力培养的方向，是层次更高的一个特色。

学校要善于让学生的综合素质得到发展，潜能得到激发。好学生的标准是能不能成“人”，高中不是其是否已经成“人”的最终阶段，不能把学生的“内力”压榨得一干二净，而要为学生潜力的发挥打造基础。合作、交流、领导和表现，是一个人能否在社会上生存的四大基本技能。可以说，七宝学子在学校得到了综合的锻炼和发展，他们的发展会更具有持久力和生命力。

我经常讲一个故事，1978年75位诺贝尔奖获得者在巴黎聚会。记者问其中一位：“您认为您是在哪一所大学、哪个实验室学到最主要的东西的？”答：“是在幼儿园。”问：“在幼儿园学到什么呢？”答：“把自己吃的东西分一半给小伙伴，不是自己的东西不要，东西要放整齐，吃饭前要洗手，做错事情要表示歉意，午饭后要休息，要观察周围的大自然。”

由此来看，教育的本质应该是对人本身的一种完善，是人从不完善走向文明、完善的一个过程。真正的教育，其责任必须以引导学习者成人为务，以发展人性、培养人格、改善人生为目的。教育的本质是“完善”，教育的责任是“发展”“培养”“改善”，而不是“摒弃”“改造”，因此我们提出“保持平民本色，培养精英气质”是对教育本质的追寻，是“负责任”的教育。

平民本色与精英气质，是人的个体属性与社会属性的和谐统一，是人的继承性与发展性的和谐统一，是对“学校教育要为人的一生发展奠基”的最好诠释，是人的发展过程中“固本强基”和“枝繁叶茂”的关系。七宝中学位居城郊接合部，是中心城区的延伸区域，90%的学生来之于平民百姓家庭。百姓的孩子，淳朴善良、勤奋刻苦、自强不息、与人为善、团结和谐、智慧真诚，在学校倡导的以感恩教育为特色的人文德育环境下，已形成崇尚一流、治学严谨的学风和奋发向上、全面发展的校风。

一个人一辈子做好一件事情就行了，我一辈子想做好的就是当一名好校长。我觉得办好一所学校，要不断地学习。通过学习，掌握基础教育宏观发展趋势，形成个性化办学思想；通过学习，了解最先进的教育理念为我所用。当校长还要有正确的教育观、教师观、学生观，要有追求一流、不甘落后的品质。

当校长，一直面对“义”和“利”的选择。但我特别自豪的是，自己坚持了一个教育工作者的本色。我不敢说自己是一个教育家。但中国这么大，有那么多校长在基层默默工作，学校也办得出类拔萃，他们确实是当代的教育家。我们不要把“教育家”看得太神秘，这个称号是对教育职业价值的最高认可。我愿意向这个方向努力。

不笨不拙难得大道

口述 华　雯　整理 文玉芳

华雯简介

女，1963年7月生，上海松江人，民盟盟员。国家一级演员，上海市第十五届人民代表大会代表。现任上海市宝山区沪剧艺术传承中心（宝山沪剧团）主任。从艺40多年，先后在四十多部大戏中担任主演。20世纪90年代起担任宝山沪剧团团长，并在多部原创剧目中担任艺术总监和导演。代表剧目有《挑山女人》《东方女性》《茶花女》《缉毒女警官》《东方彩虹》《宝华春秋》《红叶魂》《江姐》等。曾荣获第四届中国戏剧“梅花奖”，第二十七届中国戏剧梅花奖“二度梅”，第十五届中国文化艺术政府奖——文华表演奖；第二十届、第二十四届上海白玉兰戏剧表演艺术主角奖，第十届中国艺术节“优秀表演奖”，第十四届文华奖“文华导演奖”，第十三届中国戏剧节“优秀表演奖”，中国戏曲现代戏表演突出贡献奖，上海文艺家荣誉奖，上海市“五一”劳动奖章，第四届“光荣与力量——感动上海年度十大人物”，全国文化系统先进工作者，上海市三八红旗手标兵，全国三八红旗手，全国五一巾帼标兵，上海市“劳模年度人物”等。

整理者言：与忙碌的华雯一约再约，终于约定2019年大暑这天。我们相见于宝山沪剧团团长室。刚坐下，华雯就开门见山地说："我都快退休了，现在孩子们再没机会演戏，这一代就毁了！"这个话题，按照既定的采访主题来讲好像是没有按部就班，跳跃了。但这也恰恰是这位"又傻又拙"的理工女的独特思维。沪剧传承乃一代一代环环相扣，华雯这一环的精彩如何传递到下一环，是她当务之急的思考。她称团里的年轻人为"孩子们"，这种前辈艺术家对新人的关爱之中还蕴含着暖暖的母爱的称呼，使得她的叙述在理性、果断和书卷气中多了一份仁爱和温柔。

"我一定会让这个世界多一位艺术家"

我生长在梨园世家，爷爷奶奶爸爸妈妈都是沪剧演员，到我这儿是第三代了。奶奶过世早，爸爸是松江沪剧团的当家小生，"文革"时期剧团解散了，爸爸妈妈不唱戏了，下放到地方单位工作。在我的记忆中小时候只看过一次戏，那是在我牙牙学语的时候，别人抱着我看样板戏《智取威虎山》，爸爸演剧中杨子荣，我印象很深。其他的戏没看过，也没听过。直到我高二，爸爸带我看了一出老戏《借黄糠》，从此就迷上了沪剧。当时就觉得什么函数、什么物理跟我一点关系都没有，只有沪剧与我有关。以至于1980年高考前夕我做了人生第一件"不靠谱"的事——决定不参加高考。上海戏剧学院表演系因我眼睛近视没法报考，我就想去考合适的剧团。我记得很清楚，当时，校长和班主任等许多理科老师对我说：你太可惜了，读了那么多年的数理化，不好好考个好大学，却迷恋了沪剧。的确，我是我国首届中考以优异成绩考入重点中学的学生，我们班级是当时的理科班，当年我们这一代读书的座右铭是"学好数理化，走遍天下都不怕"。我应该算是个理工女，成绩也不差。父母和学校都对我寄予厚望，甚至都认为我迷恋沪剧是件极其不靠谱的事情。但我却振振有词，我说："可能这个世界以后会少一位科学家，但是我一定会让这个世界多一位艺术家，我认为艺术会让世界变得更美丽。"这是我17岁时说的话，四十多年过去了，我没忘记这句话。

也就是那年，我爸爸奉调去崇明沪剧团，我硬是跟着去了，就这样，开始了我的演艺生涯。1981年夏，我随崇明沪剧团到市区演出，在《秋海棠》中扮演梅宝，结果被杨飞飞老师看中，借调进了宝山沪剧团，1982年正式入编。

1986年底，宝山沪剧团携新戏《东方女性》进京，这是一部以第三者插足为题材的戏，它充分发挥了沪剧抒情细腻的特点，又借鉴了话剧、电影的表现手法，成功塑造了林清芬、余大卫、方我素等"有缺点又令人同情的好人"，在京城掀起了少见的观剧热潮，八场演出，场场爆满，受到了观众的好评。我在戏里扮演插足别人家庭并造成悲剧的方我素。这个人物年龄跨度大，思想变化复杂，表演难度较大，我就仔细琢磨，反复练唱，把方我素从“我行我素堕入情网，到受责难、排困扰后开启新生活”的过程中复杂多面的内心世界刻画得比较贴切，使这个人物鲜活了。记得北京的戏剧界前辈看完演出后对我说，“想不到你这么年轻，却把这样复杂的角色演得这么出色，不简单！”

因《东方女性》人物塑造出色而获得第四届中国梅花奖。那年我23岁。

获得了梅花奖是我艺术人生的一个新起点，我更不敢松懈，在后来的几十年中，对每一个角色都是全身心的投入。我一直说演员是世界上最美丽的一份职业，因为通过塑造一个个人物，我可以体会各种各样的人生感悟。我演过女警官、女英雄，也演过第三者、女监理员；演过夫人、小姐，也演过小丫鬟、底层穷人等等，各种角色不下四十多个。几十年坚持不懈在舞台上，就像陀螺一样不停地转，工作繁忙是常态，还大伤小伤不断，在《东方女性》中有个双人舞片段，排练时摔断了两根肋骨，但晚上还得演《家庭公案》，我就带伤坚持连演了十多天；在排练《红叶魂》时现场昏倒，随后发生面瘫，我坚持边治疗边排练，保证了剧目的完美呈现；在排练《风雨行宫》时，我连做5个“乌龙绞柱”，不慎肌肉撕裂，非常疼，但未等痊愈我又上舞台了。钻研琢磨、反复练习、熬夜赶戏，甚至摔伤流血、积劳成疾，演戏不仅仅是体力消耗，还是一次次巨大的情感投入，我演一次《挑山女人》就像生一场病……这40多年的经历其实真的很艰难，却又很享受。

回首过往，20世纪90年代，我们在编人员才十几个，也没有自己的乐队，怎么办？剧团得生存呀，我们就想办法增加外借、退休回聘和临时工组成“杂牌军”，完成了一个又一个剧的创作和演出。当然，功夫不负有心人，一分耕耘，一分收获。我们剧团演的戏受到观众充分肯定，《东方女性》超过了500场，《缉毒女警官》连演380场，学生版《江姐》演了200场，《挑山女人》已演了数百场。还有提倡环保的《清水恋》、反映打假的《罪女泪》、情景剧《田园梦》等都受到了观众的热烈欢迎。《东方彩虹》被央视拍成了6集电视连续剧，《挑山女人》2017年拍成了电影，是我国第一部彩色沪剧电影，也是改革开放以来，上海首部现实题材的戏剧影片。2019年荣获第32届金鸡奖最佳戏曲片奖。我们团还在2010年获得了上海市模范集体光荣称号；2015年获得由文化部、中宣部、国家新闻出版广电总局颁发的第六届全国服务农民、服务基层文化建设先进集体的光荣称号。这是我们感到欣慰的。

改革开放40多年，我们是有获得感的。现在日子明显比以前好过。但在2000年，我们可谓非常的艰难。我是团长，是台柱子，又是正高职称，我的年收入还不满2万元，我还是团里拿得最多的，我们的副团长柏咏枚，那时小夫妻俩工资加起来不满1000元，还经常领不到工资。好多人说我当团长是有担当，我说与其说是担当，不如说是挣扎。我得生存下去啊，因为我除了唱戏，什么都不会，有些人可以放下这些去自谋出路。而我就是一个傻乎乎的人，当时我的宿舍就在剧团的三楼，我可以从眼睛睁开开始唱戏，一直唱到别人跟我说你可以睡觉了才不唱。当时外面的诱惑也很多，有人跳槽、傍大款、做生意等等。我年轻时长得也蛮好看，23 岁就得了梅花奖，也算个名角儿，好多人追求我，但我还是很单纯地在排练场练功，在宿舍里练唱，再有空余时间就打毛线，所以毛线织得很好，基本上与外界没有什么联络，尽管日子过得捉襟见肘，但是，我仍然坚守着沪剧，因为我酷爱沪剧，这条艺术道路是我自己选的，再艰难也要坚持。有时，这种傻傻的坚守也是一种智慧。

“生活中隐藏着艺术家的宝藏”

人们常说，艺术来自生活。确实，生活中隐藏着艺术家的宝藏，有着源源不断的创作元素。我是反对艺术家闭门造车，在办公室里翻一些历史资料，然后搞个戏出来。我认为作为新时代一个真正的艺术家，应该去关注生活，关注民生。汤显祖的《牡丹亭》，曹禺的《雷雨》，关汉卿的《窦娥冤》等，都是对民生关注的经典之作。真正有血有肉的好作品都是艺术家当时从内心迸发出激情想表达的，而不是应景之作。我们的《挑山女人》不是应景之作。当时是 2011 年，我们的编剧王复光老师给我看了一篇关于挑山女人的报道，我开玩笑说我可以演，因为几十年来，角色需要苗条身材，一直不能敞开吃，如果演挑山女人的话，不需要苗条身材了，可以放开肚子吃了。一篇报道，一个不经意的想法，让我们团真的组成了创作班子，踏上了探访挑山女人的创作之路。真正让我决定下功夫一定要把她搬上舞台的是见到她——挑山女人汪美红。我跟她在一起老是哽咽，我想这就是人内心本能的情感冲击，我相信我能够站在观众的立场上有这种情感的话，以后观众在看戏的时候也会有这种内心的冲击。汪美红给我感触最深的是，她让我明白了如何面对困难和不幸。一个人在遇到困难和不幸时应该用豁达的态度去直面，然后勇敢地往前走，我认为这是每一个人都应该具备的一种能量。我见到的汪美红平静而乐观，这让我觉得在她面前除了比她多点钱，比她长得好看一点，其他啥都不如她，我的内心不如她。这是我要创作这个戏的初衷。我并不是要大家跟着我因为汪美红很艰苦而一起流泪，我对她的定位是“悲而不惨，凄而不苦，苦而向上”。我觉得她虽然很穷，但是她内心很富有，精神很富有。而在大城市里，兜里有点钱的人精神却很匮乏。有的人的道德底线已经到了边缘，甚至已经没底线了。作为一个艺术家，我得呼吁一下：我们把这个戏作为一面镜子，照一照自己，跟汪美红相比缺了什么？还有理由抱怨吗？哪个人不碰到不如意的事情？我们常常的思维习惯是我没问题，都是别人的问题，环境的问题，怪这怪那，很少有人向内找原因。

《挑山女人》讲述了单身母亲王美英当挑山工，抚养双目失明的残疾大儿子和一对龙凤胎，17 年里磨破 140 多双解放鞋，挑断 70 多条扁担，终于用柔弱的双肩将孩子们抚养成人的故事。这个剧自2012年首演以来已演出数百场，通过前后三轮全国巡演，足迹遍布上海、江苏、浙江、宁夏、陕西、山西、山东、北京、安徽、广东、香港等地，观众达23万多人次。还被河南豫剧、广西壮剧、山西蒲剧等移植。曾获中宣部第13届精神文明建设“五个一工程奖”、第14届文华奖优秀剧目奖、中国戏曲现代戏突出贡献奖等18个国家级和省部级奖项。我也凭借剧中“王美英”一角，荣获中国戏剧梅花奖“二度梅”和文华表演奖。

《挑山女人》的一演再演、全国巡演的受欢迎和被移植、受嘉奖，其背后的价值在于它演绎了生命的意义是担当，这种对困难不逃避、对责任不推诿的担当精神具有普遍意义。我认为“勿忘初心，砥砺前行”，《挑山女人》是一个缩影。

2019年7月8日试演的大型原创沪剧《苔花》，讲述了一位名叫郝静雯的小学老师帮助学生陈子龙消弭疾病、找回自信的故事。这个剧旨在唤起家长和老师对学生，特别是在小学阶段要给予平等沟通的耐心，要尊重孩子的权利。四年前，执意要创作这个戏有我内心深层次的因素。

我们家是上海本地人，我有一个弟弟，家里人是重男轻女的。父母把所有的东西都给了弟弟。我对弟弟也很好，从小就感觉什么好东西都要留给弟弟。由于风俗习惯重男轻女，我不是受到家庭重视的女孩子，当然我也不缺爱，只是跟弟弟比起来，一家人都特别呵护他。我走上工作岗位后，没用过父母的一分钱，反而是我承担着家里的重担。现在回过头去看，如果这也算一种挫折的话，这是伴随我成长的最好的一个礼物。我很感恩这样的家庭，从小锻炼了我的责任心，同时，因为缺少一些安全感，也锻炼了我的独立性。现在我去分析，从心理上讲，那时年纪小，从我自己的经历来看，小孩子的语言能力、思辨能力等与成人不能比，当遇到事情的时候他表达不了，他也想不明白是什么道理，如果孩子所处的不是一个良好的环境的话，那么，或多或少会在孩子的心理上造成一些阴影，甚至是一些心理疾病。我一直觉得这是个教育问题，因此，创作《苔花》就是想唤起家长、老师乃至社会对少年儿童的心理健康的重视。这也是生活给我的创作灵感。

人生把握三个字

我40年艺术生涯，说不艰苦是假话。刚进剧团的时候，上面有一档一档的前辈，三四年后我获得了梅花奖，那时才23岁，还是个黄毛丫头。回到剧团，一下子感觉到怎么我得了奖以后谁都不开心？好像犯了什么错似的，成了众矢之的，后来才懂得什么叫枪打出头鸟，体会到了高处不胜寒的感觉。其实，我自己都觉得拿了不该拿的东西，我也扪心自问：凭什么该你拿？其实，那时自己的能耐、思维、世界观都没到那个份儿，也可说是德不配位吧，是命运的一个浪头“噌”一下把我打到了那个浪尖上去，蹦在那个位置上了，那么，我在那个高处能坐稳吗？显然是不行的，但那时不懂。现在回过头去看看40年前、30年前的一系列事情，觉得有环境的原因，有人性的因素，很多原因还是在自己内心，自己内心不够强大，造成一些困惑和一些不开心。但是，我觉得我是很幸运的，也是老天爷对我特别厚爱，让我与一些比较阳光、善良的老师和朋友相遇，同我一路相伴着走过来。像我们团的编剧王复光老师，今年76岁，也是我们原创新剧《苔花》的编剧，可谓学术造诣非凡，简直就是我的"词典"，是他引导我读书，培养了我读书的习惯，这影响了我一辈子。我是年纪比较小的时候就进入这样一个名利场所，我也有过一段迷茫的时期，人生没有了方向，王老师就看在眼里，冷不丁的会扔一本书给我，经常这样，慢慢地我就养成了每天读书的习惯，我非常受益，我跟年轻人们分享："希望你们养成读书的习惯，老师这么多年来，再累再痛苦再沮丧再疼痛，依然保证每天1至2小时读书，因为我坚信书中自有颜如玉，书中自有黄金屋。"我看书很杂，文艺小说、武侠小说都看，我是金庸迷，有时我感觉难得活不下去的时候，需要与现实脱离一下，换换脑子，就去看武侠小说，我从金庸小说中看到了人性的智慧，给了我很多启发。读书使我受益匪浅，让我学会了对人生的思考。

我经常跟孩子们说，对人生的把握三个字很重要，第一个字是"远"，年轻的时候要学会往远处看，把视线投放到很远的地方去，这是志向。如果你真的感受到远方的诗，又何必在意脚下的高低不平呢。年轻人一定要把眼光放远，千万不要鼠目寸光。

第二个字是"深"。就是智慧。遇事不能只看问题的表面，一定要学会看事物的本质。其实人跟人的竞赛就在这里。不能只看桌面上的东西，要看明白桌面下是怎么回事。人到中年人必须具备这种智慧。也有人一辈子糊里糊涂，也过得很好，但我认为这很冒险，不可效仿。不具备这样的智慧的话，很容易被打垮，因为他没有一个正确的思维方式，人要学会思考，不然，自己的命运将不受自己主宰。我也曾有过困惑、迷茫和痛苦，但我会去读书，去向智者请教，会认真思考，寻找让自己豁然开朗的最佳答案。当一个人看清了生活的本质，还能满腔热情的去热爱生活，这是我崇拜的真正的英雄主义。一个人的思维、心胸决定幸福指数。

第三个字是"淡"。这是一种境界。我要让自己早一点进入这种看淡的阶段。我这人做事特别认真，特别较劲，看不淡，以至于大家跟我在一起感觉很累。看淡并不是说没有激情往前走，我要把自己某些方面慢慢地淡化下来，我一直是个站在一线的演员、艺术家，我觉得我渐渐地往舞台边上退，也是一种看淡。

我一直比较看淡领奖的兴奋，虽说得奖也是对我的艺术到一个新高度的肯定，但这种兴奋带来的刺激很快就过去了。我长这么大让我感动得要掉眼泪的只有一次，就是获得文华表演奖那次。那是在西安，当站在领奖台时，我有种如梦如幻的感觉，好像在做梦，问自己，是我吗？我在那么小的一个剧团，一个很小的平台，怎么就让我走到了这个点上，感觉像做梦，一下子眼泪涌到了眼眶，这是一种单纯的激动，就有过这么一回。之前没有过，以后也没有，就一次，五秒钟。领奖后回到团里该干嘛还是干嘛，孩子们演出前，我还是趴在地上给他们系鞋带，弄头套，像个老保姆似的为孩子们做这做那。我还是那个我。

我觉得，作为一个演员，我必须保持自己这份简单和纯粹。要不然我的戏就演不好。如果我很世故，不可能全身心投入在一个人物上。其实这个世界上聪明人很多，难得的是笨拙。我曾经看过一篇文章，作家陈彦先生写的《不笨不拙，难得大道》，很有道理。得道很难，但是，越是笨拙的人越容易得道，我国唐代禅宗大师青原行思提出参禅三重境界：参禅之初，看山是山，看水是水；禅有悟时，看山不是山，看水不是水；禅中彻悟，看山乃是山，看水乃是水。当人生经历积累到一定程度，通过不断的反省，对世事、对自己的追求有了一个清晰的认识，这时，山还是山，水还是水，只是这山这水看在眼里已有另一种内涵了。这才是真正的大道。悟道是在生活中，不食人间烟火不行，我一年 365 天，每天早上起来做点早饭，然后投入工作，晚上下班还得想想买点什么给女儿、丈夫做晚餐。这就是生活，实实在在很真实的。我常跟女儿说，有些植物是躺着长的，很方便，也蛮幸福的；有些植物是向上长的，长起来很困难，也长得很慢，但当它长到一定的高度，它看到的美景跟躺着长的是不一样的。

“从舞台中心让出来”

沪剧风靡于 20 世纪二三十年代，是一个非常时尚摩登的剧种，在自觉或不自觉当中选择了一条演现代戏的方式，当时他们演的是旗袍戏，称为鸳鸯蝴蝶派，讲述的是弄堂里的市井故事。也是因为定位的准确，沪剧一下子风靡上海。在演西装旗袍戏上没一个剧种演得过沪剧的，所以，这也就成了沪剧的特色。我们的泰斗级流派创始人，他们的一些保留剧目很多也是现代戏，像丁是娥老师演的《芦荡火种》、袁滨忠老师演的《红灯记》，还有他们演的《雷雨》，曹禺先生看了后说，“我心目中的《雷雨》就是这个样子，我心中的繁漪就是这个样子。”

我 1997 年当团长，在这之前我就一直担任艺术总监等，那些我演的戏我都参与一度创作和二度创作。因我是领导，在谈项目、结构等事项时我都参加，我都感兴趣，进入二度时，与导演都是好朋友，所以，都一起搞创作。《挑山女人》我也是导演，包括文本策划都参与。我认为这对我来说特别好。我可能跟其他演员不一样。与其说是导演，其实就是在教戏，在教戏的过程当中，我也有一个长进的过程。因为我得琢磨除了我自己角色以外的角色。人们说，演而优则导，当对演戏有了一定的感悟以后，自然而然会对同台的对方有要求，如果对方演得不对，我演对手戏会很难受，我们会一起探讨，其实这就是种导演思维，在做导演工作的过程中，更丰富了我去演自己角色的全方位思考，会去考虑整个戏全方位的脉络、节奏的处理、重点的安排等等，其实我觉得这是演员应该干的，如果我是个好演员的话，这可能是理工女带给我的一种思维方式吧。常常有的戏某一场跟我没关系，我也会去关注，因为，如果这场演得不对的话，到下一场跟我对上了，那就偏了，对方的人物偏了，我就会被带得不准确。我一直说，你不准确的话，我越准确就越显得不准确，这样传递给观众的观剧效应是扭曲的，就不顺，这就是人物关系没有搞明白。以前尽管只演自己的戏，但我会在现场看各位导演怎么导戏，然后我也会参与，因我是行政领导，会在排练场，有时没我的戏，但我也会帮导演一起琢磨，把每一场戏都演对，把每一个角色都演对。所以要把一个戏演好的话，其实是把所有的人物都搞明白，你在其中才会水涨船高。如果观众说只有某一个角色演得很好，那这个戏就失败了。《挑山女人》好就好在我们所有的人物都很适合，都非常准确。

我是这样走过来的，我要把这些经验体会传递给孩子们，孩子们很需要站到第一线，剧团很需要有一批人站出来，有人说，宝山沪剧团就是看华雯，华雯不演了，剧团也就散了。对这样的说法我很反感。但如果再接不上的话，无形中就散掉了。并不是说这个剧团不存在，而是出不了好戏好角了。

我快退休了，现在年轻人再没机会演戏，这一代就毁了，我现在还能教，还能做示范，抓住这个尾巴，尽量多教，趁我的思维、语言节奏还在状态上，别到了八九十岁再说教学生，那是不负责任。尤其是戏曲演员，后面已经是接不上茬了。按理说，我们这些人，50 岁以后就应该好好地去当师傅，这才叫代代相传。如果五六十岁还在一线顶着，这个行业就会尴尬。个人都是小，这话听起来有点拙。从事物发展的规律来看，一个植物掉叶子的话，它不会等到全部黄了才掉下来，有的叶子掉下来时还很精神饱满、碧绿生青的，其实，当嫩芽冒尖时就会掉叶子，并不是黄了枯了才掉下来，它的替代就是这样。像我们这样 50 多岁的演员，就应该从舞台中心让出来，尤其是搞艺术的，一代人的成就往往阻碍了后面两三代人的发展，这也是一种规律。如果到了 50 岁还不让台，这个行业真的要接不上了。要抓紧时间培养沪剧年轻人才，打造一支行当齐全、年龄架构合理的演员队伍，把沪剧传承作为一项重点工作去落实。2009 年，我被认定为上海市非物质文化遗产项目沪剧代表性传承人，这是一份荣誉，更是一份责任。

为金融上海保驾　为法治中国护航

口述 吕红兵　整理 张秀华

吕红兵简介

男，1966年12月生，山东济宁人，中共党员。国浩律师事务所首席执行合伙人。全国律师行业党委委员。中华全国律师协会副会长、维权委员会主任。第七届上海市律师协会会长。第十三届全国政协委员，全国政协社会和法制委员会委员。中国共产党上海市第九、十次代表大会代表。政协上海市第十、十一届委员会委员，市政协社会和法制委员会副主任。中国证监会第六届股票发行审核委员会专职委员。中国证监会上市公司并购重组委员会咨询委员，上海证券交易所上市委员会委员。上海国际经济贸易仲裁委员会委员及仲裁员，上海仲裁委员会委员及仲裁员。曾获上海市劳动模范、上海市优秀律师、上海首届十佳青年律师、中共上海市直机关系统优秀党员、上海市优秀专业技术人才、全国优秀仲裁员等荣誉称号。

2019 年 3 月 9 日下午，人民大会堂中央大厅北侧，红色地毯，立式话筒，闪光灯聚焦。肩负着参政议政之职能，代表全国 43 万名律师，我走上全国政协十三届二次会议“委员通道”。在这条二十多米长的通道上，来自不同界别、不同领域的全国政协委员与中外记者“零距离”接触，直接回答社会关心的话题。

我难忘闪光灯聚焦的这一刻，更难忘自己铿锵袒露的心声：今年是律师制度恢复 40 周年，我将始终牢记律师的初心：是作为当事人的代理人，以精湛的专业服务，依法维护当事人的合法权益；是公平正义的守护者，与人民检察院一起，各司其职，为人民法院做出公正裁判提供事实和法律依据。特别是在防范冤假错案方面，律师是司法机关最值得信赖的“同盟军”，不可或缺，无法替代。我们办的不只是案子，是他人的人生。一个案件的背后，就是一桩婚姻、一户家庭、一个人的自由、一家企业的未来。推进法治中国进程建设，律师不是万能的，但是没有律师却是万万不能的。我们要走向“一带一路”，为中国企业“走出去”保驾护航，我们更要进学校、进社区、进农村，充分满足人民群众日益增长的法律服务需求。

华政奠定梦想　毕生守护正义

初心或许就始于我随父亲登上家乡的泰山顶那一刻：“会当凌绝顶，一览众山小。”也因此懂得“欲穷千里目，更上一层楼”。

17 岁那年，我怀揣着理想与憧憬，从中华礼仪之邦的孔孟之乡跨入了上海的高等学府——华东政法学院。在那里，以自己的毅力，勤奋苦读，夯实基础，从经济法读到金融法证券法，其间还撰写了不少论著；与此同时，从大一第一学期，开始担任团支部书记，就十分注重与人交流及社会工作技能的历练，一步一步的积累、总结、提高。

1991 年我从华东政法学院研究生毕业，留校做了老师，教经济法。当时学校还没有开设证券法这门课，先是由经济法系的教师开了系列讲座。对此我印象很深，因为我讲了第一讲，从那个时候我才开始真正对证券法有了持续深入的钻研。

一个偶然的机会，命运把我推向了人生的十字路口：是留在学校做讲师、副教授、教授成为学者，还是到证券公司从事法律实务，到社会上去一搏风浪？经过深思熟虑，我作出了决定：去万国证券。华政虽然非常不愿我走，但最终还是尊重了我的选择。我至今还清晰地记得华政领导对我说的话：不要忘了华政，要为华政多作贡献。我当时说：我将永远不忘华政对我的培养，将努力为华政作出更大的贡献。这些话语至今激励着我不断前进。

1993 年 7 月，就在我进入万国证券还不到一年的时间，在公司管金生总经理及其他领导们的关心与支持下，27 岁的我领衔创建了全国首家以证券法律事务为特色的律师事务所万国律师事务所，一方面为万国证券服务，另一方面向社会提供法律服务。

我们像“拼命三郎”般努力工作，加上我们拥有的专业学历，很快成为一家国内著名的以证券服务为主业的律师事务所。我和我的同伴们迄今已为千余家股份公司发行上市及资产重组项目提供法律服务。其中“大港收购爱使”可说是一个经典案例，整个过程堪称“惊心动魄”。

日历翻回到 1998 年 6 月 26 日，星期五，北京，人民大会堂。

“国浩律师集团的成立，是中国律师事业发展中的一件大事，它对我国律师事务所走规模化、集团化、专业化发展之路作出了可贵的探索……”在国浩律师集团成立大会上，当时司法部肖建章副部长热情洋溢的讲话在大会堂回荡，集团创始人张涌涛律师手捧着司法部的批准证书，现场的上海、北京、深圳三家事务所百名律师及 200 多位中外嘉宾报以一阵阵热烈的掌声。

而就在此时，我接到了立即回沪参加一个重大收购案的电话，次日便返回上海。三天后，7 月 1 日，大港油田集团有限责任公司等发布了由我们律师起草的公告：“截至 1998 年 6 月 29 日交易结束，天津炼达集团有限公司和天津大港油田重油公司通过上海证券交易所交易系统购入上海爱使股份有限公司普通股共计 6065370 股，占爱使股份发行在外的 121305600 普通股的 5.0001%。”（节选）

这份公告的发布，在证券市场激起不小的波澜。第二天，几乎所有的证券类媒体都详细报道了大港油田举牌爱使股份的消息。但大港要入主爱使却颇费一番周折，主要障碍在哪里？就在“章程之争”。爱使的章程第 67 条规定：“只有那些持有 10% 以上股份且持有时间在半年以上的股东才能进入董事会，而且原董事会的人数在改选后也不能少于一半……”于是一场关于爱使公司章程第 67 条合法性与否之争，成为证券市场的热点。我们在进行了大量研究之后，7 月 10 日，正式向大港油田提交了关于爱使公司章程第 67 条是否合法的法律意见书。正是这份有理有据的法律意见书坚定了大港油田的信念，也确定了我们下一步的主攻方向：爱使公司章程有问题，要入主爱使股份，首先要攻破爱使公司的章程。

作为法律顾问，我们是从为大港油田入主爱使股份排除障碍出发；但我们认为从深层看，这更是从规范上市公司的章程出发，进而规范整个证券市场的角度出发。于是，在为大港油田出具法律意见书的同时，我们也以律师事务所的名义向中国证监会、上海证管办（现上海证监局）、上海证交所反映了这个情况，希望有关监管部门重视并解决此事。

同时，我们请来法律专家以正视听。7 月 25 日，“股东行使选择管理者权利法律问题研讨会”在北京中国职工之家宾馆召开。中国公司法最权威的专家江平教授与王家福研究员都来了，专家们一致认为：爱使公司章程第 67 条规定违法，违反了民商法中的“诚实信用原则和公序良俗原则”，既违反股东利益，也不合乎公司利益，应当视为自始无效。

中国证监会在8月底终于就爱使公司章程表态：爱使公司章程第67条确有错误，并提示上海证管办：约见爱使公司负责人，责令通过股东大会予以修改。至此，爱使章程之争大幕落地。

回望此事，深感此次章程之争虽然使大港入主爱使延缓了一段时间，但却为下一步工作提供了不可缺少的理论上、思想上的准备，在完善规范证券市场方面产生了深远的影响，在后来的《证券法律：投资银行律师实务》中，我对此有专文论及。

这次被誉为最规范的“买壳上市”的行动，从1998年6月底开始，历经四个月，先后爆出了“国内证券市场首发章程之争”“入主方式之争”，以及爱使股份反收购的“焦土战术”，直至10月31日，这场“斗智斗勇”的法律之战，终于以临时股东大会决议的形式，宣告了“大港油田”正式入主“爱使股份”。有关媒体评论：这其中不仅有大港油田的胆魄，亦有受聘担任大港油田收购爱使股份的专项法律顾问、上海市万国律师事务所的多智善谋。

1999年元旦这天，我收到一张来自爱使的贺卡，得知：经过入主后的两次资产重组，爱使股份当年“保10”（即达到净资产收益率10%）目标已经实现，大港收购爱使取得最后成功！

目前，我们已先后为上汽、上海电气、百联、锦江以及复星、均瑶等多个发行上市及资产重组项目提供法律服务，积累了经验，创建了品牌。

从2003年开始，我担任中国证监会发审委委员，这同样是我从事证券法务工作的一段难忘经历。当年12月24日，人民大会堂，中国证监会第六届股票发行审核委员会宣告成立。当日新华社北京12月24日电：中国证监会第六届股票发行审核委员会（简称发审委）24日在京成立，新一届发审委委员共25名。

我们全体25位委员在会上庄重地签署了承诺书：自觉遵守国家的法律法规；遵守社会公德，以端正的个人品行自觉维护发审委形象；以自己的专业知识和从业经验为基础，履行诚实守信、勤勉尽责的义务，客观、公正地进行审核，独立发表个人审核意见，并承担相应责任；接受证监会的管理、考核和监督。此刻，我再次感受到身上沉沉的责任，重重的压力！暗自告诫自己，只有勤勉尽责才能不负众望；只有清正廉洁，方可不辱使命！

短短八个月，发审委马不停蹄地审核了近180家公司的首发及再融资“上会”申报。我参加了其中一半数量公司的审核。发审委工作运行一年，效率和质量都有了很大提高。我们也因此被称为“阳光下的发审委”。记得胡乔木同志在全国第一次律师代表大会上曾经说过：“律师是神圣之门，又是地狱之门。”这句话用在当代中国证券律师的身上更是贴切之极——证券律师只有通过提供证券法律服务，成为证券市场公序良俗的捍卫者，成为证券市场不断完善的谏言者，才能够真正走入神圣之门。

我领衔创建全国首家以证券法律事务为特色的律师事务所，担任中国证券市场首例特大型企业收购上市公司的法律顾问，承办上海首例大标的融券纠纷案，先后主编《防范化解重大金融风险的法治思维和法律服务》《中国产业律师实务》《现代商事律师实务》等著作，并带领我们事务所创造了证券法律服务领域的多个第一。回望走过的路，多少次深夜晚归，多少次凌晨起飞，多少次案头通宵，多少次重负在肩……但我深知在我的努力勤奋背后，更是中国的改革开放成就了我和律师事业；我们赶上了改革开放的春天，我们也不负这个时代，满园春色赐予的良机。

镌刻律界轨迹，衣带渐宽不悔

还记得前面讲到的国浩律师集团成立的故事吗？组建这个集团，源于我们的一个思路：专业化做得再好，只是一个精品店，要成为一个大型的连锁超市的话，必须要搞规模化。只有这样，在加入WTO以后，我们才能和境外的律师事务所相抗衡。人家是航空母舰，我们是小舢板，怎么和人家去争流搏击。专业化发展到一定的阶段必须向集团化方向发展。律师事务所没有规模化，就没有真正的国际品牌。

集团的成立，打造了一种规模化的内在结构，但更重要的要形成一个品牌化的外部表现。律师是经营知识，是创造性服务，其品牌价值不可低估。我们创建国浩的品牌目标就是：不仅要打造一个业务繁荣的律师事务所，更要打造一个对国家、对社会有责任心的律师事务所，还要打造一个有文化底蕴、有优秀传统的事务所。今天，国浩律师集团事务所已经发展为中国规模最大的律师执业机构之一，成为境内外投融资特别是资本市场最为专业的法律服务提供者之一。

上海市中山西路上矗立着一座白色的大厦，墙体上“上海律师会堂”六个大字在阳光下熠熠生辉，这里就是当时上海市律师协会所在地。2005年春，我走马上任上海市律师协会第七届会长。4月1日，第一次会长办公会议召开。我是6位会长中最年轻的，此刻我倍感肩头上的担子沉甸甸，因为，这不仅仅是做好一名好律师，带好一个好律师事务所；更要把上海的整个律师行业带向一个新的高度。

时值中国的律师制度恢复26年。我从加强责任、夯实基础、完善治理、优化环境、再树形象、缩小差距、丰富思路、办点实事等八个方面提出思考、思路。我认为，我们要成为“学习型”的班子，就是要把握行业发展规律，学习行业管理经验。我们律协的工作要讲大局、讲效率、讲发展。凡是有利于上海律师事业可持续发展的，都要做，而且要做好；凡是不利于上海律师事业可持续发展的，现在不做，将来也不做。我们律协的任何决策，要代表律师事业的发展规律、代表行业自律管理的发展方向、代表上海最大多数律师的利益。我们律协班子要坚持科学发展观，提高“执政能力”，要保持理事会成员的“先进性”。那就是：在发展思路上先进一步、在顾全大局上先进一步、在诚实信用上先进一步、在勤勉尽责上先进一步、在无私奉献上先进一步。我提出，我们上海的律师从专业层面，追求“学者律师”；在人文层面，定位于“君子律师”，要形成上海律师的文化特色，打造上海律师的闪亮名片，铸就上海律师的品牌形象。

提升律师地位、优化执业环境，是律师协会工作的重要方面。我们在全国率先致力推进建立律师与法官、检察官等法律职业人之间的良性互动的新型关系。我提出一个口号叫做“组织上多往来，私下里慎交往”，切实维护律师执业权利，努力维护司法公正。时任上海市高级人民法院院长滕一龙、时任上海市人民检察院检察长吴光裕分别带队来上海律协座谈交流，此后时任上海市人大常委会主任龚学平、时任上海市政协主席蒋以任亦前来视察。

2006 年 3 月，在时任市委副书记刘云耕、时任市司法局局长缪晓宝等领导关心下，在新闻单位及社会各界支持下，上海律协启动了首届“东方大律师”评选宣传活动。评选出的 10 位东方大律师是上海 8800 多名律师的优秀代表，他们是法治精神的传播者和民主法治的践行者。我在《如何提炼和弘扬东方大律师精神》一文中指出，法治不仅是和谐社会的实现方法，也是和谐社会的基本内容。东方大律师精神正是上海律师追求公平正义、完善民主法治的强大精神动力。因此，宣传律师，就是宣传律师制度，而律师制度正是我国法律制度的重要组成部分；宣传律师，更是传播法治精神，而法治精神正是温暖这座城市精神的重要内容。

2007 年，我任上海市律协会长的第三年，也是在春光明媚、风和日丽、生机盎然的季节。4 月 26 日上午，时任上海市委书记习近平同志，来到上海市律师协会，亲切会见了市司法局领导、律协会长和获首届“东方大律师”称号的律师。12 年过去了，但那一幕幕，依然清晰眼前：习近平同志非常关注上海律师业发展情况，得知全市已拥有 770 多家律师所，律师人数达 8800 多人，均走在全国前列，脸上露出欣慰的笑容；听到上海律师拥有 19 个专业研究委员会，致力于打造学习型协会、培养学者型律师时深表赞赏；并同“东方大律师”们一一握手，亲切问候，合影留念。

习近平同志到上海履新仅一个多月就来到市律协看望律师，这对我们律师是莫大鼓舞和巨大鞭策。多年来，我不断以此激励自己，以优质高效的法律服务为上海的长治久安和经济建设服务，为推进上海的法治化进程而不懈努力，衣带渐宽终不悔。

2008 年至今，我一直担任中华全国律师协会党组成员、副会长，它鞭策着我站在更新的高度，以更广的视野，不断向前奋进，不断地思考追求：中国律师要如何无愧于成为“我国全面建成小康社会，全面深化改革，全面依法治国，全面从严治党这一治国理政中一支不可替代、举足轻重的重要力量”。

勤勉参政议政，护航法治中国

我是一名律师，我是一名政协委员，在关注民生，完善立法，推进法治中国建设上，更感重任在肩，责无旁贷。

我任上海市政协委员和全国政协委员以来，不敢有一丝懈怠，敬业勤勉参政议政，耕耘收获在不断完善立法，助力法治中国建设的大路上，目前累计已为近百项法规规章草案提供意见，包括证券法、著作权法、监察法、民法总则以及自贸试验区条例、推进国际航运中心建设条例、环境保护条例、城市管理行政执法条例等。

2018 年 3 月 28 日下午，习近平总书记主持召开中央全面深化改革委员会第一次会议并发表重要讲话。会议审议通过了《关于设立上海金融法院的方案》。听到这一新闻后，我倍感兴奋和感慨，激动之心难以平抚。

8 年了。从 2010 年上海“两会”期间我和几位市政协委员一起提交相关提案至今，已过去 8 个年头。几年来，我们多次呼吁在上海率先成立专业的金融审判法院，为上海国际金融中心的建设提供司法保障。

事情要回溯到 2009 年，上海市某基层法院审理了一起涉及 2109 万元的证券“短线交易”侵权纠纷案。对于该案当时的判决，时任上海市政协委员的上海证监局局长张宁和我等法律界人士认为：一审法院对立法目的和法律适用进行解释有失妥当，对法律的理解不够全面。因为当时只有普通法院的金融庭在审理相关的金融案件。而当时，类似这样处理失当的案件还有不少。

于是在 2010 年初，上海市政协十一届三次会议期间，张宁委员牵头，我们多名市政协委员联署提交了《关于进一步加强我市金融审判工作并适时建立金融法院的建议》。这是较早涉及金融法院的提案。2015 年，上海市政协十二届三次会议召开，由我执笔，11 位市政协委员联署又提交了《关于在上海设立金融法院的建议》。这一提案被列入上海市政协 2015 年专委会（指导组）重点协商办理专题。2018 年 1 月，我成为新一届全国政协委员，肩上担子更重了，但我对设立金融法院的关注度及初衷始终没变。在全国“两会”期间，我与东方财富网董事长其实和上海外国语大学副教授黄绮再次联署提交了《关于设立上海金融法院的建议》，为上海设立金融法院继续建言。

在这期间，上海不断加快国际金融中心建设，全球性人民币产品创新、交易、定价和清算中心初步形成，金砖国家新开发银行、人民币跨境支付系统、全球清算对手方协会等功能性机构相继落户，保险交易所、票据交易所、中国信托登记公司等全国性金融要素市场设立运营。而与此同时，金融案件也大幅上升，在 2018 年的前五年中共审结一审金融案件 47.8 万件，同比上升 358.3%。金融市场的不断创新、新型金融业态和经营模式的加速出现、国际金融交易惯例和规则的纷纷涌入，势必会对金融审判法官的知识结构、裁判理念、裁判视野乃至裁判技巧带来较大挑战。因此，在上海设立金融法院已是迫在眉睫，我们对提案的跟踪和关注也在不断持续中。因为，设立金融法院不但有助于上海国际金融中心和自贸区建设；有助于金融市场实现体系化、规则化和国际化；同样有利于促进金融司法对金融市场的规则指引和价值引领；更有利于加强我国在国际金融市场的规则话语权。

今天，设立上海金融法院的方案已经通过，独立成建制的上海金融法院即将矗立在上海国际金融中心，为东方明珠再添耀眼之星。我曾为这一设想建言献策，我为此感到欣慰与振奋。它必将为提高金融案件审判效率、实现适用金融法律统一性，促进司法公正，建设上海国际金融中心发挥重要的战略作用。

2013 年，国家主席习近平提出建设“丝绸之路经济带”和“21 世纪海上丝绸之路”的国家级顶层合作倡议。2015 年国家发改委、外交部、商务部联合发布“一带一路”的愿景与行动规划。法律服务业是与国家战略与经济发展特别密切的行业，在布局未来工作时，要始终密切关注并吻合国家大政方针。最近几年，我们的工作触角也迅速发展到世界各大洲，从事跨境并购与合作的业务量持续上升。国浩律所从 2015 年开始形成专业团队，有系统有组织地进行“一带一路”法律研究与法律服务。其中，特别值得一提的是，在 2017 年 1 月完成的一项由中国金融期货交易所、上海证券交易所、深圳证券交易所三家中方机构联合中巴投资有限责任公司及巴基斯坦哈比银行成功竞得巴基斯坦证券交易所 40%股权，其中中方三家交易所持股 30%。2017 年 5 月“一带一路”北京峰会隆重举行，它对法律服务业的传导影响将不断持续，我们重任在肩。

总结、梳理我们的工作实践，在 2019 年全国“两会”上，我又提交了一份提案：“完善涉外法律服务，为‘一带一路’建设保驾护航”。这是律师的职责，也是委员的使命。

从律师中选拔法官检察官，是司法改革的一项重要举措。我早在 2012 年上海两会期间，就提交了“推进建立从优秀律师中选拔法官的机制建设”的提案。同时我也提出：人民法院与律师行业应做到互动提示警示。法官与律师应当“对视”，这种“对视”其实是相互监督、相互提示、相互警示。我们应当做好“律师眼中的法官”与“法官眼中的律师”这两篇大文章。人民法院在制定各种形式的审判规则时，应当制度性地安排律师全过程与全方位的参与。2015 年 4 月，上海高院启动了从律师中选拔法官的工作，一石激起千层浪。这一制度的创设，不仅是打通了律师当法官、当检察官的通路，更重要的是体现了共建法治工作队伍的认识与践行。

2015 年 8 月，上海市人民政府首次聘请五名法学教授、七名执业律师担任兼职法律顾问，标志着上海市政府法律顾问制度实现历史性突破。2017 年 9 月 7 日，我将 2.6 万字的《关于重大行政决策公众参与制度》的课题研究报告，送交上海市人民政府法制办，这是我作为上海市人民政府兼职法律顾问两个月后受领的一项任务的工作成果。

法律是治国之重器、良法是善治之前提。建设中国特色社会主义法治体系，立法先行乃必须。而在此过程中，科学立法、民主立法，拓宽公民有序参与立法途径，为关键所在。律师，战斗在法律服务的最前沿，正如“知屋漏者在宇下、知政失者在草野”，他们对法制完善的建议具有针对性、现实性，而且相对独立、相当专业。

正如党的十九大报告中指出，我国的法制建设“迈出重大步伐”。法治中国建设宏伟蓝图已绘就，四梁八柱已搭成，施工图正在落实，精装修日新月异。我们法律人，见证着、参与着、奉献着、共享着。

在 2019 年 1 月召开的中央政法工作会议上，习近平总书记要求，要深化公共法律服务体系建设，加快整合律师、公证、司法鉴定、仲裁、司法所、人民调解等法律服务资源，尽快建成覆盖全业务、全时空的法律服务网络。

对于习近平总书记关于公共法律服务工作的重要指示精神，我深知，作为一名新时代中国律师、一名社会主义法治工作者、律师干的就是党和人民重托和期盼的。我将不忘初心，不负重托，不辱使命。

法治中国，乘风破浪，铿锵前行！
法律人士，心似莲开，清风自来！

资本“红娘”

口述 杨艳华　整理 邱曙东

杨艳华简介

女，1959年10月生，浙江诸暨人，中共党员。海通证券股份有限公司并购融资部原党支部书记、总经理兼任海通并购资本管理（上海）有限公司董事长。2011年，被评为上海市优秀共产党，2012年荣获上海市五一劳动奖章，2013年荣获全国五一劳动奖章，2014年度被评为上海市三八红旗手标兵提名奖和上海市年度劳模人物，2015年被评为全国劳动模范。她带领的海通证券并购融资部连续5年被上海证券报在中国最佳投行的评选中评为“最佳并购团队”、第二届中国并购专项奖“最佳并购方案设计奖”、《新财富》“最佳财务顾问项目奖”、《经济观察报》“2009中国资本市场最佳创富服务奖”。2010年，她带领的海通证券并购融资部被评为上海市模范先进集体。

整理者言：作为国内资本市场并购领域最具影响力的领军人物，海通证券并购融资部总经理杨艳华及其团队，自 2014 年以来，面对复杂多变的资本市场，持续推动国有企业对旗下上市公司平台进行资产重组，完成的并购重组项目交易金额超过千亿元，在上海推进国资国企混合所有制改革的过程中，作出突出贡献。人称杨艳华是资本“红娘”。这个“红娘”有何“执柯伐柯”秘诀？请听她一一道来。

金融创新，首吃螃蟹

在资本市场上，“要勇于做第一个吃螃蟹的人”，同行们都说我有这么一个“口头禅”。是的，金融服务实体经济的一个重要手段，就是运用好并购重组工具，让企业更快更好地发展，而运用好这些金融工具，最离不开的就是持续不断的破旧立新，具有“要勇于做第一个吃螃蟹的人”的精神风貌。同行都说我在资本市场创造多个“第一”。

细数起来，还真有这么几个：文化发行行业借壳上市第一单——新华传媒；文化出版行业借壳上市第一单——时代出版；教育行业境内 A 股重组上市第一单——新南洋；上市公司破产重组第一单——ST 棱光；二级市场恶意收购与反收购第一单——鄂武商；巨人网络“借壳”世纪游轮，回归 A 股首日即告涨停；文广集团旗下两大上市公司百视通、东方明珠吸收合并，打造千亿元市值文化传媒上市公司……

就拿文化发行行业第一单来说吧。一般来说，要完成借壳上市项目，总要花上一两年时间才能走完全部流程。但新华传媒借壳上市项目，只用 8 个月就完成了上市。为完成这件几乎是“不可能完成的任务”，我们独辟蹊径，决定采用“股权收购 + 资产置换 + 定向增发 + 股改”方案，几个步骤同时操作，整体申报，一次审批，同时完成，这是中国资本市场并购重组的一次大胆创新。在这 8 个月中，作为项目的策划人，我全身心地投入，并缜密地安排好每一个细节。从材料制作，到项目质量，都亲力亲为。

ST 棱光这个案例，值得一说。在这个案例上，我们团队打了一场漂亮的攻坚战——三大战役周密布局、层层推进，一环紧扣一环，且容我仔细道来。这是一家背负 7.4 亿元巨额债务、两度暂停上市并濒临破产的上市公司。普通人看起来，要让它重新上市简直是天方夜谭。但我们决定接手这个项目，再难也要上，这正是发挥我们重组专业能力、为投资人解决问题的时候。债务重组是唯一突破口。一旦无法实施重组，必然导致 ST 棱光退市。而一退市，不仅债务打了水漂，众多投资者也难免遭遇损失。为此，我们团队和 ST 棱光的大股东上海建材集团展开反复沟通协调。历经整整 3 个月的艰苦谈判后，大股东终于答应拿出 2.5 亿元清欠债务。并购业务的宗旨，其中最重要的一点，就是要全力维护投资者的利益。权衡之下，“三分之一”总比颗粒无收要强得多。债务重组一结束，我们就立即着手对公司实施资产重组和股改，这又是一场艰巨的“保牌战”。为迅速改变ST棱光资不抵债和无主业经营的状况，我们说服上海建材集团，通过无偿注入下属洋山港基混凝土公司等优质资产的股权（合计1.1亿元），并对ST棱光豁免1.5亿元负债，以2.6亿元的对价解决股改问题。

紧接着，发展之战就成了当务之急。我们团队又马不停蹄地设计方案、制作材料，上报中国证监会。通过定向增发，ST棱光向上海建材集团定向发行11800万股，上海建材集团以价值2.09亿元的优良资产全部认购。

就此，在ST棱光这个案例上，我们来看一组对照鲜明的数字：重组前，公司总资产为0.41亿元，利润亏损，公司每股净资产为－4.65元，严重资不抵债；重组以后，公司总资产达3.6亿元，利润0.52亿元，每股净资产增加到每股0.88元，每股收益0.19元。由此，ST棱光的主业和管理层彻底脱胎换骨，成为一家从事新材料、新能源业务的全新上市公司。

2015年，这一年我们团队开拓奋进，业绩可圈可点。华谊集团整体上市，上海华谊（集团）公司将核心优质资产注入上市公司双钱股份，实现集团整体上市，“双钱股份”更名为“华谊集团”。重组前，上市公司的净利润为3.42亿元，至2018年上市公司的净利润超18亿元。这一年，上海电气实施重大资产重组，电气集团借此完成顶层设计改革，实现整体上市的战略目标，在进一步落实、深化上海市国资国企改革的同时，对电气集团加强战略管控、实现核心主业提质增效意义重大。

就这样，我们从上海本地入手，帮助上市公司开展实质性、战略性并购重组，全面提升上市公司质量，从而推动上海经济结构转型和发展，这是我们团队展开并购重组业务的重中之重。

迎难而上，敢啃骨头

2006年，新华传媒上市项目操作起来究竟有多难？首先，新华传媒是个非上市公司，要按照上市公司的标准来要求。仅股改一项，就已颇费周折，来回折腾。由于是创新方案，首先一步必须完成对流通股东的对价支付，二是要完成国有股权的转让变动，三是百联集团和新华集团双方利益的平衡。我们既要考虑老股东的利益，又要兼顾新股东的利益。花费大量时间反复协调、反复征求意见，终于达成多赢。从进场到项目完成，最忙时，我带领大家一起通宵达旦地加班。我母亲就是那时去世的。其间，母亲身患绝症住进医院。我分身乏术，根本抽不出时间去医院照顾母亲。只是匆匆去医院看望一下母亲，又匆匆离去。从母亲住院到离开人世，我都没有请过一天假。母亲走的时候，也没见上最后一面，成了我终身遗憾。每每想到这里，心里黯然神伤。2008 年 6 月，这一成功案例被全国工商联并购公会评为“最佳并购方案设计奖”。这算是对我最大安慰。

上海老牌国企二纺机 1992 年上市，但其受困于纺织机械行业整体下滑，至 2006 年时，公司业务陷入困境并连续多年亏损，面临退市风险。老牌国企，各方面关系复杂。2012 年，我们团队克服重重困难，对二纺机实施重大资产重组，市北集团将优质的园区开发资产置入二纺机，致使其主营业务由纺织机械变转型为园区开发经营，并更名为“市北高新”，以都市型产业园区综合运营商和服务集成商的全新面貌亮相证券市场。通过本次重组，上市公司资产质量得到优化，盈利能力和持续经营能力显著增强，为国资国企转型升级发展树立成功范本。

其实，多个案例显示，国有企业资产重组以及股权分置改革牵涉到的股改问题，最难的是人的整合。人的整合大于资产整合。为什么要重组？在进行项目顶层设计时，这一必要性要讲清楚。要知道，人比资产相对来说要复杂些。面对企业重组上市，项目方员工的心态多种多样。有些员工不愿上市，有些员工不愿去企业公司而改变身份，有些一官半职的员工患得患失。针对这种情况，我们团队就对项目方员工“洗脑”，讲清楚补偿员工的利益，精心设计好相关人员的利益方案。这些都力求做到公开公平公正，并且提交到项目方职工大会通过。否则，项目方有很多员工反对就做不下去。因此，在困难面前，有再大的石头滚下来，我们也要“扛得住”。

那些年，我和团队就是争取把投资银行的并购业务做到极致。除此以外，我们还花费两年时间，成功筹备总规模达百亿元级别的上海并购基金，并在短短 15 个工作日内，撬动 3.7 亿美元投资，完成收购美国纳斯达克上市公司盛大游戏 20%股权，并引导其私有化后对接国内资本市场。

我想，作为投资银行精英业务的并购业务，随着资本市场的成熟与发展，已呈现快速增长趋势，将为中国资本市场的健全与完善发挥出越来越大的作用。我们的工作就是当“红娘”。我喜欢高难度的工作，喜欢挑战，当时就是“一根筋”：要把不可能的变成可能，把可能的变成现实。

团队榜样，严以律己

要说成功的话，那么这点成功都属于团队。多年来，我从几个方面来严格要求自己和团队。

首先是专业纪律，也就是合规教育。金融行业风险大，尤其体现在合规上。在职业规范上，这点不能含糊。俗话说，“常在河边走，哪能不湿鞋”嘛，我们时刻以此来敲木鱼。比如，标的企业必须停牌后再联系，不停牌的不联系。 如果万一遇到没停牌却不得不联系的情况，我们就规定“特别时间表”——每周五下午 3 时收盘后，再帮助重组双方进行接洽和谈判，周六、周日和企业通宵达旦谈两天，定下最终方案后，在周一开盘时即刻进入停牌程序。因此，做人做事，规范是第一要素。

其次是专业水平。我要带领团队提高专业水准，否则，很多实践问题解决不了。这里面牵涉的学问很多。资产重组、上市涉及资产评估、会计、审计、税务、国土、法律、金融、证券等各方面知识。比如，每个案例因为交易结构不同，你要确定不同的“组合拳”方案；标的方的资产要清晰，你要去判断其机构、人员、资产、财务、业务五个方面是否“独立”；对置入置出的资产，要进行审计评估，做出合理科学估值；对上市公司进行审计估值，置换后是溢价还是差价，都要明确解决；国企最明显的问题是土地权属问题，你要去核实其是工业用地还是集体用地；还有，很多企业的担保活动要去判断是否占用了上市公司资产；资产估值如何去看它的折现率；尤其是，对项目方企业的特性和亮点要了解，熟悉其业务模式，重组报告书必须让独立第三方阅看后对文字表述一目了然……专业水准也是一种责任心的表现，我要求团队提供的材料都不能出现哪怕一个标点符号的错误。此外，我还注重总结实践经验。我主编的《并购重组管见——并购业务思考与实践》和姐妹篇《并购重组管见——海通证券并购团队的实践与总结》两本书，先后于 2008 年和 2013 年出版，均是通过翔实的实战资料，对上市公司的并购重组项目进行全面探讨、分析和总结，为资本市场和实体经济的并购重组活动，贡献理论参考和实战依据，获得监管部门和市场好评。

第三，带团队要多付出，多讲奉献。我患有严重的眼睛玻璃体脱落，医生告诫不能坐飞机，否则会引起严重后果。但由于工作需要，时常要搭乘飞机前往各地出差。有时在飞机上，眼睛疼痛就只能自己调整克服。同事总说我是“空中飞人”，因为即使下飞机已是凌晨 2 点，但早上 8 点 30 分他们一定会准时看到我出现在办公室，从来没有例外。

人心齐，力量大。所以，人说我们团队在业内创造了一个传奇——专注于各类上市公司的收购兼并和资产重组，完成项目的交易金额数以千亿元计，项目成功率 100%。

团队因我奋发，我因团队自豪。

打工妹追梦

口述 朱雪芹　整理 李慧英

朱雪芹简介

女，1977年10月生，江苏睢宁人，中共党员。普陀区纺织工会联合会副主席，上海普陀商业（集团）有限公司工会副主席、上海普陀商业（集团）有限公司上海企业发展有限公司党委副书记、纪委书记、工会负责人，上海华日服装有限公司工会主席、团支部书记，上海市总工会兼职副主席、上海市劳模协会副会长。自1995年进上海华日服装有限公司从事缝纫工作以来，曾获得全国劳动模范、全国五一劳动奖章、全国十大杰出农民工、全国知识型职工先进个人、全国纺织工业劳模、全国工会系统劳动模范、上海市劳动模范、上海市五一劳动奖章、上海市首届五一巾帼奖、上海市新长征突出手、上海市十大杰出青年、上海十佳“三学”状元等荣誉。第十一届、十二届全国人大代表，上海市第十五届人大代表，十一届全国青联常委。

携“梦”离乡

20世纪70年代，我出生在江苏徐州睢宁凌城乡。凌城南与安徽泗县一河之隔。父母是土生土长的农民，我出生时已经有了两个姐姐。这地方人多耕地少，我们家只有2亩田，那时种一熟稻一熟麦，一年的收入很低，没法维持一家人的生计。我3岁那年添了个弟弟，三姐妹相继上学念书，尽管父母为养家糊口做了点零卖食品的小生意，日子还是过得紧巴巴。为了减轻爸妈负担，大姐小学毕业就辍学了，做些手工活补贴家用。二姐和我都上了初中，二姐不接受父母的要求，不愿意中途辍学。我看到家里条件还是比较困难，提出书不念了，父母又不同意。二姐毕业后想考高中，最后仍因为家庭原因没能如愿，决定要外出打工，而且态度很坚决。她成了我们家第一个进城的农民工。我对二姐在上海的打工生活很有好奇性，经常和她通信聊天，从中感受打工经历带给她的人生体验。

一转眼我也初中毕业了，参加升学考而且考上了高中。那时候大姐已经嫁人，二姐打工在外，母亲盼望身边有个帮手，我是唯一人选。新的十字路口摆在眼前，我不能不选择。母亲说家里交不起我上高中的学费，而且弟弟还在上学，意思是要我结束学业回家。好不容易有了上高中的机会，要放弃心里实在不舍，但家中仍有困难也是事实。于是我忍痛弃学。只不过要我回家帮母亲做做家务活，总是心有不甘。曾经有部《打工妹》的电视剧，我看得很入迷，还特别爱唱剧中的主题曲。我有向往，想走二姐的路，外出打工，学一门手艺。正巧不久二姐打工的厂家来我们县上招工，我瞒着双亲去县劳动部门报了名。

1995年春节，二姐回家探亲。我就准备随她到上海的那家厂打工。母亲一听说，无论如何不同意。在出发的前一天夜里，我和父母谈了一个通宵，最后因为我非常坚决，父母终于放行了。我按时坐上了来接打工妹们的大巴车。

为梦“偷艺”

到服装厂打工，原先我对上手并不担心，因为我给当裁缝的大姐做过帮手，报名后又参加过缝纫培训。到了上海一看，这家中日合资企业的机器是进口的，和原来使用过的都不一样，自动化程度比较高。我在厂里要求上机测试技能时表现还可以，被安排直接上机做成品装接西裤裤腰。但真坐到了机器前，手脚配合操作机器开关，各个环节的协调上总有欠缺，做不到得心应手。几天下来，师傅每天完成550条，我只完成50条，差距太大了，我对自己很不满意。

我决定首先多花些时间来摸索调整。厂里规定上午8点上班，我提前在7点就到机位前做准备工作，分剪布料，配对号码，拉开拉链，等电闸一开，马上启动缝纫机，生产过程中站起坐下的时间就都省下来给缝制了。中午有一个小时休息，我一样提前把相关准备工作做好。傍晚下了班，作为外来妹，也很想和同事们一起去逛逛街，看看上海这个大都市的五光十色。但初来乍到，对一个打工妹来说，最要紧的还是尽快提高自己的基本技能，缩短与师傅的距离。为此，我准备了一个“账本”，下班后吃好饭就拿出本子来记“账”：写下日期，记录上下午分别完成的裤子数量，不断进行对比，上下午对比，不同的日期对比，寻找制作产品快和慢动作细节上的差别，估摸出更节约时间的操作方法，计算1条能快多少，10条能快多少，盯住上升空间，马上确定调整对策，争取第二天就见成效。有一天就发现，生产中每次布料移动占用不少时间，我就试着改变布料摆放位置，让移动距离缩至最短，速度明显上来了。“账本”上每天我的产量记录逐步上升，60，70，80，100，150，200，300……3个多月就赶上了师傅，后来做到了800条。

厂里生产西裤的流水线需要前后工序的衔接，由于操作上的人工因素，有些时候工序之间会出现落差。我们上裤腰的速度快了，前一道工序有跟不上的情况，我们不得不坐等来料。因而我萌生了一个想法：要从单项操作工转向全能操作工，每道工序我都能顶岗救急。

说起来容易做起来难。每道工序使用的机器不一样，要求各不相同，又没有既定的师徒安排，只能自己悄悄地学。没想到我兴冲冲尝试却意外遇险。不同工序使用的缝纫机功能特性都不一样，我对其他工序机器性能特点一时难摸清楚。一天午休时学着用机器钉纽扣，扣子没对准，手靠得近，缝纫机针一下子扎进我的中指，穿到另一面，弯成了一个鱼钩的样子，针卸不下，是用老虎钳把针拔出来的。那天夜里我疼痛钻心，整晚都合不上眼，泪也流了不少。流水线上新换了台开袋布的机器，外资方只教了一个工人操作方法，那个员工有情况不到岗，袋布跟不上，后道工序缺料，成品产量就会受影响。我想学会做替工，于是趁空下来的时候站在机器旁边看了几次，找了个机器没在生产的空档用废料试开袋布，不料手摊平布料的速度和位置同机器的动作没有完全配合到位，3道铁片连续往手上打下来，手被卡压得红肿出血。这两次意外对我打击不小，但在挫折面前我没有后退，我觉得自己的选择没有错，还是要仔细分析原因，尽量做到有把握避免危险再上机。公司很关心我，车间主任、生产部长知道我想利用多余的时间多学些技术掌握不同设备操作能力，都很支持，给我创造了不少条件。后来各种设备我一台台地去试操作，越来越觉得有成就感。某道工序跟不上了，我就上“火线”。

一年半之后，我进入公司评出的10位生产能手行列。1997年成为公司5个优秀员工之一。1998年荣获公司唯一的“最佳员工”称号。

与此同时，我报名参加高中课程学习，业余时间排得满满的，抓紧晚上的一分一秒学知识，在集体宿舍里时常钻进被窝点着小台灯啃书。由此我取得了高中毕业文凭。

逐“梦”东瀛

不久，领班和车间主任先后通知我去总经理办公室，我是在忐忑不安中到场的。总经理微笑着请我们同去的3个工人坐下，说公司决定挑选连续3年评上公司先进的员工去日本广岛培训3年，研修企业管理课程和服装设计专业，在座的安排这批出发。我从没上过机场坐过飞机，想过能让我坐飞机在上海上空兜一圈下来就开心无比了，这时刹那间感觉是不是在做梦，脑子神游起来，总经理接着再讲什么都不知道了。直到求人“掐”了一下再回过神来。我通过邻居家的电话把去国外研修的消息告诉爸妈，他们不是感到惊喜而是不放心我去境外，反问我：“3年以后回来成了老姑娘嫁给谁？”我对母亲说：“出国去学习先进的生产管理经验，这种机会不是人人都有的，要我放弃太不甘心了。到时候回来会工作得更好，婚嫁的事也能解决的。”

在一个陌生的国家学习工作生活，语言不通是最大的障碍。当时经过短期集中培训基本语言、礼仪，还有消防及垃圾分类等常识之后，我们进企业开始研修。每天的午餐需要自备，我们3个人周六一起去超市买菜，准备好下周的用餐。有个周五离开得比较匆忙，钱包忘在更衣室了，3个人都没发现。周六要去采购找不到钱包了，休息天也联系不上厂方人员。如果不能及时解决，我们一周的午餐就泡汤了，怎么保证工作学习呀。情急之下我们向日本邻居老夫妻求助，我们讲的他们听不懂，后来只好写几个汉字连带手势比划，他们知道了大概情况，帮我们解脱了困境，后来厂方为防止误解又向他们作了说明。

工作中沟通的问题也不小，日方工厂长向我交待生产上的事，语速比较快，我没听懂他讲什么，自顾自干活。日方特地请懂中文的人士来找我，问我对工厂长有什么意见。我说没有，因为语言不通跟不上有误会，希望向他转达歉意。

以上两件事对我触动很大，我下决心一定要加快速度学好日语，消除障碍。怎么达到速成的目的呢？我忽然想到，离公司不远有所小学，可以请学生们帮助我。学校管得很严，外国人不让进。我就三天两头跑去，鞠躬请求，门卫人员被我的诚意打动。我接触到2个小学生，表示要请他们做我的老师，主要教我“说话”。我请他们告诉家长，中国姐姐要学语言，所以要麻烦孩子们。家长接受了。我先后同5个孩子约定，周末到我的住处来教。我包了饺子做了麻婆豆腐欢迎小老师。在和孩子聚会时聊天学习会话，请他们听我词语句子说得对不对。为保证学习效果，我把说的语句读的课文录在磁带上交给小老师们挑错，找错多奖励多。我的日语能力突飞猛进，曾受到日语翻译称赞。

日本的企业管理重在规范，从严把关。我们一边学习，一边实践。有一次我关照日本员工用规定型号的线缝制西裤，一名员工拿错了线，大批半成品没达到要求。按规定追责时那名日本员工将责任全部推在我身上。我没做解释，领头拿上半成品裤子拆起线来，根据要求全部重做，避免了损失。

我在研修中各方面能力有较快提高，日方领导层相当关注，给予肯定与鼓励，甚至希望我留下来。研修接近最后一个年头时，社长的父亲要我考虑能不能留在日本，去新开的一个厂做管理。我心里翻腾了一夜，怎么也睡不着。论环境，论收入，当时国内确实没法比，但华日公司送我们出来培训，就等着我们把先进的管理模式和服装设计理念带回去，促进公司的发展，如果出国研修的员工都不回去，以后公司取消外派研修计划，不但员工不再有这样的提升机会，对生产经营更是有弊无利。再说我觉得中国随着改革开放的推进，会变得越来越好，而我自己不管从哪个角度看，更适合回国发展。经过慎重考虑，我婉言谢绝了日方的特邀挽留。

在日研修课程结束时，日方向我颁发了管理奖、优秀研修生奖。

圆梦浦江

回到华日，公司让我担任流水线副领班。我把目标放在压缩成品生产时间上，并且协助生产部门建立一套严格、科学、规范的质量管理程序。围绕这一目标，我从流水线岗位用工合理化争取工效最大化入手，将技术好的缝纫工放在难度大的工序上，技术一般的放在简单工序上。同时结合自己个人体验，希望员工要“精一门，懂两门，会三门”。质管程序上对流水线生产实施三个标准化：工艺标准化、型板标准化、号型标准化。具体技术上掌握运用好四功：手功、刀功、车功、烫功。服装设计上从平面转向立体，加工工艺上要使服装体现10个字：平、顺、直、胖、窝、圆、盛、登、挺。

从事管理工作要具备一丝不苟的精神，这是我在境外研修中取得的重大收获之一。所以，我在当领班时经常提醒自己做到这一点。一次，有个员工不慎将一枚断针掉在地上，大家帮着各处找都没找到，为保险起见对所有产品动用了断针检测仪器。断针没寻出来，我仍旧不放心，决定停产搜寻，我和大家一起找，最后是用吸铁石从一堆布料里吸出了那根断针。要知道如果断针混在服装中销售出去，公司承担的赔偿将高达30万元。

经与科技人员一起试验，80套标准工序和2800秒出成品的分秒法投入应用，平均制作一条西裤的时间比之前压缩了13分钟。公司每年出口的服装达到100万件，员工收入增加20%。

成为领班后，管理事务非常繁忙。经常要赶做工酬表，有次为完成单子，两天两夜没睡，做着做着趴下就睡着了，工友们怎么把我抬到宿舍的都不知道。尽管管理职责负担很重，但只要一线工作需要，我乐意继续在缝纫工的岗位上发挥作用。记得我刚生完孩子那年，公司接到一批紧急货单，但流水线上的一个小姑娘有急事请假回家，少了一个人，整条流水线动不起来。百般无奈，大家想到了还在家休产假的我。接到通知后，我二话没说丢下还没断奶的孩子，赶到公司顶班，和大家一起赶工到半夜。

我从流水线副领班到领班再到车间主任，干了 9 年多，当销售主管又是 9 年。算起来我到上海快 25 年了。在这期间我收获了爱情，取得了大专学历，获得了各级劳模等多项荣誉称号，连续两届作为农民工代表当选全国人大代表。为履行好代表职责，我在业余时间里和不同行业农民工们聊天座谈，认真记下工友们的每一条意见建议。参加全国人代会，我针对工友们反映的情况积极建言献策。为了落实群团改革精神，我在上海市和普陀区总工会、区人社局等有关部门支持下，先后成立了“朱雪芹职工法律援助工作室”和“普陀区青年志愿者服务中心朱雪芹分中心”，凭借工会和社会力量关注和帮助农民工群体。工作室每周定期接待前来求助的农民工，为他们排忧解难。工作室成立 3 年多来，共接待 7000 多人次，帮助职工群众、农民工维护合法所得近 5000 万元。其实法律维权点就是要建在职工身边，让职工感受到我们工会就在身边。在帮助职工维权的同时，我也听到很多职工的心声。我把职工的心声带回到市总工会和人大的两会上，让工会和人大直接触及基层职工的呼声。

2018 年，我调任普陀区商业集团上海企业发展有限公司党委副书记、纪委书记。这是一家老国企，有不少退休员工、下岗员工、生活困难员工。我坚持排摸单位里的困难职工，重病的，因病致贫的，家人患重病的，我都一一记下。“我坚持上门走访，只有沉下去，才能发现职工的需求。”

最后，我要对支持我们的方方面面表达衷心感谢。作为一名打工妹能有今天，要谢谢华日公司。因为自己最初只是一名外地来上海的打工妹，公司却从不允许别人称呼我们外来妹、打工妹，让我感受到上海对外来务工者的欢迎和尊重。我作为外来务工者能获得那么多的荣誉，更是谢谢上海各方面的信任和支持。我相信，有良好的社会环境，所有的外来务工者都能和自己一样，在劳动中学习成长。

二、无私奉献篇

永远做群众贴心人

口述 朱国萍 整理 洪梅芬

朱国萍简介

女，1957年11月生，江苏南通人，中共党员。上海市长宁区虹桥街道虹储居民区党总支原书记、居委会原主任。现任上海市长宁区虹桥萍聚工作室党支部书记，虹桥社区党委兼职委员、副书记，上海市居（村）委会工作协会会长。党的十六大、十七大代表，第十一届、十二届、十三届全国人大代表。上海市第八次、第九次、第十次党代会代表。曾获全国优秀共产党员、全国劳动模范、全国五一劳动奖章、全国精神文明建设先进工作者、全国三八红旗手、全国社区优秀工作者，全国社会治安综合治理先进工作者、全国道德模范、中国好人榜敬业奉献好人等荣誉。2014年，以她为原型的现代沪剧《小巷总理》在上海市巡演70余场。

整理者言：认识朱国萍已有23年之久。相当长的一段时期里，朱国萍和她所在虹储居民区，是笔者当记者“走基层”的一个点。在这里，让我非常具象地看到了，在改革开放的新时代，作为党在城市的最基层组织，居民区党支部是如何把“为人民谋利益”的宗旨落实到家家户户的；亲眼看到了一个普通的居民区党支部书记、居委会主任，是如何一步步成长为全国著名劳动模范、家喻户晓的“小巷总理”的。朱国萍常常以感恩之心说自己“赶上了一个好时代”。确实如此：进入20世纪90年代中期，随着改革开放全面展开，社会转型加快推进。大开放、大开发、大流动，引发基层社会矛盾日益凸显。1996年3月，上海城市管理史上的一个重大转折——上海市城区工作会议确定，探索建立全新城市管理体制，即“两级政府，三级管理”体制，管理重心继续下移，建立以街道为核心，以居委会为基础的三级管理机构。从此，全市108个街道、2370个居委会，作为社会的基本细胞体注入了社区管理新理念，进入了新形势下开展社区管理与建设的新实践。如此大背景下，年轻的朱国萍带领她的团队，以“咬住青山不放松”精神，牢牢认准“做群众最贴心的人”这一目标，从“五必访”“五必问”“五必记”做起，创新实践，建立了《虹储居民区居民区党支部工作法》。虹储居民区的经验和朱国萍的事迹得到了党和国家几届领导人充分肯定。时代成就了朱国萍，朱国萍为时代做出了杰出贡献。最近，笔者再次来到熟悉的虹储居民区，走进萍聚工作室倾听朱国萍讲社区故事。她依然笑容灿烂，快人快语，朴实无华。

走上居委会主任岗位

1975年3月，我中学毕业来到奉贤县星火农场五七二连务农，三个月后，也许是领导觉得我工作认真，为人热情，便安排我去当连队的“赤脚医生”，后来还当上了后勤排排长。1979年2月，我和当时许多知青一样，回城进了企业。1982年7月，因为我喜欢当医生，就来到了长宁区遵义街道红十字卫生站当卫生员，一干就是8年。虽然自己没有上过正规的医学院校，但靠着自学，有了为他人服务的一技之长。卫生站的工作让我感到安逸和快乐。

然而，这种“安逸和快乐”到了1990年发生了变化。9月的一天，突然接到街道组织科的电话通知：“街道党工委书记王雅萍找你谈话……”“王书记找谈话，会有什么事?”我匆匆来到街道办事处，忐忑不安地走进王书记办公室。王书记和蔼地让我坐下，谈话开门见山：“虹储（小区）需要一个居委会主任，我们想让你去当主任，虽然你还没有做过居委会工作，按理应该先做副主任，但组织上信任你，就让你直接去当正主任了……”顿时，我懵了。当时我才33岁啊，“这么年轻就去当居委干部”，感到很委屈，哭了好几天。但是，我们这代人当时受的教育是“服从组织安排，做一行爱一行”。就这样，尽管心里并不乐意，但还是暗暗告诫自己：“要么不做，做了就要做最好”。

1990 年 10 月，我走上了居委会的工作岗位。那个时候，社区工作还没有被公众看好。人们随口就会扔出一句“喔唷，做居委会工作啊，婆婆妈妈的”。这在一定程度上，代表了不少人对社区工作的评价。在人们看来，一个三十出头的女同志去做“白天搞搞卫生、夜里摇摇铃”的工作，即使有出息也不会大到哪里去。

记得刚到小区时的那个景象：幢幢居民楼都被堆成山的垃圾包围着，条条道路坑坑洼洼，周围没有基本的服务设施，光秃秃的几棵树上挂满了居民从窗户扔出的各种垃圾。“怎么会这样差！”顿时，我的眼泪在眼眶里直打转，心里难过极了。

踩着垃圾，我把整个虹储小区兜了一遍。虹储居民区位于上海西大门的虹桥路与安顺路段，临近虹桥经济技术开发区，占地面积 5.3 万平方米，62 幢居民住宅楼都是 20 世纪 70 年代建造的，至 90 年代中期，有居民 1000 多户、3000 余人。居民们看到居委会来了个这么年轻的主任，毫不客气地扔出一句话：“先把垃圾出出清爽就蛮好了。”“没错，我们就从清扫垃圾开始！”到了居委会，我领着干部做的第一件事就是天天清除垃圾。一些双职工居民早上离家时看到我们在清垃圾，晚上回家，看到我们还在清除垃圾。于是就有居民说，“新来的居委会主任蛮像环卫工人的。”

与清除垃圾相比，修路、造围墙更难。然而我知道，再难也要做。我和几位干部几十次往返于与小区有关的三家物业公司之间请求帮助。有一次，眼看谈成的资金又要落空，我情不自禁声泪俱下，恳求物业公司的负责人到小区跑一趟，看看居民雨天是怎么走路的。这位负责人最终被我们想居民所想的诚意打动了。在居民群众的配合和参与下，一条条道路修缮整齐，一幢幢、一层层楼道整治如新，一盏盏路灯也亮了起来……

1992 年 6 月，我在居委会主任的岗位上，光荣地加入了中国共产党。半年后，我正式担任虹储居民区党支部书记。

充分发挥社区党组织的作用

时间一长，让我感悟到，做居委干部，无非就是“民有所呼，我有所应”。而居民群众的需求千千万万，要让居民们满意，必须靠党组织的力量。例如，小区 19 号有户居民，夫妇俩双双下岗，原先靠男主人推销单位积压产品来维持开销。后来产品滞销，又逢孩子急需缴付学费，一家人陷入困境。为帮助这户家庭脱困，居民区党支部一边动员居民帮助推销产品；一边设法安排他们在居民区内开了家杂货店，从根本上解决了这户家庭的生活困难。夫妇俩称居民区党支部是他们全家的恩人。

居民区党支部有党员 40 多位。如何发挥好这些党员在服务居民群众中的作用？

当时我们提出了居民区党支部工作内容，即："听群众最想说的话，想群众最关心的问题，干群众最需要的事，做群众最贴心的人。"在工作实践中我们逐步积累了基本工作方法，就是：对居民要做到"三个必"，即：有情必知、有求必应、有难必帮。对乔迁、生病住院、下岗待业、刑满释放、解教的居民则做到"五个必访"；对户籍变动居民、共建单位、社区统战对象、70 岁以上的老人、再就业上岗人员要做到"五个必问"；对走访了解情况、下岗待业情况、困难家庭情况、解难设想措施、居民互助情况要做到"五个必记"。

"五必访"，具体的就是要求每个居委会干部每月必须走访 50 户居民家庭。通过对乔迁、生病住院、下岗待业、刑满释放、解教的居民的五个必访，随时了解居民的实际生活情况，沟通联络与群众的感情，及时帮助解决居民的实际问题。例如，居民小赵与丈夫离婚后不久下了岗，女儿的上学所需的杂费缴不起，一筹莫展。那次我上门家访，了解到这个情况后，便发动在职党员与她帮困结对，承担起了她女儿的学杂费。同时设法安排她到小区公用电话亭工作，后来又兼做社区服务信息网工作，从根本上解决了这户家庭的生活困难。

"五必问"，就是经常通过同 70 岁以上老人、再就业人员、共建单位领导、社区统战和优抚对象的嘘寒问暖，聊家常，谈心事，做居民区的有心人，随时掌握群众的思想情绪和居民区的工作动态，把党的温暖与人间真情送到每个人的心里。劳改释放人员赵某在走向新生的道路上，亲身感受到了我们在他身上倾注的真情。在上海民政系统"孺子牛奖"评选中，他在选票上附了一封信，信中写道："我希望我们的居委会主任能评上。我在劳改时，居委会从来不歧视我，反而经常关心我、教育我、帮助我，鼓起了我重新做人的勇气和信心。今天，我能够与别人一样的工作和生活，离不开居委会。所以我要投上庄严的一票，以表达我的敬意。"

"五必记"，就是通过注意收集、记录和分析居民区群众的思想情绪、困难家庭、解难措施、邻里互助、居民建议等各种信息，了解掌握小区工作的第一手情况。例如，虹储小区居民中，企业职工比较集中，能够享受政府社会救助保障政策的困难家庭只有 7 户，对于一些政策不能覆盖的困难群体怎么办？我们广泛动员在职党员、热心居民和社区单位，开展了"献爱心，邻帮邻"的结对帮困活动，举行了帮困家庭和 56 户困难家庭的见面签约仪式，100 多户家庭济济一堂，展现了社区在大家庭的融融亲情。

通过对以上这些方法总结完善，最终形成了虹储居民区党支部的工作规范，即后来被称为虹储居民区党支部工作法。

在《虹储居民区党支部工作法》中，还有包括"眼里望着居民，脑中想着居民，心里装着居民，处处发挥表率作用"的"班长示范法"。说实在的，这个法我是为自己定的，俗话说："火车跑得快，全靠车头带。"我是一名共产党员，群众看党员，我应该为群众做出样子；我是党总支书记、居委会主任，班子看班长，我应该为班子做出表率。要班子成员做到的，自己首先要做好。居民区凡是遇到急事、难事、棘手的事，我朱国萍理应第一时间在现场。令人欣慰的是，虹储居民区的党员社区服务的参与率达到95%，其中在职党员的参与率达到了85%。现在，只要走进虹储小区，每幢居民楼的楼道口都设有公示栏，上面贴着鲜红的党旗标志和楼内的党员照片，以及在职党员的姓名、照片、服务项目、联系电话和承诺等，广大党员成为社区建设管理和服务的生力军。

这部工作法是我们实践的成果，同时也是指导我们实践的制度规范。它包括“班子建设法”“双向管理法”“共建参与法”“制度规范法”等。1999年，中共长宁区委向全区各级党组织推广了《虹储居民区党支部工作法》。同年，市委有关领导到虹储居民区视察，对我们的工作予以充分肯定。6月19日，《解放日报》在头版显著位置以“干群众最需要的事，做群众最贴心的人”为题，首先报道了《虹储居民区党支部工作法》，产生了十分重要的影响。

“群众需要什么，我们就做什么”

几十年的社区工作，让我深深体会到：社区是居民的生活基地，要将党的群众工作落到实处，最根本的还在于为居民办好事、谋利益，为居民创造安居乐业的生活环境。因此，我们始终不忘初心，坚持一个思路“群众需要什么，我们就做什么”，尽心尽力为居民解决难事、办好实事。

虹储小区创建于1994年，当时，正是“单位人”向“社会人”转变的社会转型期。小区1000多户人家，涉及下岗待业的家庭将近四分之一。再就业是社区工作面临的一大难题。

有一次，我在家访中发现一户陷入窘境的家庭，男主人是某针织厂“半下岗”工人。不巧的是，妻子也下岗，夫妻俩收入锐减，还要供养一个读书的孩子，日子怎么过下去？他流着眼泪对我说：“朱书记，侬晚来一步就见不着我了，我们一家准备开煤气自杀了！”我的心像被锥子刺了一下，连声道：“侬不要瞎想八想，居委会一定会帮侬解决困难的。”

返回居委会，我立即召开会议，商量如何解决居民的“饭碗”问题。在居民大会上，我向大家承诺：不挑不拣，一个礼拜上岗。挑挑拣拣的，两个礼拜上岗。然而，承诺归承诺，具体操作起来真不容易！我时时感到，这是在给自己套紧箍咒。那些日子，我和同事们不分白天黑夜，经常晚上去敲一些单位领导的家门，反复陈述下岗居民的困境，请求帮助。就这样，在我们的艰苦努力下，先后解决了286人次的再就业，涉及单位27家。

2005 年 9 月，我们开展第二批党员先进性教育活动说起。在听取群众意见过程中了解到，居民反映最强烈的是“三水”问题：上排水管道锈蚀严重，供水不畅，水质变味；下排水管道老化堵塞，经常污水泛滥；空调滴水无管道，滴水就像天女散花。这些问题导致居民有怨气，还引发邻里纠纷。当时，虹储小区房龄已有 26 年，上下水管道都已“超期服役”，又是售后公房，维修基金不足，而且还属两家物业公司管理，很难协调。我在班子会上率先表态：党员先进性教育活动的整改就从解决居民的“三水”问题入手。我一边向街道反映实际情况，一边发动群众征询意见，同时找各部门协商寻求解决办法。2006 年 2 月，小区道路“开膛破肚”开始施工。其间，我得到一个信息，上海将在世博会前更换全市老旧煤气管道。我想，工程刚开始，要不了三年，小区岂不是又要“开膛破肚”？想到此，我当即找煤气公司领导商量，能不能趁着正在开挖施工，把燃气管道一并更换。对方一开始认为不行，理由是：“今年没有预算，你们不能搞特殊。”“这怎么叫特殊呢？”我据理力争：这明明是好事，不仅煤气公司可以节省费用，小区也可避免第二次“开膛破肚”，何乐而不为呢？经过再三沟通，也许是被我锲而不舍的精神感动了，煤气公司派出施工队，和水务公司同步施工。于是，“三水”改造变成了“三水一气”工程。

四个月的施工期，我天天在工地上转。发现临时步行跳板没搭好，我就带领志愿者自己动手铺设；发现野蛮施工，我就好言规劝。我们尽一切可能，把施工带来的负面影响减少到最低程度。当年“七一”前夕，工程终于竣工，而我却因过度奔波劳累引起牙龈萎缩，掉了 4 颗牙。居民们用上了清洁的水，换上了安全的煤气管，家家户户欢欣不已。他们自发集资，并由小区离休干部书写和雕刻了一块“感恩石”，竖立在小区入口的绿化带里，感谢虹储党总支为民办好事、办实事。每每见到这块“感恩石”，我的心里都是暖暖的。

这些年来，虹储居民区逐步办起了公用事业收费站、老年活动室、图书馆、医疗点、社区服务分中心等公益设施，居民群众基本可以“小修小补不出弄，小毛小病不出弄，一般咨询不出弄”。

我常对同事们说，只有做到有求必应，有难必帮，居民群众才会信任我们、支持我们。

居民区的许多事是小事，但这些小事往往就是群众着急的事、困难的事、要紧的事。近年来，随着居民生活条件的不断改善，群众对小区的服务需求也逐渐提高。我感到，管理好居民小区、服务好居民群众，还需要不断创新工作方法，适应新形势、破解新难题。

多年前的一次居民走访中，我发现居民郭师傅每个星期都要换上几趟公交车接送女儿到远房亲戚那里学弹钢琴，十分不方便。想到在离他们家几步之遥就住着一位上海音乐学院的钢琴老师，我就立刻登门拜访，请这位顾老师帮忙，没想到顾老师不仅一口答应，还主动提出愿意做志愿者免费教郭师傅的两个女儿学琴。这时，我发现顾老师家里的碗还没清洗，了解下来得知顾老师的爱人最近不在家，顾老师不大会做家务。“是不是可以让郭师傅帮顾老师做做家务呢?”这个想法得到了郭师傅的认同，于是你教我弹琴，我帮你做家务，一件你情我愿双方受益的事情就办成了。受这件事启发，我想出了建立“时间储蓄银行”的办法，即通过居委会搭建一个平台，以志愿服务时间的交换，实现居民之间特长、需求等各方面的有效对接。通过登门拜访，我把小区里有一技之长或有意愿帮助他人的居民动员出来，医生、律师、教师、工程师等一应俱全。他们在小区的宣传栏里公开姓名、照片、家庭住址、单位和特长，让有困难的小区居民可以便捷地向这些能工巧匠求助，志愿服务的爱心雪球于是越滚越大。而当志愿者的参与时间储蓄满1500小时，可以升级“金卡”，到一定年龄，可无限享受免费服务。

多年来，虹储“志愿者服务时间储蓄银行”的“储户”不断扩大。这些年来，小区租户不断增加，我们发动租住在小区的居民也加入到了志愿者队伍中，小区志愿者的数量和质量也由此进一步提高。目前，在虹储小区1000多户居民中，有1000余人参加志愿活动，志愿者队伍也扩展到了25支。

老式居民区停车难是当下社会的一大矛盾，虹储居民同样面临“停车难”。如何解决？我们通过召开了“停车坪改造工程听证会”的办法，由居委会与业委会联手物业公司，邀请了100多位居民代表座谈，最后的结果，是居民代表全票通过了一份停车坪改建规划——把位于犄角旮旯处的一个绿化带“边角料”重新规划，清除杂草，铺上绿色草坪砖，下面种植耐压草；将自行车停放点挪至墙根边，安装遮雨棚，棚顶种植各色花草；再请绿化公司在停车坪背后的墙上设计以竹子为主题的绿化，配上假山等装饰，给小区增加一处景观。一个月后，改造好的“创意停车坪”就与居民见面了，新增车位40余个。“小区停车难”问题解决了，绿化一点也没有减少。

此外，小区老年人就医看病不方便，我们就联系共建单位的地段医院，为老人们办起了“家庭保健卡”。青少年教育是居民家庭的大事，居委会就开设了青少年之家、科普园地，开展创建青年文明社区活动，等等。

做好基层社区的代言人

2014年3月5日，是我永远不会忘记的日子。这天，习近平总书记在上海代表团参加审议，作为来自基层社区的代表，我在发言时提出公共服务资源配置要更加合理优化，创新社会管理的政策要有更强的实效性。我“以小见大”，讲述了社区居民因公共服务资源配置问题而遭遇的烦心事，没想到，习近平总书记当场表扬说：

朱国萍讲到的创新社会管理，故事讲得好、很生动，大家都爱听故事。他还指出：“基础不牢，地动山摇。社会治理的重心必须落到城乡社区，社区服务和管理能力强了，社区就实了。我们国家的真正稳定，靠我们基层的同志。”面对习近平总书记的褒奖，我感动得涨红了脸，感觉很惭愧，应该把工作做得更好。

从 1990 年至今，整整 29 年是我人生最好的时光。我把这最好的年华献给了社区工作。党和人民也给了我不少荣誉。特别是参加全国人代会，我连续 11 年是大会主席团成员，出镜率很高，所以我也成了“名人”。但我没有发昏发飘，始终把自己放在一个基层代表的位置上。我深深明白，谷穗为什么一直躬下腰身，这是对养育它的土地深深感恩；雨伞为什么被人们高举过头，是因为雨伞能为人们遮风挡雨的道理。时时提醒自己：人大代表之所以赢得群众信任和尊重，是因为人大代表心系人民，担负着为群众的权益鼓与呼的责任和义务。

在十三届全国人大一次会议上海代表团媒体开放日上，我反映了老年人“迷失”智能时代的烦恼：打开手机应用市场，面向老人的 App 寥寥无几；外出打车，由于不会用打车软件，站在路边打不着车干着急；儿女把智能家电买回家，老年人却无所适从，让电器成了摆设；看病就医的时候不会网上预约，挂不上专家号；等等，当年轻一代正享受智能时代带来的便捷时，老年人却觉得生活越来越不方便，心里生出越来越多的“迷失感”。

有关数据显示，截至 2017 年底，中国 60 岁及以上老年人口有 2.41 亿人，占总人口 17.3%。而“银发一族”能否适应移动互联新生活也成为社会关注的一大问题。我为此建议，民生类信息化工程要有托底预案，保留一定比例的传统渠道，比如“老年人绿色通道”；各种智能应用在使用步骤、操作提示等方面应照顾到老年人的习惯和感受等，并提出：“希望我们的政府企业研发部门多为老年人想一想，让他们别在信息化时代掉队。”

老年人的学习能力和适应能力相对比较弱，我还建议居委会发动年轻干部、志愿者多帮助老年群体学习新知识、新技术，让他们赶上信息化潮流，在方便、智能的生活中安享晚年。

像这样一些既引起普通人共鸣、又涉及民生大事的议案、建议，是怎么来的？我的秘诀很简单，就是在家访的时候，碰到老百姓谈到什么不开心，我就记牢。普遍的、集中的、不是个人的，我就可能带上来。来北京前，我会为这个建议全力以赴去调研。

有居民反映，随着我国 20 世纪 70 年代末期推行独生子女政策，目前产生了不少“失独家庭”，即独生子女发生意外伤残、死亡，其父母年龄大都在 50 开外，已失去再生育能力，经历了“老来丧子”的人生大悲之后，面临心理障碍和生活保障等多重困境。我经过调研后，向全国人大提交了《关爱失独家庭，让他们老有所依》的建议，提出紧缺的养老资源向失独家庭倾斜、提供心理疏导和帮扶经费等意见，承办建议的国家人社部答复称将研究采纳相关建议。这些年，我提出的《关于修改民法通则的议案》《社区居家养老需要政策扶持》等数十件议案和建议，绝大多数都来自群众的反映，并经过了认真调查研究，很多建议都得到有关国家部委的重视和采纳。

我是来自基层的代表，我就讲好群众身边最熟悉的小事儿，把小故事讲好就是大事情。

记得 2013 年 8 月 11 日，上海市委开展群众路线教育实践活动，我被请进市委常委会给领导干部们上课。结合亲身经历，我讲了居委干部的五个担心，即：1. 基层管了不该管的事，费力不讨好；2. 该管的事没人管，社会管理真空；3. 统筹安排考虑不周，基层难以应付；4. 流于形式，不能解决百姓的切身利益；5. 面对突发公共事件，不能妥善解决。这五个担心，我都用身边鲜活的例子来展开，并指出："这次群众路线教育，关键是作风问题。基层在治理上会碰到很多问题，涉及面广，敞开了讲，要把居民当亲人，努力做实事，对小区帮助不大的事不做。提出这五点也是希望市领导重视，减轻百姓负担，百忙中抽出时间，走走群众，听听百姓呼声。"我觉得，遇到这样的机会，我作为基层干部，应该做好党和政府在基层的桥梁，不失时机地为基层干部群众代好言。

在我的积极争取下，长宁区虹桥街道还成为全国人大常委会法工委唯一设在基层街道的立法联系点。近年来，包括《中华人民共和国国歌法（草案）》在内的五部法律草案在虹桥街道开展了意见征询，召开各种座谈会 23 场，收集整理上报各类建议 68 条。

创建萍聚工作室

2018 年 5 月，我从奋斗了 28 年的社区工作岗位上退休后，便全身心地投入到由自己创建的萍聚工作室，致力于为基层社区提供培训宣讲、咨询指导、公益招募、评估监督等服务。

随着长三角区域一体化发展的不断推进，长三角地区的基层社区的关系也越来越紧密，我们通过萍聚工作室这一平台，组织上海的居委干部与长三角各地区居（村）干部，积极互动，相互学习，共同探讨，经常交流，取长补短。例如，位于江苏省常熟市的蒋巷村，是全国文明村，村党委是全国创先争优先进基层党组织，萍聚工作室组织村（居）干部走出去，现场学习蒋巷村的经验。

同时我还兼任了上海市居（村）协会会长。我想通过这样两个平台，进一步关注基层群众的冷暖与需求，竭尽所能做好服务居民群众的工作，以此来感恩社会，感恩组织；回馈社会，回馈组织。

从“织女”变“空嫂”

口述 吴尔愉　整理 郦帼瑛

吴尔愉简介

女，1963年7月1日生于上海，中共党员。现任上海航空股份有限公司乘务长、客舱服务部主任教员。1983年8月，分配到上海第一纺织机械厂工作。1985年3月，调入上海纺织印染机械厂工作。1995年3月8日，作为18名“空嫂”之一，被上海航空公司聘为空中乘务员。1997年被评为上海市职工道德先进标兵、上海市劳动模范，1999年、2000年两次荣获全国“五一”劳动奖章。2000年被评为全国劳动模范。2007年6月，当选为党的十七大代表。

整理者言：也许，上海人不会忘记1994年《新民晚报》上的一则新闻：上海航空公司首度放宽年龄招聘空乘，18位曾经的“织女”成为飞向蓝天的“空嫂”。吴尔愉就是其中一员。20多年过去了，如今吴尔愉已成为上海航空股份有限公司乘务长、客舱服务部主任教员，1997年度上海市劳动模范，2000年度全国劳动模范，全国“五一”劳动奖章获得者。这是中国改革开放大背景下发生的一段美丽剧情！

“转型”中的“转换”

我出生于1963年7月1日。1981年上海市三中学毕业后，考入国棉21厂技校，毕业分配到第一纺织机械厂，做了一年半工人后，调到技术档案管理部门工作，与技术底图打了12年交道。在工作中，老师傅们对我像对家人一样关照，一口一个“小姑娘”“妹妹”地叫着。偶尔有差错，也会耐心指出。在这段时间，我学到了工人师傅们一丝不苟的敬业精神。

20世纪90年代初，上海产业转型升级，近60万纺织工人面临下岗再就业。1994年，我们科室就要有5人转岗或下岗。我只有31岁，当然轮不到我。但看着姐妹们忧愁的脸色，我也觉得难受。当年12月底，上海航空公司在纺织女工中招聘“空嫂”的消息，一下子让上海的大街小巷沸腾了，我也跃跃欲试。为什么？当空姐，曾是我学生时代的梦想，如今还想圆圆这个梦。更主要的是，我如果入选了，就有可能给别人空出一个岗位，和自己一起工作多年的同事就不用下岗了。下班回家，我把想法告诉了丈夫，他非常支持。第二天，还陪着我一起去领表格。可是，来自各纺织企业挑选出的应聘者，围得里外三层，个个都是高挑的身材、娇媚的面容，这让我自愧不如。应聘出来的人，有笑的，有失望的，也有流泪的，各种神态都有。当时我没带任何证件，想退却了。可丈夫说：“来也来了，试一试吧！”他去领了一张报名表，回家路上去“宝丽来”拍了照片，第二天又把填好的表格送去。等到面试通知下来，我约了厂里的老大姐陪自己去壮胆。记得市妇联一位领导做了临战动员，让我们把面试当作经一次风雨、见一次世面。在作了自我介绍后，主考官发现我鼻梁上有一道不明显的伤痕，让我体检后碰碰运气。航医仔细检查后，又汇总各位考官的评分，大多数人都淘汰了，我则幸运地通过了初检面试，此时觉得像做梦一样。刚过百里挑一的严格面试筛选，等待我的是更严格的体检、政审关。因为招聘“空嫂”，除了年龄上放宽，其他条件均以国家民航关于空勤人员的条件来要求，真是过五关斩六将。在那些日子里，我白天上班，晚上等待，终于熬到了1995年3月初，拿到了录取通知书。当初纺织女工报名有4万多人，报上航的3000多人，最后录取18人，这相当于是考中状元了。

从“织女”到“空嫂”，不仅仅是称谓的转变，也是岗位的转换！从进厂时师傅们叫我妹妹，到后来叫我“空嫂”，我一下子觉得辈分长了，责任重了。3 月 8 日妇女节那天，上海纺织系统的领导就像送女儿出嫁一样，为我们 18 位“空嫂”送行。语重心长的嘱托，含泪告别的场面，至今历历在目。

现在回想起这一切，深知国家的不容易。为了解决纺织系统关停并转的困难，上海市妇联和民航总局多次协商，竟然改变行业招人标准，把原先招收空姐的年龄从 18 岁至 20 岁，放宽到 28 岁至 36 岁。应该说，我们是从面临下岗的危机中竞争上岗了，其中有过阵痛，但我们是幸运者，尝到了改革的甜头。

微笑背后的负荷与承载

乘过飞机的人都知道，空姐在整个航程中都是微笑服务的。因此，我走进上航培训班，第一堂课就是微笑课。当时心想，我天天带着笑容上班，微笑有什么难的？但“空嫂”的微笑不一样，每人对着一张小镜子练习微笑，反复训练。老师对乘务员的微笑讲解了要点：双眼平视，眼神自然温和，嘴唇微闭成月亮形，双齿轻分。老师在课堂上说：“吴尔愉在班上笑得是最出俏的。”这给了我极大的鼓舞。在理论培训这一关，13 门专业课以及相关知识课，必须在不到半年的时间内全部学完。学英语，要从音标学起。对一个 30 多岁的“空嫂”来说，有一定的难度。但我和姐妹们安排好家务事，挤出每一分钟时间，没日没夜地攻关，不敢有丝毫懈怠。我们明白，这是一个群体命运的改变，是时代赋予我们的责任，必须要有团队意识，迎接改革的挑战。1995 年 7 月 29 日，18 位“空嫂”再次成为传媒关注的焦点，经过 4 个多月拼搏，我们这批“空嫂”，终于以平均 85.3 分的成绩，全部顺利通过了十几门功课的考试，获得了民航局颁发的空中乘务员上岗证书。我们拥有的这个岗位，可能和很多年轻人不一样，因为来之不易，所以倍加珍惜。

8 月 1 日，我终于上天了。想象中的浪漫和美好，很快被晕机的难受赶走。飞机在空中颠簸，缺氧、头晕脑涨、呕吐不止，我靠药片撑着，强打精神，做着还很生疏的服务工作。这一天我飞了 6 个航段，为了减少吐的次数，尽量少吃，面带微笑，保证服务。机上精神抖擞，机下四肢瘫软。前三个月除了飞行，就是睡觉，我们形象地说自己一天是机器人，一天是植物人。

这是生理上的困难，时间久了，就适应了。还有心理上的，就是面对各式各样的旅客，要细心观察，周到服务。有的旅客无限度地要饮料，有的旅客拿着手提电话不关机，有的旅客旁若无人高声交谈，有的旅客无理取闹，都该一一化解。此间心酸与委屈，只能默默承受。遇上有身体不适的乘客，也要及时伸出援助之手。有一回，一位年长的乘客上机后，我拿着两条毛毯给他垫腰，他很惊讶。我说，看见您的腰上露出一条蓝色护腰带，猜想大概腰疼吧。领导和同事们夸我有了能力和阅历，体现了一种思想境界。

微笑，是民航事业的名片，但更注重的应是微笑的真诚本质。礼仪是外化的，更多则是内在的东西。微笑同时，我要时刻观察乘客的神态举止，解决他们在飞行中的焦虑和困难。“空嫂”倡导一种家庭式的温馨服务，把机舱营造成一个宾至如归的大家庭。空乘光养眼是不够的，还要养心，还要心心相印地对乘客进行服务和照料。我曾经说过：“用力做只是合格，用心做才是优秀。”20多年的空中服务，我有了这样的感悟：客舱中，当你全神贯注的时候，你会发现自己比平时聪明很多，会发现许多细节，有情绪方面的，有心理方面的，还有生理方面的。你就会从中发现旅客的各种需求，尽量将需求和问题解决在萌芽状态。

微笑，当然是很轻松的。但微笑背后，是非常沉重的负荷。外人根本无法想象，那么美丽温顺的“空嫂”，要学会多种航空知识。譬如，特殊情况下的急救知识、紧急迫降知识、野外求生知识等等。那时候，你不再是一个只会微笑的“空嫂”，而是一位有着超强应变处理能力的乘务员。因此，我们年年都有规定课时的培训，还要进行考核。

时代的变革，造成观念的改变。我们不仅要保持面容微笑，而且要在不断学习训练中适应社会，提升自己的素质和修养，呈现给世界改革开放中新一代“空嫂”的形象。自1995年正式上机，我收到旅客表扬信数千封，被乘客誉为“微笑天使”。我也是上航空乘服务和机舱安全的检查员，曾十多次被评为“最受旅客欢迎的乘务员”；1997年被评为上海市职工职业道德先进标兵，成为上航的服务明星；2000年获得全国劳模称号。当时有太多机会可以为自己谋个一官半职，但我却拒绝了晋升机会。因为一是我不适合做管理工作；二是飞行对我来说真的好开心、很享受。直至今天，我仍然在第一线做空中乘务员，仍然保持20年前刚入行时做啥事都不敢怠慢的心态。只是那时忐忑的心理，现在已变得非常踏实了。

此外，上航还成立了以我名字命名的“吴尔愉乘务组”，首创中国民航史上第一部以个人名字命名的《吴尔愉客舱服务法》。1999年，我与21名乘务员签约师徒关系。她们分成3组，我每月跟1组，在航班上进行现场点评，利用空隙时间分析服务案例，相互学习提高。这批徒弟中已经有很多人走上了管理岗位或担任了乘务长。这是上航从个人示范向群体示范的转变，提高整体服务水平的措施。也就是既要保证自己的职业状态具有激情，也要使整个乘务组在服务中保持平稳上升的态势。当然，这些荣誉的获得，有领导栽培，有同事支持，成功的背后是一个团队。

托起漫天云彩

我在“空嫂”的位置上已干了20多年了。翻开飞行履历，我有两个来之不易的零纪录："零投诉"和"零差错"。这是我值得骄傲的人生纪录。作为"空嫂"，在上航的里程中，自己好像天上的一片云，很快飘去了。而在我周围，已拥有了漫天云彩。2006年起，我又有了新的角色，担任上航兼职教员，教授"服务心理""客舱特情服务"等课程。作为教师，我微笑着开始了新的挑战，还结合自己的工作经验编写了航空服务心理教材。已在国内机关、宾馆、医院、学校等单位作了多场报告会，听众达10万人次。在讲课中，我注重换位思考和引导性的"情景模拟"教学法，深入浅出，让人快速领会。2000年获得了全国劳模称号后，我曾得到7000元奖励，随即捐给了上航，并由此设立了"吴尔愉奖励基金"。此后，每当获得荣誉和奖励时，我都悉数捐出，用以奖励季度、年度各项工作中的佼佼者。

我把青春奉献给了蓝天，也妥善处理好了家庭中妻子和妈妈的角色。孩子小的时候，我没有太多时间和精力照顾她，反而让她学会了独立思考。如今，女儿已拿到英国法律专业硕士学位，回国创业。而我的另一半，从陪同我领取第一张表格开始，一直默默地支持我，成为坚强的后盾。如今，丈夫也有自己的事业、自己的辉煌，一家人其乐融融。

当年我们18位"空嫂"，现已有15位退休了。如果按正常的退休年龄，2018年，我就要离开蓝天回归大地。一想到这些，是多么的难舍难分！回忆当年情景，我们从"织女"成为"空嫂"，在改革开放的潮流中，是浪尖上的幸运儿！这是一段值得回首的历史，永远鲜活在我的记忆中。

各位旅客、各位亲友，请记住我们18位"空嫂"的名字！她们已保存在了上航的档案里，也伴随在我每一步前进的脚印中：

吴尔愉、施松蓉、胡伟萍、沈红梅、张玉娥、陈丽泮、顾雯珠、施建梅、赵金芬、邢薇、曲中伟、周燕萍、朱跃华、苗江梅、周慧琦、施雅芳、樊丽华、顾敏。

我们，将会把蓝天上的微笑，继续播撒到地面，让更多的人感受到"空嫂"的魅力！

用大爱播撒“光明”

口述 潘山（张兴儒夫人） 整理 殷佩红

张兴儒（1962.9—2017.9）简介

男，甘肃兰州人，中共党员。上海市普陀区中心医院原副院长兼眼科主任。上海利群医院原院长、主任医师，享受国务院政府特殊津贴。先后获得全国“五一”劳动奖章、全国先进工作者、全国卫生系统先进个人、全国民族团结进步模范个人、全国医德标兵、全国最美志愿者和上海市优秀共产党员、“十佳医生”、上海市首届“仁心医师奖”、首届上海市区域名医、“白求恩式好医生”等诸多荣誉称号。施行眼科手术1.4万余。发表学术论文108篇，获卫生部优秀论文奖、全国眼科大会优秀论文等；主编出版《结膜松弛症研究》、《临床瞳孔学概论》等10部著作；获得国家专利7项、上海市科技成果奖5项；主持开展的《结膜松弛症临床与基础研究》先后获得第六届上海医学科技奖、第九届上海医学科技奖（成果推广）、上海中西医结合科技奖、上海医学科技奖二等奖。

整理者言：张兴儒的夫人潘山老师给我带来《天下光明》一书，看着看着放不下了，我被里面每一个故事深深吸引，生命的感动油然而生！张兴儒，上海普陀区中心医院副院长兼眼科主任、利群医院院长。他是“慈善光明行”发起人，自2006年起，带领一支完全由爱心人士出资、医务志愿者组成的团队，每年前往我国边远贫困地区，为当地百姓免费诊疗，送去光明。“慈善光明行”在社会上引起强烈反响，也获得了许许多多殊荣：上海市精神文明十佳好人好事、中国公益节最佳公益项目、全国最佳志愿服务项目、“全国卫生界生命英雄”志愿者团队奖、2018年12月入选改革开放40周年“上海卫生改革发展20件事”等等；张兴儒荣膺全国先进工作者和全国五一劳动奖章等称号。然而这位“光明使者”却因病辞世，对死亡他坦然面对，写下了“视死如归”，但就是放不下他的“慈善光明行”。如今他的夫人——潘山老师从悲痛中走出来，扛起了这面“大旗”，她说：“光明行”的火种不会熄灭！

“慈善光明行”让白内障患者重见光明

张兴儒说：“光明行”就像一颗火种，星星之火可以燎原，我的愿望就是通过“光明行”把爱的火种传到祖国的边远贫困地区，让老百姓都看到光明。

有人说张兴儒就是为“光明行”而生的人，这话一点没错。他把“光明行”形容成上战场打仗，每年从年初就开始计划了：定方案、选地址、确认队员、准备药品、器械，再到每个队员的岗位安排，每一站都精心策划、周密安排，从不放过任何一个细节，就是为了确保每次活动都能圆满成功。

在第一次开展“光明行”活动时，张兴儒就发现了这项工作有难度。他平常习惯在熟悉的手术室里用先进的仪器施行手术，一天完成20多台白内障手术是经常的事。但是，在这海拔4000多米的陌生环境，在电力忽高忽低、随时都可能停电的简易手术室中，要应用20世纪90年代的老式的手术显微镜完成高难度的手术，还要确保每台手术都能精确无误，极具挑战性。但是，因为曾经的承诺，他坚持着，这个公益项目，一做就是11年。

事情源于2006年4月，张兴儒在北京大学读EMBA时，听一位来自四川省甘孜藏族自治州德格县佐钦乡的医院院长说，慈善人士给他们捐款造了医院却招不来医生，尤其是因高原光照强烈，佐钦地区最多的是白内障病人，许多白内障患者因为贫困、交通闭塞得不到医治而失明。对此，他受到极大的触动，他和北大校友们商量，发起一项慈善公益活动，帮助那些贫困地区的白内障患者。

于是，2006年9月，张兴儒发起的“慈善光明行”正式启动，第一站就来到四川省甘孜藏族自治州德格县佐钦乡。此行张兴儒等4位医务人员加上9位志愿者，携带募集来的270多种医疗物资，分乘3辆越野车，利用公休假自费来到了海拔

4000多米的雪域高原。没有手术室，临时搭建；没有手术床，木板钉制；没有无菌室，用消毒液加热熏蒸，他们的营地是简陋的木棚，睡铺则是在泥地上用砖块垒起来的。

“上海专家来了！”老百姓们欢欣喜悦、奔走相告！

需要诊治的人实在太多太多，医生护士几乎不眠不休。他们在佐钦乡就义诊了108人次，做了18例白内障复明手术。临别时，因人工晶体带得有限，仍有人无法得到医治，队员们带着些许遗憾告别，心底却被几天来的所见所闻打动。有志愿者回忆说，“看到失明大半辈子的老妈妈重见光明时感激不已的表情，此行的价值也得到最大实现”。

“慈善光明行”是一个纯民间的公益项目，参加项目的人是来自上海大型综合性医院的眼科知名专家和全国各地的社会志愿者，他们都是利用自己的休假来参加的，他们不但要捐款，还要自己掏钱支付差旅费用，尽管如此，张兴儒还是与队员们一起商定了几条“光明行”慈善原则：“量力而行”是首要原则。每次出行严格控制手术数量和人数，只做自己擅长的领域，志愿者定岗培训。其次，不因慈善降低品质。“光明行”采用的是最先进超声乳化白内障摘除人工晶体植入术，材料是进口优质折叠人工晶体；而且，每次行动都会吸收一些新队员加入，这样新老队员搭配，既保持了大家做慈善的激情，也可以让更多的人参与进来。在财务管理上，采取“先预算后决算”的公开透明方式，将每笔捐款清单都公之于众。

令许多人不解的是，张兴儒还出了一条“限捐”的规定：只接受个人捐款，原则上在1—5万元之间，而且捐款人必须作为志愿者到现场，否则捐款将被退回。因为在张兴儒看来，“行动是有感染力的，只有人去了才是最大的支持”。

张兴儒总说，“光明行”就像是一颗火种，星星之火可以燎原。他的愿望就是通过“光明行”把爱的火种传到祖国的边远贫困地区，让那里的百姓看到光明、看到希望。

“慈善光明行”更深层次的意义就是唤醒更多的人加入到慈善事业中去。不仅如此，张兴儒还希望把人道、博爱的慈善精神传递得更远、更广。2015年10月，他作为上海的眼科专家受国家卫生计生委派遣，到非洲开展中国援非“光明行”。于是，他又率领上海眼科医护专家志愿团队经过28小时舟车劳顿来到摩洛哥，累计开展白内障复明手术141例全获成功，为“光明行”的“一带一路”规划打下了基础。

张兴儒曾计划“慈善光明行”的下一步行动，是响应国家“一带一路”倡议，从西安出发，沿着古“丝绸之路”，把义诊与免费白内障手术一路做到中亚去。未曾想，这竟成了他的遗愿。

患者揭开纱布重见光明是他最开心时刻

对张兴儒来说，患者揭开纱布重见光明的那一刻，是他最开心的时刻，一个小小的善举，就能改变一个人甚至是一个家庭的生活，这个意义不是很大吗！

“张院长，您累么？”面对大家关切的询问，张兴儒只是憨厚一笑，回答说：“人啊，只要干自己喜欢的事、有价值的事，为别人带去一些帮助、一点希望，就不觉得累。”

张兴儒的“慈善光明行”，每年一届去一个贫困地区送光明。11 年来，他们走过了雪域高原四川甘孜佐钦乡、天山脚下新疆青河县、甘肃甘南藏族自治州、内蒙古大草原扎赉特、大山深处凉山彝族越西、边陲小镇云南江川、黄河源头青海果洛、革命老区贵州习水、西藏日喀则拉孜县、甘肃河西走廊瓜州、黄土高坡陕西石泉等偏远地区，为当地百姓免费治病，为他们送去光明。

对张兴儒来说，病人揭开纱布的那一刻，是他最快乐的时候：一名患有先天性白内障的 10 岁男孩，从出生起就看不见父母和世界的模样，通过手术复明之后，他简直欣喜若狂。一名患有严重倒睫的 16 岁女孩，因为角膜损伤影响视力而未曾上过一天学，手术之后第二天她就兴高采烈地奔向学校，终于圆了多少年来渴望和其他孩子一同上学的梦想。一名年轻男子，为了照顾双目失明的母亲，常年生活在大山里与母亲相依为命，而他的梦想是，走出大山打工，改变一下自己和母亲的贫困命运。手术复明之后，母亲因为看到五彩的世界高兴地笑了，儿子因为看到生活的希望，捂着脸，蹲在地上，双肩颤抖着，喜极而泣。有这样一个六口之家，父母和三个孩子都双目失明，只有长子一个人视力正常，可他们都是农民呀，眼睛看不见，他们怎么劳动，靠什么维持生计！光明慈善行使他们家中的 5 个盲人一下子都恢复了视力，从此改变了整个家庭的命运。

“光明行”的头几站是最艰难的。缺乏经验，缺少资金，了解此举的人也不多，用张兴儒的话说：“人家凭什么信任你呢？”于是，资金不足，他便到处“化缘”。他提出的理念是既要出钱又要当志愿者，让出钱的人看到钱用在了什么地方、什么人身上，让他们亲身感受做慈善的快乐。所以，只要一有机会遇到合适的人他就宣传这个理念，邀请更多的人参加“光明行”。有些人听过之后笑笑就过去了，可他不放过，一遍一遍地说，还真就被说动了。正可谓“精诚所至，金石为开”。许多人参加过一次后再把自己的朋友也拉进来，最后他们都成了“光明行”忠实的队员。几年下来，“光明行”的队伍就像滚雪球一样越滚越大。从一开始的每次十几人到后来的六七十人，直至后来，参加过“光明行”的爱心人士已经多达三四百人了。

有时我真为张兴儒担心，组织这么一支庞大的队伍，又都是去偏远山区，交通不便，万一出点差错真是不得了的事。我也问过他，带队出去压力是不是很大，他说："当然有压力了。虽然每人都签了免责声明，但是这些人里，有眼科界知名专家教授、有身价不菲的企业家，还有企业高管、海外学子等各路精英……他们个个都是顶尖人才，都是重量级人物，出一丁点事都没法交待，只有我多操点心吧。"所以，每次出行他都非常紧张，担心安全问题：医疗上的安全、路上的安全、吃的安全、住的安全，事无巨细他都要担心，但是还不能表现出来，不能影响大家的情绪，还得装出很轻松的样子宽慰大家。等"光明行"结束回到家里，他还要确认每个人都安全到家了才能安心睡觉。受他的影响，"光明行"出去的那几天，我也是提心吊胆的。通常，他出去只给我打两个电话，第一个电话是告诉我已安全到达目的地，一切工作安排妥当；第二个电话就是告诉我手术完成，全部成功。

我对那些参加过"光明行"的人既钦佩又羡慕，他们一谈起参加"光明行"总是很兴奋、很自豪，我和女儿一直想去亲身体验一下，但始终未获批准，就因为我们是张兴儒的家属。对此我有点委屈，问张兴儒为什么？他解释说："每次光明行都要严格控制带家属的人数，如果大家都带家属去，那慈善光明行就会变味。虽然特殊情况下也会特批几个孩子参加，那也是想培养他们的爱心，懂得去帮助别人。每次想带家属去的人很多，如果我带头这么做了，那还怎么去说服别人呢？"听他这样说了，我和女儿只好作罢，总想着以后再找机会。

"光明行"队伍一年比一年壮大，再加之工作上事务繁忙，张兴儒是越来越累了。我常劝他把光明行的队伍缩小点，手术少做点，他却说："每次要求参加'光明行'的人太多了，大家热情都很高，不忍心拒绝，往往一松口去的人数就超了。手术病人也是，每到一个地方，看到有那么多的病人需要医治，大家都不吃饭不休息，恨不得多做一个是一个。有时候都结束了，又有病人被领到医生面前，要求多加一台手术，这时真不忍心拒绝，不得已还要再调晶体过来，但一个一个加下去根本就刹不住车，到最后我都是狠下心来宣布结束，大部队才能走。"

14000多例白内障手术零差错

张兴儒立志当一名眼科医生，刻苦攻读，钻研科技，勇攀高峰，从医30年来，成功完成了14000多例白内障手术，没有一例差错。

张兴儒出生在兰州，父亲体弱多病，记忆中家里始终弥漫着一股中药味，那中药味陪伴着他度过了童年、少年，也让他立下志愿，长大要当一名医生。1979年，他如愿考进了兰州大学医学院。就在他大学三年级时，70多岁的奶奶因为白内障而失眠，四处求医没能治好眼病，他又发誓毕业后一定要当一名眼科医生，可以为奶奶治好眼病，但还未等到大学毕业，奶奶就去世了，没能治好奶奶的眼睛，成了张兴儒永远的遗憾。

1984 年从兰州大学医学院毕业后，张兴儒放弃了留在兰州大医院做内科医生的机会，去了离兰州两百多公里的金昌，只是因为那家医院同意他做眼科医生。从此，他就一直在眼科临床的第一线工作。从医 30 年来，他成功完成了 14000 多例白内障手术，没有一例差错。

那家医院的眼科非常落后，见来了医学院的高才生，自然是欣喜的，于是，高薪聘了个名医来，手把手地带教张兴儒。眼科医生需要一双灵巧的手，那时候的眼科手术相对落后，没有显微镜等辅助设施，手术的好坏全在医生的一双手上，于是，只要有一丁点空余时间，他都会用来练手上的感觉。用手术刀在纸上练，在头发上练，把薄薄的一片纸分层，把细细的头发丝剖开，等手上的功夫有了，再拿兔子来做试验。为了增加手术量，一到周末或者节假日，他便跟同事跑到周边的贫困县去义诊，把适合做手术的病人带回医院来医治。三年以后，张兴儒成了一个全能型的眼科医生，白内障、青光眼、斜视，什么手术都能做，而且效果非常好，许多病人甚至是邻省的一些病人都慕名而来，医院一时声名大噪。

虽然已经工作了，但张兴儒还是给自己立了规定：每天下班后，在办公室里学习 2 个小时再回家，而且坚持了多年。由于他的勤奋好学，在他 25 岁那年，作为刚参加工作不久的小医生，张兴儒就应邀参加了国际眼外伤会议，在大会上做了主题为“电焊工眼损伤”的交流发言，让同行们大吃一惊。

张兴儒深知学无止境的道理，他替自己制定了一个“游学”计划，要走遍全国最好的眼科医院。为了提高自己的医术水平，他曾到北京、天津、广州、青岛等的全国著名眼科中心进修，学习先进技术，也从医学界前辈身上学到了的责任意识、敬业精神。

1989 年冬，张兴儒来到上海复旦大学附属眼耳鼻喉科医院进修。那时的医院宿舍条件简陋，没有取暖设备，即使在被子里，一时半会都暖不过来，他就用医院废弃的盐水瓶灌上热水，捂在被子里看书。最冷的三个月，他就是这么度过的。1990 年，新加坡的林少明教授与袁佳琴教授合作在天津医科大学成立眼科中心，向中国眼科医生传授人工晶体植入术。他闻讯赶往天津，在那里足足待了半年，看门诊、做手术，连着轴转，很快就完全掌握了这门新技术。眼科中心有两位主刀，他们手术时，张兴儒一直在旁边仔细观摩，在科里业务学习时，他交流了自己对两位主刀医师手术时的手法，分析哪些动作是有效的，哪些动作又是多余的，让两位主刀对这个年轻人刮目相看。他们感慨说：“你能观察得这么细，分析得这么准确，将来一定会是个好医生。”

超声乳化白内障摘除人工晶体植入术传入国内时，张兴儒已经被破格晋升为副主任医师。年纪轻轻就有了副高职称，照理该歇歇脚喘口气了吧，可是他偏不。广州中山大学中山眼科中心一直是医学前沿，很多新思维新技术都是先在那里形成的，1995 年，他又千方百计争取到了进修的机会。中山眼科中心进修生宿舍是一排小平房，阴暗潮湿，梅雨季节，房间的墙上都是霉斑，鞋放在那里要不了一周，里面就能长出白毛来，可他根本不在乎，因为这里有他最钦佩的陈家祺教授。陈教授把手术当作艺术品来做，那样精准、那样完美，让他神往。八个月的时间，他不仅学会了角膜移植、视网膜脱落等手术，还学到了医学界前辈们身上的敬业精神。

鉴于张兴儒的精湛医术和敬业精神，2000 年，作为高级人才，他被引进到上海市普陀区中心医院工作，并担任眼科主任，两年后又提升为医院副院长。在这期间，他一边工作，一边还要利用双休日去北京大学攻读 EMBA。他立下誓言："我已经决定到北大学习 EMBA，我把这件事当作人生道路上必须攻打的一座山头，要么冲上去取得辉煌，要么战死在山脚下，绝对不给自己第三种选择。"为了激励自己，他还特意把这段话用红色大字打印出来放在写字台上。

去北大学习是件非常辛苦的事。每周五晚上，忙完一天的工作，张兴儒便会拎起手提包，从医院直奔车站，搭晚 7 点赴京的火车，一夜之后，凌晨出现在空寂无人的北京街头，再赶早班地铁到北大朗润园。两天的课上完，又是夜班火车，次日早上他风尘仆仆地出现在医院，简单洗漱一下，立刻投入工作。有一次，因为有事耽误了点时间，正赶上下大雨，怕路上堵车，他就在医院门口拦了一辆摩托车匆忙往火车站赶，虽然没误点，但全身都被雨水浇得透湿，因为受了寒，到晚上就开始发烧，在北大昏昏沉沉地上了两天课，可是一回到上海，他又像没事人一样接着上班，如此周而复始。在很长一段时间里，他没有休息过一天，而且，除了院领导和极少数的几个挚友，同事中居然没人发现。

既然选择了医生就要甘于牺牲

张兴儒任劳任怨，勇挑重担，马不停蹄，无私奉献。他说，当医生就意味着要做出牺牲。你既然选择了医生，就等于选择了牺牲。

作为普陀区中心医院的眼科主任，张兴儒明白自己的责任就是要带领全科人员，要在人才培养、学科建设、医疗业务、科研创新等方面全面发展，和大家一起进步，一起打造学科品牌，更好地为患者服务。在他的带领下，普陀区中心医院眼科得到了长足发展，成为上海市医学重点专科，眼科团队在市卫生计生委质量控制检查中连续 10 年名列前茅；他还致力于白内障手术技术创新，"张兴儒白内障复明工作室"成为《上海市劳模创新工作室》；科室承担过 18 项课题，获得国家专利 7 项；发表学术论文 108 篇，其中 SCI 收录 24 篇，荣获全国优秀论文奖 5 次；主编出版学术著作11部；获得5项上海医学科技奖；其中“结膜松弛症课题研究”填补了国内外空白，成果已经写进医学教科书。由他主刀录制的《结膜松弛症手术治疗》光盘已经作为中华医学会培训工程教材，在全国推广应用，他也因此获得了国务院政府特殊津贴。随着普陀区中心医院成为上海中医药大学的附属医院，他也被聘为教授，带起了研究生。

张兴儒在从事繁重的医学教研和科室管理工作的同时，认真履行副院长职责，尤其在所分管的医疗工作中做出了富有成效的成绩，从“非典”的防控到普陀医院晋升三级医院都做出了重要贡献。2012年11月，他又被组织安排兼任普陀区利群医院院长，他勇挑重担，勤勤恳恳，任劳任怨，奔波于二家医院之间，为普陀区西部医院联合体工作做出了贡献。

虽然，大量的行政性事务要占据不少的时间，但张兴儒还是坚持每周一次的专家门诊。原先门诊的时间是安排在下午的，可是慕名而来的病人络绎不绝，每次都要加号，常常要到晚上六七点钟才能看完最后一个病人。“我无所谓，可是收费、药房的同事都要等着最后一位病人取完药，他们才能下班。”为了不让忙了一整天的同事太晚下班，他把门诊的时间改在了上午，同事们不用加班了，但他原定半天的门诊却成了全天，最多一天看了108个病人，创了一项纪录。除了每周一次专家门诊，每周还要安排一天为病人进行手术，这是他为自己定下雷打不动的规矩。有时，白天重要的活动与手术时间相冲突，他就会把手术时间挪到晚上，为病人能早日重获光明，他宁可牺牲自己的休息时间，也不推掉手术时间。

张兴儒本来就是个大忙人，医院行政管理身兼数职，作为一名出色的眼科专家，他创下高质量施行眼科手术1.4万余例的临床业绩，一天完成20多台白内障手术是经常的事。他经常下班一回家就累得一言不发，先倒在沙发上睡一会，晚饭后立马打开电脑改论文、写课题，晚上睡觉前，还要躺在床上再看看眼科医学杂志……双休日也是捞不到休息，经常外出参加学术会议。他常说，作为一名医者，就是要不断地学习业务、不断地提高技术。他一直恪守着自己的誓言——愿以毕生精力为患者除痛复明。

我有时埋怨张兴儒，常年不停地看病人、做手术、开会，再加上“光明行”，一年到头都没多少时间陪家人。我们一家人一起出去旅游的次数不多，有几次我们提前把机票订好了，可是到出发前他却因为这事那事的走不了，机票要么取消，要么改期。那年我们早就说好了要一起去英国参加女儿的毕业典礼，却因为与“光明行”的时间有冲突，最后只好我一人前往。他说：“当医生就意味着要做出牺牲，你既然选择了医生，就等于选择了牺牲。”

他一生最自豪的两件事

张兴儒说过，一生中最让他自豪的两件事：一是“结膜松弛症”的研究，从发现到硕果累累，花费了近20年的心血；二是慈善“光明行”，坚持走完了11站。

张兴儒对“光明行”有着非常深厚的感情，也为此倾注了大量心血。以前，只要一提到“光明行”，他就会兴奋得像个孩子似的喜形于色、滔滔不绝，逢人逮着机会就大谈特谈他的规划、他的目标和设想。然而，就在第11站——陕西石泉站慈善活动结束后，张兴儒却病倒了。在与病魔抗争期间，他惦记的，仍是他的病人、他的“战友”和他为之付出了心血的“光明行”。他最大的心愿，是让“光明行”继续走下去。

我曾问张兴儒，此生做的最值的一件事是什么？他回答说是“光明行”。我再问他，如果人生可以重新再来你最想做的是什么？他还是回答要做“光明行”。他说过，他一生中最让他自豪的两件事：第一个是“结膜松弛症”的研究，从发现到硕果累累，花费了近20年的心血。第二个就是“慈善光明行”，坚持走完了11站。

张兴儒去世后，我一直承受着巨大的悲痛。但是在我的心中，总感觉有一项重要的任务需要完成，那就是“光明行”。张兴儒虽然离开了，但他的大爱精神永存，爱之光、心之明、善之行的精神永存。我们纪念他的最好方式就是沿着“光明行”之路继续走下去。于是，我在家人和朋友的关心劝导下，从悲痛中走了出来。我去见了“光明行”队友、见了北大师生，这一切，使我封存已久的心重见了光明。我仿佛又回到了与张兴儒在一起的日子。

张兴儒曾经说过，“光明行”到过中国西部边远贫困地区缺医少药的地方，尽管当地老百姓生活很艰难，但他们没有怨天尤人、自暴自弃，他们仍然怀揣梦想，没有放弃努力、放弃希望，“光明行”所到之处，看到患者和家人们相濡以沫，不离不弃；看到夫妻俩把唯一的手术机会相互让给对方；看到街坊邻里，甚至素不相识的路人伸出援手，相互扶持；看到病人家属们主动加入志愿者队伍，为他们担当翻译，忙前忙后。那朴素的感情，那发自内心的信任与感激，那一个个闪耀着人性光辉的故事，都让他终生难忘。

11年来，“光明行”在治愈患者、帮助他人恢复光明的同时，也点燃了人们心中那颗向善的心灵，更是在志愿者与各民族同胞之间架起了一座爱的桥梁，让爱心在这里汇聚，让友善得到了传承。如果每个人都能力所能及地传递友善和爱心，就能汇小爱为大爱，我们的国家也将会变得更加和谐美好。“光明行”所到之处不仅为少数民族地区的眼疾患者带去了光明，同时，也把人间大爱播撒到了他们的心中，他们用最淳朴的方式表达着心中最浓烈的感情。当他们看到光明时，他们从心底里感谢党、感谢政府、感谢“光明行”医疗队为他们带去了光明。“光明行”为促进民族团结做出了贡献，为此，在 2014 年，张兴儒获得了全国民族团结进步模范个人荣誉称号，并受到了习近平总书记的接见。

“幸福就是用你的双手，让别人感到幸福。”这是张兴儒的心声，也是“光明行”志愿者的经典总结。“光明行”在社会上的影响力越来越大，他也因为“光明行”结识了一群志同道合的朋友。十多年来，他们风雨同舟，对“光明行”都有着难以割舍的情怀，他们的共同愿望，就是让“光明行”继续走下去。正是因为对“光明行”信念的坚守，所以在张兴儒缺席的情况下，大家还是团结一致，克服了种种困难，最终使“光明行”的火种得以传递。如今，“张兴儒慈善光明行”已经得到了全新的发展，这两年又走过了新疆叶城县和四川德格县二站。“光明行”13 年走过了 13 站，共计义诊 19138 人，手术 1981 例，成功率 100%。

一帚扫天下

口述 陈扣娣　整理 郦帼瑛

陈扣娣简介

女，1960年5月生于上海，中共党员。上海普环实业有限公司第一分公司党支部副书记、陈扣娣班组名誉班长。1987年，担任陈扣娣班组班长，4次被评为上海市劳动模范，1999年被评为全国建设系统先进工作者，2001年被评为上海市优秀共产党员，2007年被评为全国巾帼建功标兵。她带领班组不断创新工作方法，推出“飞行”快速巡回保洁法，并带领班组连续26年服务社区孤老，使班组成为上海市爱心助老基地。

整理者言：小满时节。走在上海市普陀区中潭路和远景路的街道上，那份洁净和清新，让我心静如水。“陈扣娣班组劳模创新工作室”的牌匾，在初夏的晨光里，有着独特的魅力。跨进大门，迈步上楼，陈列室里的景观熠熠生辉。习近平同志和环卫工人的合影照，如此亲切、如此动人。而陈扣娣，就站立在习近平同志的左手边，一抹微笑，从心底里溢出，定格成幸福的瞬间！偌大的展厅里，墙上的图片五彩缤纷，陈扣娣班组的成员们，各自亮相，组成一支坚强的团队，而陈扣娣的各种奖项，赫然展示在众人的眼中。1991 年、1993 年、1995 年、1999 年，上海市三八红旗手；1999 年，全国建设系统“先进工作者”；2001 年，上海市重点工程实事立功竞赛先进个人、上海市优秀共产党员；2002 年，上海市重点工程实事立功竞赛记功先进个人；2003 年、2005 年、2007 年，上海市三八红旗手；2005 年，上海市振兴中华读书活动读书成才奖；2007 年，全国巾帼建功标兵、上海市劳动模范；2009 年，上海市职工迎世博窗口服务行业“世博服务明星奖”、上海市职工迎世博窗口服务行业“五色杯”先进个人。看着身旁的陈扣娣班长，娇小的身材渐渐高大起来，笔者由衷地发出感叹：你是当代“时传祥”啊！

“吊车工”变成“清道夫”

我 1960 年 5 月 26 日，出生在普陀区的一间破旧的小房子里。8 岁那年，错过了进公办学校的时段，只能到交西民办学校读小学。1974 年 9 月，顺利进入辽原中学读书。1978 年 10 月，进国棉二厂当临时工。4 年后，调到上钢一厂，成为正式职工。我的工种是开吊车，必须严格遵守规章制度，否则随时会有事故发生。正是在这样的环境下，我养成了处事认真、操作规范的好习惯。

1986 年结婚后，因我家离工厂实在太远了，为了将来照顾孩子，我只能按照政策，顶替父亲，到就近的普陀区市容环卫局作业一队工作。虽然明知这工作比开吊车辛苦很多，脏累很多，但为了家庭，我也不计较了。

也许自己历年来养成的吃苦耐劳的品质感动了领导，1987 年，我刚生完孩子在家休产假，领导竟然让我担任宜川女子清道班的班长了。这一来，我突然感到身上的担子重了、责任大了，必须全力以赴去完成各项工作任务。

生孩子产假的 56 天未满，我就上班了。当时是两班制，从凌晨 4 点半上班到 10 点半，再从下午 1 点半到 4 点半。我请来母亲帮我带孩子。带了一阵子后，母亲累倒生病了，住进了医院。我又去请求婆婆辞职，帮我照顾小孩。当年，因家境困难，婆婆给别人开出租车，每月有将近千元的工资，这在 80 年代，可是一笔可观的收入。让她带孩子，丈夫不同意。他认为，我调到普陀区来，就为了离家近，照顾孩子方便，现在反而颠倒了，还让他妈妈放弃出租车的高收入，真是划不来。但婆婆是老党员，她的思想境界比儿子高。她不但同意我的请求，还劝说儿子理解我、支持我。此时，我的丈夫终于听了婆媳两人的话，让我安心去做我的班长了。

当时我们班组人员有 78 人，全部都是正式工，人员素质、文化层次参差不齐。对于我这个刚来不久的工人当上班长，有人羡慕，有人嫉妒，也有人冷眼旁观。

我想，干我们这一行的，不就是吃苦在先吗？只要自己样样脏活累活抢在前头，做出榜样，终会让大家信服的。我有一句口头语："要么不做，要做就做到最好。"

"吊车工"高高在上，"清道夫"脚踏实地。这其中的酸甜苦辣是无法用语言来表达的。但我不怕！我这个上海小姑娘，克服种种困难，一直做出表率。

当年我们街道旁的花坛，种了一些花草。本来这是美化环境的一个亮点，可是却被外来民工搞得一塌糊涂。他们把这里当成公共厕所，大小便全往里面"浇灌"，行人经过都得捏着鼻子，花草也被熏死了。此时，我觉得这是考验我的时刻到了。我二话不说，戴好口罩，穿上胶鞋，拿着铲子，走进花坛里面，把屎尿一点点挖出来，直到花坛露出干净的泥土为止。

这件事，让班里的员工们对我刮目相看了。从此，其他地方的脏活重活，他们也抢着去干，而且干得很出色。

社会在发展，时代在进步。人们对环卫工作的要求越来越高。为了使班员能适应形势的发展，1999 年，我在班里提出了"终身学习"理念，鼓励班员们"学三门，懂二门，精一门"，争取掌握更多技能和工种职业资格证。

我自己首先带头攻读，并在班里推出"读书瀑布效应法"，要求每月轮流由一位班员选读一本新书，在当月的读书小组会上，向大家介绍新书内容，畅谈读书体会，让班员们感受到知识的力量。在此鼓舞下，班里那些只有初中或小学文化程度的职工们，硬是用一双双握惯扫帚的手，在电脑键盘上敲击操作、在作业机械技术书籍上寻找指南、在英语课本里学会为老外指路的语言。

数年下来，班组成员在专业技能，文化知识上均得到了明显提高。如外来务工人员顾邦兰，当初离乡打工时，只有小学文凭；在班组的不断鼓励下，现在已获得了中专文凭和 EBA 工商管理证书。

技能、知识提高了，必须要应用于实践才是根本。因此，我时常鼓励班员们，要敢于啃骨头，敢于涉险难，要有"冒"的勇气，要想方设法解决工作中的难点问题。我每年都会在班组内部开展"金点子"活动，针对工作中的难点进行攻坚克难。数年下来，班员累计提交合理化建议上百条，其中"吸扫车皮带的再次利用"和"商店门摆放废弃物桶减少污染源"还获得市合理化建议奖。

2000 年，我们班组在全行业首创了"十大特色工作法"：

一、五分钟工作提示法。在员工出工前 5 分钟进行工作提示制度。安排任务，提出重点，重温规范达标要求，提醒安全防范意识，严格执行道路保洁作业规程。

多年来，班组安全事故为零。

二、“八扫六清一通”操作法。头遍先普扫，绿化地主动扫，有风顺风扫，无风两头扫，商店门口来回扫，公交车站招呼扫，沟底灰沙用力扫，阴井墙角不漏扫，做到路面清、沟底清、沟眼清、人行道清、花坛周围清、墙角清和沟眼通，由于规范操作，20 多年来在全市、区各类检查中从未被扣过一分。

三、民主管理轮流值岗法。班员每月轮岗一次担当班组民主监督员。由于班组严格的管理制度，使班组的各项工作得到有序的开展。

四、读书活动瀑布效应法。在班内成立 12 人读书小组，以点带面，每人每月读一本新书，写一篇心得体会，一人读书，全班受益，这就是读书瀑布效应法。

五、温馨服务法。在清扫大街小巷的同时，主动担当起文明宣传员。向过路市民和沿街商店宣传《市容环卫条例》和“七不”规范。

六、挂牌服务法。班组率先挂排上岗。每人胸前都统一佩戴了印有“全国建国文明岗——陈扣娣班组”的工号牌，上面详细公示了员工彩照、姓名、监督电话、自我加压，自觉接受社会监督。

七、爱心服务法。开展十分钟队课等形式，向广大学生进行“七不”规范、《市容环卫条例》的宣传与辅导，提高广大中小学生保护环境的意识。班组被上级部门命名为公民思想道德示范基地。

八、PDCA 质量监控循环法。班组引用 TQC 全面质量管理，对道路动态污染难点问题，专题分析，跟踪会诊，采用 PDCA 质量控制循环法，定制对策措施，攻克难关，提高道路保洁水平。

九、XABC 情感凝聚投入法。营造温馨、柔情气氛的职工小家，增强班组凝聚力，对不同对象进行不同的关心和情感投入。

十、“四三”目标管理法。即“三严”(工作作风严谨、劳动纪律严密、考核制度严格)；“三高”(工作标准高、组员素质高、工作干劲高)；“三管”(事事有人管、处处有人管、时时有人管)；“三活”(学习气氛活跃、思维方式活跃、业余生活活跃)。

其中“五分钟工作提示法”和“四三目标管理法”被普陀区总工会评为“‘徐虎杯’职工先进操作法”。

我们班组不但做好本职工作，还积极奉献社会，我们于 2001 年提出了“五为五帮”便民服务。即为老弱病残过马路提供帮助、为行人遇到意外事件提供帮助、为创社区文明提供帮助、为沿街企事业单位提供帮助、为社区孤老提供帮助。

社会上反响很大，环卫工人不仅清扫垃圾做好物质文明，而且还扶老爱幼，为精神文明作出贡献。

素质的提高有赖于知识的扩展。2002 年至 2004 年，领导派我去普陀区党校经济管理进行深造，获得大专文凭。文化层次提高了，精神境界必须相应得到升华。

记得2005年的一场大雪降临，有的路面白雪积压，有的路面结冰湿滑。我们凌晨4点半开始铲雪，却是浑身冒着热气，汗流浃背。在一处结冰较厚的地方，我拼命用铲子铲雪时，因用力过猛，一不小心右手骨折了。照理，这可以享受工伤假期，但我没有。虽然不能干体力活，但我可以指导其他工人如何更科学地操作。于是，我忍受疼痛，吊着绷带，到普环的其他班组，讲授自己的管理经验和各种操作条例。让所有团队，发扬顾大家、舍小家，"白加黑""5+2""雨加晴"的普环铁军精神，完成了一项又一项的工作任务。在这期间，我没有停止过一天工作。领导和工人们看在眼里，鼓励和支持的力度更大了。而这么多年来，家庭给予了我太多的支持和理解，我幸运有这么明理的婆婆、关爱的丈夫和懂事的女儿。

"五一"劳动节的殊荣

"五一"劳动节年年都有，但2007年的劳动节，是我这个劳动者终生难忘的大喜日子！

接到上级通知，"五一"国际劳动节这天，时任上海市委书记的习近平同志将视察我们班组，我是激动得三天三夜睡不着啊。领导说，不行啊，陈扣娣，你要养好精神，才能神采奕奕地向首长汇报。

那一天，我们把路面清扫得干干净净，东西摆放得整整齐齐，迎接习近平同志的到来。但我们还是有点担心，社区的居民，就住在附近，会不会有安全问题？想不到，习近平同志下车后，老百姓自觉排在小道两边，并不停地鼓掌欢迎，秩序井然，神情欢快。习近平同志向大家挥手致意，一派祥和的景象。

领导安排我两分钟的发言，习近平同志听得很认真、很专注，我开始的紧张情绪一扫而光，兴致勃勃地继续说下去，说了6分钟才停下来。我自己也不知道，竟然说得很流利，丝毫不胆怯，不慌张。这是习近平同志的平易近人、温暖可亲带给我的勇气和胆量。在向习近平同志汇报的片刻，我这些年所有的苦与累都荡然无存了，只留下无比的幸福感点点滴滴渗透进血液之中。我暗下决心："一生交给环卫事业！"

习近平同志亲切接见与慰问我们班组，还和全体人员合影留念。他充分肯定并高度赞扬我们创造的"十大工作"特色工作法，并向环卫战线广大职工表示节日的慰问。

习近平同志的勉励至今使班组成员难以忘怀，时刻激励着我们不断创造劳动者的价值，不断实践着自己的梦想。

2007年，我先后获得全国巾帼建功标兵、上海市劳动模范等先进荣誉。

而陈列室中习近平同志与我们班组的合影，总会让我经常驻足，时时观看，反思并铭记环卫工人是城市美容师。城市离不开环卫这个职业。这是一个很辛苦的工作，但是它很高尚。

确实，我们是最平凡的工作，却也是最高尚的事业！

扫帚柄里有科技含量

很多人认为，扫地人人会扫，就是拿着一把扫帚，把垃圾往畚箕里扫就是了。其实，这里面也有很多学问。为什么我们的班组叫“陈扣娣劳模创新工作室”呢？里面有科技创新的内涵，扫帚柄里有科技含量。

普陀区总工会对我们十分关注和支持，2001 年命名为“陈扣娣班组”。2013 年 5 月，陈扣娣班组环卫清洁创新工作室成立。2015 年 11 月，创建市级劳模创新工作室，成为当时行业内仅有的 3 家市级劳模创新工作室之一。

环卫工作很艰苦，做这一行的都有深切体会。为了减轻劳动强度，我吃饭睡觉都在琢磨如何合理化、规范化地搞好环卫事业。经过一段时间的实践操作和理论探索，我和班组的成员们制定了一系列的规章制度。

班组运用工作室的职能，发挥“六大平台”的作用。一是搭建自主创新平台，以解决工作中的难点、热点问题；二是搭建技术传授平台，调动职工“在干中学、在学中练”；三是搭建社会服务平台，把爱心撒向社会；四是搭建车模展示平台，让人们通过对环卫车辆的模型演变，了解环卫发展史；五是搭建图书漂流平台，起到传递知识，提升城市文明的作用；六是搭建成果展示平台，激发职工参与创新活动的积极性。

我们在管理模式、作业服务、工具创新、品牌文化等方面取得了一系列突出的创新成果。

管理模式创新：运用微信交流群，及时将路段上发生的状况上报，班长及时传递作业信息和要求，提高班组的管理能级。自行拍摄、制作视频和 PPT 培训教材，取代以往较为简单的培训形式，取得了更直观、更细致、更全面的培训效果。汇编《作业规范汇编》《职业道德》《社会公德》《家庭美德》4 本手册，作为一线作业和管理的指导手册。

作业服务创新：根据一分公司辖区内商业网点多、公交站点多、人流量大的特点，我们推出了“八大保洁作业法”，即头遍精细化作业法、快速“飞行”保洁法、上门收集作业法、车站式保洁法、夜间收集工作法、“全天候”保洁法、机械组合作业法、质量监控管理法。如今该作业法已成为全公司的操作准则。

环卫工具创新：致力于对环卫工具的改造，以提升环卫职工工作时的作业效率。清扫上，制造了抑制垃圾飞扬的渔网式垃圾兜；利用废弃的扫帚柄和尼龙绳制作了小便斗清洁刷；针对传统的人力三轮冲洗车作业劳动强度大、效率低等弊端，改造出了三轮电瓶冲洗车；将分公司所属的8种型号不统一、电脑程序版本不统一的机型做了相应的归类并进行改造，既提升了维修速度，又节约了维修费用，经计算维修费用只有原先的50%。

品牌文化创新：为进一步提升精神内涵，我们大力开展文化创新。通过展示环卫车辆模型的演变，了解环卫发展的进程。设立“社会主义核心价值观道德讲堂”、荣誉陈列室，激发广大职工参与创新的积极性。充分发挥劳模班组“爱心助老基地”“公民道德思想基地”“学生社会实践基地”“班组长培训基地”四大基地的作用，展示劳模班组的领头羊风范。

西区普陀，一方净土

普陀，这个区名就是净土的意思。而我们所做的一切，就是让普陀区宜川地区13条道路、5座公厕、1座沿路垃圾间成为干净、整洁、文明的一方净土。

班组所管辖的5座公厕全部按照市局提出的“十个一”标准实行便民服务。为市民提供“一个针线包、一个应急小药箱、一瓶空气清香剂（除臭剂）、一份妇女用品、一个打气筒、一次性短裤、一个避孕药具箱、一本服务手册、一张上海市区地图、一本意见簿”。

2009年迎世博期间，我们喊出了“三四五”口号：“方便市民三个备”（备一个针线包、备一份交通地图、备一个简易药箱）；“优质服务四个员”（环境卫生保洁员、文明礼仪宣传员、世博知识宣传员、突发事件报告员）；“奉献社会五个一”（遇见老弱病残扶一下、遇见迷途儿童送一下、遇见急难路人帮一下、遇见问路行人指一下、遇见突发事件报一下），得到了领导们的认可和老百姓的赞扬。

我们班组根据普陀区建设健康城区行动计划的要求，带领班组成员走向街头，到公交站点、地铁车站、影院门口等进行环境整治、维持公共秩序和各类文明礼仪的宣讲，发放“市容环境条例”给市民，同时向社会发放“陈扣娣班组奉献社会服务承诺卡”；向来往的广大市民宣传创卫的重要性，努力营造良好的宣传气氛。特别是挂牌服务法，已成为西区普环的一张亮丽的名片。

陈扣娣班组现有职工57名。1987年我被任命为陈扣娣班组班长，2004年直至现在，我一直担任上海普环实业有限公司第一分公司党支部副书记兼任陈扣娣班组名誉班长。不管是书记也好，班长也好，我始终认为自己是一名整日与扫帚打交道的普通共产党员，在平凡的岗位上无私奉献着。我刻苦钻研环卫作业技术与操作技能，在清道保洁操作等级考试中，获得了“特级工”的最高成绩，并且年年复考，长年保持。

多年来，我坚决贯彻公司“从严带队伍，从严抓业务，关心职工生活”的治企方针。为了更加细致入微地做好关心职工的生活工作，我与班组骨干制定了“三看五必访”制度来调节，上班看脸色，吃饭看胃口，工作看劲头，并做到职工生病必访，职工家庭有病必访，职工家庭有事必访，职工家庭纠纷必访，职工战双高必访。2008 年班组员工唐华在回家的路上，不幸被助动车撞伤，造成股骨颈骨折，不能下床行走，而丈夫又恰巧出差，不在身边。我得知这一情况后，组织班组员工轮流前往照顾她的起居生活，使唐华感受到家的温暖。通过五必访的制度，大大凝聚了班员们的心，他们在各自的岗位上，作出了自己应有的贡献。

我以苦干、巧干、能干的精神赢得了班组姐妹们的敬佩。班组胜似一个温馨的大家庭，团结得像一股绳，个个不甘落后，发扬“宁愿一人脏，换来万人洁”的行业精神，团结协作，忘我工作。带领班组员工，建服务品牌，强内部管理，拓业务新路，扩辐射效应，走出了一条传统劳模集体积极应对市场经济挑战并实现成功转型的创新之路。我认为，只有谦虚谨慎、保持着党的优良传统，才能体现出示范行业、示范服务的时代气息。

在 20 多年的创建过程中，陈扣娣班组已有 8 位同志光荣加入了中国共产党，2 位同志被评为市、区三八红旗手。外来务工人员顾邦兰在 2012 年荣获了全国五一劳动奖章。近年来，我们班组已培养输送了 8 名骨干，有的走上了管理岗位，有的挑起班长重担。班组连续九届获得上海市劳模集体称号，在全市市容环卫享有极高的知名度。

我们是一群为地面清理脏污的环卫工人，我们也是一群为灵魂清理杂质的善人。中国讲究孝文化，我们不仅孝自己的家人，还孝社会的老人。

1994 年至今，我们带领班员连续为 8 位老人义务服务，有孤老、老红军、老红军遗孀、独居老人等。我将班员分为几个小组，平时利用下班时间上门为老人打扫房间，同时姐妹们自发的你 2 元她 3 元地凑钱，每周为老人买些生活用品，逢年过节也不忘到老人家去探望。班组还利用获得各类先进得到的奖金，为两位孤老购买了“阳光爱心助听器”、为老人订阅健康报和订牛奶，并向老人们公开家里的电话，使老人们真正感受到老有所乐、老有所依、老有所靠。有位濮老太不慎跌伤，我与班组姐妹夜以继日的照顾老人。老太弥留之际，叮嘱从南京赶来的弟弟，让他一定要送一面锦旗给这些孙辈，是她们轮流照顾我，不是亲人胜似亲人。她弟弟后来果然送来了一面锦旗，上面绣着“人间天使”4 个字。市老龄委在得知多年来我们班组为老人服务一事，特地向我们班组颁发“爱心孤老服务基地”铜牌。

陈扣娣班组连续 20 多年活跃在社区、为社区孤老服务。据不完全统计，20 多年来，我们先后热心上门为孤老服务 800 余次，放弃休息时间千余小时。如今班组与颐和爱心敬老院结对，每月坚持上门为老人服务已坚持数年，并不定期地组织班员到附近的敬老院、幼儿园进行义务清扫，参加整治家园活动，以自身行为在社区弘扬了文明之风。

城市，让生活更美好。环卫，让城市更洁净。看着城市一天天靓丽起来，我为自己是一名城市美容师而感到骄傲。

西区普陀，是我们的一方净土。

一把扫帚，一根接力棒

2009年，我把班长这根接力棒交给了成慧，一位34岁的年轻人接住了这把扫帚。

成慧，1975年3月出生于上海，中共党员。2005年加入普环公司，担任区政府保洁员。2009年被调到一分公司陈扣娣班组任班长。曾先后荣获“上海世博会窗口服务先进个人”“中国2010年上海世博会优秀志愿者”“上海五一劳动奖章”“上海市三八红旗手”“上海市申城先锋”“2018年度感动上海十大年度人物”“2017—2018年度上海市职工职业道德建设先进个人”“2017—2018年度上海市三八红旗手标兵提名奖”等荣誉，并当选为上海市第十一次党代会代表。

成慧进入环卫工作以来，十几年如一日扎根在一线班组，不论是刮风下雨，还是严寒酷暑，她始终带领着班员迎难而上，像铁钉一样铆在岗位，不完成任务誓不罢休。

面对我这位师傅，她说：“我在一线做过，但没师傅这么精通。班员对我还不够信任，我要对自己下苦心，勤能补拙，要多看、多听、多学、多做。师傅怎么做的，先进怎么做的，我都要学。”成慧努力提升自身的综合素质，不仅学习班组管理方面的知识，还先后学习了劳动法、交通法、行业标准等规章制度。

作为班长，成慧考虑最多的是保障道路质量。她说：“普环公司是公益性的企业，干净整洁的道路是我们最好的产品。”因而在工作中，她始终身先士卒，埋头苦干，不甘落伍。

2018年是中国首届进口博览会召开之年，作业质量的好坏，直接关乎普陀的“颜值”，为了保证班组辖区内路面的清扫质量，她每天清晨4点至下午5点全部在路面来回巡查，顾不上吃饭、休息，路边的废物箱脏了，她从家里带来抹布、洗衣粉，一个一个地擦洗。绿化带内有杂物，她一个人用手一个一个地捡，手伸不进的地方她用夹子伸进去一个一个夹出，直到干净为止。一张白净漂亮的娃娃圆脸，弄得汗水直流。一连几天下来，她的手脚磨出了血泡，班组姐妹们多次劝她回家休息一下，她总是说：“少我一人，路面工作我相信能行，但是多了我一个人的力量，路面会变得更加干净整洁，现在是迎接进博会召开的关键阶段，我怎么能离开。”在她的影响下，大家团结一心，埋头苦干，从而保证路面顺利通过验收。

成慧带领的陈扣娣班组在 2015 年被上海市总工会评为劳模创新工作室。作为环卫的一线班组，并不像许多科研单位那样能研发出“高大上”的成果，但他们也有一项项值得骄傲的创新工作，悄悄推动着环卫事业前进。

在班组管理上成慧带领班员积极开动脑筋利用信息化软件系统，在班组安装了指纹考勤机，全体班员录入指纹，并与电脑联网，班长可通过手机查看，实现智能考勤打卡。她还将班组核心价值观、团队精神、作业流程、作业标准进行归纳总结，汇编成《工作手册》，提高班组的精细化管理水平，并在全公司内推广。

别看成慧年轻，却有一颗珍贵的爱心。她是班长，更是“家长”。因此她在工作中，始终兢兢业业、顾全大局，从不搞特殊。每当班员在工作中出现思想情绪时，她总是耐心诱导、晓之以理、动之以情。她告诉班员，越是困难的时候，劳模班组越是要显现先进本色，必须要有奉献精神。如今，班员早已把班组当成自己的家，将彼此当成自己的家人，谁有困难，都会伸出援助之手。

成慧对自己的家庭却有几分歉疚。她经常早晨四五点钟出门、晚上五六点钟回家，没有时间照料丈夫和儿子。她丈夫是从事物业工作的，对她从来没有怨言，年仅 15 岁的儿子也经常懂事地说：“等妈妈忙完了这段时间，一定要给我做好多可口的饭菜哦！”一句玩笑话，深含着家人对她的理解和宽容。

垃圾分类利在当代、功在千秋。近年来，成慧带领着班员深入各个街区、学校开设垃圾分类讲座，向市民宣传垃圾分类的意义和目的，泰山小区、子长小区、上海师范大学附属第二实验学校都能看到他们的身影。成慧脸上始终带着标志性的甜美笑容，不厌其烦地告诉大家，哪些属于干垃圾，哪些属于湿垃圾，实在难以辨识类别的生活垃圾，可投入干垃圾容器内。

成慧说：“我热爱这份工作，只要拿起扫帚我就像吃了灵丹妙药一样精神百倍，我要一辈子都当城市美容师，用勤劳双手扮靓有温度的城市。”

成慧是新班长，我这个老班长的担子依然没有撂下。2015 我还在班组负责，市劳模创新工作室我亲自去打擂台，“陈扣娣班组”获得了当时全国 30 家知名企事业单位前 3 名。

一把扫帚，一根接力棒！我这个前任的班长，看着成慧的成长，感到无比的欣慰。我想，也许哪一天，成慧也会将这根接力棒传到下一轮班长的手中。

一屋不扫，何以扫天下？我希望我们“陈扣娣班组”的这把扫帚，一代一代传下去，一帚扫天下！

九星村“凤凰涅槃 浴火重生”的带头人

口述 吴恩福 整理 朱全弟

吴恩福简介

男，1952年12月生于上海，中共党员。曾任九星村委会主任、九星村党委书记、九星市场党委书记。现任上海九星控股（集团）有限公司董事长兼总经理、九星物流股份有限公司董事长，高级经济师。上海市第九次党代会代表，闵行区第四届人大常委，闵行区中小企业名誉会长。先后荣获全国十大杰出村官、第四届全国农村基层干部十大新闻人物、中国农村社区发展促进工程首席专家、中国新农村建设十大杰出人物、中国名村建设十大杰出人物、中国农村改革30周年功勋人物、中国农村改革30周年优秀村官。两次被评为上海市劳动模范，2010年被评为全国劳动模范。

整理者言：综观上海整个郊区，自改革开放以来，不得不说，吴恩福是一个传奇式的人物。上海郊区农民有坚韧不拔的意志，有聪明智慧的才干，这些品质在他的身上反映得淋漓尽致。郊区人称赞豪爽有能量的人，往往会用一个词：大佬倌。当然，这是农民的语言，换了另一种说法，吴恩福就是一个有着始终不忘初心和坚强党性的农村基层的好干部，他始终不忘初心，想着农民利益，群众信任他。

怀揣梦想，实现九星村强民富

我出生于1952年，今年已经68岁了。出生在农村，14岁开始务农，1981年当上生产队长，1994年被任命为党支部书记，作为一个农民，生在农村、长在农村，所以，我还要为村里的持续发展奉献力量。活到老，学到老，干到老，这样就不容易老，这就是我的个人追求。作为一个土生土长的九星人，我的梦想就是让九星富起来、活起来、强起来，实现村强民富。

从1994年到今天，20多年来我一直在参与九星的改革，见证了九星的发展。党的十九大提出了习近平新时代中国特色社会主义思想，以及“产业兴旺、生态宜居、乡风文明、治理有效、生活富裕”的乡村振兴战略。我要不忘初心，为村民谋幸福；牢记使命，为九星谋发展。

九星隶属于闵行区七宝镇，地处漕宝路和顾戴路之间，西边外环，东边虹莘路。村域面积1.06平方公里，有19个村民小组，1117户，4866名村民。

自2003年以来，九星曾连续十三年位居上海市综合实力百强村第一名，又先后被评为中国十大名村、中国市场第一村、中国经济发展特色村、中国十佳小康村、中国幸福村、全国民主法治示范村，并连续三届荣获全国文明村。九星市场也曾先后被国家工商总局评定为“全国诚信示范市场”，九星集团荣获全国五一劳动奖状，全国和谐商业企业。我也荣获全国劳模和两届上海市劳模，以及中国功勋村官、2008北京奥运火炬手等诸多殊荣。

习近平总书记说，幸福是奋斗出来的。九星60多项国字号荣誉和100多项市级荣誉，是全体九星人在各级领导和社会各界的支持下奋斗出来的，这些荣誉不断鞭策我们不忘初心、牢记使命。无论获得过什么荣誉，我总是以一种归零的心态重新出发，因为我的责任就是让父老乡亲过上好日子；我的选择就是多想村民利益少想自己。

我在九星这些年，总结起来，坚持了三个一，走了一条共同富裕的道路；搭建了一个培养成功经营者的平台；最后留下了一块黄金宝地完整无损地交给了国家。

其一，为什么要走共同富裕的道路？

我认为，改革开放后全国农村出现了三种模式。小岗模式：解决温饱，不管富裕；温州模式：解决一部分人的富裕；苏南模式：只解决一时发展，没有可持续发展。

上述三种模式，九星都不能照搬。我们九星村要学习他们的成功经验，又要按照自己的实际情况，走出一条更加合理完善的可持续发展的共同富裕道路。

道理很简单。计划经济时代，都是大锅饭。最初家庭联产承包制，但是一亩三分地，分掉，然后各奔前程，不行！九星村采取两头统中间包，两头指育苗管理由集体完成，中间一些简单的农活分下去承包，最后的技术活包括销售等也有集体统包。事实证明，这是我们基层党支部对农民的负责任的做法。

我认为，小岗模式不完善，苏南模式负担太重，环保问题严重，而温州模式办企业、建市场其目的也应该是共同富裕，总结上述优缺点，九星村就是把土地留了下来，可持续发展使得农民从贫困中走出来，并迈上小康富裕的大道。

其二，建立了一个九星市场创业大平台。

九星市场为上海乃至周边地区的老百姓提供了在一条路、一个市场里，买全房间装潢的需要的所有东西的便利条件。这个市场还培养了无数个老板，他们发财了，回去为家乡哪怕修一条路也是对社会的贡献。

其三，外环的这么大的一块风水宝地完好无损地交给了国家。九星村是七宝镇的九星村，闵行区的九星村，站在国家利益的立场上，九星村浴火重生，凤凰涅槃，我们在上海西南要打造一个永不落幕的国际家具博览会。

自主创新，集体经济持续发展

我是土生土长的九星村人，父母亲都是农民。我从 14 岁开始干农活，到今年已经有 68 年的时间了。

最早，我做过育秧员、饲养员，灌溉农田的放水员，统计社员出工的记工员，担任过团小组长、劳动组长、队委会委员、副队长、队长，后来当上了工业大队长、书记，还做过厂长。

农业难，农民穷，我是酸甜苦辣咸什么滋味都尝过。

我既搞农业，又搞副业，运输、仓储都尝试过。那时的一毛钱、五分钱的收入，可要比种粮种菜高多了，而且没风险。

我也搞过村办企业，五金电缆、仓库等加工厂联营企业，因为是人家作主，造成亏损。甚至一家台湾企业租用了我们的 10 亩土地，只有 20 万元的年收入。等到我当了书记后，我就大刀阔斧地开始调整，重新定位。最形象的就是一句顺口溜：“井字形道路，网格化管理，有街无处不经商，铺天盖地门面房。”

不久，九星市场形成了，效益上去了，资产也多起来了。强市强村方略应运而生。

现在，回顾九星村的发展历程，有三个方面可以讲。一是讲创新，二是讲改革，三是讲转型。

我一直觉得，农村更要务实，不能跟风。自主创新，才是集体经济持续发展的原动力。村级集体经济的发展必须因地制宜，实事求是，要从实际出发，遵循宜农则农、宜工则工、宜商则商的原则。

1978 年以后，九星村虽然也积极开展多种经营，但因为缺乏产品特色，也没有什么技术优势，一路上都是跟着别人走，村里经济效益十分低下，导致连年亏损，光 1994 年全村亏损额就达 1780 万元，经济匮乏、效益低下、债务缠身，成了附近有名的贫困村。

就是在这样一种困境中，大家推举我担任了村委会主任，并被七宝镇党委任命为九星村党支部书记。当时的现状是农业不活，工业不火，商业不兴。怎样找到突破口？我和村干部开展了多次深度的探讨分析，一致认定要改变现状，就要审时度势，用好自身资源，而当时九星最大的资源就是土地，这是发展集体经济唯一能拿得出的资源。如何用好土地，形成一种能够自主开发、自主管理，并能持续稳定地给村民带来财富的发展模式，这是我们当时思考问题的出发点。

九星的发展离不开全国改革开放的大背景，离不开上海发展的大趋势。1990 年浦东宣布开发开放，1992 年邓小平发表南方谈话，上海的发展进入了高歌猛进的时代。当时我们还想不了多远，但是我思考着：上海浦东开发开放，浦西一定也要跟上。城市的发展需要大量的劳动力和各种各样的人才，这样就要盖很多的房子。盖房子需要钢材、水泥，盖好后还需要装修。顺着这个思路，我心里一亮，豁然开朗，这就是九星能做的事情啊。把九星打造成一个与建筑与装潢和家居相关的市场村，“不种庄稼种砖头”，我们当时分析了三个要素：一是上海东边是浦东开发开放，西边一定是城市化进程的快速推进；二是九星地理位置不错，离城市中心区不远，交通便利；三是我们班子很团结，村民想致富的愿望强。正所谓天时地利人和，说干就干。我们马上调整产业结构，制订了“退二、进三”计划，把经济发展的重心转向第三产业，前瞻性地进行了产业结构大调整，并结合当时房地产业开始兴起，新的消费需求正在快速形成的趋势，把发展第三产业的实现形式定位于兴办一个以建筑装潢材料为主的大型综合性商品交易市场。通过不断调整、完善、优化，使经济效益实现突飞猛进，使九星真正走上“以市兴村、强村富民”的村级集体经济发展之路。

如今回顾那时候的决策，真是百感交集。现在还经常有人要我用简单的、朴素的话来概括九星精神，我说九星还在成长，还不能上升到精神层面，但是这些年也有人帮我们做好了概括，他们是这样表达的：20 世纪 90 年代中期起，在党的改革开放政策指引下，九星村抢抓城市化进程给近郊农村带来的历史性机遇，加快调整产业结构，探索传统经济增长方式的根本变革，立足村情探索突破，通过走“以市兴村、强村富民”的发展道路，创造了中国市场第一村的奇迹，不仅彻底改变了一个村庄的传统面貌，也使村民的生活形态从根本上得到了全面改变。

九星过去曾经是社会主义新农村建设的排头兵。今后，九星一定要争当落实习近平新时代中国特色社会主义思想，施行乡村振兴战略的排头兵。

20 多年来，我们九星始终按照三个坚持、四个常和五个实现来发展经济。三个坚持：一是坚持发展村级集体经济不散伙，二是坚持农村土地集体使用不动摇，三是坚持农民是新农村建设主体地位不含糊。四个常：常思强村方略，常想富民计策，常抓民主自治，常办为民实事。五个实现：实现了摆脱发展困境的目标，实现了带领村民共同致富的目标，实现了促进农民融入城市生活方式的目标，实现了建设和谐生活的目标，实现了巩固基层政权和促进社会稳定的目标，让九星一直稳健地走到了现在。

目前，在新时代、新形势、新要求下，我们转变为新的三个坚持：坚持集体经济，坚持共同富裕，坚持让农民带着股份进城（三本股权证）。 新的三个常：常思持续发展（建九星城），常想股民利益，常保股民权益。

三个坚持、三个常，由旧到新，九星探索了 20 多年，九星村集体经济实践探索也经历了五个阶段：

第一阶段（1994—1997 年）：“外三产，内工业，沿路门面放”的创业阶段。这是我们的试水阶段，摸着石头过河。那时也没有品牌概念，只要有人愿意来，我们都十二分的欢迎。

第二阶段（1998—2003 年）：九星市场加强管理，逐步走向规范有序的阶段。经过四年多的探索，九星市场渐渐有了知名度，不仅有了稳定的客流，一批知名企业也来九星抢滩设点。以往粗放式的管理渐渐不适应了，我们开始学习精细化管理。

第三阶段（2004—2007 年）：优化市场布局，提升业态档次的阶段。用十年时间专心做一件事情，九星在进入 2004 年之后，市场形态发生了很大变化。首先是 20 多个品类悉数齐全，村内的道路开始命名；二是进入了品牌时代向外辐射的能力越来越强，不仅吸纳了附近的客流，也吸纳了市中心甚至远在嘉定、奉贤、金山的客源。

第四阶段（2008—2015 年）：市场主业繁荣发展，衍生产业不断拓展的阶段。这个阶段是九星的一个分水岭，经营业态不仅是传统的建筑、装潢、家居领域，并开始向文化创意、金融、商务、科创等方面拓展。用数字最能说明这个时段的变化：占地面积 123 万平方米，建筑面积 90 多万平方米，入驻全国各地商户 10089 家的超大型综合市场，拥有 28 大类专业商品分市场区，其中传统领域有 20 个，分别是：

五金、陶瓷、卫浴、灯饰、家具、家纺、钢材、石材、地板、胶合板、不锈钢、防盗门、菜市场、PVC、窗帘布艺、装饰玻璃、油漆涂料、名贵木材、危险化学品、电线电缆等。衍生的新领域也不断出现，如茶叶、酒店用品、文具礼品、红木家居、文化收藏品等。九星蓬勃发展的市场集群，营造出繁华的商业集聚度，形成了远近闻名的大众商品集散地，集聚了大量的人流、车流、物流、资金流和信息流，成为上海市规模最大的综合市场，被人们美誉为一站式购物的市场航母，也是全国最大的村办市场，并评为“中国市场第一村”。据统计，2005 年以来，九星村集体收入每年的增长都保持在 5000 万元以上。2015 年，九星村总收入达 12 多亿元，净利润 4.2 亿元，上缴税收 3.8 亿元。九星转型，经济也随之断崖式下滑。2018 年全村实现经营性收入 2.4 亿元，实现税收 1.9 亿元。

第五阶段（2016 年至今）：浴火重生，全面转型升级，进行第二次创业的阶段。2016 年和 1994 年一样，在九星的历史上极其重要。经过 20 来年的发展，九星完成了一个村庄的使命。在新的时代，九星要借助天时地利人和的综合作用，开启一个全新的转型。这次新的转型，和闵行建设城市副中心的任务同步，和十九大报告中提出的“乡村振兴”方略同步。我们紧跟新时代脚步，一切从零开始，打造全新九星。

深化改革，九星品牌硕果累累

伴随着九星村经济的快速发展，各种问题也开始慢慢暴露出来。经过综合权衡和集体决策，我们决定一边走发展之路，一边走改革之道，一步一个脚印往前迈。以下我就从八个方面讲讲我们的改革和做法。

一是坚持党建引领。人们常说：“村子富不富，关键看支部。”长期以来，我们始终坚持党建引领，凝心聚力促发展。先后成立两个党委，共计 11 个党支部、257 名党员，九星村党委下设 5 个直属党支部，其中在职党员 55 名、老龄党员 115 名，纳管的九星市场党委有 6 个党支部，市场党员 87 名。开展双寻找活动，党员寻找组织，组织寻找党员，组织红色之旅，赴井冈山、西柏坡、古田会议会址等地接受革命教育，强化党性意识，增强凝聚力、战斗力。

二是产权制度改革。九星市场渐渐做大后，村民开始有些不同的声音。有的认为村庄是富裕了，但自己没有得到什么实惠；也有的认为大市场让居住环境变得很糟糕。为了回应村民的质疑，从 2003 年开始，九星村启动了产权制度改革。在区农委、区政研室的大力指导下，九星村在体制上不撤村的情况下，按照“三个原则”开展产权制度改革：仅改革经营性资产，公益性资产、资源性资产暂不纳入改革；量化与入股都用现金进出，参股实现全覆盖；干部不设股、不送股，公平一致。按这一路径开启的产权改革，对九星村的经济发展起到了至关重要的推动作用。改革后的九星村，最直接的成效就是让全体村民充分享受到了经济发展带来的成果。村民变成了股民，在原有的薪金、租金、福利收入的基础上，增加了入股红利的收入，增加了财产性收入，从此九星村建立起按劳分配与按股分红相结合的收入分配新模式，村民的安全感、存在感、集体荣誉感都大大加强。

九星改革发展以来，累计发放村民福利 4.4 亿元；改制至今，累计发放村民红利 10.8 亿元；目前总资产达 76 亿元，净资产 24 亿元；转型升级前年利税达 15.8 亿元。

改革带来的实惠，村民知道：逢茶吃茶。牛奶、大米、食用油、桃子、西瓜等，上市什么吃什么。旅游也是从大巴、高铁到飞机，从境内到境外。

实践是检验真理的唯一标准，这充分证明农村的改革和发展，不是要改掉集体经济组织，而是通过改革使其不断发展壮大；只有发展壮大集体经济，确保九星资产保值增值，才能走共同富裕之路。

三是文明诚信建设。随着商户越来越多，市场监管成为一道难题。除了积极应对投诉之外，还需要建立一套诚信机制来保障市场的运行。作为上海市规模最大的综合市场，我们在 2008 年开始大力推进“个、十、百、千、万、亿”的诚信体系建设，也就是：牢固树立一个诚信理念，构建十大诚信保障网络，每年开展百家诚信经营户评选活动，强势吸收千种知名品牌落户九星，签订万家商户诚信经营承诺书，设立亿元诚信保证金。这项改革取得显著成效，九星市场被国家工商行政管理总局两次评定为“2011 年度全国诚信示范市场”和“2014—2015 年度全国诚信示范市场”。

四是规范管理制度。从 2005 年开始，九星集团开始制定《规范管理工作手册》，此后每两年进行一次修订，至今已经编印到第七版，使繁琐变得简单，杂乱变得有序，迟缓变得高效，为九星的可持续发展奠定坚实的基础。

五是品牌兴市战略。九星的发展离不开广大商户，优质的九星也离不开优质商户的支撑。打造市场信得过的品牌，是九星持续健康发展的保证。从 2011 年起，九星集团开始大力开展三品建设：做好人品，卖好商品，建好场品。此后连续多年都以“品牌建设”为主题，按照“名牌战略、质量强市、星级服务、优化环境”十六字追求完美的标准，开展系列市场建设活动，不断提高市场的满意度、知名度、美誉度、安全度和忠诚度。用心打造，用心维护，九星市场内销售的国内外各类知名品牌从 2010 年的 805 个，增加到 2800 多个，品牌专卖店突破 1500 家，“七宝九星”注册商标被评为“上海名牌”和“上海市著名商标”。以品牌立市，以品牌立人，九星由此走上了健康发展的快车道。

六是质量强市战略。九星市场从 2002 年起，先后和国家灯具检测中心等权威部门共同组建起九星灯饰、机电、木材、五金、家具、陶瓷卫浴、油漆涂料等 7 个商品质量监督站。质监站的工程师每天在市场一线巡查，每月组织重点商品普查，严把质量关。九星建立和实施的质量管理体系于 2011 年和 2014 年两次通过 ISO9001：2008 认证。

七是消费维权保障。市场的兴盛，依靠商户的品牌，也依靠顾客的口碑。为了维护好顾客的权益，从 2001 年起，九星市场专门设立了 12315 投诉调解总站，各管理区也都同时设立了消费维权点，做到小投诉调解不出管理区，大投诉调解不出市场。受理消费投诉，事事有处理，件件有落实。2014 年 3 月 15 日开始实施新的《消费者权益保护法》，九星市场编印 10000 册《贯彻落实新消保法学习手册（8）》，发到每家经营户手中，并组织 55 场次的全覆盖的专题培训，不断增强广大商户的法律意识。同时推出以商品质量保证金的形式，建立消费投诉先行赔偿基金机制，落实先行赔偿制度，让顾客的赔偿维权通道更便捷畅通。一系列的有针对性的举措，让九星市场赢得了上海市消费者维权保护示范联络点的称号。

八是保障平安稳定。“平安九星”创建活动是贯彻落实上海平安建设的实事项目。九星坚持在实践中不断迈出改革新步伐，首先是加强队伍建设，组建强有力的社会治安综合治理管理服务队和消防安全环境监察队，成立 2 支消防队，并建立了联席会议制度。其次是加强安全设施设备建设，购买了 2 辆消防车，配置实时录像监控系统，安装 500 多只探头，实行人防、物防、技防相结合，加强“打、防、控”活动，及时整治各类安全隐患，确保九星平安。九星市场多次被评为上海市平安示范市场。

九是承担社会责任。九星的发展离不开社会各界的支持，九星也始终把反哺社会作为自己的责任和使命。九星出资 450 万元支持山东省“乐义果蔬技术发展计划培训”项目，出资 1350 万元，与浦江镇 3 个经济贫困村结对帮扶；捐助 100 万元援建江西革命老区 2 所希望小学和饮水工程；出资 108 万元扶持中国农促会培训“三农”人才攻读博士；向汶川大地震灾区捐款 300 万元；为青海玉树灾区捐款 140 万元；支持教育事业发展在已出资 5000 多万元基础上，又捐赠 1800 万元给闵行区七宝明强小学修建东校区，受到社会的广泛好评。

转型突破，续写九星新传奇

上海建设国际经济、贸易、金融、航运、科创中心和现代化国际大都市、卓越的全球城市，九星的转型提升势在必行。随着沪府规【2016】20 号文件正式公布落地，九星转型升级全面启动。这是九星有史以来最重要最全面最彻底的一次大改革，规模之大，任务之重，牵涉之广，速度之快，影响之深，都史无前例。“高起点规划，高质量要求，高品质开发，高水平运营。”这“四高”目标带给九星的是机遇，也是挑战。从2016年4月起，九星开始启动新一轮市场转型，在短短几个月时间里创造了闻名沪上的转型奇迹，即“三个一”：用时“一百天”，清腾“一万户”(商户)，拆除“一百万平方米”(建筑面积)，全面开启新的进程。

未来的新九星总用地面积175公顷，是一个国际家居产业的标杆性研发、展示、交易和信息中心。九星转型提升后建设九星城，这是九星事业的亮点，是社会关注的热点，也是大家期待的焦点。项目由九个地块组成，占地面积16.08万平方米(241亩)，总建筑面积100万平方米，地上10层，建筑面积52.83万平方米；地下2层，建筑面积47.17万平方米，打造国际家居建材一站式商业航母。

九星城的定位是：专业贸易聚集区 ，未来生活大观集中承载区。布局设想为互联互通，商业也是层层首层的概念，设计理念为行云流水。

九星城的目标是：聚焦家居建材全产业链，成为全球家居建材产业的风向标。

我们相信，有政府的大力支持，有社会各界的关心爱护，九星新的辉煌还会继续。

习近平总书记强调：“世界上没有坐享其成的好事，要幸福就要奋斗。奋斗是艰苦的，奋斗本身也是幸福的，只有奋斗的人生才算得上幸福的人生。这是一个需要奋斗的时代，也是一个成就奋斗者的时代。历史只会眷顾坚定者、奋进者、搏击者，而不会等待犹豫者、懈怠者、畏惧者。”九星村发展的历程就是最有力的见证。九星既是改革开放的产物，也是改革开放成果的缩影。虽然目前正处在转型升级的阵痛期，但是，我们充满必胜的信心。在欢庆新中国成立70周年的历史时刻，要不忘初心，牢记使命，为九星群众谋幸福，为九星事业谋发展。要始终把人民放在心中最高的位置，始终坚持以人民为中心的发展思想。山再高，往上攀，总能登顶；路再长，走下去，定能达到。

在几十年的农村工作中，给我深刻的体会：干农村工作心中要有情怀、有乡愁。没有点情怀、没有点乡愁，还真得不能干。必须深入一线、深入实地，必须带着感情、饱含热情、充满激情去干，甚至还要有点痴情。

我们要在习近平新时代中国特色社会主义思指引下，在各级党委、政府的坚强带领下，在新时代的拼搏奋斗中找准着力点，在九星转型升级中不断取得新突破，热情拥抱美好的新时代，努力交出一份让党和人民满意的九星新答卷。

让沧海变桑田

口述 陆文忠　整理 范　洁

陆文忠简介

男，1947年2月生，上海崇明人，中共党员。上海瀛东农工商实业公司董事长，瀛东村原党支部书记。1985年至1994年期间，在资金奇缺、势单力薄、风浪无情的情况下，陆文忠带领乡亲们先后三次闯滩，共围垦土地4000亩，带领乡亲们建设新家园，建立瀛东村，走上共同致富的道路，成为新农村建设的排头兵和生态岛建设的新样本。曾多次被评为上海市劳动模范、上海市优秀共产党员、全国劳动模范、全国五好文明家庭等。

闯 滩

崇明东滩曾是满地芦苇的荒滩。我是土生土长的陈家镇人。20世纪80年代初，我在良种场村担任大队长。这是一个新垦区，位置偏僻，经济薄弱，是一个出了名的穷村，老百姓的日子过得很苦。我想，作为一个大队干部，就是要带大家脱贫致富。

当时，全国农村都在搞乡镇企业，我们村里也有两个小工厂，但是经济效益并不理想。工厂不景气的主要原因，一方面崇明到上海市区交通不便，另一方面我们都是祖祖辈辈靠种田为生的农民，文化低、社会关系少，缺乏办工业的技术和门路。所以唯一的出路就是依靠土地，农民嘛，有了土地就有饭吃。

良种场村堤外就是东海滩涂，名为“团结沙”。看着这片越涨越大、越涨越高的滩涂，我心里萌生了一种靠山吃山，靠水吃水，充分发挥我们东滩人了解滩涂，熟悉土地利用方法的自身优势，依靠滩涂做大文章，实现脱贫致富的念头。

1985年春节刚过，全国农村工作会议送来了春风，国家鼓励集体、个人开发荒山、围垦滩涂。于是，我反复学习文件精神，经常翻阅报纸，了解中央政策。是党的好政策坚定了我实施围垦造田发展淡水养殖的决心。那年秋天，我正式在大队干部会议上提出了“要致富，靠滩涂”向滩涂进军，问大海要田的设想。

11月21日，我们接到了县政府允许我们搞围垦的通知。当时良种场大队里没有钱，书记、村长都在跑工业业务，我就东拼西凑了200元钱，喊上5个小兄弟，还有一缸自制的咸菜出发了。买了60支毛竹和小竹梢、一些钢丝，割了点芦苇，搭起一间20平方米的茅草棚，就算在“团结沙”的荒滩上安营扎寨了。第一个晚上，割了几十捆的芦草，扎一个舟，裹了两条被子就睡在里面。

每人一根扁担、一副泥络、一把铁锹，日出而作，日落而息。当时，我们几个人挤在这间茅草房，没处烧饭，只能自己垒土灶对付；寒冬腊月，蹲在地上吃饭，饭菜不一会儿就凉了，一阵北风吹来，还常蒙上一层泥沙。

没有电灯，我们就在煤油灯下开会，首先明确的是，这个围垦性质是集体的，我们6个人明确分工，谁管钱、谁管账、谁管仓库、谁管记工分，全都分配好。一套农村的财务管理制度建立起来了。

为了赶在汛期之前堆成大堤，尽管离家不远，我们还是很少回家，在芦苇棚里一住就是7个月，最长时连续83天没回家，一直到1700米长的大堤筑成，600亩滩涂围垦战役胜利告终。在围垦时，我们采取边围垦边开塘、边放养的方法，到600亩滩涂围堤结束，300亩鱼塘的开挖放养也相继完成。实现了当年围垦、当年开塘、当年放养、当年受益的目标，那年底，全场商品鱼上市，产值9.8万元，利润2.1万元。

初战告捷，振奋了人心，又一批人愿意加入，队伍壮大了。我们 600 亩地已经不能满足现有人群的需求，为了扩大规模，我们又把目光投向比邻的另一块面积为 2000 亩的滩地。

那是 1987 年 4 月，我们趁热打铁，第二次向荒滩挺进。面对风浪和潮汛随时可能的袭击，我们顶风冒雨，人挖肩挑。鞋不能穿，我们就赤脚干，脚腕就被芦苇根刺破、扎伤了，海水一浸泡，溃烂从此再也没有好过，一直到现在，还是常年裹着一层厚纱布。是苦，是累，却无怨。人人都知道，围垦出来的土地，是赛过黄金的宝贝……

在半年里筑起一道长达 3300 米的大堤，又得到了 2000 亩土地。围垦成功，我们一鼓作气在垦区里开通了 8000 米河道，新挖了 720 亩鱼塘、搭建了 270 间猪棚。1988 年，在荒滩建起的瀛东养殖场已实现产值 35 万元，赢利 7 万多元，当年的荒滩，终于成了一个“聚宝盆”。

1989 年，瀛东养殖场的定居人员已经达到 100 多人，经县政府批准，瀛东村正式成立，我们有了新的家园。

1992 年，县里打算调我到团结沙农场当负责人，出于对亲手建设起来的瀛东村的感情，我不愿离开。我看到，奚东沙与团结沙之间有一片近千亩的滩涂可以围垦，而且这片滩涂的两边丁头大坝已经形成，只要堆筑一条直线大堤，就能挡住海水，围垦成本极低。于是我们再次踏进东滩，操起扁担、铁锹，第三次向大海开拔，这次又围得 1400 亩。十年三次一共围垦土地 4000 亩。

突 破

土地虽然圈围好了，但是，开发需要大量资金，而当时我们严重缺乏资金，解决贷款问题也是我们发展过程中的难题之一。

记得我拿到的第一笔贷款是 1.5 万元。那是开始干了 2 个月以后，春节到了民工要回家过年，为了给民工发工钱，我就向农村信用社写了报告，想贷款 1.5 万元。但信用社的主任说：按照规定，贷款需要担保，谁能给你担保呢？我说我没有担保单位，信贷员说：“没有担保，你大海里挖土，潮水一来全部冲跑了。以后这个钱你还不出，我找谁去要钱？”

被他数落了一顿之后，我的眼泪也掉了下来。后来找到我们的老党委书记，他为我做了担保，我永远不会忘记。钱拿来了，五六十个民工就高高兴兴地回家过年了。

我的第二笔贷款是 13 万元。关于这笔贷款，以前有新闻报道，说我用儿子、女儿的照片去抵押贷来的。其实不是如此。当时我到农业银行的信贷科去贷款，被要求出具担保证明，又被里面的几个同志数落了一顿。他们说："人家办工厂都有材料、有设备，还不起的时候我们还能收到一些东西。你现在是在大海里搞围垦，水一冲就完了。贷款搞围垦，我们崇明历史上从来没有听说过，假如大堤被冲走了，你拿什么来还我们？这个钱很难贷。"

听了这些话，我很心酸。那时我女儿 13 岁、儿子 9 岁，女儿小学刚毕业被保送到县上的重点中学去读书，姐弟俩在镇上拍了一张 2 寸黑白照片，我正好带在口袋里。我也想不到拿什么做担保，就把孩子照片拿出来给他们看，我说："你们看，我家里还有一个儿子、一个姑娘，你看他们多可爱，到时候这个钱我还不了，我儿子女儿也会还的，就像愚公移山一样，总有还清的一天。"

后来，他们也被感动了，同意把钱贷给我。在这两笔贷款解决之后，在还贷时我从不拖欠。有了信誉，以后的贷款就不成问题了。

除了资金问题，还有自然灾害的困难。那几年，好像老天也和我们作对，好几次大潮都险些把大堤冲垮，还差点闹出人命。那几年每年都有台风、大潮，我们开始围垦的时候，每年至少会遇到三五次大风大潮。

在崇明围垦史上，冬季因雨水少，潮汛小，一向被选定为围垦最佳时机。我们第三次围垦的时期选择在春夏之交，我们想争取尽早完成围堤任务，因为一年就是几十万元经济效益呀。但是，风、暴、潮等自然灾害却没有饶过我们。一天深夜，狂风挟着大潮、暴雨袭向刚合拢的大坝，我们扛起装满泥土的草包，直奔决口处。汹涌的大潮将草包卷得无影无踪，情急之中，我们一部分人跃入大潮中，筑起人墙抵挡潮水，一部分人用泥包堵塞缺口，等到决口封堵时，大家都累趴在了堤岸上。

第三次围垦时，我已经近 50 岁了，年近 80 岁的老母亲看在眼里，疼在心里，老伴也劝我说，都快 50 岁的人了，不比当年啊，真不要命啦！大家说我为了筑堤围垦差点把命搭上，其实没那么严重，只是有一次受了点伤而已。

在一次抢险中，我开着摩托车赶赴决堤现场，在经过路滑地段时侧翻，连人带车一下子摔出去，我咬着牙来到滩涂加固大堤，又扛起了泥包，经过两个小时，大堤终于合拢了，但是支撑不住摔倒了。到医院拍片检查，才知道右肩骨、右肋骨、右手掌骨都骨折了。大夫怪我老命不要了？但又说，从没见过这样的硬汉子！

经过十年努力，瀛东村的土地达到户均 80 亩，在上海郊县名列第一。瀛东村依靠围垦站住了脚，集体经济增长了，老百姓富裕了。我讲过一句话，作为村干部，就是要让老百姓过上好日子。这句话我是虽然随便一说，但是，以后却时刻记在心里。为了老百姓，我觉得哪怕经历再多的苦难都值得。自从 40 岁那年搞围垦以来，家里的楼房盖起来了，儿子成家了，孙子出生了。在这 20 多年里，我只在家住了 3 个晚上，我深感家里人为我牺牲得太多了，想到这些，我内心感到十分愧疚。

对于我来说，三次围垦也是最关键的十年。1998 年，我代表上海郊区在市里发言，那天我流泪了。我说，没有党的好政策，没有这十年的奋斗，没有这三次围垦，也就没有现在的我。因为我们的成功全靠党和政府的支持，我们在滩涂上围垦拓荒，这种“艰苦创业，敢为人先”的垦拓精神被崇明县委命名为“崇明岛精神”，我也因此连续五次被评为“上海市劳动模范”，并在2000年被评为“全国劳动模范”，这是党和政府对我的最大鼓舞和鞭策。

创　新

有了土地以后，就要发展经济。为了让荒地变为宝地，我们就搞淡水养殖。但是，我们原来都是种田的农民，没有养殖经验和技术，为了帮助村民们提高养殖能力，就主动到上海水产大学，把教授专家请过来，教我们养鱼怎么养，然后又到上海水产研究所，请他们帮助设计鱼塘，指导养殖技术。

改革开放以后，农村实行家庭联产承包责任制，这个制度对提高农民积极性很管用。但是，土地承包以后，如果没有人去关心、组织和服务，那么看上去农民种田很自由。但是，长此以往，对于科学种田、推进农业机械化和扩大规模经营等，就会显得势单力薄了。我们虽然是以家庭为单位进行养殖，但是，鱼种从哪里来，资金从哪里来，饲料从哪里来，技术从哪里来？各家各户去找市场是不行的。考虑到村民们缺乏养殖经验和供销渠道等实际问题，缺乏单打独斗的能力，只有将分散的力量“合作”起来，同时又发挥个体积极性，才能收到好的效益。因此，由集体出面，将鱼苗饲料等生产资料实行统一采购，成品鱼货统一销售，养殖管理分包到户，村里统一进行技术培训，在养殖过程中解决好技术、水电等服务。

为了稳定人心，提高村干部的说服力，我们干部带头承包，与大家共度艰辛同担风险。我一家就承包57亩鱼塘。我们村里还办起了小饲料厂，自己加工配方饲料，摸索高产方法。在销售成品鱼时我们在坚持产品保质、保量的前提下，由村服务组织出面，寻找销售市场，洽谈鱼货价格等，所以对长三角地区的集镇、鱼市场我们都比较熟悉。

这种对养殖户产前鱼苗、猪苗、生产资料采购，产中技术咨询、农药肥料供给，产后销售都由村服务队全方位服务到“家”的经营模式，我们把它称作为“统一经营、家庭承包、因地制宜、分散饲养”的“两头统，中间包”的双层经营模式。整体上来说，这种模式有效地帮助村民解决了从生产到产品进入市场过程中的许多困难和问题，有力地促进了生产的发展。

在创新经营模式的同时，我们还按照市场规律和社会需求，不断摸索提高水产品质量的经验和途径。

村里原来搞传统淡水养殖时，亩产达3000斤的水塘，进行了塘身改造和品种改良。将原来喂养四大家鱼，改养长江水系中相对昂贵的鱼种。再配以两座水闸，根据长江的潮汐变化，不断调节水质，最终成品鱼的亩产仅有300斤。虽然鱼少了，但吃口好了，价格也提高了几倍。2000年，累计向市场提供20万担淡水鱼、10万斤商品蟹，全村可支配收入达152万元，村里彻底摘掉了贫困的帽子，走上了小康之路。

除了养鱼，村里还养羊、养猪。我们先后开挖鱼塘1780多亩，蟹塘600亩，种植水稻400多亩，各种蔬菜400多亩，开辟橘园100多亩，桃园150多亩，开发了鱼蚌混养、稻田养蟹、无污染蔬菜、白山羊和优质大米等项目，把荒滩建成了综合性农副食品生产基地，形成了一业为主、多业发展的格局，经济效益迅速提升。

转　型

20世纪90年代末，一场金融风波，迫使我们实行产业结构的调整。从当时形势看，淡水鱼市场疲软。淡水养殖控风险的能力不足，如果继续单靠养鱼产业，村级经济将面临重大困难。

2001年11月3日晚上，我跟村民开了两个半小时的会。我说，村里要抓紧用十年的时间，规划产业结构调整。专门搞养鱼的话，我们的出路一定不是很好的。我们要抓紧时间换一种产业来经营，换一种环境来生活。从2002年开始，我们要增加种植业，从养殖业逐步向种植业过渡。

后来，我们看到外地乡村流行新型的旅游方式叫“农家乐”。利用农村环境优势，举办看农庄景，住农家屋，干农家活，吃农家饭的旅游项目。

但农村人的观念比较传统，大家感到崇明不像安徽、浙江农村那样有优势，没有多少名胜古迹，就是自然环境比较好一点。而且，总觉得自己家里给外人住不习惯。

为了转变村民们的观念，我们把老百姓带出去，参观华西村等很多长三角地区的富裕村庄，组织村民坐飞机去北京，把新理念吸收回来。为了引导村民开门接待游客，我首先做出样子，第一个腾出自家房间给游客住。在我的带动下，全村有24户家庭置办了客房、厨餐设备，开门接待游客。

不过，在家里办农家乐的模式，经过一段时间的实践，发现了不少问题。一方面卫生不达标，收费不统一；另一方面家庭隐私不能保证，老人、小孩的生活受到影响。

于是一个集体经营“度假村”的想法在我的心里冒了出来。业务不懂，我们请来各路专家出谋划策。邀请同济大学的专家几次来崇明实地考察后帮助设计图纸，请市区绿化专家和城建专家帮助我们搞绿化、美化。

在发展旅游产业时，我们一方面考虑发展集体经济，一方面又要增加农民的收入，同时还要考虑游客的活动不能打扰村民们平静、安稳的生活。所以，我们将村里的土地规划为农副渔区、度假区、绿化区景区和村民住宅区等区域。利用滩涂土地，开挖了千亩人工湖泊，并以此为基地，开设了浑水摸鱼、捉蛸蜞、钓蟹、斗鸡、斗羊，设置了渔具博物馆，农具展示厅里置办了纺纱、织布、踏水车等项目，形成了集知识性、娱乐性和趣味性于一体的东湖游览区。投资 8000 万元，创办了拥有 30 多幢别墅的客房，东湖饭庄、会议中心等配套设施的度假区，用于发展旅游业。一定规模的瀛东渔家乐不仅吸引了大批游客，还为本村及周边地区农村解决了部分就业问题。

我们深刻地体会到，旅游业的发展，不仅优化了村里的产业结构，增加了村民收入，同时改变了村容村貌，提高了村民素质。因为搞“农家乐”要接待游客，这就逼着我们把环境搞好。我们村在很早就开始收集垃圾、改掉户外茅厕，全部安装上了抽水马桶。狠抓了家庭和路边绿化。以前，老百姓果皮果壳随地丢。后来游客来了，我们教育农民不要这样做，要把垃圾放在口袋里，再扔到垃圾桶里。现在我们村绿树成荫，四季花香，道路洁净，沟河清澈。

当年，我们村的实物资产估值就达 1 亿元，现有的账面资金还有八九百万元。村民也享受到切实的利益。家家有存款、户户安装程控电话和太阳能淋浴器，还用上了各种现代家电。 2005 年开始，我们村的女性村民满 55 周岁、男性村民满 60 周岁，均可享受村集体拨发的每月 400 元的生活补贴，到了 2011 年，又调整为女性村名满 50 周岁、男性村民满 55 周岁，均可享受每月 600 元的生活补贴，现在又上调至 800 元。2012 年村里的每位村民均可享受每月 200 元的粮菜补贴，现在又增加至 300 元，并且合作医疗、农保等交金都有村集体支付，村民的生活得到了进一步的保障，瀛东人率先步入了小康生活。

崇明成为世界级生态岛，瀛东村被列为生态产业开发的前沿阵地，我们信心更足。2009 年，上海长江隧桥通车后，陈家镇一下子成为崇明岛上离上海中心城区最近的地区。从大桥下来到瀛东村只要 15 分钟车程，游客越来越多，带来了前所未有的机遇。

机　遇

回想过去，崇明地图上根本没有瀛东村这个名字。这里的 4000 亩土地全是乡亲们从滩涂上圈出来的，这一切都是党的好政策带来的。瀛东人富了，可是艰苦创业的精神没有丢；物质文明上去了，精神文明更要同步跟进。

多年来，全村大力开展争创文明村活动，村里的综合治理、群防群治措施扎实有效，从未发生过一起重大治安、刑事案件。年产千余担的橘园，也无须专人看管。日不上锁，夜不闭户成为现实。村民们生活在安全、舒适、和睦的环境之中。至今，瀛东村连续多年被评为市级“安全小区”，先后被命名为上海市文明村、全国精神文明创建先进单位等。

2012 年，我退休了。但我退休不退志，离职离岗不离党。我唯有鞠躬尽瘁，才对得起党和人民的厚爱。在党和群众需要的时候，继续为老百姓做点事，这是我最大的愿望。

2013 年，我已年近 70。这一年，瀛东村的固定资产达到 1.4 亿元，年人均收入 25000 元，被评为全国文明村。为了进一步发展壮大集体经济，我们村创崇明区之先河，率先实行了村集体经济产权制度的改革，建立起瀛东村社区经济合作社，村民人人持股入社，成为股东，我被推选为董事长，这一改革既为自己肩上压上了重担，又为瀛东村的同致富开辟了新的途径。

改制以后，我们创立了集餐饮、住宿、会务、游玩、购物于一体的全资集体企业——上海瀛东渔家乐旅游咨询服务公司，为全体就业年龄段村民统一安排工作岗位，让他们直接参与旅游服务、种养管理等，年终还按股权进行分红，真真切切地让村民参与发展进程、共享发展成果。

新的时代会面临新的挑战，如何在新形势下进行新农村建设，这是我们每个村干部需要思考和解决的问题。2017 年，我发现来本村旅游的游客不断减少，便不断寻思其中的原因。经过调研分析发现，游客减少的原因一方面是因为村里的旅游设施陈旧、不全，另一方面是因为管理能力不强所致。但要解决这些问题，不仅需要大量资金，而且还要招引懂旅游、善管理的人才，这是本村暂时无法解决的难题。

要改变现状，最好的办法就是寻找一家一定规模的旅游企业，与之合作。于是，我提出了与崇明旅投公司合作的设想，经过多次协商，我们终于在去年 3 月促成了两家旅游企业的合作，现在合作方已经开始运作。这样，不仅确保了村级经济的待续向好，同时确保了村民经济来源的稳定，还能使村干部腾出精力办其他大事。

当前，上海正在实施乡村振兴战略，瀛东村虽然在农业旅游上先行了一步，但也不能在乡村振兴战略中落后于人家。我们还应锦上添花，不断前行。因此，我们加大了旅游景区改造力度，增添了儿童娱乐和亲子活动设施；新建了 50 多亩采摘园，种植了葡萄、桃子、火龙果、生梨等，努力提升乡村旅游、农家乐的质量。假如你已经几年未来瀛东村了，今年再来的话，那么你就会发现瀛东村发生了很大变化。

2019 年开始，我担任瀛东村社区经济合作社监事长，由董事长变成监事长，职务不同了，责任不同了，似乎肩上担子轻松了些。但是，瀛东村是上海市生态村、文明村、全国农业旅游示范点、AAA 国家级旅游景区，现在又正在创建 AAAA 国家级旅游景区，目标更高了，要求也更高。所以，我要做好村两委的参谋和助手，在旁边指导和协助好工作，让村里的经济上一个新台阶，让老百姓更有获得感。

瀛东村的集体经济基础之所以扎实，是因为我们找对了一条发展道路。现在我们要进一步实施乡村振兴战略，就更要找准自己的产业。

我们坚持的是发展集体经济，走共同富裕的道路。到现在为止，我们这里没有一个个体户，没有一个暴发户，也没有一个贫困户，贫富差距比较小。我感觉，在上海郊区要走这条路并不是那么容易，我们在不断实践，不断探索。宁愿节奏慢一点，通过慢慢积累经验，逐步壮大实力，把瀛东村建成一个融洽和谐的村子，让老百姓一起富起来。

扎根湿地守望一片绿洲

口述 孙 瑛 整理 邵惠庭

孙瑛简介

女，1967年8月生，安徽天长人，中共党员。上海市九段沙湿地保护创新工作室负责人，高级工程师，上海市九段沙湿地自然保护区管理署原书记、署长。主持编写《九段沙生物多样性图谱》系列丛书。曾获上海市科技进步二等奖、斯巴鲁野生动物保护奖、上海市巾帼奖、上海市五一劳动奖章等。先后被评为上海市先进工作者和全国先进工作者。她带领团队两次获得全国自然保护区先进集体、全国鸟类环志先进集体，被联合国授予环境友好型城市生态示范项目等。

大自然坚定圆“梦”信念

2000年的5月底，我第一次来到三甲港的滩涂边，看看我可能要来工作的九段沙。带我来的领导抬手一指：“那里就是九段沙。”我随着他手指的方向望过去，咦，那不就是滩涂边一片片的芦苇荡吗？其实，不是这样的。九段沙北接长江、南朝东海，边界与长兴岛最近距离3公里、距横沙3.6公里、距浦东3.7公里，全岛滩面东西长约43.6公里、南北宽约25.9公里，包括浅水水域在内总面积420.2平方公里，是浦东、上海乃至长江三角地区仅存的为数不多的河口型原生湿地。从卫星遥感照片上来看，“九段沙湿地”仿佛是长江口“游”来的一条美丽的“金鱼”。2000年，上海市政府批准建立“九段沙湿地自然保护区”。那时候，还准备把“九段沙”申报为国家级的自然保护区，如果申报成功，将填补当时整个上海还没有国家级自然保护区的空白。

我真正踏上“九段沙”，是在2000年的10月18日。那天清晨，坐上向渔民租来的小木船，顶着风浪，一路上两个多小时的颠簸，我已经迷迷糊糊打瞌睡了，等船靠上九段沙，我睁开眼睛，眼前的景象让我惊叹不已：一大片海三棱藨草茫茫而望不着边际，阵阵微风吹过，一层层麦浪摇摆，就像训练有素地表演团体操，在朝霞的映照下，青的、黄的、红的颜色，和谐地铺涂在眼前这块土地的“调色板”上，活生生一幅美丽的“油画”。几千只小螃蟹自由地穿梭爬行，甚至毫无顾忌地爬上我们的鞋面，彰显着“生命”的萌动和力量。面对这大自然的天工巧作，在大学里读生物专业的我惊叹不已：原来，美丽的上海，不光有繁华的高楼大厦，还拥有这般宁静、清幽的生态湿地。从那一刻起，一颗梦想的种子已在心里悄然埋下：我既然已经与湿地结缘，就一定要把这里打造成像九寨沟、西双版纳那样的国家级自然保护区。

一纸批文白手起家

“把九段沙打造成国内一流、国际领先、人和自然和谐共融的长江口的绿色明珠”是我的梦想，可是，为了实现这个梦想，却不是一帆风顺的。

万事开头难。刚成立的九段沙管理署，全署除了三名创办人员外，没有办公资金、没有办公场地，就连人员工资都是预发的。我们出第一份《上海市九段沙湿地自然保护区管理署简报》时，连一台电脑都没有，还是托其他单位的朋友帮忙打印的呢。我们需要印制信封、信纸，就去托人找关系先做后付，一直等经费下拨后再还给人家。当时我们唯一的“资产”就是一纸“建立管理署”的批文，如果用“一穷二白”来形容当时的创业条件，一点也不过分。许多认识我的朋友都对我说：“放着好好的工作单位不待，跑到这种地方来，也真有你的。”大概是性格使然吧，我没被困难吓退。凭着一股热情和冲劲，从往返奔走各个部门办理各种开办手续，到落实办公场地、添置办公设备，写了无数报告、跑了数不清的地方、做了许许多多具体的大小事情，终于在不到半年的时间里，基本建立了管理署工作业务运转的框架。

管理署刚成立的时候，一些来自山东、江苏、浙江及福建等地的违法人员，为了获取巨大利益，驾驶船只在保护区内违法捕捞刀鱼苗、鳗苗等，人为破坏保护区岛内及周边水域的动植物资源。当我们联合边防、公安、环保、渔政、海警等部门对这些违法行为进行执法、管理时，他们会冲进管理署办公室大吵大闹，会在我们执法的过程中死死抱住我们的腿和腰，有的违法人员会站在船头上以跳海自杀来要挟。我本人就经常接到威胁电话，说什么“你不让我好过，我就不让你好活”之类的话。这种情况在平时确实是很难遇到也想象不到的。

我们在九段沙巡逻执法时，经常会遇到投毒捕杀野鸭子的违法人员，他们往往是在傍晚时分到岛上来投毒，到第二天的凌晨再来捡被毒死的野鸭子。为了能抓他们一个“现行”，我们好几次是连夜上岛，睡在船上，凌晨四点不到就“埋伏”到芦苇丛里，一直到天蒙蒙亮的时候，等违法人员准备“享受丰收”时，再一举“出击”，抓他们一个“人鸭俱获”。要知道，在芦苇丛里蹲守着是什么滋味？这一“埋伏”就是几个小时啊！

2002 年 8 月，九段沙管理署正式启动了申报国家级自然保护区的工作。这申报工作不光是责任大、任务重、事宜繁琐，还充满艰辛和挑战，是一般人想回避躲开也来不及的苦差事。但是，我主动请缨，挑起了申报工作的重担。因为我非常明白，申报成功对九段沙的未来是多么重要。我带领团队全体同事，对照国家级保护区标准要求，全身心投入、忘我工作、倾注了大量心血，从组织保护区本底调查、编写申报材料，到请教专家学者、联络协调各相关职能部门，仅花了 5 个月的时间就完成了通常没有一年不可能完成的申报基础工作。

为了掌握资源状况的第一手资料，在 2002 年至 2003 年间，我先后二十多次组织并参与上岛进行科学考察。有一次，时值隆冬，寒风凛冽、冰封雪飘，就连常年在海上漂泊的船老大都一个劲地叫“吃不消”，也有同事提出：“要不咱们还是提早撤退吧，过几天换个好天气再来吧。”我的回应很干脆：“既然已经上了岛，就要认真调查，没有比掌握第一手的冬季资料更重要的了。”岛上是没有建筑物的，我们大家就吃在船上、住在船上，一待就是好几天。

还有一次，也是大冬天，气温已达到零度以下。我们上九段沙湿地进行科考，我的雨靴被芦苇秆戳破了，冰凉的水漏进雨靴，实在难受。我干脆脱了雨靴，卷起裤腿、光着脚在泥潭里进行植被采样，还“自欺欺人”地安慰自己：这样走路快，可以早点回去休息。那次我还在岛上摔了一跤，碰到了礁石，摔得腿上鲜血直流。

最让我难忘的是另一次上岛科考，我被一种叫“海狗子”的虫咬了，两条小腿被咬得像赤豆粽子一样，而且立刻红肿起来，人也差点昏过去。事后知道，这种“海狗子”有毒的，人被咬后，它的毒素会进入毛细孔并引发轻微中毒。我半夜里赶去医院打点滴，第二天一早又坚持去上班，像没发生过什么事一样。

遇到这种事，真是哭也没有用，反正我也习惯了，不是含着眼泪苦笑，就是擦干眼泪再笑。

2005 年底，九段沙浦东基地开始启动。这个项目是个实事工程，关系到九段沙保护区打造国内先进、走向国际的发展基业，意义非同寻常。但是，隔行如隔山，搞基本建设对我这样一个从事湿地生态保护和管理的人来说，实在是生疏，需要从头学习和摸索。加上因为岸线围垦等诸多原因，协调起来非常艰难，其过程也是曲曲折折，几度停滞，项目也差点中途“夭折”，现在回想起来真有点后怕。还好，我没有被压垮，也没有放弃，而是带领同事、咬紧牙关，坚持不懈地挺了过来。经过 5 年半的努力，投资 5000 多万元的基地项目，历经立项、工程项目可行性研究报告、扩大初步设计、招投标等一系列工作，在 2010 年 5 月正式开工。现在，一座集行政监管（监管中心）、科学研究（研发中心）和宣传教育（湿地展示馆）为一体的九段沙浦东基地，它以古典园林风格的建筑特点以及环保、生态、低碳的特色展现在人们的眼前，并接受广大市民和青少年学生的科普参观。

当九段沙成功晋升为国家级自然保护区，填补了上海市没有国家级自然保护区的空白时，我才真正理解“天道酬勤”这句话的含义，所有为之付出的艰辛劳动和心血都瞬间转化成欣慰、快乐和幸福，这一切都值了！

建章立制守护“上海之肾”

保护区的第一职能是“保护”，而开展保护管理的重要保证是法律规范。

刚到保护区来工作，面临的工作千头万绪，什么事都要做，什么事都必须做，但我清醒地知道，建立一部保护区的法规是重中之重，是第一要务。我多次深入实地开展针对性的调查研究，并积极向有关方面提出对策建议。自 2001 年开始，我配合浦东新区法制办，会同相关部门组成了《上海市九段沙湿地自然保护区管理办法》（以下简称《管理办法》）起草小组，着手编撰《管理办法》。为了使《管理办法》能更符合九段沙管理保护的实际，同时又具较强的务实性、可操作性，我先后多次到市、区各委、办、局上门协调，广泛征求水产、水务、海洋、环保、渔政、农林等 27 各职能部门及专家学者的意见和建议，前前后后 20 多次，分别以专题研讨的形式与相关职能部门进行研讨和商榷。在达成共识的基础上，十易其稿，形成了《管理办法》。2003年9月，上海市人民政府第9号令颁布了《上海市九段沙湿地自然保护区管理办法》，将九段沙湿地管理保护全面纳入依法管理的轨道。

说实话，尽管我有生物专业的学习背景，也在环保单位工作过多年，但是，从事湿地保护对我来说，是一个全新的课题，更何况九段沙湿地系统的生态知识是丰富得永远学不完的。我唯有不断学习、不断实践，通过实地考察来了解和掌握九段沙的水文、地貌、生物等方面的资源情况，并主动与各科研院校联系、向知名专家学者请教，不断完善自己的知识结构，同时通过实践积极探索九段沙保护、科研和宣教生物整体发展战略框架。

在九段沙工作的十几年里，我们完成了日常巡查近千次，与相关部门全力覆盖执法网络，协调联动、联手执法，劝离驱赶涉嫌违法船只几千艘次，割除泡沫浮子几百个，拔除竹竿几千根，整治清除了高滩插网、围网三万多平方米，有力地打击了非法捕捞、偷猎等不法行为，有效地遏制了破坏九段沙岛内及周边水域动植物资源的违法现象。我们还充分利用休渔期，与边防公安一起，深入三甲港、长兴岛、横沙岛等地的渔民聚集地，张贴有关宣传通告、发放宣传资料、讲解因为撒毒捕杀保护鸟类而被刑事拘留的案例，提高广大渔民保护野生动物的意识。

经过这些年的全力保护，九段沙湿地自然保护区内动、植物资源尤其是濒危物种的实有量持续增长，野生物种数量变化率、濒危物种比率、受保护野生动物物种变化率等指标都达到或超过国家级自然保护区规定的标准，有些指标甚至达到了国际重要湿地标准。鸟类的种类已由保护区建立之初的113种，增加到现在的212种，其中包括东方白鹳、白头鹤遗鸥等国家一级保护鸟类和小天鹅、黑脸琵鹭、黄嘴白鹭、灰鹤等21种国家二级保护鸟类，而且目前正呈逐年上升趋势，鸟类总数量达到近4万余羽；最难能可贵的是，有125种鸟类被列入中日鸟类保护条例，52种鸟类被列入中澳鸟类保护条例，16种鸟类被列入世界自然保护联盟（ICCN）红色名录，其数量分别占整个鸟类的60%、25%和8%；鱼类的种类达135种，其中包括曾有历史记录的中华鲟、白鲟、花鳗、胭脂鱼等国家级保护鱼类，及中国花鲈、鰕虎鱼、鲮鱼、鲻鱼等经济价值很高的鱼种，九段沙湿地还有迄今为止保存最完好的中华绒毛蟹、大银鱼、中华鲟和鳗鲡等重要渔业资源的产卵场、苗场和栖息地；藻类植物达139种；大型底栖动物达114种；海三棱藨草、芦苇等高等植物从初期的16种增加到56种；植被从10种增加到46种。

作为重要的生态敏感区和功能区，九段沙湿地具有非同一般的生物多样性保护、生态系统服务和科学研究价值。九段沙湿地的唯美与绝伦不仅在于它高度的自然性、原生性，以及天、地、人、水、物合一的美妙境界，更在于它在净化水质、减少东海海域赤潮的发生频率，还能阻挡海啸、龙卷风、海水倒灌的侵袭，防止盐水入侵，在蓄洪防旱、调节气候、控制土壤侵蚀、降解环境污染等方面起着重要的作用，为改善上海陆地空气质量方面的功能特别明显。有人把森林称作地球之“肺”，而湿地过滤水质、净化空气，就是地球之“肾”或长江三角洲地区之“肾”，这话一点也不过分，它和崇明东滩等湿地一起，就是上海的“左肾”和“右肾”。据相关专家依照主要生态系统服务价值所进行的测算，包括水质净化价值、生物栖息地价值、物资生产价值和大气调节价值在内的九段沙每年创造的主要生态系统服务价值，大约在1.6亿元左右，其中它的水质净化能力相当于一座投资200亿元的污水处理厂。九段沙湿地自然保护区就是为浦东新区、上海市乃至长江三角地区实现可持续发展所构筑的一条重要的生态屏障。

梦想的种子在沙洲上落地开花

我结合实际、因地制宜地提出了集执法、科研、宣教为一体的九段沙科学保护“三中心”“三平台”的发展战略架构。具体地说，就是“湿地监管中心依托执法网络构建监管平台”“研发中心依托专家网络构建研发平台”和“展示馆依托基金会构建宣教平台”，其中，科研是这个架构中非常重要的一环。

在九段沙湿地工作的这些日子里，我通过学习和工作实践，理解了湿地是所有生态系统中生态服务价值最高的类型，我们九段沙湿地又是世界上最重要的系统敏感区之一。它对上海建设生态型城市、提高国际化大都市形象具有极为重要的意义，还因为它周边水域水生生物资源很丰富，是我国渔业可持续发展的特质资源库，经济价值非常高。除此之外，九段沙湿地还是研究生物多样性发生发展，维持生态系统服务功能，研究长江口独特自然景观和演变过程的理想区域，它更是研究生物多样性科学、水生生物学、生态系统生态学、景观生态学、河口生物学、保护生物学、河口地理学等诸多学科的天然实验室。我十分清楚，这些学科研究对开展我们九段沙自然保护区的工作是要务中的要务，是核心业务。

为了能更好地展开科研工作，我组织全署同事边学习边工作，把学来的知识应用到科研实践，同时又在科研实践中巩固知识、提高科研能力。

一方面，我与我们管理署的同事采用“走出去、请进来”的办法，广泛联络复旦大学、同济大学、华东师范大学、上海大学、上海师范大学、上海海洋大学、上海海事大学、中科院上海植生所、上海水产研究所等院校及相关专业单位，或上门请教、请来指导，或联合研发、实施项目。由于我和我的同事们坚持走开门搞科研的道路，这些年来成果累累。我们先后与各高校联手完成了《九段沙湿地碳汇监测技术体系及碳汇能力评估》《上海市九段沙湿地生态系统保护和修复技术及其效应》等上海市重点科研项目和科研课题，编撰完成了《九段沙湿地的土地动态监测、效应评价及后备土地资源的科学利用》《互花米草入侵性在九段沙湿地的表达机理、入侵的生态后果及受损的生态修复技术》《鸟类在九段沙湿地生态系统中的功能和保育》、《九段沙湿地滩涂鱼类时空分布格局及资源保育研究》《九段沙高精度遥感图片及其分析》等科研成果，其中不少项目成果填补了国内资料中的空白。这些科研成果均被编入《上海九段沙湿地自然保护区科学考察集（二）》出版。

另一方面，我们根据湿地自然保护区工作规律和特点，建立了九段沙湿地六大监测体系，即针对地质地貌、植被、昆虫、底栖动物、鱼类和鸟类的监测体系。

我们还在九段沙上沙建立了包括视频监控、岛上风力发电（5千瓦2组）、远程传输、大陆光纤传输和终端传输在内的红外线远程视频监控系统，为保护管理工作提供了现代化手段。之后又加强了对水文、气象、悬沙量和水质盐度的监测，从而掌握了九段沙湿地第一手的动态变化资料，逐步提高了基础科研能力，为实现我们管理署科研型目标打下了坚实的基础。

湿地，被称为“地球之肾”“生命摇篮”“物种基因库”和“鸟类乐园”，它与人类的生存、繁衍和发展息息相关。研究表明，仅占地球表面6%的湿地，却为地球上20%的已知物种提供了生存环境，具有巨大的生态功能和环境效益。

保护九段沙湿地，就是保护“上海之肾”，它是一项崇高而有意义的事业。它不但培养了我的才能、锻炼了我的意志、完善了我的人格，更汇聚了我的理想、升华了我的情感。整整十八年，守望、守护着九段沙，我不怨；与九段沙结缘，扎根沙洲，我无悔！

勇于承担社会责任

口述 袁　立　整理 吉建富

袁立简介

男，1950年10月生，江苏南通人，民革党员。上海富大（集团）股份有限公司董事长、上海新沪商集团有限公司监事长、上海虹口北外滩小额贷款股份有限公司董事长，兼任上海市慈善基金会监事、虹口区光彩事业促进会副会长、虹口区综治工作协会会长、上海社科院经济伦理研究中心副主任等社会职务。2005年，被评为上海市劳动模范。2009年，被增补为上海市人大代表。2010年，被评为全国劳动模范。

2011年8月15日，我有幸作为上海民营企业代表，出席了全国构建和谐劳动关系先进表彰暨经验交流会，当我从习近平总书记手中接过全国构建和谐劳动关系先进企业奖牌时，心情非常激动。获得这一殊荣是全体“富大”人的荣誉，也是上海民营企业的光荣，更是党和国家赋予一个民营企业的重任。

当天从人民大会堂回到宾馆后，我夜不能寐。自1992年我创立上海富大胶带制品有限公司以来的难忘历程，如划过夜空的闪电，清晰地浮现于眼前。

共谋发展，积极构建和谐劳动关系

上海富大公司是一家从事输送带、输送机生产和安装的民营企业。1992年4月25日，我筹集20万美元，带领二三十位员工创办了富大公司，经历20多年来的创业发展，已经从传统生产制造业的小企业，逐步向环保、电控设备生产高科技领域成功转型的多元化的企业集团；从传统的小作坊，发展到现有700多名员工的团队和年产值达7亿元的规模。公司之所以能取得这么大的成绩，从外部环境看，是党和国家改革开放的政策扶持，社会各界的关心支持，把民营经济推向了市场经济的前沿。从内部条件来说，关键在于公司十分重视以人为本，构建和谐劳动关系，充分激发员工的智慧和劳动积极性、创造精神。

公司充分实行民主管理，积极发挥职代会制度作用。我曾经长期在国企工作，重视企业经营中发挥工会与职代会组织作用，因此，公司创业初期便成立了工会，是上海民营企业中建会最早的单位之一。公司规模逐步做大后，企业对通过民主管理协调劳动关系，促进企业与职工共同发展的需求与渴望越来越强烈。公司创业初期，经常遇到一些矛盾，干扰了企业经营，如果处置不当，对企业的健康持续发展将会带来极大的负面影响。公司行政和工会协商建立了职代会，订立协调处理劳资纠纷与矛盾的规章制度，依法调处劳资纠纷，结果是效果比行政领导出面处理更好。关键是，职工在民主管理中也学会了自我管理，企业的职代会制度为公司很好地处理与职工的和谐劳动关系奠定了良好的制度基础。

股东与职工是两大主体，如何兼顾好投资者与劳动者的利益关系，是富大公司在成长发展中必须面对的问题。2005年，公司通过协商，探索建立了职代会与股东会两会合一的做法。两会依照各自章程和办法，每年定期召开会议，各自行使相应的民主权利。会议召开时，职工代表列席股东会，股东代表列席职代会，从而使投资者代表与劳动者代表在彼此交流沟通中兼顾各自利益，实现互利共赢。实践证明，探索这一兼顾股东和职工实际利益的模式，进一步体现了企业行使民主权益的制度逐步走向完善。公司员工工资增幅高于CPI，平均增幅都在10%左右。

实行两会制度，决策更加科学

公司发展，凝聚了集体智慧。富大公司两会制度（股东会和职代会）规定，凡董事会在对企业作重大决策时，必须提交职代会和股东会讨论审议通过后方可实施。实践证明，这一举措行之有效。公司发展过程中，曾因两次职代会的审议，改变了公司的发展命运。一次是2005年，公司董事会拟收购河南某橡胶企业，在与当地国资委洽谈形成初步意向后，提交职代会和股东会审议，结果，员工代表提出该厂设备老化、投入资金量大，生产成本过高等意见，最后提出否决意见。2008年初，董事会拟关闭一家严重亏损的环保公司，方案提交两会审议时，95%以上的代表否决了董事会的方案，建议公司应引进领军人才，提高环保产业技术研发能力，促进环保公司扭亏为盈，逐步实现企业转型等建议。董事会采纳了职代会的意见，用同济大学的高科技成果，一举攻克了国内多个污水处理技术项目。2009年实现了扭亏为盈，2010年盈利1000多万元，2019年的合同就有一亿多元，预期利润2000万元，前景一片光明。目前，公司正在实施准备三年内上市计划。

实践证明，公司的职代会制度和民主管理形式，拓宽了投资者和劳动者的沟通渠道，员工的智慧和各种有利于公司发展的意见、建议，得到了及时汇集和反馈，使得公司在重大问题决策上，更加民主，更加科学，职工代表参与企业管理的真知灼见，也进一步推动了企业管理水平的提高和综合竞争力的增强。

公司坚持共享成果，体现公正合理。早在1999年，公司就把股份分期分批赠送给了优秀的职工与中高层干部，并通过民主管理方式与全体职工约法三章，把企业当年利润的50%以按劳分配、多劳多得的方式，合理分配。至今，富大公司的股东已有171人，占了公司股权的70%，而持股职工中，一般管理层和一线优秀职工占了80%，其他持股者分别来自企业的中高层管理团队和技术精英团队。在激发没有持股的职工投入企业发展的积极性和创造性环节上，公司管理层通过集体协商和职代会提案制度征集代表意见和建议，确定了职工薪酬每两年普加一次；福利待遇随CPI的上升同步调整的规定。目前公司已经出现了100余名百万富翁，下一步目标是200名百万富翁和20个千万富翁，实现员工与企业共同成长，同步发展，共同富裕。

公司实行监管，劳资关系融洽。按《公司法》规定，公司设立了职工董监事制度，通过职代会选举产生了两名职工董事和一名职工监事，分别参与公司的最高层领导班子。同时，公司自2002年开始便实行了高层干部民主选举制度，至今已坚持了十余年。董监事的产生坚持无记名差额选举，职工代表和股东代表不认可的，董事会就不聘任为原则，至今已进行了两届，效果很好。此外，公司还在每年年末，通过组织全体职工对领导干部的无记名测评并当场公布结果作为考核主要依据，促进公司领导牢固树立真心为企业和职工服务的意识，企业的劳资关系和干群关系更为融洽和谐。

体现劳动尊严，构建和谐企业

近年来，公司在创建企业和谐劳动关系过程中，依靠经营者和劳动者的共同努力，收到了一些效果，得到了各级领导的关怀和肯定，也引起社会关注，由此也引发了我对民营企业如何进一步构建和谐劳动关系的思考：

一是民营企业家需要树立正确财富观，追寻正确的价值取向，实施成果共享战略，把进一步推进企业和谐劳动关系建设，看作一个企业家的使命和责任。经过多年打拼，在兼顾了国家、集体和个人三者利益基础上，我个人的财富也有了一定的积累。如何树立正确的财富观，必须是民营企业家认真思考和把握的实际问题。这个问题处理得好不好，直接关系到企业劳动关系和谐不和谐。民营企业家应该淡化逐利性，清醒地意识到，构建和谐劳动关系与企业发展和经营者的资本的积累并不矛盾。试想一下，如果一个企业的老板赚钱后把所用的钱都揣在自己的口袋里，不重视职工的分配问题，忽视职工的劳动价值，那么，长此以往，职工意识里必然会形成这样一种概念：这个企业的盈利和我没一点关系。那么，当员工在工作时候想到这个问题后，他还愿意为你、为企业卖命做吗？相反，如果这个企业的经营者重视职工的分配，从制度上保证了企业有正常的薪酬分配机制，职工能共同享受企业发展成果，把公司的发展看作自己的事业，同心同德，那么，经营者和劳动者的价值就会在同一个平台上得到展示，共同为实现公司制定的发展目标而尽力。就我个人而言，我是把企业构建和谐劳动关系作为实现人生价值的重要途径。

二是推进构建和谐企业建设，应该立足于以人为本，弘扬优秀的企业文化，让员工真正体现劳动尊严，感受“家”的温馨。企业劳动关系和谐，拉近了经营者与职工的关系，企业尊重员工、关爱员工，视员工为平等的合作伙伴；员工也善待老板、善待企业。公司领导在政治上引导员工积极向上，业务上培训员工掌握技艺，对员工生活上处处关心。每年春节，董事长都会率公司领导，兵分四路对企业的老职工、经济困难职工以及先进工作者等登门探望，这一习惯已经坚持了16年。先进工作者老孙的儿子考进了大学，全家却为上万元的学费发愁。公司领导在慰问中了解到这一情况后，当场表示：孩子4年的学费全部予以报销。公司售后服务队的员工每年工作要忙到小年夜。这些员工中有一部分是连云港来沪打工者，为使他们能和家人吃上年夜饭，企业安排专车，派中层干部护送他们回老家。有一次，职工老朱的儿子在回家路上遭遇歹徒袭击，头部受重伤，用去医药费1万余元，事发后，老朱焦急万分，通过企业及时募捐，员工慷慨解囊，仅一天半就募集到17100余元。

当这笔爱心款送到老朱手中时，他激动得泪水夺眶而出。在富大公司，以人为本，善待员工，良好的企业氛围，使每个员工都得到体面劳动，感受到“家”的温馨。如每逢年节，都有丰盛的食品或礼品发放；为每位职工赠阅一份《大众卫生报》，关怀员工和家人的健康；工会每年组织员工免费赴外地旅游；员工每两年安排一次免费体检，公司医务室随时咨询服务；每年组织职工体育运动会、体育单项比赛及迎春大联欢，丰富了员工文体生活；每位员工参加公司组织的专业培训，鼓励员工利用业余时间攻读学位，对获得证书者予以奖励等。

三是在构建和谐企业机制建设中，充分发挥党群组织作用，认真履行社会责任，在致力于打造企业和谐劳动关系的同时，为社会和谐、稳定和繁荣也承担责任、义务，作出贡献。我想，作为企业家，应该也有为社会稳定与和谐分担责任的义务，企业主动承担社会责任。

近年来，公司主动履行社会责任，投入巨资从事社会公益事业，设立“富大帮困基金”，实现了回报社会不是一句空话，履行社会责任不是“空头支票”。公司先后捐资建立了“青少年阳光教育基地”“青少年回归之家”和假释基地，为失足人员提供回归社会前适应工作场所和培训生存技能。“富大帮困基金”专门帮助社会上那些极端困难的人群。2007 年，公司出资 40 万元在云南文山州建了一个希望小学；为柳营路小学、祥德路小学、曲阳路四小等三所学校的每个学校设立了每年 3 万元的外来务工子女营养午餐专项资金，同时设立每学期 500 元的优秀学生奖学金；公司资助了 20 名困难家庭的孩子从小学到大学的全部学费等。在这些社会公益事业中，富大公司的总投入已经超过 1000 万元。

多年来，依靠着全体员工的共同努力，公司先后获得全国双爱双评先进集体、全国厂务公开民主管理先进集体、全国五一劳动奖状、全国和谐劳动关系先进企业等荣誉，我本人也被评为全国劳动模范、上海市优秀员工之友。

创业不忘公益，助学扶贫是富大的义务

2018 年 9 月初，长期受富大公司资助上学的小丁将赴美国工作。他临行前不忘了却一件心事，专程上门来看我。小丁那年 29 岁，是富大公司当年帮困助学 20 多个孩子中年龄最小的一个。我把他们当作富大公司的孩子，除了在思想上引领他们，鼓励他们入团入党，还在生活上无微不至关心他们，帮助支付每学期的学杂费，从小学到大学毕业。此外，逢年过节还邀请他们一起来公司欢度中秋，欢度春节……精心培育终结硕果，这些穷人家的孩子顺利完成大学学业，或入了党，或成了企事业单位的骨干，为社会贡献自己的聪明才智。

小丁考上了上海理工大学，学的是动漫专业，毕业后在世界 500 强的美国动视暴

雪企业工作（总公司在洛杉矶，上海是分公司），年薪20余万元，几年来经过不断努力，现在已是公司3D游戏美术设计师。她设计的很多作品已被各大企业广泛运用，受到社会广泛好评。这次上海分公司派她去美国西雅图完成一个专家项目，为期两年。

小丁见到我十分高兴，她动情地说，要没有我经济上帮助，是绝对不可能上大学的，特别是学费昂贵的艺术类专业。当她把富大公司资助她从小学读到大学的事告诉同事时，同事们都深表惊异："有这么好的民企，这么好的老总呀！"

临别时，小丁向我赠送了她创作的精美工艺品，我则回赠了她二盒精致的中秋月饼，乐得小丁开怀大笑："我这么大了，还吃富大的中秋月饼啊，哈哈……"

2017年8月的一天，家住虹口嘉兴街道的向明中学优秀生小查，在嘉兴街道党工委副书记张宁、嘉兴街道妇联主席叶红权、嘉兴街道总工会专职副主席戴洁的陪同下，来到富大公司，感谢我对她赴美参赛费用的资助。

小查虽然家境贫寒，但她刻苦学习，以优异成绩考入向明中学，并担任班长。当她获知自己所代表的团队从中国赛区脱颖而出，获得去美国参加世界大赛的消息后，却犯难了：参赛需要一笔不菲的费用。她和母亲东挪西借还有很大缺口，情急之下，她想到了一直帮助她的嘉兴街道妇联，妇联叶主席向街道党工委副书记张宁汇报此事时，张书记想到了我。我闻讯后，立即拍板：再大缺口也给！

于是，小查顺利成行，并享誉归来。

小查在向我汇报时说："这次向明中学六名选手在美国田纳西州立大学参加2017年第11届DI世界总决赛，在世界各国一千四百余支参赛队中脱颖而出，取得挑战B'最高机密'高中组世界第九名的成绩。袁总啊，嘉兴街道一直在关心我，这次去美国又得到了您的大力帮助，我十分感激，你们圆了我的梦！总之，这场赛事将成为我生命中的一段精彩记忆。"

承担社会责任　促进"和谐"基地建设

除了助学帮困，我也想做一些其他事，来报答社会。近年来，我发现一些家长忙于挣钱而疏于管教子女，有的孩子被隔代抚养，有的虽然跟在父母身边，却也感受不到多少父母的关怀。因此，部分青少年便像断线的风筝，飘在上海这个繁华的大城市。青春期的他们缺乏家庭的关心和教导，又抵挡不了物质的诱惑，有的常常混迹于不良群体之中，打架、斗殴、偷窃、望风，甚至于抢夺钱物等违法犯罪。如将他们绳之以法，似乎略嫌严苛；如果将他们放回社会上，又没人监管帮助，久而久之，他们可能会进一步违法犯罪，最终陷入监狱服刑。

我们成立了本市第一家未成年人社会观护站。

1997年，富大公司与区检察院、公安局、青保办联合成立了"阳光基地"，接纳和帮教一些有过轻微违法犯罪行为的上海籍失足青少年，通过1—2年的学习、劳动，让他们迅速告别过去，走向新生活。

2000年，富大公司又与上海市少年管教所联合建立了“上海市未成年人犯假释基地”，每年接纳1—2名虹口籍的未成年犯假释人员来富大阳光基地，对他们进行帮教，指派政治思想好、业务水平高的工人师傅和党员干部与他们结对，让他们感受到社会的关爱和温暖。

2009年，富大公司与虹口区未成年人保护办公室、虹口区检察院、虹口区司法局、团区委等7家单位尝试成立了本市第一家未成年人社会观护站，主要接纳被判刑或犯罪情节轻微被免于刑事处罚的外来务工人员未成年子女，指派政治思想好、业务水平高的工人师傅和党员干部与他们结对，通过帮教、矫治，让他们感受到社会的关爱和温暖，使他们尽快回归社会。

帮教工作开展十几年来，富大公司还陆续收留过几十名“解教”“刑释”的成年人。富大公司对失足青少年和成年人的一系列关怀举措得到了社会各界的好评，特别是得到了最高人民检察院的重视和关注，《人民检察报》的特派员闻讯也前来富大公司进行调研。

2011年11月22日，为了进一步做好社会帮教工作，富大公司又与上海市检察院共同创办了“上海市未成年人社会观护站”。观护站从规范基地各项规章制度和运行机制入手，进一步完善了一系列操作流程，我被特聘为观护站站长，目前观护站的工作正在富大现代物流公司三桥基地有条不紊地进行着。

我们的帮教工作取得了很大成果。上海富大胶带制品有限公司从1997年开始从事社会帮教工作以来，已走过了20多个年头，一批又一批的学员在阳光基地和社会观护站学习和工作后，重新走向社会，各自有了自己的工作岗位和人生新的目标。

案例1：广东籍的外来娃小宝8年前随父母来到上海，父母亲在一家糕饼店打工，平时无暇管教他。在一次上门撬窃中，小宝充当望风角色，被公安机关抓获，后案子移送到区检察院未成年人检察处，检察官对他进行法制教育后，将他送到富大三桥观护站。每天早上，他乘坐公司免费班车上班，享受免费午餐和一切福利待遇，富大公司还每月发给500元的生活津贴费。16周岁的小宝被安排为质量检验辅助工，每天任务就是用尺子量胶带的长度，以及检查胶带上有无起泡处。没任务时，带他的师傅便会与他聊家常，谈人生，鼓励他做一个对社会有用的人。

在正面的环境中，小宝很快就恢复了善良的本性。有时没劳动任务，他就会拿出初二、初三的课本来看，希望能通过中考，考入职校学一门技术。观护站的老师和干部见此，常常义务充当小宝的临时老师。功夫不负有心人，他终于接到南湖高级职校的录取通知书，得以学习他向往的计算机专业。离开观护站的时候，他说：“在富大边劳动边学习的日子里，工人老师傅像爹妈一样关心我，帮助我，使我想到自己过去是那么不懂事。现在我要努力努力再努力，做一个好学生。”

案例 2：因聚众斗殴而被法院少年庭判刑的小瞿，经区检察院未检科牵线来到观护站。刚来时表现散漫，劳动了半个多小时就擅离岗，躲在僻静的角落处，不是给同伴打电话聊天就是玩手机游戏。帮教老师便主动与他交朋友，经常与他谈家事、谈人生感悟，让他知道自己快成年了，该懂事了。老师指导他遇事要分清是非，交朋友要谨慎，不要冲动，更不要盲目行事。在谈心的同时，又指导他读些文艺、经济及修养类书籍。渐渐地，小瞿开始懂事了，严格遵守劳动纪律。有时看到其他工人忙不过来时，他还主动上前相助，如打包、搬运、装车等活，他会帮着干，且常常干得满头大汗。

暑假期间，小瞿的父亲为他找到一份新工作，搞外贸销售。小瞿依依不舍告别了观护站的带教老师，后来他打电话给老师，说他现在工作很有劲头，为做好外贸生意，他利用业余时间去读了外语补习班。他说，这在以前连他自己都不敢相信，做一个充实的人，感觉很好。

案例 3：男工杨某是一名吸毒解教人员，经上海教育电视台“帮女郎”栏目介绍来到富大公司。当时公司有些员工心中也很忐忑，生怕他改造不好还把其他员工拉下水。但我还是接纳了他，把他安排到三桥做些轻松的工作。由于他的妻子也因吸毒在劳教，所以杨某终日都焦躁不安。但是物流公司的领导和全体员工都希望能帮助他早日走出心中的阴影，对他很和气，杨某很快就感到了大家庭的温暖，虽然一时不能很快适应企业纪律，但在地区社工的跟踪帮教下，他渐渐地适应了工作节奏。杨某本来就有驾照，劳教后过期了，后来他重新考了出来，希望能调到公司车队工作。可由于当时车队并不缺人，他的心愿没能达成，就有些失望。这时，帮教老师们告诉他，上海市未成年人社会观护站就要成立了，考虑到杨某的特殊经历，在和观护对象交往时能起到一些常人所无法起到的作用，所以决定聘请他在新成立的观护站中当个辅导员，当然是要经过正规培训才能上岗的。杨某非常感动，他从没想过自己还能做个老师，去帮助别人。上海市未成年人社会观护站落户富大公司后，他果然被聘为辅导员，拿到了鲜红的聘书。后来，来到观护站的一些小青年倒是真的蛮听他的话，帮教效果很好。一是杨某为人慷慨，二则因为他善于沟通，三是他也确实感恩社会。介绍杨某进富大的上海教育电视台也对他做了回访，看到他的进步，电视台的记者和导播们都很感慨，他们通过这个案例，也看到了只要全社会共同努力，哪怕是顽疾甚重的吸毒人员都能很好地回归社会。

面对众多的荣誉，富大公司全体员工看到更多的是新时期的紧迫感、责任感和使命感，我们清醒地认识到民营企业在创新驱动，转型发展历史时期的新目标、新任务，需要进一步树立信心，踏实工作。我们决心继续认真领会全国构建和谐劳动关系先进表彰暨经验交流会精神；继续坚持企业的可持续发展；继续做好员工关爱工作；继续稳步推进企业民主管理进程；进一步构建和谐劳动关系、促进社会和谐稳定。

在垃圾滩上放飞梦想

口述 周海燕　整理 邵惠庭

周海燕简介

女，1969年12月生，上海南汇人，中共党员。上海老港废弃物处置有限公司总工程师，教授级高级工程师。在固体废弃物处置领域曾获上海市科技进步奖一等奖、二等奖、三等奖，教育部科技进步奖一等奖，“华夏建设科学技术奖”等奖项。以她名字命名的“海燕固废治理创新工作室”，在2014年荣获首批“上海市劳模创新工作室”。先后获得上海市杰出青年岗位能手、上海市职工科技创新标兵、上海市三八红旗巾帼奖（个人）、上海市五一巾帼奖、上海市优秀共产党员、全国住房城乡建设系统劳动模范、全国五一劳动奖章、十大最美环卫工作者等荣誉称号。

一工作就与“垃圾”结缘

我和老港有缘分，这缘分是从1991年开始的。

那一年，我刚从上海城建学院毕业，被分配到上海市废弃物老港处置场工作。我学的是环境工程专业，到废弃物处置场来工作，倒也算是专业对口，又因为我是南汇六灶人，家离老港才二十公里的路程。当时学校对毕业学生是按照一个不成文的“就近原则”进行分配的，所以，我被分配来老港工作似乎是天经地义的。

老港是一个在滩涂上发展起来的城镇，濒临东海。上海市废弃物老港处置场，也就是后来的上海市废弃物老港处置有限公司，是1985年在时任上海市市长江泽民同志的关心下开始建设起来的城市废弃垃圾处置场。在此之前，上海产生的城市废弃垃圾都是运出上海，送到其他省市去填埋或当肥料的。当时，大家的环保概念还比较弱，又因为填埋垃圾能赚钱，外地都非常欢迎。随着人们环保意识的加强，上海的废弃垃圾运不出去了，出现了垃圾围城的现象，在专家的建议下，上海决定自行填埋垃圾。经过北起三岔港、南到金山海湾的反复勘察，市政府最后决定利用老港的滩涂湿地，成立上海市环卫建筑垃圾筹建组，建设建筑垃圾临时堆场，后来因为生活垃圾的矛盾更为突出，就改成了生活垃圾堆场。

环卫行业特别是垃圾堆埋工作，是“苦、脏、累”的代名词，这我听说过，但我万万没有想到，这“苦、脏、累”的程度大大超出我的“思想准备”。

我刚到老港单位报到的时候，单位领导把我分配到环境监察室，主要就是做监测水质、空气和苍蝇的工作。

当时所有的工作条件都非常简陋，一间集装箱活动房就是作业现场办公室，被太阳一照，里面热得不得了，简直就是烤面包的烤箱；走进填埋场的核心区域，空气中到处弥漫着各种臭味，闻到后马上就会恶心，有时候连胃酸都会反出来；由于填埋垃圾的关系，地面上的渗滤液到处可见，一脚高一脚低的滩地上粘粘稠稠的，走路都怕会滑倒。

当时老港的垃圾都是用船散装的，通过黄浦江、大治河经清运河运到我们老港码头，那时，垃圾的驳运量一天就达到3000多吨，在老港码头起卸运输的过程中，散装的垃圾、污水会有一部分掉落到清运河里，造成对河水的污染。而清运河又是与大治河相连的，清运河水质的好坏会直接影响大治河的水质。要知道，大治河是上海市郊最大的人工河，西起黄浦江边的鲁汇、东至东海出海口，全长45公里、河宽102米，它不仅为黄浦江纳潮泄洪、灌溉农田，而且还是70万南汇人居民生活用水的唯一河道。大治河一旦被污染，一定会影响两岸数万居民的生活、生产和亲近自然，后果是非常严重的。所以当时我每个星期都要对地表水主要是清运河的水质进行监测，分析水质的化学需氧量和生物需氧量，如果发现有指标超标或者存在其他不正常情况，就要马上上报并采取对应措施。

在垃圾分解的过程中，会有沼气产生，当沼气超过一定浓度时就会燃烧或爆炸。而我，每天都要背着一个检测仪，骑着自行车，围着填埋场骑行 4 公里去监测空气中的甲烷和硫化氢含量。大家可以想象，天天围着垃圾转，闻着那混合在一起的臭味和怪味，是多么刺鼻和难受？同事们有时候会开玩笑："周海燕，你是不是天生对臭味有'免疫力'？怎么不怕臭啊？"其实，除了嗅觉神经出问题丧失嗅觉，哪有不怕臭的？只不过我那时已经习惯了。

最令人讨厌和难受的是苍蝇，那苍蝇像"集团军"一样，成群结队、遮天蔽日。作个一点也不过分的描述：你穿件白大褂，会变成黑大褂，因为苍蝇直接就"粘"在你衣服上；你捧着饭碗在吃饭，白米饭会变成黑豆饭，因为苍蝇直往你饭碗里"扑"；有些老员工已经见怪不怪了，他们吃饭的时候，面对嗡嗡飞来的苍蝇居然熟视无睹，苍蝇飞进饭碗了，就用筷子挟掉，继续吃饭。

有一段时期，为了研究污泥处置新工艺，我和同事们反复在污泥堆里测试数据，常常一蹲就是半天，那污泥的味道比垃圾的味道还要难闻，时间一久，那种说不出的怪味熏得人头都发胀。当时，我听到一位工人师傅说："能这样吃苦耐劳的大学生，一定能干出点名堂来的。"我不会忘记这一声普普通通的赞扬，一直把它当成是对我的鼓励，也是我努力工作的动力。

讲心里话，我不是不喜欢在办公室里吹风扇、孵空调，也不是天生就爱在垃圾滩上闻臭味、吹海风、晒太阳，就是感到"垃圾滩上的活，我去做最合适"。就这样，我天天与垃圾"为伍"、同臭味怪味"结伴"、与讨厌的苍蝇"亲密接触"，开始、延续、演绎了我的职业生涯。

也许就是因为对苍蝇的"深痛恶绝"，"刺激"我下了决心：一定要用自己学到的专业知识，改变这里的面貌！

通过科技攻关解决老大难问题

一转眼，我在老港度过了好几个春秋。后来，我所在的环境监测室并入了业务科，不久又改名为技术业务科。1996 年，我被聘为科长助理。到了 1998 年，处置场推行双向选择、干部竞聘上岗，有一天，上海废弃物管理处的一位领导找我，问我："你有没有想过竞聘业务科的科长？"因为从来没有考虑过这个问题，所以当时我不假思索地脱口而出："不行，不行，我太年轻了。""年轻人，没有试过，怎么知道自己就不行了？你有专业技术的优势，这里要发展，就需要像你这样年轻、懂专业的人来管理。"领导的话里信息量很大。经过竞聘，我被聘为技术业务科主持工作的副科长。

在技术业务科成立之前，老港处置场的科研工作开展几乎为零，我上任以后，领导就对我寄予很大的期望，要求我围绕垃圾填埋，把科技工作大刀阔斧地开展起来。

我决定从自己熟悉的河道污水治理着手，第一个项目就是“河道港池水污染治理”，这个项目很快就在上海市环卫管理局立项了。我是第一次当领导，所以更知道要想做好工作，必须要走群众路线，依靠和发挥大家的力量。“这个项目是我们技术业务科完全依靠自身力量开展的科技项目，所以人人必须参与其中。”这就是我当领导后对大家说的第一句话。记得当时我要求大家从污染源展开调研，发现问题所在，然后解决填埋场的港池污染问题。

调研发现，填埋场在起吊过程中，垃圾的散落情况十分严重，造成了对河水的直接污染。针对这个问题，我们狠抓起吊规范作业，在船与码头之间设置挡板，同时减少码头的垃圾堆积量，使情况发生了根本性的好转。通过调研，我们又发现，清运河沿岸的化工企业违规排污现象十分普遍，严重的时候，从大治河一号桥到三号桥长约三公里的河道上河水全部变黑，臭气熏天，地表水质超过了五类标准，也就是最差的水质。我和我们的团队通过调研，掌握了第一手资料，把情况向南汇环保部门汇报。通过前前后后一年多的执法，许多化工企业用管道改道，再不把污水排进清运河和大治河了。

解决了污染源问题，不等于水质就彻底好转了，要想进一步改善水质，必须要拿出更好的方案。我和同事们大胆地提出了一个新方案：在每年 4—10 月的河水黑臭期，通过港池换水，把新的河水引进来。大治河的东闸外面是浩瀚的东海，我们用两台大水泵 24 小时不间断地引水入河，终于使靠近填埋场的大治河段水质迅速改善，达到了五类以上的标准，河水发臭发黑的问题，得到了有效的遏制。这是我上任后打的第一仗，大家都说这一仗打得漂亮，也使我自己对搞好今后的工作充满了信心。

2009 年，上海全市的生活垃圾装运开启了集装化运输新时代。我紧紧地瞄住箱车对位难、旋锁故障多、集箱密封性差等作业中常见的“老毛病”，主持开展小改小革，研发成功自卸车举升装置和生活垃圾运输专用集装箱密封条，把那些顽症一一攻克。

通过工作实践，我深深地感到，想要解决填埋场所有的技术难题，仅仅凭我们自己团队的力量是远远不够的，必须借用外脑来提高填埋场作业的科技含量。

我组织我们团队多次与同济大学合作，先后完成了“矿化垃圾处理渗滤水”“大型垃圾填埋场封场后的土地利用技术研究”等研究课题，完成了“矿化垃圾资源化再生循环利用成套技术与工程应用课题”等项目，分别获得了上海市优秀发明一等奖、上海市科技发明三等奖和上海市技术进步三等奖等奖项。

我们还请来专家，通过填埋工艺除臭和喷洒药物灭蝇的结合，使在填埋场孳生的苍蝇失去了立足之地，从而取得了现在填埋场里苍蝇几乎绝迹的巨大成果。

我后来被组织任命为公司的副总工程师兼技术业务科科长，几年后又被任命为公司总工程师，负责装备创新、工艺创新、管理创新和技能带教。别人说我管辖的工作范围更大了，而我自己却认为是施展拳脚的空间更大了。

我还十分注重“智慧填埋”的发展目标，极力主张推进各类作业装备的自动化改进和研发。在与填埋场推土机司机接触的时间里，经常听到司机师傅的反映，说虽然现在的推土机质量很好，里面也有空调，但每天在垃圾填埋现场作业，空气质量很差，能不能搞一台无人驾驶的推土机？我因为在现场长期工作过，知道这是作业中的痛点，是非常有必要去解决的问题。于是，我就把这件事当作一项自己主攻的科研项目。无人驾驶推土机，当时全国都没有听到过这个新名词，我们主动找的生产推土机的山推工程机械股份有限公司，向他们谈了构思、提出我们的要求，同时把设计原理、构造设想、智能应用等一系列想法一一“和盘托出”，希望同他们一起联手攻克这个技术难关。山推公司也答应合作，只是由于受到技术限制，历经多年试验，无人驾驶推土机依然无法实现生产。但是我没有气馁，仍旧“不依不饶”地要求对方继续研制。随着人工智能技术的发展和成熟，山推工程机械股份有限公司终于没有辜负我们的坚持，研发成功了首台170吨马力的环卫型智能化无人驾驶远程遥控推土机，有效地改善了工人作业环境，提升了作业效率和安全系数。虽然这与我当初搞220吨马力的设想有点距离，但这对司机师傅们来说，有限的帮助也是帮助。

一些开垃圾运输车的司机师傅问我，在填埋场倾倒垃圾时，因为车是倒开的，而填埋场里的地上都是垃圾，有时候不知道后面的情况，车轮子会陷进垃圾里，很容易发生倾斜甚至倾翻，有没有办法改进？我一直认为，来自第一线的问题都是急需解决的大问题，都必须得到及时的解决。于是我们就去实地调查研究，提出在倾倒垃圾的地方做个360度旋转的平台，让垃圾运输车正面开上去，然后由平台旋转180度后再倾倒垃圾，就能避免发生类似的事故。这设备在日后的应用中果然很见效。

说实话，我是一个闲不住的人，喜欢挑战，更喜欢尝试做以前没有做过的事。现在，社会已经进入人工智能时代，我就更注重使用新科技、新技术来为老港填埋场服务。为了加强填埋场的现场管理，我与浙江大学合作，建立了数字填埋场模型，掌握了填埋场现场的推土机轨迹、油耗、作业面、堆体的形态、压实的密度的数据，使我们对填埋现场的了解更及时更清晰，完全实现了填埋场作业的实时动态管理。

2012年，我带头组建了“海燕固废治理工作室”，带领团队成员不断开展城市固废处置和污染控制技术的研究开发及实证推广，完成了多项城投立项和市级科研项目。如今，这个上海固废处置行业首个市级劳模创新工作室，已经成为行业里专业技术人才培育的“孵化器”，15 名成员中就有 2 名教授级高级工程师，培养了 3 名高级工程师和 8 名工程师。

2019 年，我针对污泥填埋库容紧张的紧迫局面，主动领衔开展污泥库区堆高增容技术和工艺研究，通过数字模型反复的模拟测算，确定了可行的技术方案，同时通过现场指挥团队有效应对库区水位及承载力与预期不匹配的偏差，改进采取地基蜂窝加筋固化的方式，进一步提高地基的稳定性，最终在 1.6 万平方米的污泥库区上建起了一座坚固的围堤，为污泥堆高增容 90 万立方米的技术方案提供了有力的技术支撑。

从垃圾分类源头做起

《上海市生活垃圾管理条例》自 2019 年 7 月 1 日起正式实施。这是一件大好事，同时又是任重道远、需要科学实施的一个难题。上海从立法层面确保垃圾分类的全面推行、全程监管，并从源头减量、全程分类到资源化处理，形成完整的管理链。我认为，只有做好前端的垃圾分类，才能更好地提高回收利用率，才能为我们的生存环境减负。

有数据表示，上海目前每天产生各类垃圾 25000 吨，其中在老港填埋场填埋处理的有 12000 吨，进行焚烧处理的有 3000 吨，占全市垃圾日处理量的 60%。2018 年，全球规模最大的垃圾焚烧发电厂在老港再生能源利用中心开工兴建，已在 2019 年 6 月底正式建成启用，该中心一、二期工程将形成年总焚烧处理生活垃圾 3 百万吨的能力，焚烧发电量每年可达到 9 亿千瓦。

老港再生能源利用中心工程实现了垃圾资源化、减量化和无害化，现代化程度很高。还因为它采用了先进的技术和设备使用了净化装置，使排放出来的气体和污染物对环境的污染降到最低，它的排放标准也很高，完全达到国家标准和欧盟 2000 标准，甚至可以达到天然气燃烧后的超净排放标准，该工程在焚烧处理垃圾的同时所产生的大量电能，除了满足对自身的供给外，大部分实现了对外输出。

除了发电之外，对垃圾的焚烧处理另一个优势是能够实现垃圾的减量化。垃圾在焚烧之后，大约剩下 20%重量的炉渣，这些主要成分是玻璃、陶瓷、金属之类的有机物的炉渣，经过破碎、筛分等预处理后可以生产建筑用砖、骨料、路基材料等。垃圾焚烧成炉渣，炉渣再进行资源化利用，最后的重量可以减少到原来的 1%，这部分再拿去填埋，可以大大节省填埋场的容量空间。

垃圾在转运到焚烧厂的途中，通常都是密封的，没有分拣的空间，运到焚烧厂的储坑后，更不可能再进行二次分拣，因为我们有的储坑有三十几米高，再进行分拣不符合安全流程。所以说，干湿垃圾分开一定要在前端分类阶段完成。如果前端分类做得彻底，那么进入储坑的垃圾含水量就会减少，产生的沥滤液也会减少，这将增加垃圾的热值，使垃圾在焚烧阶段达到更高的温度，这样不但可以提高发电效率，更能够减少二噁英等有害物质的产生。

前面我说了这么多的情况，就是想呼吁广大市民：既然我们大家都是垃圾的生产者，那同时也一定都是垃圾的受害者；如果我们不想成为垃圾的受害者，那就请大家当一名垃圾的治理者吧。为了我们自己的身体健康，认认真真地把垃圾分类这件事做好吧。

如今的老港垃圾基地，经过土壤改良、地形微整，已经不再是人们想象中的“垃圾山”了，而满是草坪和树木，成为一座以“环保再生”为主题的郊野公园。那里又新建了 7600 亩林地，林地的一侧还保留了 1800 亩湿地呢。

看到老港填埋场日新月异的变化和发展，再回想起我在老港填埋场整整 28 年中的日日夜夜，我心里感到由衷的高兴和无比的欣慰。

三、发明创新篇

勇攀科技高峰的革新能手

口述 鲍亦廉、张绮蘋（王林鹤同事） 整理 朱亚夫

王林鹤（1931—1995）简介

男，浙江宁波人，中共党员。1958年至1965年先后研制成功一万伏高压电桥等七种电子产品，受到毛泽东主席、周恩来总理、聂荣臻副总理和中国科学院院长郭沫若的赞扬与鼓励。1959年、1960年、1976年三次获上海市先进生产者称号。历任上海沪光科学仪器厂工程师、副厂长，上海市总工会主席、上海市经委副总工程师、上海市发明协会副会长、中共第十一届中央委员、中共第十二届中央候补委员等。

我们两人20世纪60年代初进入上海沪光科学仪器厂，不久，就跟随王林鹤师傅工作，曾一同参与有关产品的试制工作等。我们两人都是经王师傅介绍，加入了中国共产党，以后，我俩一个担任过沪光科学仪器厂厂长，一个担任过厂总工程师。对于王林鹤师傅勇于攀登科技高峰的事迹，我们耳濡目染，了然于胸；对于王林鹤师傅敏于问题、勤于思考的工匠精神，我们至今记忆犹新，历历难忘。

小试牛刀显才华

王林鹤是个聪明能干而又好学上进的人。他父亲早年去世，与母亲、姐姐相依为命。1947年，他初中毕业后，进上海中华科学工程公司当学徒，用半年攒得的月规钱，买了本《少年电机工程师》研读，从此迷上了无线电，次年进入上海东方无线电行当装配工人。上海解放后，王林鹤进入上海沪光科学仪器厂。沪光厂建于1951年，是国内最早生产交流仪器的工厂，但也只是一个位于上海梵皇渡路、仅有700平方米的弄堂小厂。王林鹤白天上班，晚上进南洋模范中学附属电校电讯班学习，最后以优异成绩从该校毕业。

当时无线电技术并未普及，是一门很热门，又实用的技艺。王林鹤心灵手巧，身怀无线电手艺，手脚闲不住，不是帮邻居朋友修电器，就是想着为仪器仪表行业的发展做点什么。他兴趣爱好有两个，一个是经常跑旧货商店淘旧货。他淘旧货不是为收藏，而是为创新，他曾淘到一只我国第一批生产的电子管，一直珍藏着。有次他淘到一台飞利浦的落地收音机，就自己动手改装，用中功率管作推挽放大输出，再配上也是淘来的旧货、德国的12吋大口径扬声器，经他改装好的音响，发出的声音又好听又悦耳。另一个兴趣是对音乐情有独钟。他家储有许多胶木唱片和塑料密纹唱片，如世界经典的外国经典歌曲《友谊地久天长》《故乡亲人》《莫斯科郊外的晚上》《蓝色的多瑙河》等。音乐与科技也有相通的地方，音乐激发了他许多创造的灵感。

1952年，王林鹤在沪光厂电容车间当生产组长，在区党委的支持下，凭着他的聪明才智和业务水平，设计并制造了国内第一套标准云母电容器。所谓云母电容器，就是以天然云母作为介质的电容器。它作为电容参数的测试标准，广泛应用于对电容的稳定性和可靠性要求高的电子、电力和通信的仪器仪表制造中，而且还对航空、航海、军用电子装备以及石油勘探设备起到保驾护航的作用。

小荷才露尖尖角，一股清香留人间。年轻的王林鹤小试牛刀，就显示出了他发明创造的卓越才华。

成功在第371次

如果说设计并制造了国内第一套标准云母电容器，使王林鹤在仪表行业小有名气，那么，试制成功我国第一台高压电桥，让他名扬神州。

为了把发电站的电力输送到几百公里外的城市和矿山去，需要用变压器升高电压，通过高压电线才能完成输送，因此高压电线一般都高空架设。如何保障高压电线的运行质量？这就需要高压电桥来测量、检验。有了高压电桥，就好比人有了眼睛一样，能保障用于高压传输的各种绝缘材料、电力电缆、绝缘套管、互感器、变压器及其他高压电气设备的运行安全和质量。如果我们要架起一万伏的高压电线，就需要有一万伏的高压电桥来测量；高压电线发展到几十万、上百万伏，高压电桥必须与之相匹配。可以说高压电桥的发展，在一定程度上标志着一个国家的电力工业和生产建设的水平。

当时，随着我国第一个五年计划的胜利完成，党中央发出“向科技进军”的伟大号召，上海随之加快现代工业和现代科技基地的建设步伐，掀起了社会主义建设的热潮。迅速制造出精密的高压电桥是当时国内市场的迫切需求，那时沪光厂不断接到来自全国各地的信件、电报要求订购高压电桥，有的外地采购员还不远万里上门求购，但当时我厂只能生产万能电桥，没有高压电桥产品。

那时候，王林鹤还是一个年轻的技术工人，面对这种情况，他心里十分焦急。他常想：要是沪光厂能制造高压电桥有多好啊！但他一直不敢提出来，因为听说国外生产此类仪器需有自动调节温、湿度的车间，可对比自己的弄堂小厂，车间是石库门的客堂间，人才少、技术水平低，连一台像样车床都没有，怎么能生产高压电桥呢？王林鹤想自己一个普通技术工人，能搞这种精密仪器吗？但他又心不甘，心想若能攻下高压电桥，我国就多了一种精密仪器，就能填补了一个空白，这不就为改变一穷二白面貌作出了贡献吗？当党支部书记崔普文知道王林鹤有试制高压电桥的想法时，立即给予他极大的鼓励和支持。于是由王林鹤牵头，组成了一个高压电桥试制组。

如何试制？首先是收集资料，为此他们成天跑书店、进出口公司、图书馆寻找有关资料，还去旧货商店淘寻有关材料。王林鹤和另一位同志化了十几天功夫，翻了 4 个国家 63 本资料，最终从中找到了三页有关高压西林电桥的资料，马上如获至宝地买了回来。光凭这些资料显而易见不能满足要求，也不能解决头脑中的疑难问题，大家只能边想、边画草图、边试制了。墙壁成了最好的笔记本，白天想到的，就用粉笔画在墙上，晚上再集中研究，经过十多天的群策群力，终于画出了高压电桥线路的草图。高压电桥有 2000 多种大大小小的零部件，在当时的条件下，制造起来很困难，但在大家的齐心合力下，还是解决了一个又一个的难关。

试制过程中最大的拦路虎是高压电容器的“支架”，要用绝缘性能非常好的“超高频瓷”，才能达到介质损耗小于十万分之五的要求。这种材料当时很难找到，怎么办？崔普文书记就派了薛福民、沈金山等七个青年同志协助他一起试验，他们用各种绝缘材料，如陶瓷、有机玻璃、氧化铝瓷、石英等成百种不同成分的材料收集起来，做成零件，再经过不同的处理后进行试验，就这样十次、几十次、一百次……可是用来试验的材料越来越少了，成功的希望却遥遥无期，虽然当时所选材料的介质损耗已达万分之一，可就是达不到十万分之五的目标。试验记录本上，失败的记录不断增加，已近 339 次了。

有一次，听说抽真空后支架的绝缘性会提高，介质损耗会减小，于是王林鹤领着大家坐在黄鱼车上，带着自己组装的产品去上海综合仪器厂求助。综合仪器厂的老师傅知道来意后，说："行，我们支持你们。"他们放下手上正在干的活，换上我们的产品，帮助我们进行真空处理及解决真空后的固定密封问题。我们回厂后对真空电容器进行多次测试，可得到的结果依然是失败。

王林鹤是屡败屡战，并不气馁。一天，他听说宜兴有瓷窑，眼睛一亮，是啊，瓷器可是绝佳的绝缘材料，马上决定到宜兴瓷窑觅材料。为此，他甚至顾不上回家关照一声，就立即从厂里出发赶往宜兴。乘车到达宜兴，才得知瓷厂在宜兴郊区 15 公里以外的山上，可天已经黑了，又下着大雨，当地居民劝他休息一夜，第二天再去。他有点犹豫了，但想到厂里的同志们都急盼着他带回有用的材料，他就冒着大雨顶着风，一个人在黑暗山路上蹒跚前行，不到半小时，浑身上下都被雨水浸透了。当时匆匆忙忙出来，根本没有想到带手电筒，走的是泥路，脚上又穿了一双皮鞋，他一路上不知摔了多少跤。在过一座独木桥时，刚跨上一步，就差一点滑到河里去……

东方渐渐显露出鱼肚色，已成泥人的王林鹤终于找到了窑厂。三天以后，他兴高采烈地从宜兴带回了几种瓷料，连饭也顾不上吃，就立即进行试验，但是，满怀的希望又破灭了，一连几次，试验还是失败了。

连续的废寝忘食，王林鹤累病了，高烧近 40℃，住进医院。妻子埋怨他，他却说："只要脑袋没有病，我一定要坚持试验下去！"四天后，他又回到了厂里。

夜深了，王林鹤一人在灯下苦苦思索，在他的身旁桌子、椅子上、地上，堆满了翻开的书。突然，他灵感迸发，新的配料方法找到了！

那一天，是高压电桥试验的第 371 次，试验室里的气氛有些紧张，在一阵忙碌后，大家安静下来。王林鹤把电源启开，人们的目光都聚集到高压电桥上，连大气都不敢出一下。指示灯亮了，仪器将人们的心提到了嗓子口，呵，测试结果介质损耗率超过预期的高标准，达到了十万分之三！

成功了！大家再也抑制不住心头的喜悦，欢呼起来。我国自制的第一台高压电桥诞生了！

"你们上海有个王林鹤"

我国第一台一万伏高压电桥试制成功的消息，很快传遍大江南北，1960 年 1 月

14日，《解放日报》在头版头条刊登“制成高压电桥填补技术空白王林鹤百折不挠攻尖端在党的领导和群众支持下试验了371次终获成功”的消息，并配发社论《攻尖端技术攀科学高峰》，给予高度赞扬。接着《人民日报》也于1960年1月16日头版刊登了“坚决听党的话依靠集体力量试验三百多次征服各种困难王林鹤心红劲足制成高压电桥”的报道。连著名作家巴金也拿起笔来，深情地写下散文《王林鹤同志》，发表于1960年第三期的《上海文学》上。以后王林鹤又受到周恩来总理的接见。我们看到过这张照片，周总理微笑着与王林鹤握手，王林鹤满脸兴奋之情。他还受到聂荣臻、郭沫若等中央领导的表扬和鼓励。他说：“自己今后要加倍努力学习钻研，迅速地提高文化科学技术水平，继续不断向尖端科技进军，试制更多更精密的尖端产品，和大家一起以最快的速度填满祖国仪器仪表工业上的空白。”

1960年3月19日，一个春雨绵绵的周末。毛泽东主席来上海视察，下午抵沪，为支持和鼓励技术革新热潮，决定当天在锦江饭店设晚宴邀请部分上海革新能手吃饭。王林鹤也在邀请名单之列。不想这天下午王林鹤外出，电话通知不到，当时不像现在有手机可发短信、刷微信。于是情急之下，请上海市人民广播电台播放“寻人通知”，这可是上海滩上绝无仅有的事情。王林鹤当时是去一家理发店帮助研制“电吹风自动控制器”，为集中心思，将店内的收音机关了，因此尽管电台播了两遍，王林鹤最终还是没有听到，天大的喜事就这样失之交臂。

第二天，同是革新能手的上联电工器材厂的杨新富来厂找他，谈起此事，说：“你错过了多么幸福的好机会呀！”

“我——”王林鹤激动得不知说什么好，他猛然一下把杨新富紧紧抱住，不停地握着他和毛泽东主席握过的右手，说：“您——您太幸福了！我是多么想见见他老人家呀！”说着说着，他的眼眶里泛起了泪花。

其实，这天王林鹤没见到毛泽东主席，可是毛泽东主席在当天晚宴上谈到了他，并因此引出了中国教育史上的一段佳话。3月19日当天，《解放日报》在头版显著位置刊登了朱富林、王林鹤等同志搞革新的长篇报道，还配发了照片、评论。毛泽东主席下午抵沪后已看过报道。因此当天在晚宴上，毛泽东主席笑着对上海工具厂革新能手朱富林说：“你是革新闯将。我国军事战线上出了个‘朱总司令’，现在上海工业战线也出了个‘朱总司令’，太好了！”说得朱富林不好意思地笑了起来。

接着，毛泽东主席又关切地问朱富林：“搞试验有没有困难？”朱富林答：“没有什么困难。”毛泽东主席听了笑着说：“不见得吧！困难肯定有的。你搞了多少次才成功的？”朱富林答：“228次。”

毛泽东主席笑着说：“是嘛！你们上海有个王林鹤，发明高压电桥不是经过300多次试验吗？困难是不小的。但是，困难没有什么了不起，我们不要怕困难。”席间，毛泽东主席回顾了我党英勇光辉的革命斗争史，语重心长地说，革命不是一件容易的事，革命先烈抛头颅、洒热血才换来了今天。你们在大搞技术革命的时候，尤其要记住这条真理。搞试验，一次不行、十次、百次，甚至几百次，最后还是会成功的。不试验，不失败，不成功！凡事都要经过试验，在失败中取得经验，然后才会成功！

毛泽东主席看到代表都是青年工人，就亲切地鼓励代表，说青年人是国家的未来，要听党的话，要敢于闯，大胆地去创造。在晚宴上，毛泽东主席还关切地询问："你们中间有没有大学生？""有没有工程师？"当得知代表们都是工人时，毛泽东主席对在场的市委领导说，要从工人中培养大学生，从工人中培养工程师，还要培养作家。

之后，为了落实毛泽东主席的指示，上海市政府决定从工人中选拔有技术的优秀工人为工程师，当年五一前夕登报公布了138名首批工人工程师名单。王林鹤名列榜首，朱富林、杨新富、陈志贤榜上有名。紧接着，办起了上海市业余工业大学，推荐优秀工人的代表进高等学府深造，王林鹤、杨新富、陈铭津、李福祥等进入上海科技大学学习，为工人群众知识化开辟了新途径，由此王林鹤如虎添翼，为他日后的再攀科学高峰打下了坚实的基础。

一篇论文引出的攻关课题

如果说，王林鹤试制成功我国第一台高压电桥，表现了他的勤于思考、勇于攀登的工匠精神，那么，在他带领下，攻克国内第一台变压器比率臂电桥——QS16型电容电桥，则表现了他敏于发现问题，善于技术创新的工匠品格。

在新闻报道中，强调记者要有新闻敏感性，其实，在科学发明中，也要有科技敏感性，王林鹤就是一位具有科技敏感性的人才。在他的脑海中，始终紧紧地绷着一根弦，就是我们国家与国外相比，还有很多空白要填补，我国的交流仪器要向高精尖进军。1961年，他人虽然进入上海科技大学学习，但心还想着先进国家交流仪器的产品水平和发展方向，因此周日（当时厂休是周二）及寒暑假仍旧来厂工作。20世纪60年代初，我们紧盯着英国Sullivan公司、美国Gen Rad公司、瑞士Tettex等公司的发展趋势，他经常去查阅有关资料。

1963年春，一天，他查到了美国Gen Rad公司在1962年8—9月发表于*The General Radio Experimenter*期刊上的一篇题为《准确、精密和使用方便的电容测量》的文献，仿佛是夜色里的一根火柴，眼前一下子亮堂起来。他不由得兴奋不已。

王林鹤对这篇论文反复读了几遍，原来它介绍了一种全新设计思路的新型变压器比率臂电桥。这种电桥既可改变沪光厂XQS4型六臂交流电桥（安迪生电桥）高精度测量时所需反复平衡的操作步骤，还可使电容测量准确度达到0.01%，是一种新型电容电桥。于是，王林鹤萌生了将设计试制这种电桥作为自己毕业设计课题的想法。如果该课题能完成，就能填补国家的一项空白，这样又向先进国家水平靠拢一步。

想法容易，实现却困难重重。马克思就说过："在科学的道路上没有平坦的大路可走，只有在崎岖小路的攀登上不畏劳苦的人，才有希望到达光辉的顶点。"当时王林鹤手里除了这篇论文的一张 GR1615A 型电容电桥的外观照片和几个技术指标，其他一无所有，既没有图纸，更无实物，要想凭空造出一只具有国际先进水平的新型变压器比率臂电桥，其困难可想而知。

1963 年注定是不平静的。放暑假了，同学们放飞心情，嘻嘻哈哈地走出了校园，但王林鹤头顶酷暑，骑着自行车，在闹市区穿行。他四处请教有关研究所专家，夕阳西下，他汗流浃背地回厂。皇天不负苦心人，最终他得到了上海钢铁研究所的大力支持，为了提高铁芯的 μ_0 和 μ_m 等的高性能指标，该所的技术人员特地在热处理工艺上多次反复试验，使得提供的铁芯确保变压器比率臂有高稳定高精度的比率，为王林鹤的试制成功奠定了基础。

为了攻克该电桥内关键部件之一高精度标准空气电容器难关，他请来原上海电工仪器研究所（现上海仪器仪表研究所）两位工程师来厂设计 10 pf 以下的标准空气电容器。为了攻克杠杆式开关及小数点自动定位，以厂领导、技术人员和工人三结合的方式攻关，充分发挥集体力量和智慧。

王林鹤在试制 QS16 型电容电桥过程中，很多技术创新，他都亲自参与和把关，对产品部件及整机精雕细琢、精益求精、追求完美，丝毫没有功利心，惟有夜以继日的工作。例如，由于铁芯不能被碰撞，否则将失去良好的磁性能，为此专门设计了保护盒；亲自设计和动手绕制变压器，绕组匝间分布十分均匀，用于屏蔽与接地的 0.05 mm 紫铜箔紧紧地包裹着整个初级绕组，绕制好的变压器让人觉得似乎是一个工艺品，耐人寻味；他亲自设计电桥整体结构和面板布局，其面板布局和颜色的协调，让人有一种温暖舒适的感觉。经过两年攻关，王林鹤终于试制成功了国内第一台变压器比率臂电桥——QS16 型电容电桥。

张绮蘋曾动情地说：讲老实话，我也参与了试制—QS16 型电容电桥的全过程，但我就没有王林鹤那样的科技敏感性。在刚开始试制 QS16 型电容电桥时，我一遍又一遍地阅读美国期刊上有关 GR1615A 型电容电桥的资料，资料中仅有原理介绍及电桥性能和技术指标，没有样机和任何图纸资料，可是王林鹤竟然绕制成功了第一个电桥的关键部件变压器，而且看上去十分"挺括"，我当时十分钦佩。继后制成的第一台 QS16 型电容电桥，其性能及技术指标都基本上达到 GR1615A 型电容电桥同样水平，当时让我惊讶不已。这事虽已过去几十年了，我还是很好奇，至今仍是个不解之谜。

在一次我们同学聚会时，有位毕业后在原纺织局办公室工作的同学对张绮蘋说：“你与王林鹤一起工作多年，现在正提倡工匠精神，你一定有很多故事可写。”他还说：“想当年，我局劳模黄宝妹请王林鹤去看一看技术革新成果‘自动接头机’。王林鹤看后，突然向黄宝妹建议是否从源头上着手，从减少和消灭断头的积极方面作进一步技术革命？唉！王林鹤的思路就是与别人不一样啊！你该写写啊！”据了解，后来王林鹤还真找到了棉纱断头的原因，提出了改进方案。

为海军装备千里眼

由于王林鹤在科技界的影响，20世纪70年代初，有关部门找上门来，要求试制以微波和电子技术为主的大型军工装置925雷达侦察机。“文革”期间，王林鹤受到冲击和迫害，1970年刚“解放”后不久，听闻此消息，他二话不说，毅然出山，在承担了374炮瞄雷达的试制任务后，又担纲承担了试制新型潜艇雷达侦察机的重要任务。

这种雷达侦察机是潜艇的千里眼。大家知道，雷达是采用发射电磁波对目标进行照射并接收其回波，由此获得目标至电磁波发射点的距离、距离变化率（径向速度）、方位、高度等信息。而雷达侦察机自己并不发射电磁波，而是对目标雷达的电磁辐射进行搜索、截收、识别、定位，并判明其威胁性质的电子对抗设备。电子侦察按侦察对象可分通信侦察、雷达侦察、光电侦察和水声侦察。其中，雷达侦察的地位尤为重要。

在研制雷达侦察机中，王林鹤继续采用工厂、研究所协作的方式，与电子部1029研究所通力合作。1029研究所总体负责人带领毕业于北京大学、清华大学、南京大学和哈尔滨军事工程学院等名牌大学的一行十几位精英人才来沪光厂搞协作。王林鹤全身心地投入到研制工作中，在厂内抽调技术骨干，并向仪表局提出要求抽调熟悉雷达的转复军人来厂，以此成立925试制组，我们两人有幸同他一起战斗。厂内技术人员要从过去的电工仪器专业转向到微波或电子技术专业，有个学习和熟悉的过程，于是王林鹤在925试制组成立大会上，要求沪光厂的技术人员虚心、认真、刻苦向研究所技术人员学习技术，因此厂、所双方配合十分默契。研究所充分发挥了人才和技术优势，厂方统筹安排及时采购零部件，发挥加工制造和上海地区大协作的优势，沪光厂人员发扬了以前不怕苦、不怕累、刻苦学习的精神，密切配合，按计划部署完成各阶段的试制任务。

在试制过程中，若遇到重大难题难以突破时，王林鹤总是挺身而出，组织协调，出主意，共同解决难题，例如天线罩的耐压模拟试验，天线汇流环的加工及其在整机中的运行……他是这一项目厂方负责人，作为核心人物，他发扬了沪光厂创新攻坚的精神，克服重重困难，结果仅仅花了两年多时间，就胜利完成了初样试制。为了将此装置用于实战，需投入小批量生产，此时大部分研究所人员已回所工作，沪光厂又重新整顿，成立以王林鹤为总负责的925车间，终于在1974年试制成功正机。

是驴是马，总要拉出来遛遛。那一年，海军潜艇装上了新试制的雷达侦察机，远程出海试验，并进行对海、对空实兵演练。在海上，王林鹤突发高烧，白血球居高不下，当时潜艇支队与江南造船厂领导提出送他返沪治疗，他却说，要向解放军学习，轻伤不下火线，坚持就地治疗，主持海试。事后他才道出了自己早已患有白血球问题的病史，他是一直在带病拼命工作，这种劳模精神真值得我们学习。925型雷达侦察机历经试制、装艇、海试，终于一一圆满完成，通过了海军装备部门的验收鉴定，为中国海军装上了千里眼，为军队的电子装备填补了重大空白。最后这项科研成果获得了上海市科技进步奖。当然，雷达侦察机今天早已更新换代了。

念念不忘祖国的科技事业

王林鹤是一个立足岗位、胸怀祖国的人，他一生念念不忘祖国的科技事业，从研制高压电桥、电容电桥、直到雷达侦察机，无不表现出他不怕困难，勇于攀登科技高峰的工匠品质。在具体的项目实施中以自己的实际行动带领一大批青年科技人员奋斗其中，由此培养了一批技术尖兵，而且从政治上关心他们进步，不少技术骨干都是他介绍入党的，后来成为企业的管理者、带头人。曾参与高压电桥试制的王林鹤生前好友、后成为车间负责人的薛福民说，回忆和他一起战斗的日子，下班没有时间观念，上班从不计较报酬，我们一些同事的家有的在大杨浦，也有远在上海西郊，那时交通不便，不能天天回家，经常在车间就地简陋地过夜，那时他家离厂较近，经常动员爱人回娘家住，留出空间让我们其中的一两个随他回家过夜，大家都很乐意接受。

王林鹤平易近人、与人为善、真诚待人。当他工作中碰到困难或有需要时，同事们都会主动地、心甘情愿地出力、齐心协力地干好工作，促使试制产品能快速、高质量地完成。王林鹤的高贵品格凝聚了众多技术人才，充分调动了他们的能动性和积极性，使各种人才都有用武之地，将群众的智慧发挥到极致，这些大大地助推王林鹤出色地完成各项试制任务。

1977年，王林鹤调任上海市总工会主席，以后又当选为中央委员。职务变了、地位升了，但他工人本色不变，关心工厂、关心同志热情不减。他很长时间仍住在原来的公房，骑着自行车上下班。我们曾劝他为了安全，使用单位公车接送，他回答说："路不远，活动活动身体好。"当他得知参与925项目工作的青工李文海患肾衰竭时，身居高位的他在百忙中亲自到医院探望，鼓励他积极治疗，战胜疾病。后来925协作配套任务重，尤其外地协作难度大，如南京某研究所研制的肖特基微波管系上天使用，而925需用量又很大；无锡的天线罩测试周期长、用电量大，都有难度。为了工作顺利进行，我们请他写求助信以便联系。不料他向市委请了假，亲自带队去南京、无锡，在他直接参与下，我们终于顺利地完成了任务。

王林鹤病危时，我们沪光厂的老职工经常去探望他，他要我们讲讲沪光厂的事、沪光厂的人……对厂里的一切还是念念不忘、依依不舍。在追悼会上，我们送了一副挽联“朴实辛劳一生，楷模风范犹存”，至今我们还是深深地缅怀他。

也是由王林鹤介绍入党的老厂长杜启瑞曾经讲起这样一件事：王林鹤1995年逝世，2000年仪电行业评选“杰出员工”，王林鹤等8位同志荣获第一批“杰出员工”称号，除颁发一张精致的奖状外，另发五万元奖金予以表彰。王林鹤爱人为此特地给厂里打来电话，说王林鹤的创造发明，固然有他的努力，但离不开厂里的支持，同志们的合作，因此执意要拿出三万元给厂里。经我好一番劝说，才收回成命。

随着岁月的流逝，沪光厂老职工大多数都退休了。但我们每年总会相聚几次。在最近的一次聚会上，当有人谈及中国梦——大国工匠话题时，大家不约而同地联想到我们上海沪光仪器厂以王林鹤为首的一批职工大闹技术革新的往事。大家提议，我们这些老同志有责任、有义务挖掘当年的王林鹤那种为填补国家空白的强烈使命感和勇攀科技高峰的工匠精神，传承后人，发扬光大。

爱岗敬业重创新　专注凝神做工匠

口述 徐小平　整理 潘新华

徐小平简历

男，1960年8月24日生于上海，中共党员。上海大众汽车有限公司发动机厂维修部门高级经理，特级技能师。2006年，徐小平维修服务中心成立，同年被评为全国知识型职工先进个人，获全国中华技能大奖。2007年，被评为中国机械工业技能大师。2011年，徐小平维修技术工作室被上海市总工会命名为首批劳模创新工作室，同年获中国机械工业科学技术奖一等奖。第十三届、十五届上海市人大代表，第十二届全国人大代表。2005年、2010年、2015年，3次被评为全国劳动模范。2016年，荣获首批“上海工匠”殊荣。

整理者言：2016年春天的一个午后，在上海大众汽车有限公司发动机一厂二号厂房的“徐小平劳模创新工作室”，徐小平身穿整洁明亮的蓝色工作服，真实回忆他在家庭、工厂、学校、汽车流水线以及首都人民大会堂全国人大会议现场的历历往事，真情口述了一个劳模爱岗敬业重创新、专注凝神做工匠的成长史。

徐小平的口述实录告诉人们：无论是在企业车间，还是在校园职场；无论是学徒学生，还是经理干部，“工匠精神”的培育与确立，“大国工匠”的真正形成，只能是从专心致志的实践中来，从不怕失败的攻关中来，从优秀团队的选拔而来，从社会制度的架构关爱中来，从传承创新的工匠文化中来。那一天，徐小平首先从自己的称呼上打开了话匣子。

敲下第二榔头脑子开窍

很多人见到我，包括新闻记者采访我，总会先问：“我们怎么称呼你呀？是叫徐经理，还是徐师傅？”我回答：“叫我徐师傅！”因为我从1977年进厂当学徒，后来做钳工，再做机床维修工，后来虽然担任维修工长、技术总监、维修部门党支部书记、市人大代表、全国人大代表等，但我始终认为自己是一名工人。媒体称我“工人发明专家”，专家不敢当，但我和机床打了半辈子交道，就是爱好发明、喜欢动脑筋，那倒是真的。你要问我怎么会有发明创造、维修本领这么大，那要从我子承父业、学敲榔头开始。

我父亲是一名汽车维修工，手工很好。我很钦佩他，从小就想像父亲一样，当一个维修工。有一天，我看到他在做烧煤炉用的铁钳，后面有一个弯的耳朵一样的手柄，他一弯一锤就好了。原来一根笔直的铁条，马上服帖变成为一个烧煤炉的铁杆耳朵手柄。我觉得怎么这么神奇。他说：“我给你做一个，你去敲一下。”他把关键的一锤留给我。拿过来榔头，我想都没想，狠狠一下敲下去，想不到敲下去，铁条根本敲得没反应。父亲就跟我说，这个榔头该怎么拿，敲到什么部位。他教我怎样有轻有重、有手势地敲榔头，然后他再做样子，敲下第二榔头。于是，我拿过榔头，想了一下，再敲下去，嘿，笔直的铁条服服帖帖变成一个铁杆耳朵手柄。就是这个“再试一次”，让我喜欢上了当一个有手工技能、一个动脑筋的工人。这一锤把我整个追求手工技能的兴趣打开了。后来在家就开始摸这个摸那个动手做一些事情，家里可拆的东西都被我拆过一遍了。

1977年9月，我进了一家大集体所有制的交通机械厂，学开牛头刨床。看到机床，我特别亲切，好像是有一个机器在帮我做事情的感觉。觉得能力变强了，本来一块铁拿在手里，最多榔头敲几下，敲到它变形而已。现在可以让它把材料去掉，表面的粗糙度搞得很好、很平整，我觉得自己多了一个很好的工具。很喜欢这个工具，然后就开始给机器做保养，拆拆装装，很开心。我喜欢对机床拆拆装装，摸摸弄弄，脏了就想擦干净。师傅鼓励我这么做。很多同学跟我一起进厂，对机器视而不见，根本就没兴趣。

那年，厂里技术比武，我的考试成绩是 97 分。后来评审员就跟我讲，你这个 97 分很可惜，我们发现你刨的零件上有一条印子。因为我们找不出问题，找不出问题不罢休，就鸡蛋里挑骨头，找了半天，发现有一条印子，就扣了三分。按照厂里考试规定，工人得名次，加工资；学徒得名次，就提前满师。于是，我仅学了一年半的刨床就满师了。我转正加了工资，开始正式当机床维修工。

父亲得知我提前满师，高兴地骑着自行车跑到食品店，买了五大盒子的糖要我发。我看到人，就抓一把糖，发给大家。我心里高兴得发狂。那时我 19 岁，我的人生从未有过这样的兴奋刺激。

厂领导看我蛮有钻劲的，就做了一个决定。厂长对一个非常好的师傅说："徐小平交给你带，你把修机床的本领教会他！"从此，我可以接触各种机床，包括龙门刨、车床、刨床、铣床等，钳工也做。很多人觉得做维修工枯燥，但不知道为什么，我一看到机床就开心。我喜欢拆拆装装，这大概是天生的悟性吧。我边干边学，边学边干，学以致用，解决了不少维修老大难问题。

找到病根刨床起死回生

有一次，车间里一台龙门刨坏了。龙门刨是工厂里的重要设备，许多零件等着它加工。厂长急得要命，只能到闵行的上海重型机器厂去请救兵。但对方修理工期要 4 个月，我们等不及。于是。我去看了龙门刨，发现它有一个机械传动坏了。我思索：机械传动不行，能不能改用液压传动呢？当时，在市劳动局第三技校高级工理论培训中，我接触了液压技术，对这个技术痴迷得不得了，觉得很神奇，机械传动结构很复杂，一个力从这个点传到那个地方要通过无数个零件，而液压技术靠一根管子，弯到哪里它的力就传到哪里，就很好奇。液压课程是我所有课程中成绩最好的一门，记得我考了 90 分，班级里成绩最好。

于是，我在龙门刨前后转来转去，思考了好几天，默默画好了液压图纸，准备把龙门刨的金属台面从机械传动改为液压传动。现在看看，那套液压图纸画得很幼稚的。我拿了图纸去对厂长说："你等不及 4 个月的修理时间，我争取在 2 个月内修好！"厂长开始一愣，一个毛头小伙子，怎么行？我坚持要试一下。厂长想：不试，已经死路一条了。试一下，也许是活路，有生的希望。厂长下了决心，并投资买新的液压零部件。机修车间主任也支持我。

记得他事后曾经说过支持我的理由，就是两句话："我从年轻人中找不出像你这样的人!”“那台机床没有人敢修，你敢修。我不支持，谁支持?!”车间主任的这些话，我至今难忘。现在他年纪大了，我和他一直保持联系，我定期去看望老主任。

龙门刨的修理改装正式开始了。厂里成立一个16人的小组，配有车、钳、刨、铣、磨等工种全都配好，我做总指挥。所有液压图纸也是由我出。技术员办公室腾出地方专门让我画图纸。我前后画了三套，液压一套，机械结构一套，电气控制一套。机械图纸让厂里的机械师傅审了，电气图纸让电气工程师审了，但液压图纸没人审。因为没人懂，就我自己说了算。我日夜连着做，也不知道啥地方来的劲，前前后后两个星期不回家。我把零配件买来，包括液压原件都是自己跑到北京东路五金商店买的。之后就和车间主任两个人装，花几个晚上，完成安装。

试机那天，我很兴奋。启动按钮，我看到龙门刨的金属台面缓缓向前滑动，我猜想：成功就在眼前啦！但想不到，意外的事故突然发生了。向前滑动的台面，照理到了规定行程后，会按照液压零件触碰后的要求，自动返回，然后开始下一轮滑行。不料龙门刨台面那时没有返回，而是笔直地继续向前冲。几吨重的金属台面冲出轨道，重重地滑在地上。幸好前面无人，否则要出大事故啊!

车间里一片紧张气氛。有人劝我：“叫你不要干，你偏要干!”车间主任安慰我说：“不要急！旁边坐一歇。侬现在脑子闷脱了。过几天，灵感会来的。你先回去吧!”

回到家里，父亲看我闷声不响，心事满腹，加上两个星期未回家，他急得担心我在外面闯祸，要责怪我。后来，我告诉他，是厂里的技术攻关失败了。他听了反而不急了，理解我。而妻子知道我“魂不守舍”地在家兜圈子，肯定是维修上遇到难题了；若是回家对谁都不理不睬，那肯定又在琢磨工作上的事。我集中精力，调动已经学到的各种液压机械电气知识积累，想了好几天，终于找到了失败的原因。

原来，设计加工中有一个缺陷，就是油缸活塞正向运动的时候，它朝这个地方推；反向的时候碰到开关，活塞推动离合器就反向运动。中间有一个距离的行程，控制不好。我想：既然是一个活塞油缸，为什么一定要让它有行程呢？我就搞了一个零行程油缸，行程等于零，但是它有力的变化，没有位置的变化。这是我的一个新思路。想到这个问题，我就开始兴奋。

第二天一早，别人还没有上班，我先走进车间，自己一个人干了起来。反正我车、钳、刨、铣、磨工种都会，就加工了一个新的25毫米液压垫块，填补原来的行程距离空间。后车间主任也来了，其他工人也来了。我有信心攻关成功。车间主任也支持我。他命令其他所有工人离开，然后关上大门，防止意外安全事故发生。

在一片宁静中，按钮启动。龙门刨的金属台面再次缓缓向前滑动，到了规定的位置，它居然十分听话，等开关碰到的那一刹那，它就很乖地返回，声音也没有，很平稳。就那么一个点给抓住了，龙门刨马达的力量全部传到刀具上！攻关成功了!

任何成功，都来之不易，都要有不愿服输的志气。我找到了龙门刨传动装置的那个缺陷，虽然经历失败，但最后把它攻关下来。对活塞行程返回零距离的改进装置，结果也成为我的一项发明。

龙门刨修复成功后，厂长开大会表扬。他对厂里的员工说："我凭着徐小平的执着，给他创造了修复机床的机会。他没有辜负给他创造的条件。这台机床，如今不是修复，而是比原来还好！工人要成为什么样的？徐小平就是你们的榜样！"1985年，我被评为宝山县新长征突击手。局团委还组织其他单位的青年员工前来参观，让我介绍经验。

从不懂德语到现场翻译谈判

1989年的一天，我从《新民晚报》上看到一则招聘启事：上海大众汽车公司需要招聘机修工。我想：上海大众是中德合资，又是从事机械工作，我蛮有兴趣的，也好奇。我就参加了考试。那天，设在五爱中学的考场周围人山人海，但上海大众只招18个人。

考试开始。我打开考卷，一看题目，我信心来了。我回忆起以前等级工上课学过的知识，结合自己做机修工的理解，答完所有题目。结果，在1000名应聘者中，我考试得了第四名。我被录取了。

但厂长不肯放人，还承诺让我当技术副厂长。可我还是想到合资汽车企业去，那里可以学到德国的先进技术。当年8月，我辞职离开了已经做了12年、对车间里所有设备都很有感情的交通机械厂。

进入上海大众，我被分配在发动机一厂。在上海大众这些年，我一直保留着一个习惯：每经过一台设备都会放慢脚步，听一听有无异响、看一看有无漏油。

当时，有许多德国专家来到厂里，开始是桑塔纳汽车的SKD组装。德国专家讲的都是德语，听不懂。我没有师傅带，厂里也没有翻译，只能临时请学外语的学生。但大学生翻译对许多汽车发动机术语听不懂，也翻不成中文。我从1990年开始，自学德语。我买了《德语入门》，趁着有空隙的时间，就在机床旁边找了位置坐下来看书。车间里平时没有什么外人来，我埋头读语法、背单词。

有一天，企业有关领导突然来车间巡视，看到我一个人在机床旁看德语书。他走过来，问我："你叫什么名字？""我叫徐小平。"这位领导把我的名字记住了。1990年下半年，上海大众联手上海外国语大学培训德语。我被选中为第一批，半年全脱产，住在大连路的上外宿舍，集中精力上课。我晚上住在学校。当时孩子3岁，我也顾不了回家照顾。因为我的基础很差，1967年小学毕业，1977年中学毕业，在学样里学的是俄语，学德语等于是零起点。我咬紧牙关下苦功。一天100个单词必须背下来。半年后，我通过了初级德语考试。

回到厂里，领导又安排我马上去德国学习半年。领导不断培养我，为我创造条件。当时一起到德国去学习的有两人，除了我还有一位工长。领导说："你既学修理，又当翻译，还要照顾好工长！"

当航班在法兰克福降落，我们走出机舱，去寻找前来接我们的德国人。可就是找不到。怎么办呢？我去问老外。对方回答德语，可是我一句也听不懂。我就只能换成书面提问。机场工作人员热情地帮我们寻找接机的人，可当时又没有手机！等到最后找到他，已经过了一个小时。原来，接机者迟到了。

在德国大众培训期间，在教室里上液压课的，有两个中国人，其他是土耳其人、意大利人和德国人，大概由20个人组成一个班级。上理论课时，听力不好，上课的德国老师又有浓重的巴伐利亚口音。我就向他提出来："请你每天再安排一下任务书吧！"拿到书面的德语任务书，回到宿舍，晚上拼命查字典，专心致志，每天到一两点钟。头两个月很难受。到了第三个月，就习惯适应了他们的语速和表达方式。

我擅长的是液压，那个老师讲得非常仔细，我看着老师画的东西，我知道他后面要讲什么，加上我自己有一点理解，所以他那个课上的效果非常好，老师也很惊讶我怎么会懂。后来在实验室做实验的时候，我们是最快、最标准的。因为我动手动习惯了，给一张图纸，要最快的速度把它搭出来的话，要圈几个关键的部位，把通道的接口给接出来，把阀对号入座。德国师傅要我指出一台机床的液压线路，我很快在图纸上画了出来。德国人惊讶地说："你这么快呀！"后来到车间里去实战。一台机床有问题，开始还能运转，别人修理后，机床干脆罢工，一动也不动。老师要我们找出毛病。我仔细观察分析后，说："机床上一个阀门，是不是修理后没有回到原状？"一查，问题果然在此。调整阀门状态位置后，机床正常转动了。

一个世界级技能工人，一个现代工匠，一定要有中国师傅的感觉和德国师傅的数据。现代工匠就要有记录和分析数据的习惯。如果没有这一点，那称不上是现代工匠。现在没有数据没有市场。工匠一定是重视科学数据，再加上实践经验的理性表达。德国技术，数据说话，严谨讲究。我的体会是严谨的数据的确需要，但经验和感觉同样重要。同时，还要能够把实践经验总结提炼出来，善于表达出来，有条有理，让人家理解。科学的理论，就是能够交流，能够让人理解。我们周围传统的工人师傅带徒弟，就是说："你照着做好了！"怎样照着做？道理是什么？讲不太清楚。要他到讲台上去讲课，只能结结巴巴，云里雾里。

回到上海以后，企业领导要我负责德国引进设备的优化。选择新的流水线、订购新设备，要我提出意见，后来又有几次出国商务谈判，我既做谈判者，又兼当德语翻译。我立足于维护国家利益、企业利益，德国供应商的意见有时也被我否定。一些还曾经被我否定过好几次，因为我举了很多它们致命的弱点，被我说得一点反驳的理由都没有，只能认错。这就是在维护我们的正常利益，也警告那些供应商不要在大众的设备上动手脚，不要偷工减料，开了很高的价格还把次品卖给我们。所以要成为国际水准的技能工人，就必须要站到这样一个高度去看，和世界级的工匠去比，不断超越。

上海大众对奥迪品牌汽车的一条生产线进行改装，德国人开始不同意，后来看了我们递交的方案，接受了。对方原来的报价是200万欧元，我们自己做好通过验收，仅花费800万元人民币。后来，他们看到我这个中国人也有点怕。当然，也有不少德国供应商欣赏我的，甚至要把我挖到他们那里去！

连续28年越读越有味道

要成为工匠，心要静。匠心，是用时间打磨。这当中包括经验的培养、思考的提升和知识的积累。从20世纪80年代开始，我从读电视初中开始：先补初中，后补夜高中，再读夜大专。发动机厂的设备大多以机械为基架，几乎所有动作都通过数字化由传感器完成。我从2009年起利用双休日，到上海第二工业大学攻读机械电子工程本科。上38年班，读了28年书，而且越读越有味道。我大概看上去比许多老师的年纪要大，经常被学校门卫误认为是老师。

在二工大读书，学到系统的理论知识，对提升工匠的水准，实在必要。我边读边思考，有问题也在课堂上提出来。在制图课上，曾经两次指出老师使用的标准已经过时。后来，老师每教完一张图纸，便会主动询问："徐小平，有问题吗？"

学以致用，关键在创新。激光裂解工艺是当今世界发动机制造行业流行的连杆加工新工艺。激光对人体视网膜的危害严重，而且原来设备采用的光源是不可见光，因此就需要高级别的安全防范。因为激光的危害，所以调整激光焦距的工作变得繁琐起来，只能靠间接法寻找激光焦点。后来我提出假设，能否利用可见光代替激光，实现可视对焦呢？这个想法被有人认为是胡思乱想，当场否定。但我没有放弃。我又与武汉华工激光工程公司的专家取得了联系。在专家的指点下，我自行设计的激光可视对焦仪制作完成，用肉眼直接观察焦点的假设成为现实。经使用证明，整个过程所需时间从原来的十几个小时缩短至现在的一小时。这一技术获国家发明专利，还获得中国机械工业科学技术奖一等奖。这些年来，我主持参与完成了数十项技术革新攻关项目，有的申请了国际专利。

学以致用，关键在你潜心热爱手里的工作，你就会把它做成一个品牌，一个人就可以有一个人的"智能制造"风格。我有一个喜爱收藏的朋友。不久前，我利用空余时间，画好图纸，为他加工了一根红木手杖。手杖从上而下有一条自然旋转、线条优美的螺纹木纹。这样设计加工的手杖，只有一根。朋友见了十分喜欢。他说：

“你又可以申请专利啦!”

X+1模式培育12个工作室

2006年4月，徐小平维修服务中心在上海大众发动机厂正式挂牌成立。2011年，徐小平维修技术工作室被上海市总工会命名为首批劳模创新工作室。创新工作室下面如今已有12个专业工作室。每个工作室的功能、任务和领军人物彩色照片，就张贴在门口。创新工作室的任务，就是瞄准世界一流难题，不断创新攻关。

根据团队里每个人的特长，我把项目分成电气、机械、流体等若干课题，分别与西门子公司、SKF轴承公司以及研究所的专家建立对口联络，自行设计制作了多种功能的试验装置和许多专用工具。

就拿第一个工作室——电子主轴自主维修专业工作室来说吧。电主轴的使用寿命起初只有2000小时，如今我们已经提高到6000小时以上，接近国际先进水平，而每根轴的自主维修费用仅为委外修理的15%。

我经常说：企业、个人一定要有X+1模式这个意识。一个人需要有综合的知识面，什么都要懂，但是有一样必须精通，又要有与众不同的1，要有这种自我培训的意识，在群体中寻找别人没有的东西。与众不同，你才能生存。

有了X+1模式，12个专业工作室同时也解决了一个很好的问题，就是同行不会是冤家，而同行是冤家的核心问题就是同质化。现在你做A的事，他做B的事，双方就不会是冤家。工作室里把很多专家整合起来，形成一个团队，谁都离不开谁。

现在中国制造业很发达，但比一比国外，制造工艺不精细，技术不严谨，数据不充实。我们从德国人那里学到了规范和标准，学会用数据说话。我和同事编制了全国首个《发动机制造装备维修标准》，从2007年初开始在上海大众发动机厂实施，供年轻人学习操作。

有一次记者问我，你要把你的团队培养成什么样的团队？我回答说：要培养成一支交响乐团，大家拿不同的乐器，但演奏同一首曲子，这就是个人和团队的整合，谁都离不开谁。我们创新工作室的核心，就是瞄准世界级的难题做事情，培养世界级的人才，一起把我们国家的装备制造提升上来，并且力争超越。

阴阳道德经启迪辩证思考

超越的理由是我们有中国文化，这是西方所不具备的。我学了《易经》这本书，把这里学到的东西用到故障诊断中，非常有用。

人有阴阳，机器也有阴阳，出问题也是阴阳失衡。我总结出一个人生哲理，做人不能太过完美，有时差不多就可以了。实践是检验真理的唯一标准。对于不同民族的文化，德国很严谨，我们也很认真，但认真的方法不一样，我们是对整体很认真，而西方人是对科学很认真。科学就是把整体分成若干个单元进行研究的方法，但是分开来以后还要合起来。我们在分的上面没有他们精。因此，在技术上我们尽量往他们那里靠。讲到整体思维时，就尽量往我们这里靠。

做工匠，也要有辩证思维。有一次，我看电视时，听到李政道教授说了一个哲学道理，就是最大的对称性等于最大的不对称可能性。我应用这个原理，解决了磨床上的一个平行度永远追求不到的难题。

迫切需要建立“工匠制度”

崇尚“工匠精神”的国家，一定是注重育人的国家。培养“工匠精神”，需要制度安排，需要文化支撑。虽然不可能人人成为工匠，但我们每一个都可以成为“工匠精神”的实践者。目前我国教育中还不够重视应用技术教育、职业教育，需要加大力度，让更多的学生通过职业教育，从青年时代开始，就崇尚“工匠精神”、养成良好的行为规范。

说到行为规范，我在大学校园里经常看到一些衣着鲜亮的大学生，走路时晃来晃去，在大道中间打闹，或旁若无人低头看手机；见到老师和别的同学，视而不见。有的青年工人下班时不知道要把今天用过的榔头扳手等各种工具，按上班前的样子，摆放得整整齐齐。这是缺乏良好的习惯。

我在德国看到，德国工人口袋里总带着笔和纸，它们是出门干活时的“标配”。虽然现在计算机普及，但生产线上不可能拿着电脑干活，但带上纸笔，遇到情况，就能随时记下数据。有了数据，才能分析，才能踏踏实实地解决问题。我自己十几年前的笔记本，现在都能找出来，有的纸黄了，碎了，但翻出来看，还是很有启发。

大家知道，上海的机床等制造业以前是全国出名的。以前当一名八级工，做高级蓝领，是了不起的，全社会尊重的。现在社会风气转了，有的电视节目宣扬富二代、奢侈品，不少青年的人生价值观偏移了。我带过很多徒弟，总结下来有几个问题，一是他们对这个行当兴趣不浓，二是学习能力和分析能力不到位，三是所学内容和企业需求脱节。所以，对于培养工匠，风气要转过来，要解决职业教育问题。

要保证有足够的人群从事技能劳动，现在太少了，应用型人才还是学术型人才，培养的比例不对，我特意在全国人代会上讲了。我们的大学要往培养应用型人才方向上去靠。二工大做得比较好。校长看得很准，几年前就把实习场所直接挪进校园，在正常运作下培养学生实战的基地。如把洲际酒店的餐饮和部分客房建在校园内，让相关专业的学生，从一年级开始就可教学实习。这个方法符合培养工匠的套路。

而德国教育不仅培养学生的能力、知识，也包括学生的生活习惯。比如酒店员工要做夜班，学校培训时就日班夜班地轮番。如果学生不适应，要淘汰，那在学校里就被淘汰，毕业出去的学生肯定都是合格的学生。现在，我和学校在搞智能制造的合作，也要参照洲际酒店的做法。二工大已把2000多平方米的面积划出来，投入力度很大，鼓励更多的人投入到应用型人才的培养当中来。

职业教育就是要培养一辈子就干这个事的决心。瑞士的手表就好在工匠。钟表工匠就是一辈子在干这个东西。当你同时把自己的能力倾注到自己爱好的事情上，你的能力就发挥出来了。

我觉得，价值是客户得到的东西，价格是客户付出的东西。如果价值大于价格，一定有市场；两者如果倒过来，就一定淘汰。创新就是为客户创造新的需求。企业对我来说，就是我的客户，企业要从我身上得到价值，它付的工资就是价格。如果我创造的价值大于价格，我肯定有市场，机会就很多。我们要为企业、为社会不断创造新的需求。

培养工匠，要具有世界眼光。单纯的知识，20年以后是要淘汰的，知识是要不断更新的，不是学校读了几年书够用的。唯一学一辈子受用的，只有智慧层面的东西。所以我五年时间在二工大读本科的过程中，我更注重学习知识背后的那个发明创造人，包括他们的智慧方法。学东西不是为了解决一道题目，而是要学它的方法。

另外，就是企业和学校的对接、产学研的合作。现在是一头热，学校热衷于和企业对接，而企业是冷冰冰的，理由是学校好像不能给我们解决什么问题。我认为这是企业和学校的对接中缺少一个中间的平台。这个平台，要由社会团体来做，把企业需求和学校资源放到平台上对接。现在都是靠人际关系自己找。要靠社会化健康的体系来保证。德国做到了，他们的培训全都是社会化的，都是根据企业的需求来制定培训计划的。

工匠制度应该有现代制造的要求。现代制造和智能制造就是要求精细化。如果缺少精细，就是粗糙。现在许多中国产品只有数量，没有很好的质量。提高中国质量的核心问题，就是精细化。人才的培养要讲规范化，职业教育时就把学生的行为规范培训出来。包括坐有坐相，走有走相；干活规范，场地干干净净。

我在人大会议上提出：高校要有职业导向的职业教育。现在的技能劳动和以前的技能劳动完全不一样了，要求的知识层次结构都发生了很大变化，必须从制度上吸引本科生、硕士生加入到技术工人行列当中，才能解决我们的制造问题。从2016年起，市总工会每年在各行各业培养、选出100名技能人才，到2025年共计培养1000名具有工艺专长、作出突出贡献的“上海工匠”。这样从更大的社会层面来培养工匠，是一个很好的制度性建设。

面对荣誉利益躲一躲退一退

“工匠精神”应是做人为本。我和劳模创新工作室的青年人说：创新精神和严谨细致、一丝不苟的作风，是工作态度。大家要把事做好，但首先做好人。我以为：做事四分，做人六分。工种和工种，职业和职业，没有高低贵贱的区别，但人与人之间，却有职业品质的高低之别，却有心境胸怀的宽窄之别。

怎样做人？我说一是“躲”、二是“避”。遇到加工资发奖金，我就往后面躲开，让同事先加多加。遇到上台领奖、荣誉来了，我就往旁边避开，让别人去。碰到有难题，自己带头上。把名利看淡，把自我看低，把成绩看小。

2015年国庆，东方卫视播出8集大型纪录片《上海工匠》。镜头对准16位“上海工匠”。我也在其中。我要虚心学习其他15人的“工匠精神”。“工匠精神”是一个国家的荣誉和尊严，是一家企业、一个品牌的金字招牌，也是我们的立身之本。虽然我已三次获得全国劳模称号，但仍要爱岗敬业，勇于创新，再创辉煌，决不负习近平总书记对新时代劳动者的重托，做一名真正的“大国工匠”！

创新是我的动力

口述 王 军 整理 李文祺

王军简介

男，1966 年 3 月生于上海，中共党员。上海宝山钢铁股份有限公司热轧厂技能专家，工人发明家。高级技师，享受国务院政府特殊津贴。荣获全国十大杰出青年岗位能手、第七届全国技术能手、上海市突出贡献技师、中华技能大奖等荣誉。获国家发明金奖 14 项、国际发明金奖 4 项。获国家科技进步二等奖 2 项。多次被评为上海市劳动模范、全国劳动模范。2014 年被国家人社部命名为“王军技能大师创新工作室”，2015 年被全国机冶建材工会全国委员会命名为示范型职工（劳模）创新工作室，2017 年 11 月中华全国总工会授予全国示范性劳模和工匠人才创新工作，担任中国申办第 46 届世界技能大赛形象大使。

在宝钢人眼里，一线工人走上科技发明创新的前台，几乎是一种“常态”。创新，就像一种基因，是我的动力。宝钢就是我的大学，等我哪天退休了，才算是从宝钢毕业了。

流水线上做创新的主人

“能不能适应，要看是把岗位当做一份养家糊口的工作，还是增长才干、实现自我价值的人生舞台。”我的回答是：“愿不愿意去创新，是最关键的因素。”

1985 年高考落榜后，我进入宝钢技校学习，两年后分配到热轧厂精整分厂，成为一名剪刃组装工，从最普通的辅助岗位做起。

剪刃组装是辅助工种，在别人看来，那时进宝钢等于捧了令人羡慕的“铁饭碗”。很多人有了“铁饭碗”，日复一日也就过去了，可我不愿意。进入剪刃组后，我感到一切都很新鲜，干完本职工作后，只要一有空，就在机器旁、轧线边观察，一边思考、一边记录，认真学习。

剪刃组是个“辅助岗位上的辅助”，看似体力活，其实是讲究很大的学问。更换剪刃并非只是将旧剪刃换下将新剪刃装上，剪刃更换的速度与剪刃的装配质量都关系着钢板的剪切质量，就与生产密切相关。经过长期实践，我的第一个创新成果“飞剪剪刃快速更换法”诞生了。该方法通过简化更换程序，既降低劳动强度，又缩短停机时间。以前更换一个剪刃，两个人需要一个半小时，采用这个操作法，一个人只用半个小时就可以完成。

这样的工艺创新，很难在研究院和实验室里诞生，而在生产一线，恰恰是创新种子萌发的最好土壤。我正是通过实践认识到了这一点，创新的动力被大大激发。

我在业余时间完成了机械电子工程专科和机械设计制造及其自动化专科和本科的系统学习，同时完成了高级技师培训。因为有了成绩，我被热轧厂的领导调到精整机械设备作业区当设备点检员，在这个岗位上，我又创新“高强度全密封精整矫直机支承辊技术”。紧接着，2003 年，我的专利成果“防油污的矫直机支撑辊”获第 17 届上海市“优秀发明选拔赛”一等奖。2012 年，我的创新项目“高成材率节能环保热轧层流冷却成套装备技术”先后获第 111 届巴黎国际发明展金奖和第 7 届中国国际发明展金奖。

熟悉我的人都知道，我有个脾气，喜欢问个“为什么”。热轧吊装工业垃圾时，现场指挥人员通常要爬到两米多高的车顶上操作，既耗时又危险。我注意到这一问题后，决心改变现状。三个月内，我运用所学的机械专业知识，通过连杆机构设计结合两张式铰链周转箱的结构特点，将单绳吊卸设定为长短绳组合设置和短绳吊环的钩式设置，实现了吊装中的自动脱钩，再也不用人工爬到车顶进行脱钩、挂钩的危险性操作。

热轧层流冷却均匀装备技术是我十多年来持续开展的三大创新攻关项目之一，始于 2005 年，针对热轧层流区域高温多水环境，我创造性地提出内置宽度遮挡控制设想。经过倾力研究，成功设计完成应用于热轧 2050 毫米产线的冷却系统成果。这项发明填补了一项国内重大装备成套技术的空白，提高部分品种钢成材率 0.8%，7 年直接效益超过 5 亿元。

在中板及厚板线成功开发了矫直机支承辊系列技术，使其密封结构具有防尘和防泄漏功能，不仅完全杜绝了油污板，而且还同步实现了支承辊油脂添加的免维护，攻克了影响板材质量的行业性难题，年创造经济效益达 5000 余万元。

从沸腾的钢水到凝固的钢坯，火红的“躯体”裹挟着蒸腾的热力，被轧制、冷却、再轧制，渐渐变薄、变长，一块 250 毫米厚、7 米多长的钢坯，从宝钢生产线上下来的时候，已延展成厚度仅 1.5 毫米、长 1200 米的优质钢板卷材，再经精加工，便成为生产资料市场的抢手货。

“人也像钢铁一样，有压力、有热力，才能成才。”作为现代工业的特征，流水线上的工作是固定的、重复的，作为工人反反复复的工作，带来最大的熟练度，从而保证产品质量，提高生产效率。正因如此，产业工人一般很难对自己的岗位真正充满兴趣，对大多数人来说，这确实只是一份养家糊口的工作。

而我打破了流水线的枯燥。30 年来，我在一线岗位上的努力，与设备“亲密接触”已经成为生活的重要组成部分。对于设备的结构构成，可以熟悉得像自己的左右手，设备与工具在我的眼里都变成了有血有肉的生命，我希望这些生命能在自己的奇思妙想下变得更好。

正是我的爱琢磨，证明了生产线不是僵化的；只有肯创新，技术工人不只是流水线上的“螺丝钉”，还会是流水线优化升级的“引领者”。我带领团队十四年来研究的层流冷却技术，是一个世界难题。这项技术的投入使用，不仅能节约用水用电，还能有效提高成材率，如果原来只能产生 500 万吨的成品，使用这个技术以后，将会多创造 4 万吨成品的效益。

为解决技术难题去深造

我认为，现场操作结果往往比实验数据更有说服力。那时的宝钢还处于成立初期，先进技术都由德国专家掌握，一般都是外方专家怎么说，中国工人就怎么干。不过，我总要多问一个为什么。有一次，我和同事一起用了整整一天将一个机架的剪刃装好，累得快趴下的大伙正准备下班回家。这时，德国专家葛纳德带着翻译找到我，表示歉意，告诉我，之前安装的机架因为设计问题全装错了，麻烦各位重新组装。为了不耽误第二天工作，我带领班组马上返工。

而这件事也让我第一次感到德国技术也存在不合理之处，但我无法从原理上弄清楚。为此，我决定在工作之余要去充电：我就觉得要去学习，必须在理论上专业，才能真正把问题看得透彻。1996年，我报名进入同济大学夜大学习，后又念了专升本，“八年抗战”才终于圆了大学梦。读夜大的时候，教授问我，“你在一线工作，学这么多理论有用吗?”我说太有用了，在现场解决问题的时候，每一门课都是我的解决手段，都是解决问题的技术思路。

经过长期的生产实践与理论知识相结合，我的第一个创新成果、“飞剪剪刃快速更换法”诞生了。以前更换一个剪刀，两个人需要一个半小时，采用这种先进操作法后，一个人只用半个小时就行了。紧接着，我的第一个专利“纵剪机架用割圈”很快诞生了。

工作在一线岗位，为设计创造提供了实验条件。岗位工人具备了一定的理论知识，就可以像科学家一样工作，就能不断改进优化和在线实践自己的思维和创意。对我而言，现场操作结果往往比实验数据更有说服力。我们比科学家的试验条件还好，一线岗位就是我们的实验室。

自己的每一次创新，都是带着必胜的信念尝试，同时做好惨败的准备。2008年，我试图攻克“热轧层流冷却均匀”技术，而这项技术之前只被德国和日本两国所掌握，若要把它完全引入国内，需要耗费资金2个多亿。有一天，我摸索了一阵后，自认为可以攻克这项技术，便向公司提出了立项申请。

但是，公司的专家纷纷劝我不要碰这个课题，因为这是世界级难题。一位博士更是拿出先前实验失败的数据和大量资料好言相劝，万一过程中出现失误，生产线停下来，损失无法估量。而我坚信自己可以。即使项目实施期间，我身边也不乏质疑声：“一个搞设备的还想主导工艺?”

我拍着胸脯顶着压力把项目做了下来。“热轧层流冷却均匀”技术进入组装期时，两个多月的超负荷工作，我发起了高烧。为了不影响进度，我每天在医院吊完针后，便立即赶回施工现场。工程完工一个月后，有一天我在湖边走着，一颗牙齿突然从嘴里蹦了出来。医生告诉他，这是过度劳累造成的。

我最终攻克下了这项技术。据悉，这个项目只投入了近千万元，而它所能带来的效益十分巨大，除了可以提高钢材成材率，还可以节约水电用量，减少污水处理，环保成本也大大下降。后来，这项技术成果获国内外发明专利授权36项，获得国家发明金奖2项、国际发明金奖1项，第116届巴黎发明展主席还给我颁发了列宾荣誉大奖。

给系统装上“中国心脏”

创新在我的生命里，没有最好只有更好。而我的每一次创新，都是带着必胜的信念尝试，做好惨败的准备。说起自己的发明专利成果，其中层流冷却是一项重大技术发明。从立项到正式开发，从第一代到第四代的技术提升，我为此忙活了10年。

早在20世纪80年代和90年代，德国和日本分别就层流冷却技术开展过研究，一直到21世纪初，才逐渐有成果面世。但要把这项技术引入国内，需要耗费2亿多元。经过一段时间的摸索，我认为自己有把握攻克这一难关，便向领导提出了立项申请。当时有不少人向我泼冷水，认为我胆子太大了，万一过程中出现失误，生产线停下来，损失无法估量。

由于宝钢鼓励技术创新的氛围和我之前所有创新应用的零失误记录，2008年，我已经研究了三年的这个项目终于启动实施。那年，我连续三个月没回家，中秋节妻子只好带着孩子到工厂看我。

这个项目最终只投入了近千万元，而它所能带来的效益十分巨大，我简单算了一笔账：“可以提高0.8%的钢材成材率，以500万吨一年计，足足多增了4万吨成品材。同时还可以节约水和电的用量，减少污水处理，环保成本也大大下降。”

之后的七年里，我和我的团队对这项技术进行持续改进，最新一代技术今年将可定型并推广应用。最我让引以为豪的是，这套具有完全自主知识产权的设备从原理上就比国外技术更先进。

我还有一个重要创新项目叫“液压系统核心备件高压柱塞泵”技术研发及其应用，正是这个项目，给国内第一条热轧全产线三大液压伺服系统用上了“中国心”。

人类供血离不开心脏，而高压轴向柱塞泵就是轧机液压系统的心脏。但热轧2050全产线装机97台全都依赖进口，有的型号单价就要超过50万元一台。高压柱塞泵技术起源于热轧厂科研项目“热轧2050精轧液压伺服系统压力稳定研究及其对穿带稳定性影响的研究”，该项目创新成果“轴向柱塞泵”在宝钢热轧、厚板、炼钢、钢管和冷轧等生产线得到应用，大幅降低备件成本、增加液压系统压力稳定性、提高了液压系统的控制能力，取得了良好的效果和经济效益。

目前项目研制团队已将关键液压元件轴向高压柱塞泵拓展至全系列，并先后开发了DRG、DFR、LR等变量方式，使该系列产品系列化多元化以适应不同工况的使用要求。特别是其修复技术突破后，宝钢就能进一步实现降本增效和快速响应机制。通过与外协单位共同攻关，该项技术首次合作研发没有花宝钢股份一分钱，为宝钢股份降低备件成本1500余万元。

人也像钢铁一样，有压力、有热力，才能成才。为了能够用上中国人自己的关键核心备件，我为这个重点创新项目坚持了整整十年。作为一名钢铁工人，我的愿望就是在世界冶金钢铁发展史上留下我们中国工人的印记。

创新工作室的传帮带

我在热轧车间里受人尊敬，我也爱年轻人。我有一名徒弟，“85后”小伙，上海人，家庭条件不错，大专毕业进入宝钢热轧，过了两年，还只是初级工。我觉得他很聪明，但本地小孩有一个小毛病，缺少吃苦精神，懒得动。

当时正好宝钢搞师徒结对，我主动要求跟他结对，逼他学习，“激”他说：“跟你一起进来的，有的都是高级工了，怎么你还是原地踏步？”在我的“逼迫”下，小伙子几次眼泪水都出来了，但很快考出了中级工、高级工，现在已经成为现场骨干、高级技师。“在宝钢，技术考试没有创新成果，一票否决。”我第一不会为徒弟打招呼，第二自己那么多专利，一项也不会让徒弟挂名，“创新必须自己去摸索”，这是我的原则。

很多人平时在生产线上遇到问题，动脑筋想办法也解决了问题，如果多一点思考和总结，就很可能形成创新成果。对一线技术工人来说，经验积累和熟悉生产线是创新的最大优势，一线工作也是创新的宝库。

2008年10月，“王军创新室”成立。通过传、帮、带，传承技术，引领创新工作，带活蓝领团队，推动技术革新和技术改造。我常对他们说：不管做什么，都应该有追求，有梦想，才能让自己做得津津有味。

“王军创新室”引导着宝钢股份热轧厂职工创新工作不断迈向新的高度，连续十二年获宝钢创新排名第一，共获专利900余项，获国内外各类创新成果奖93项，三年创造经济效益超过8亿元。

这几年，我申请的专利越来越多，于是，我又将大部分业余时间花在专利代理人培训上面。通过系统学习，我视野更加开阔，更善于多角度看问题，创新面不仅得到有效拓展，申请专利的成功率也逐步提高。2004年，我调到热轧厂设备管理室精卷机械作业区，负责喷印机点检与维护，仅半年时间，针对喷印机存在的缺陷作了相应改进，并接连申请了7项专利，令与喷印机打了多年交道的同事由衷地翘起大拇指。

在热轧厂里，我还有一个头衔：职工发明创造协会会长。十余年来，我除了积极发挥自己在协会中的带头和引领作用，还用自己的热情和真诚，帮助许多人走上了岗位创新的道路。对一些动手能力强、又肯动脑的技术型工人而言，对现场设备进行小改小革并不难，难的是不知道如何将自己所做的以创新成果的方式，用白纸黑字写下来。热轧厂精轧首席操作手幸利军就曾经历过这样的困惑。2002年，他首创的一项操作技术在现场使用情况较好，想申请专利，可不知如何下笔。我知道后，主动向他伸出援手，不仅给他提供专利申请书的模板，还跟他反复讨论并修改其中的技术要点。最后，在跟专利代理人介绍具体情况时，也是我在一旁帮着他解析创新点。如今，他不仅拥有多项专利技术，还加入了创新协会，并成为骨干力量，2018 年荣获第十四届中华技能大奖。

2000 年来，协会成为热轧厂推动群众性科技创新活动的主要力量，22 名会员共完成的技术秘密 306.34 项、获国家专利局受理和授权的专利 400 余项，完成科研项目 36 项、技改项目 28 项，实现年效益近 2 亿元。

我还被聘为宝钢人才开发院兼职教授。我编写培训教材近 15 万字，每年承担技师、创新骨干、宝钢青苹果和宝钢 OTM 培训班等培训 40 余次。2009 年至今，累计培训 400 多场，培训人数超两万人次。

“任何一粒种子，都需要成长的氛围。”我觉得自己很幸运，因为宝钢从上至下都非常重视创新，并且设立了科技创新机制，让一线工人和技术工程师不再界限分明。小到合理化建议，大到技术秘密、专利，都会配套相应的奖金给予鼓励。在近 30 年的时间里，我在安全、环保、节能等方面的诸多创新成果替代进口并达到国际先进水平，我用自己的行动诠释着“大众创业、万众创新”的理念。同时，还用自己的热情和真诚，将自己创新的心得体会和技能毫无保留地传授给别人，帮助许多人走上了岗位创新的道路。

我常说，“一人进百步，不如百人进一步”。在宝钢的一个车间一隅，有一间以我名字命名的“王军创新室”，成立于 2008 年 10 月 28 日，人员构成以现场一线工人为主，包括 10 名一线工人和 5 名现场技术人员。创新室面积不大，里面放着 3 个小桌，可用于开会、讨论、座谈。我们经常在创新室里，和同事一起探讨问题。不过，想要留在创新室，每人每年要有 1 项专利和 1 项技术秘密。对此，成员方斌、林楠都觉得“压力并不大”，因为在一线总能发现可优化、改进的地方，更何况大家还经常在一起进行头脑风暴，寻找创新灵感。林楠说：“我加入不到两年已经获得 5 个专利了。”

为激发青年技术人员的创新激情，“王军创新室”旗下的青年发明创造协会，吸纳了 43 位青年技术人员加入孔利明创新小组，为青年技术人员的成长发展奠定了基础。现在 27 个孔利明创新小组 199 人完成专利 55.14 件，技术秘密 113.2 项，取得经济效益 5898.35 万元。通过传、帮、带，“王军创新室”为企业或社会培养 750 名以上青年技术技能骨干。2014 年，被国家人社部命名为“王军技能大师创新工作室”。

成功的背后

我的成长和成功，离不开三个支持。

我曾经也算是一个上海好男人。我成家后，平时接送妻子上下班，家里的买、汏、烧全包；家里装修自己搞，一个晚上加班墙上开槽，再一个晚上加班就能完成全部布线，什么水管安装和卫生间吊顶，全部是自己搞定，只有木工和油漆请人做。1996 年，我要读夜大，就与妻子商议，妻子就一句话："家务活谁做？"我态度很坚决：我做，一定做到家务、工作和学习三不误！但是，坚持了半年多，慢慢就顾不上了。我同时在三个地方业余进修学习：同济夜大、天山技能培训中心和宝山电大英语专科班，时间不够了，误了家务，妻子不声不响地承担了全部家务的重担。2000 年初，《宝钢日报》登载了宝钢员工可以购车启示，我为了节约时间，动了买车的念头，妻子明里十分反对。没想到在购车登记日，妻子默默把家里仅有的 4 万元放在床头柜上，让我去付预付款，我心头激动了好一阵。我购车后，去工厂上下班，到夜大学上课，一天能够节约 2 小时以上啊。我能坚持岗位学习与岗位创新，同时拥有了 8 个岗位技能证书，这是妻子支持的结果。

我能够坚持岗位创新，出成果、出效益，另一个是离不开领导和专家的支持与帮助。"热轧 2050 mm 产线层流"科研项目，解决热轧带钢宽度方向温度均匀性的技术，是主管热轧设备的袁文清副厂长交代我的攻关任务："王军，你不是喜欢发明创造吗，能不能研究出一个比德国技术还好的方案来？"我接受任务后，有人不解时，厂长吴小弟两次为我拍胸脯："王军虽然是工人，但他有能力担任项目负责人。"

资深轴承专家王振华是我永远铭记的。我的第一个科研项目方案，得到他的鼓励和肯定。在成果申报宝钢重大科技奖时，他为项目技术总结连夜审核批复，第二天以特快专递送达，最终还来电要求我撤下他的名字。我深为感动，让我懂得什么是德高望重！现在有人遇到创新上的问题寻求我帮助时，哪怕再忙我都会立刻放下手中的活。

我的创新还有一个支持群体，离不开同事的帮助。记得有个项目在最艰难的时刻，有个老"作业长"站出来为我打抱不平："王军为了什么？还不是为了热轧，还不是为了宝钢和国家！"记得有次项目组装到一半，需要确定液压管道的布管走向，有位同事的妻子正巧周日加班，他中午要为补课回来的儿子烧饭。当他接到我的电话后，立刻驱车赶到厂里，到中午时分，他赶回去为儿子做饭，他饭也不吃就往厂里赶，与我一起进行液压管道的布管。

我的成长和成功，离不开家人，离不开领导、专家，离不开同事们的支持。他们的支持，让我有了前行的方向；他们的支持，让我走上学习与创新的道路；他们的支持，有了我奋斗的动力！作为一名新时代的产业工人，在中华民族伟大复兴征程中，我要发扬工匠精神，要有新任务、新使命、新担当！

为研究新药九死一生

口述 厉骏（上海药物所党委副书记）、宣利江（王逸平项目合作者）、
李惠惠（王逸平学生） 整理 殷佩红

王逸平（1963.2—2018.4）简介

男，上海人，中共党员。中国科学院上海药物研究所原研究员、博士生导师、所学位委员会副主任、药理室心血管药理实验研究组长，兼任中国药学会理事、《中国药理学报》编委。长期从事心血管药物的研发，曾先后获得上海市科学技术发明一等奖、国家技术发明二等奖、中国科学院杰出成就奖，被评为上海市优秀共产党员、上海市劳动模范、全国先进工作者。2018年4月，在办公室离世，同年11月，中宣部追授他“时代”楷模称号，2019年入选“最美奋斗者”。

整理者言：25 年与病魔斗争，跟时间赛跑，最终倒在办公室沙发上，年仅 55 岁。王逸平研究员的事迹，引起强烈反响，大家对失去这样一位优秀科学家感到惋惜和心痛，更为他为研究新药倾注一生、默默奉献的事迹深深感动，网友们纷纷留言悼念，有网友写道："有的人，明明并不熟悉，他的离去却让你不由自主为之流泪"；"对社会这么有用的人，真想把我的寿命分一点去……"

面对挑战和磨难，一路前行

[厉骏（中国科学院上海药物所党委副书记）]：他是研发"全球临床医生首选新药"的科学家，凭借坚强的毅力和勇气，坦然面对挑战和磨难，一路前行。

2018 年 4 月 11 日，年仅 55 岁的王逸平研究员在自己的办公室，溘然长逝。

那天，王逸平原定到武汉参加学术会议，会议工作人员没有在机场接到他，电话打到他的实验室，学生们打开他办公室的门，发现他躺在沙发上，永远离开了他钟爱的新药研究事业。

王逸平长期患重病，健康状况一直不好，病痛发作时都是自己注射止痛针。去世后在他办公室沙发前的茶几上放着已使用过的注射针筒和两支解痉针剂。

王逸平 1963 年 2 月 15 日出生于上海，1988 年 7 月毕业于上海第二医科大学，获得硕士学位。1988 年 8 月，进入中科院上海药物所参加工作，2001 年 5 月，在中科院上海药物所获博士学位。生前任中国科学院上海药物研究所研究员、课题组长、党总支书记、党委委员，是我国心血管药理研究著名科学家、现代中药丹参多酚酸盐主要发明人之一。

王逸平没有海外留学背景，是我们国家自己培养的一名优秀的科学家，他把自己的一生毫无保留地献给了关乎人民健康的药物研究事业，作出了突出的贡献，曾获得国家技术发明二等奖、中国科学院杰出成就奖，荣获全国先进工作者、上海市优秀共产党员称号。

王逸平始终把党的要求、人民的需要作为自己的人生选择和奋斗目标，他说："药学研究的每一份付出，每一点进步，都能为百姓生命健康带来一丝希望。"在药物所工作 30 年，他始终坚持研发创新药物的科研方向。

心血管疾病是严重危害人民健康的重大疾病，为此王逸平长期从事心血管药物的药理作用机制研究以及心血管药物研发，是我国心血管药理研究领域著名科学家。早期，他先后开展了对关附甲素在抗心肌缺血上的作用机制研究和以银杏叶成药的天保宁的临床药理研究等工作。由于科研能力和成绩突出，他在 31 岁就成为药物所当时最年轻的课题组长。

1994 年起，王逸平与宣利江合作，率领研究团队历经 13 年不懈努力，终于成功研发了现代中药丹参多酚酸盐，该项目被列为国家发改委中药现代化示范项目，已在全国5000多家医院临床应用，1500多万患者受益，累计销售额突破200多亿元，被评为最具市场竞争力的医药品种，成为我国中药现代化研究的典范。王逸平无愧为中药现代化的开拓者。

在进行丹参多酚酸盐研究的同时，1997年开始，王逸平持续21年主持对硫酸舒欣啶的药理学研究。2018年1月完成II期临床试验，并已获得了中国、美国、英国、法国、德国、意大利和日本等国家的发明专利授权。

王逸平先后承担了科技部“创新药物和中药现代化”专项、中科院重大专项、863课题等一系列重大科研项目，取得了丰硕的科研成果。他还领导团队构建了包括心血管疾病治疗药物先导化合物筛选、候选新药临床前药效学评价、药物作用机制研究等完整的心血管药物研发平台体系，为全国药物研发企业完成五十多个新药项目的临床前药效学评价，为企业科技创新提供了强有力的技术支撑。

做出“全世界临床医生首选的新药”，是王逸平孜孜以求的梦想。然而，新药研究的道路充满荆棘和坎坷，每一个成功的新药都是经历无数的失败才得到的，于是“1个新药 = 筛选10000个先导化合物 +10年到15年时间”成为业界公认的风险。但每一次挫折后王逸平都坚持下来了，正如他在研究生毕业典礼上勉励毕业生时说：碰到困难和低谷，要时刻提醒自己要坚持“再战一个回合”，能够坚持“再战一个回合”的人，是不会被打垮的。带着“全世界临床医生首选的新药”的梦想，从关附甲素到银杏叶胶囊，再到丹参多酚酸盐、硫酸舒欣啶；从药理研究到申报临床，再到新药审批上市，王逸平就是凭借这样“再战一回”的毅力和勇气面对挑战和磨难，一路前行。

对王逸平来说，新药研究之路如此，人生之路亦如此。1993年，年仅30岁的王逸平被确诊患有克罗恩氏病，同年手术，切除了一米多小肠。学医的王逸平非常清楚，克罗恩氏病目前无法治愈，只能靠药物控制，他的健康从此只会越来越恶化。好几次外出时突然发病，腹部剧痛、便血虚脱，几乎昏迷，他只能用手机向家人和同学救助，等亲友赶到，他已经瘫倒在地，每次都是被抬回家里。然而症状稍微缓解，他又继续上班工作。因为患克罗恩病，平时他不敢喝水，怕引起腹泻，时间久了，他又得了肾结石，从此两种疾病引起的剧烈疼痛交替折磨着他。随着病情的不断加重，王逸平的身体日益虚弱，体重不足百斤。

病痛没有改变王逸平做新药的初心，他以锲而不舍、永远奋斗的精神，在长达25年的时间里，一次又一次地战胜病痛，一个又一个地攻克科研难关。然而他除了自己记录病情外，很少跟别人提起自己的病况。当他因新药研发取得的重大成果，赢得全所职工和研究生赞誉和钦佩的时候，绝大多数人却不知道他的病情日益严重，健康状况每况愈下，以至于他突然离去，几乎所有的人都不敢相信，为之震惊。更可贵的是，在众多成绩和荣誉面前，他总是悄悄地把奖状和证书塞进文件橱，把奖金捐献给党组织，然后又默默地以重病之躯迎接又一个新药研发的挑战，开始又一次的“再战一个回合”。

在追逐人生梦想，与病魔顽强抗争中，对王逸平来说最宝贵的就是时间。研究生们说他比学生更勤奋，“早上 7 点半不到就到所里了，晚上往往要 10 点半以后才回家”；老所长建议他半天工作半天休息，他却说“到了实验室反而可以减轻我的病痛”；妻子说“女儿读中学后，他从来没有参加过家长会；女儿在国外读书 4 年，更是从来没有去看过她，一直没有时间”。为了赢得更多宝贵的科研工作时间，王逸平在办公室冰箱中常备着止痛针和急救药，他总是通过服药和自己打针来缓解病痛。就这样，在与时间赛跑中他坚持了 25 年。2018 年初，王逸平感觉自己的病情持续加重，而激素药物已经无法控制，但他仍不肯改用生物制剂，因为那是最后一道屏障。他选择通过加大服用剂量来延长激素药物的治疗时间，此时他想的是：“再争取十年时间，我可以再做出两个新药！”

在丹参多酚酸盐整个研发过程中，王逸平大胆尝试，作为中药注射剂，创造了“第一次用近 100%的有效成分研制中药注射剂”、“第一次用丹参乙酸镁作为丹参注射剂质量控制核心”、“第一个采用运动平板试验评价临床疗效”、“第一次中药多成分的药代动力学试验”、“第一次采用人体药代动力学试验”、“第一次药品上市后大规模的Ⅳ期临床试验”等多个“国内第一”。不仅如此，为了方便患者服用，药物上市后，王逸平又在进一步研发口服制剂，为造福更多患者继续努力。

王逸平为人谦和，不事张扬，深知新药研究团队协作的重要，认为新药研究从来没有“孤胆英雄”。他不计名利得失，真诚无私地与所有合作者一起开展新药研发，获得广泛信任和尊重。王逸平的突然离世，他的合作者们都痛感失去了“科研的另一半”！

王逸平积极勤奋、乐观豁达、谦和可亲、乐于助人。他把病痛留给自己，一个人默默忍受，他用顽强的毅力和乐观积极的人生态度感染影响着周围的同事朋友，同事说：“他一直是我们的开心果，到现在也不愿相信他离开了我们，总觉得有一天他还会笑嘻嘻出现在我们面前。”

王逸平作为中科院上海药物所学位委员会副主任，为研究生教育和人才培养倾注了极大的热情与心血。他平时特别关心爱护学生，午餐他会特意给学生买一份家乡口味的菜，有学生生病了，他会组织实验室的同学们去集体探望，逢年过节他会给学生发放补助，还不忘叮嘱学生给父母带一些礼物表达心意。他培养了 30 余名硕、博士研究生，包括中科院院长优秀奖获得者，很多毕业生已成长为年轻一代的优秀科技人才。他带领的研究团队获得“中科院先进集体”称号。

怀揣新药使命，留下救世灵药

[宣利江（中国科学院上海药物所研究员、课题组组长，丹参多酚酸盐项目合作者）]：他怀揣着新药使命梦想，长期艰难跋涉，给世人留下了一个个震撼的救世灵药，无愧为中药现代化的开拓者。

王逸平安静地离开，没留下一丝告别的声响，但给亲朋好友带来的如同晴天霹雳，心碎哀伤。如同他几十年在新药研发上长期默默耕耘，给世人留下了一个个震撼的救世灵药。丹参多酚酸盐、硫酸舒心啶、关附甲素等，每个药上都深深地刻上了他的辛勤付出和执着追求。今天，我们感慨、遗憾一个科学家的英年早逝，我们也敬仰他丰硕、无憾的新药生涯。一个可爱的同事、默契的伙伴、慈爱的老师、可敬的兄长离开了，但他留下了一个个造福病患的新药，他严谨、执着的新药精神，也将激励着我们一代代药物所人的新药梦想。

我最早是 1997 年在日本做博后时知道王逸平患克罗恩氏病，当时他在日本做访问学者。他吃东西非常小心。那里的生鱼片非常好吃，他不太敢吃，吃了拉肚子，而且非常厉害。

平时工作中也会感到他精神状态不好、脸色很差，还有激素引起的脸部浮肿。但这个病的痛苦到这样的程度我却一直不知道，他也从来没跟我说起过。由于无法忍受的剧痛，他才用镇痛药、解痉药。阿达木抗体上市后，我曾建议用一下，他当时说，现在的方法控制得还不错。后来才知道，他是把生物制剂作为最后一道屏障。从他自己的病程记录中，我感到他有一种危机感，他的内心是非常痛苦的，他表现出来的乐观，其实是苦中作乐，靠乐观让自己支撑下去。

新药研究充满了险阻，我们看到的更多的是一个个失败的案例，以至于大家觉得失败是常态，成功却是偶然。但是回顾王逸平的新药研发，却发现他是多产的新药研发者。上市的、临床研究的、临床前的、发现阶段的，构成了完整的 Pipeline（流程）。我们追思、怀念一个好同事、好伙伴的同时，更期待发现作为一名多产的新药研究者留给我们的药物研发的精神财富。

首先，我想应该是他执着的新药使命梦想。正如王逸平多次跟大家说起的，作为一个药物研究人员，他期待研制出全世界临床医生首选的新药。这是他的梦想、他的初心，为了这个梦想，他耐住了动辄十多年探索的寂寞，更需要挡住其间各种各样的诱惑，甚至舍去了自身的健康，正所谓有所为有所不为。为了一个新药的成功研发，他可以全身心地投入这个药物研究的各个环节，不仅是他自己专业的药理药效，对其他领域，只要他能出力的，他同样全力以赴地投入。为了更好地说明新药的创新特点，他可以每周一次、不厌其烦地和不同的审评人员讲述并完善药物疗效的评价，他可以克服课题组工作的压力和艰苦的生活和工作条件，借助去国家药审中心协助处理新药遗留项目的机会和审评人员面对面地说明新药的特征，让CDE的审评人员从最初的疑惑转变成了最后的赞许。为了得到新药的确切的疗效证据，他甚至可以以身试药（经过伦理批准）。新药研发过程中，不仅涉及专业问题，经常会碰到国家法规、学术观点、现实条件、协作单位的各种各样的问题，任何一个问题，不论大小都可能成为新药失败的致命原因。正是因为他执着的新药梦想，促使他克服了前进道路上大大小小的障碍，从而取得最终的成功，所谓不忘初心，方得始终。他经常感慨时间的紧迫、杂事的干扰，在了解他的病痛折磨后，更能感知他只争朝夕的执着。正如我们的老所长赵承嘏先生在建所时所说的使命："寻找治疗疾病的新药，为人民解除病痛。"这种使命感使得他在三十多年的药物研究生涯里一直保持梦想，有时候我在想，也许他切身的病痛折磨使得他具有比常人更迫切的追求。

然而，一个新药的研究成功，仅仅依赖执着的信念还是不够的。新药的研制成功需要持之以恒的努力和追求，同时更需要严谨求实的科学态度，新药研究最痛苦的事是承认失败，但更多的时候我们需要的是勇于承认失败。我们看到的是王逸平丰硕的新药成果，但可能看不到他在这过程中自我否定的一个个案例。严谨科学的自我否定，换来了最终新药研发的多产。为了验证新药的药效特征，他可以不断地重复试验，直到确认无误了才走出下一步。当得到一个阳性结果时，并不急于下结论，直到获得了支持这个结果的完整个证据链后才确认。有一点我们一直是一致赞同的，相对于大规模的临床应用，科研工作是无法做到系统的，只有脚踏实地、严谨求实地对待研究过程中的每个细节，才可以及时地解除危害新药最终命运的定时炸弹。正是这种严谨的科学态度，使得我们在丹参多酚酸盐的研究过程中，尝试了许多国家法规没有明确要求的研究，实现了很多第一次，第一次以能够全面、充分反映药品疗效和安全性的丹参乙酸镁为质量标准核心来研制丹参新药，第一个中药开展多成分的动物和人体药物代谢研究，第一个中药开展大规模的运动平板试验验证疗效，第一个中药注射剂完成IV期临床试验，第一个中药注射剂开展3万例的真实世界安全性和有效性研究，等等，最终这些"第一次"为该药的大规模的临床应用提供了充实的科学依据。即使在药物已经上市后，他也没有停止后续的研究，没有最好、只有更好。

2007年，我们团队获得第一个奖项：中国科学院先进集体，一起在1号楼大厅拍了张照片，背景中刚好出现了药物所的所训"求实、创新、协作、奉献"。协作、奉献构成了王逸平的新药精神的第三个要素。协作贯穿了他新药研究的整个生涯，不仅是和我们课题组，所内所外，太多的实验室、企业曾经和他合作开展新药研究，并取得了丰硕的成果。丹参多酚酸盐只是其中的一个代表，一种药使得我们两个课题组紧密协作，就像父母一起养育一个孩子的成长。完成临床前研究后，和企业的紧密协作又促使了该药的产业化的顺利实施，药品上市后，紧密的协作又为药品安全、有效的临床应用和拓展提供了源源不断的科学依据。整个过程中，每个环节都曾经犯错，但我们却没有为此争吵，而是共同来解决各种各样的难题，当荣誉来临时，却简单地派个代表。因为我们知道：研制一种安全、有效、质量可控的新药，造福病患，是我们最想要的东西。

执着的新药使命梦想、严谨求实的科学态度、协作奉献的工作作风，是贯穿王逸平新药研究生涯的精神财富，这种精神造就了他丰硕的新药研究成果和无憾的职业生涯，也必将激励我们药物所人在新药研究的进程中不忘初心，牢记使命，砥砺前行。

在此，我想借用蒋华良所长在王逸平的追悼会上说的话：假如有来生，我们还一起做同事，但希望你没有病痛的折磨；假如有来生，我们还一起做新药，让更多的病患解除病痛。

与时间赛跑，倒在岗位上

[李惠惠（王逸平课题组学生）]：他得知患有无法治愈克罗恩病，便开始跟时间赛跑，坚持“再战一个回合”，最后“沙漏”流尽，倒在了工作岗位。

也许有这样一个问题：假如今天是你人生的最后一天，你会怎么过？相信每个人都有自己的答案。但是当我们回答这个问题的时候，有想过这会是真实的情况吗？没有，只是假设，而且是“不可能的”假设。

但我相信，这个问题在王逸平老师那里不是假设，而是他 25 年来经常会思考的问题。当他被告知自己患有无法治愈的克罗恩病的那一刻，他应该真切的听到了沙漏的声音。那时的王老师应该会第一次思考这个问题吧，他会想到什么呢？

王老师曾经在课堂上跟我们讲过一个他在医院的故事，一天他在查房，一个病危的老大爷紧紧抓着他的手，急切又渴望地看着王老师说：医生，救救我，我不想死，救救我。但当时没有有效的治疗药物，看着这位老大爷的眼睛，王老师既心酸又无力。当时就在心里想：没有良药，很难成名医，有机会我要去做药。只要研制出好药，就能救治全世界患这个疾病的病人！

王老师是不是想起了那位老大爷的眼神和他当时下的这个决心呢？我想肯定是了，丹参多酚酸盐项目刚刚立项一年，很多相关的药理学研究需要开展。但就像王老师常说的，选择了新药研究就是选择了科学长跑。面对昼夜不停的沙漏，他能做的就是跟时间赛跑。

所以他很勤奋，比嚷着要毕业的我们还勤奋。每天早上 7 点半就能在食堂看到他在排队。每天晚上10点半，坐在对面办公室的我们，还没有听到王老师独特的两声锁门声。周末早上，睡完懒觉来到所里，在路过2号楼时，我们会习惯性地抬头，同时心里想着：窗户肯定是开着的，而结果也经常能被我们猜中。

他很严谨，以至于在我们眼里温文尔雅的王老师也会大发雷霆。那天做完实验的我脱下白大褂来到休息室，看到王老师站在门口，对面站着组里的两位工作人员。只听到王老师严厉地说：你的责任心呢？你以为这是小事情吗？整个休息室一片沉寂。事后我才知道，原来是因为工作人员在交接过程中不严谨，导致用于在动物体内检测药效的化合物张冠李戴。王老师告诫我们：科研中的每一个环节都无比重要，哪个地方"掉链子"都会带来问题，甚至使项目失败！

所以他很坚韧。您也许看到了丹参多酚酸盐及其粉针剂的上市，看到了硫酸舒欣啶进入了二期临床。但您不知道，每个来到王老师手里的化合物，它的药理活性都要经过反复多次验证的。在跟中科院西北高原生物研究所的合作项目中，药理活性部分的动物实验是由组里的赵晶老师负责的，她说："我已经不记得一共做了多少次的动物实验了……"改变化合物提取方式、改变剂量、改变给药时间……中间还免不了把同样的实验再反复验证几次。每次开会王老师都会把最新的数据与以往的数据进行对比分析和总结，讨论接下来的动物实验安排。赵老师有时候开玩笑地跟我们说："这次动物实验结束，我就跟王老师说我不要再做这个动物实验了。"可每次开完会，赵老师回到办公室第一件事仍然是想方设法跟动物房的老师们协商再订一批动物。新药研发，失败总是比成功多。但王老师就是那个能够始终坚持"再战一个回合"的人。他告诉我们：未来的道路会碰到各种困难，人生也会有高峰和低谷，关键要有耐力，时刻提醒自己要坚持"再战一个回合"，能够坚持做到的人，是不会被打垮的。

那个昼夜不停流淌的沙漏，就像昼夜不停工作的王老师，终于沙漏不再流淌，王老师也终于可以歇歇了。可是望着这个悄无声息的沙漏，我们总是忍不住一遍一遍地把沙漏重新反转，让时间倒流，一遍一遍地重温王老师跟我们在一起时的点点滴滴。

忘不了王老师对我们的鼓励。最近实验有点问题，师妹突然跟我说：没关系的，是会碰到这种情况的。然后我和她就都心领神会的相视一笑，同时心里一阵揪心的刺痛，因为这句话就是以前王老师在这个时候会跟我们说的话。当我们跟他讲最近遇到的问题时，他第一句话肯定是：没关系的，是会碰到这种情况的。然后开始给我们讲他的看法和建议。他不知道，这句安慰抚平了我们内心多少的沮丧，这句鼓励又让我们多少次"再战一个回合"。

忘不了王老师对我们说要孝敬长辈，关心父母的告诫。有一年2月15日的下午，王老师路过实验室的时候，叫住我们，抬起手里拎着的盒子，说："过来吃蛋糕。”我们一阵欢呼，兴冲冲的跑到休息室。我还跟王老师开玩笑说：“难道是师母送的情人节礼物？”王老师哈哈大笑着打开盒子，这时候我们才发现蛋糕上写着“爸爸，生日快乐”。我们才知道原来 2 月 15 日是王老师的生日，而蛋糕是远在美国的女儿给王老师定做的惊喜。那个时刻王老师满脸的开心，还用手机拍下了蛋糕的照片。吃蛋糕的时候王老师就说：“做父母的就是这样，从不期待儿女们买多贵重的东西给他们，只要一点小礼物，表示心里记着他们，就会很开心很满足了。”所以年终的时候，王老师会给我们每个人都发放额外的生活津贴，提醒我们记得给家里的长辈买点补品，给爸妈带点礼物。

忘不了王老师像父亲一样对我们生活上的关心。组里无论是谁生病住院，无论多小的疾病，王老师总是很紧张的让我们好好治疗、好好休息，再委托师兄师姐带上补品和慰问金看望我们。他是担心我们在医院吃不好，担心医药费会给我们造成负担；每次组内聚餐，王老师最喜欢看到我们每个人都胃口很好地消灭桌上的食物，每次都会很开心的给我们夹菜，每次都会把符合个人口味的菜换到我们面前。

我相信，所有跟王老师相处过的老师和同学们，都各自有一个王老师的沙漏，而我的这个沙漏里，装满了他勤奋、严谨、坚忍的工作作风，装满了他对我学习上的鼓励和生活上的关心。

这个沙漏会一直在我心里，当我工作中遇到困难的时候，当我生活中遇到挫折的时候，我可以随时反转，重温他的教导和鼓励，以满满的信心，“再战一个回合”。

技改“铁人”

口述 范茂莲（王新福徒弟）、王静芬（王新福女儿） 整理 叶松亭

王新福简介

男，1932年2月生，浙江镇海人，中共党员。原上海自行车研究所副所长、工程师，上海自行车厂油漆车间副主任。完成47项自行车设备的较大规模技术革新项目和众多小项目革新，创造出快速绘图仪器并编写《王新福快速绘图法》在全国推广，为“永久”品牌的创建和技术革命作出贡献。先后荣获上海市劳动模范、上海市先进生产者、全国劳动模范、全国先进生产者等荣誉称号。

除了“技改”心里装不下别的东西

我叫范茂莲，是王新福的徒弟。

从 1978 年到 1983 年，师父手把手带了我五年。后来我去了一个联营厂，继续和师父保持工作上的联系。一直到师父退休，接着我自己也退休，来往都没有断过。这大概就是人家说的“一日为师，终身为父”，我真的把师父当成了自己长辈。一方面，师父看着我长大；另一方面，我也见证了师父这四十年来的一些经历。

师父这辈子很不容易，取得了很多成就，也留下了很多故事。其实，这些事情由他自己亲口讲出来最合适，肯定也最生动。但毕竟岁月不饶人，早几年他精神还不错，但最近几年耳朵不行了，记忆力也差了，很多过去的事情都忘了。现在希望能通过我的回忆和不太灵巧的口舌，尽量多还原一些心里的师父。

在我眼里，师父是个特别“简单”、特别纯粹的人，一心一意忙工作，满脑子只有设计方案和图纸，除了技术革新，心里装不下别的任何东西。有人说王新福是个货真价实的劳模，但我却觉得，师父已经不止是个“模范”了，工作就是他的全部。

我是一名工农兵大学生，原来在农场务农，后来到合肥工业大学读书，1978 年毕业后分配到上海自行车厂工作，就是后来的永久股份有限公司。进厂后，领导直接把我领到油漆车间技术组，组长就是王新福。

记得组里开了一个欢迎会，领导对着王新福用手指了指我说：“这是小范，以后就交给你来带。”从那天起，我就改口喊王新福师父，对我来说，他既是领导，又是师父，更是长辈。

包括我在内，师父陆续带过好几个徒弟。师父带徒弟其实就一招，以身作则。什么事情他都冲在前面，弄得我们不好意思不加油努力，等时间久了养成习惯，我们也能勉强跟上师父的脚步了。

厂里的生产任务很重，特别是每个月 25 日过后，都要发起“打老虎”活动，就是月末冲刺，所有人都要上生产线，歇人不歇机器。这种情况下免不了要加班，不仅加晚班，还要加早班，原本 7 点上班，提早到 5 点开工。

但是师父比厂里规定的时间还要早到，而且他似乎没有“下班”的概念，手头的工作不忙完，或者琢磨了一半的问题不解决掉，绝对不会轻易离开工厂。我们几个私下议论，说师父这人好像不知道累，也不需要休息，天天就像住在厂里似的，不管什么时候来，都能看到他在忙。

师父要求我们尽量跟上他的工作节奏。说实话，一开始有点不习惯，毕竟刚工作，年纪轻，有时候下班着急回家，或者和朋友约好了要去哪里玩。但这些“小活动”不敢让师父知道，否则他会板起面孔教训我们说：“你们的心思放在什么地方？”

慢慢的，我们也习惯了这种近似“以厂为家”的生活。

当时每年大年初一都要加班，车间主任和师父亲自安排人手，能被他们看中并选上，我们觉得很光荣，遇到别的没选上加班的人，说话声音都会大一点。工人大年初一加班，一天有 2 块钱加班费。师父他们是车间领导，按说可以不来，就算来加班也没有加班费，但师父大年初一肯定会来领着我们一起工作，就像平时一样，只有等到中午去食堂吃饭，看到菜会稍微好一些，这时候才有点过年的气氛。

记不清具体哪一年了，我住在四川路上，大年初一早上 6 点不到就出门上班。路边全是前一天晚上放鞭炮留下的碎屑，铺了挺厚的一层，踩上去像海绵，软软的，很舒服。

现在想想，有师父这样的“铁人”做榜样，工作再苦再累，我们也没有怨言。

此外，师父努力学习的劲头也是我难忘的。

师父是上海解放前就进厂的学徒工，文化程度不高，但多年来靠着坚强的毅力，用业余时间进修完初中、高中和大专的课程，自学机械制图和多种专业知识，而且还练了一手好字，在他们那批学徒工里面很少见。

平时在厂里，师父始终抓紧各种“边角料时间”看书，没有消遣的书，全是教材和专业技术类书，边看边记录。我还在办公室见过他自学英语，一个人坐在角落里抱着一本书，嘴里念念叨叨，那时候他可已经是四五十岁的人了。

而且，师父为了回家之后能继续看书而不影响师娘睡觉，还在晒台上搭了个简易小屋。等他下班回家已经很晚，还要躲在小屋里入了迷似地啃书本、搞设计，直到深夜才肯睡觉。

除了不断学习，师父搞技术革新的时候还有一个特点，那就是特别注重从实践和实际需求出发。有人不太看得起我们这些车间一级的技术人员，觉得我们平时的工作就是根据产品图来绘制工艺图，只能做些“小打小闹”的技术革新，很难做出颠覆性的创造。

师父不同意这种说法，他认为技术革新不分大小，“小打小闹”也能积少成多。但他一直强调，技术革新要讲灵感，也要讲规矩，要么能提高安全系数，要么能降本增效，不要盲目追求那些中看不中用的东西。

譬如，车间里面有很多做冲压件的车床，工人操作时要格外当心，一不小心手指头就容易出事。后来师父带着我们搞了一个小发明，能够给车床自动进料，大大降低了操作风险，好多操作工都特意跑来，对着师父将手掌摊开、手指伸直，连连道谢。

《永久（1940—1990）》这本书里说，师父先后完成了把接头五工位全自动模机、轧辊式自动冲机、平叉十二工序全自动模机、气体保护网带式车架焊接炉机等 47 项较大规模的技术革新项目和众多的小改小革措施，为永久牌自行车、为上海自行车厂、为中国自行车行业的发展，立下了汗马功劳。我想，这些成绩，大概和他的“铁人”精神，和他努力学习的劲头，还有脚踏实地搞科研的态度，都是分不开的吧。

工作之余很“无所谓”

工作中，师父始终是一副兢兢业业、勤勤恳恳的样子。但对工作以外的事情，他完全没有心思过问，或者说得更准确一点，他根本不求回报。这种思想境界，一般人可达不到。

举个例子，师父平时不管钱也不花钱，连自己每个月工资多少都不知道，我们私下开玩笑，说没准他连人民币都不会花。遇到厂里加工资，别人都削尖脑袋到处打听，还有“机灵”一点的，听说加工资的幅度和平时表现挂钩，想方设法到领导面前去套近乎，想为自己多争取一点，或者至少确保不比别人加得少。但我们师父呢？不仅自己不闻不问，遇到别人来问他还嫌烦，劝人家不要为这些小事分心，要专心搞生产——加工资这种事情，在一般人眼里是大事，可在师父眼里，它就是一件小事。

我们几个做徒弟的，刚开始心里还抱有幻想，觉得以师父在厂里的威信和口碑，只要愿意为我们开口，一定能替我们争取多加半级工资。可后来看到师父对自己的事情都这个态度，也就不好意思开口求他了。再后来，整个车间都知道，跟着王新福能学技术、长本事，但其他不利于工作的事情，连想都别想。

还有一件事情可以证明师父把物质享受看得很淡。

20 世纪 80 年代初期，大家的生活水平比 70 年代已经有所提高。以前是真没好东西吃，改革开放过了几年，慢慢各家有时也会做点好吃的，就带些到厂里，中午食堂吃饭的时候一起吃。

我们小青年遇到这种事情很起劲的，毕竟嘴馋，肚子里面油水也不足。每次有好吃的，也会记得给师父留几块。等师父到了，我们叫他尝尝，他也会吃，吃完还会说一句“嗯，好吃”，但仅此而已，既不会多吃几口，也不会打听这个菜哪里买的、怎么烧的，仿佛对他来说，饭菜好吃、难吃都差不多，吃饱了有力气工作就行。

总之，工作之余，师父是个很“无所谓”的人，对钱无所谓，对生活品质也无所谓，和他画图纸时那种一丝一毫都要计较到底的样子，完全不同。

说起来，师父也有一个缺点：他不懂人情世故，连和别人客气一下都不太会，在工作上或者生活中，有时也会闹出一些笑话或者尴尬。

好在，师父的身边有师娘。

说起师娘，其实我心里有很多话。我们师娘人特别好，也是我们厂的工人，非常能干，在厂里口碑很好，真的是一点毛病都挑不出来，平时不仅把师父的饮食起居照顾好、把一家老小张罗好，让他可以心无旁骛地工作，而且师娘知道师父的毛病，会帮着他待人接物。

我们几个对师娘都很有感情，因为她真把我们当自己孩子了。我结婚的时候、孩子出生的时候，反正遇到人生大事，师父可能忙，没空管我，师娘就大包小包地一次次跑，让我特别感动。后来每年过年，我都要带着一家三口去给师父师娘拜年，师娘还会给孩子压岁钱。

一点不夸张地说，师父能取得这么多成绩，师娘这个“无名英雄”绝对功不可没。

当然，师父对师娘也很好。师娘后来身体不好，最后几年只能卧床休息，师父这个一辈子只知道工作的人，为了师娘开始主动上街买菜，还学着做饭。记得他还专门给我打过电话，说：“原来烧饭这么麻烦，要是一次可以烧几天的饭就好了。”但是话一转，他又说：“算了，还是天天烧吧，让你师娘吃点新鲜的。”

生逢其时见证历史

师父刚退休的时候，曾经和我提过，说他这一辈子非常幸运，生逢其时，两次见证了历史。

第一次是在上海刚刚解放的时候，师父从旧社会的一名学徒工，变成了新社会一名光荣的工人，倍感自豪。不过那已经是70年前的事情了，很可惜我没能经历，所以具体什么情况，也说不好。

第二次见证历史，是在20世纪80年代初。那次，师父见证了过程，我们这批工人也多少有幸参与其中，

在当年的农村改革进程中，发生过一件轰动一时的事情。湖北有个农民，叫杨小运，他向国家超卖万斤粮食，求购一辆永久牌自行车。

这件事情如今网上还有很多资料可以查，大概情况是：1981年8月，杨小运所在的生产队，用夏粮和早稻就完成了全年的粮食订购任务，田里还有很多中稻和晚稻没收。当地动员农民向国家多卖余粮，杨小运正在准备办喜事，“三转一响”就差自行车（其他是缝纫机、收音机、手表），永久牌51型属载重型适合农村使用，但很难买到，他就和县里来的干部打赌，说如果卖超过1万斤粮食，能不能奖售他一辆永久自行车。这个“赌”后来越打越“大”，连《人民日报》等媒体都报道了。

上海自行车厂很快做出回应，不仅愿意满足杨小运的要求，还承诺当地农民凡是超卖万斤粮食的，都奖售一辆永久牌自行车。当时的厂长王元昌，带着师父，还有另外几名厂里的骨干，专程坐轮船到湖北，送去一辆龙头上扎着红绸花的自行车。

等师父从湖北回来，我们就围着他问。师父说，你们不知道永久自行车在湖北有多稀罕，我们送车过去，当地百姓夹道欢迎，说他们“盼永久、迎永久”，终于把我们等来了。

师父的这些话，让我们很鼓舞，原因很简单，因为永久自行车就是我们一辆辆生产出来的呀！看到自己厂子的产品受欢迎，心里除了自豪还是自豪。如今想起来，当年全国老百姓对永久自行车的那种感情，大概就和今天的小年轻出门时能开一辆豪车差不多吧。

20 世纪 80 年代初的时候还是计划经济，自行车特别紧张，所以经常有这样那样的支援项目，也包括生产国家计划外特供农村的奖售车等。其实我们的产量已经饱和了，但是为了让更多的人能骑上永久，只好加班加点。

你说累不累？整天上班当然很累，但那时候的人很“奇怪”，只要一想到这些车赶出来是要交到农民手里，让农民为国家多种粮食、多收粮食，我们就觉得，再累也就那样，再累还能有师父累？师父都不累，我们更不累！

再后来，永久自行车的销路越来越好，我们不光要为中国百姓生产自行车，还有了一些出口的机会，外销单子慢慢多起来了，包括赛车和童车，有卖到美国的，还有卖到法国的。

做外销单子特别苦，因为品质方面绝对严格，每道工序都要比平时更加注意。师父给我们开会，给我们做思想工作，说你们不要怕苦，要珍惜每一次做外销单子的机会，因为又可以为国家赚外汇，还能在国际上为永久自行车扬名，这是一件多么光荣的事情！

说实话，以现在的眼光看，师父做思想工作的水平一般，翻来覆去就这么几句话，但偏偏我们就认这几句话，只要听到“为国家赚外汇、为永久扬名声”，立马就觉得像打了鸡血一样兴奋，觉得自己手里的工作责任太重大了，一定要做好。

将“永久标准”搬到摩洛哥

说到外销单子，我又想起一件有意思的事情——在我们眼里，师父始终是师父，但其实师父本身也经历过从“学生”变成“专家”的过程。

20 世纪 80 年代，厂里引进了德国和日本的设备。这些进口设备是真好，但刚引进的时候，还不太会用，就邀请了一些德国和日本的工程师，请他们来安装调试设备并进行试生产。

我们这些车间技术人员，就由师父领着，老老实实地在旁边观摩，学习外国专家是怎么操作的。说句良心话，我们的水平和外国专家之间还是存在一定差距的。不光我们看了觉得大开眼界，连师父也学得津津有味，时不时会问一些问题。

专业技术层面的差距就不去多说了，我印象最深的反而是操作习惯上的差异。看到外国专家下车间，戴着白手套、拿着白毛巾，工作制服也干干净净的，我们就觉得有点不习惯，因为相比之下，我们自己的工人，在操作的时候不会那么注意，时间久了，身上难免被油污弄得脏兮兮的。后来问了才知道，这么注意卫生可不是“瞎讲究”，对于产品品质和设备维护，都是有好处的。

再后来，等我们把德国、日本的这套东西差不多都学会了，就轮到我们当“老师”，去指导别人生产了。

师父带我去过烟台。当时在烟台建了一个自行车厂，设备是我们厂提供的，厂房盖好、设备调好后，邀请我们去看他们制造的东西，看合格不合格。

我们到了山东，当地特别热情地接待了我们。可师父不想多休息，急着要去看生产线。到了生产线后，他一点没有客人的样子，立马一丝不苟地开始工作，并且一丝不苟地把生产线上存在的一些问题，全部告诉对方。

前面提过，师父这个人有时候不太懂人情世故，有什么就说什么。在山东他也是这样。我们看到有点担心，事后还想私下去和人家打个招呼，没想到对方反而主动来感谢我们，说这才是真正的技术专家，不玩虚的，每句话都说到点子上，对他们帮助很大。

等到20世纪90年代，师父还把永久的这套技术标准与规范，带到了国际上。

那时候，上海自行车厂有一个援外项目，要派三个技术骨干去非洲的摩洛哥，协作建设自行车厂。

时任上海自行车厂厂长的章和轼，在回忆文章《和劳模王新福一起当人大代表的日子》里是这样记录这段往事的：

> 在项目落实过程中，在酝酿派出的骨干名单里，原来没有王新福的名字，但他认为在国外协助办厂对自己是个前所未有的挑战，便向领导表达了自己的愿望。当时厂级领导班子讨论时，有的领导提出王新福是市级劳模、市人大代表怎么能走？我说厂里有六千多职工选民，人大代表还可以再选嘛！这次援外任务既可以发挥他技术全面的优势，对他也是锻炼提高，可以学到更多知识和本领。另外，王新福这个老劳模，一生为永久奋斗，国家给予他的是荣誉称号、奖状和很微薄的奖金，通过他个人三年的辛劳能努力赚取一些外汇，帮助他的小家庭改善生活。我们厂领导不可能给劳模发三大件，让他通过自己的劳动所得来添置彩电、音箱、洗衣机、电冰箱嘛！对老劳模也是一种奖励和鼓励。最后，厂里领导们统一了意见，让王新福承担了这个援外任务，高兴地出征非洲。

关于在摩洛哥的这段经历，我们都很好奇，因为以前出国的机会少，老想听师父说说在那边的见闻，或者听他说说，中国人是怎么在国外做好当地人眼里的“洋专家”。但是师父总不愿多说，或者张口讲的还是在那里建厂的工作上的事情，说如何把永久的技术规范与标准“复制”到万里之外的摩洛哥。后来我们慢慢也习惯了，不再多问，只偶尔听他提过一两次，说在那边真的蛮苦，一方面的确条件比较差，另一方面也因为师父的性格，手里虽然有一点点钱，但不会花也不舍得花。

虽然条件很苦，但最终师父还是顺利完成了援外任务，也为他多年的工程师生涯，画上一个圆满的句号。

即便在家依旧是劳模

我叫王静芬，是王新福的女儿。在我们子女眼里看来，父亲一辈子勤勤恳恳，几乎把所有的精力和智慧都奉献给了工厂。一点不夸张地说，父亲的劳模称号，真的是一点一滴做出来的，里面没有哪怕一丝一毫的水分或者夸大。

记得在我们小的时候，父亲很少过问家里的事情，大部分时间都待在工厂，每天要到很晚才下班，有时候厂子里面忙起来，干脆就不回家了。就算下班回到家，匆匆吃过晚饭，父亲要么画图，要么看书，和我们也不会有太多闲聊。

我印象最深的就是，父亲画设计图纸要靠灵感，灵感一旦来了，不管手上在做什么，都要马上停下来，拿起纸笔就开始写写画画。记得有过几次，半夜大家都已经睡了，他大概是还没睡着，或者梦到了什么有价值的东西，直接从床上跳起来，一屁股坐在桌子前面就又对着图纸忙起来了。

再后来，父亲因为忙于工作和学习，母亲也要上班，只得把我们三个女儿寄养在外婆家里，由外婆照顾我们的饮食起居和学习。每逢休息天或者遇到下班早，他们才会过来看看我们。那时候一周只休息一天，所以平时看到父亲的机会并不多。一直等到我们陆续都工作了，一家五口才又重新团聚在一起。也是从那时起，父亲和我们的交流才慢慢多起来。但他在家话不多，也不太和我们说工厂里的事情，只有遇到工作上的大事情，或者是大喜讯，才会乐滋滋地拿出来和我们分享。

比如，父亲和我们提过，他以前搞技术革新的时候，发现工程师日常使用的尺子不顺手，有很多地方可以改进。为了提高设计制图效率，他就发明了一种结构简单、使用方便的快速绘图仪器。那是一把用塑料做成的矩形尺，里面有各种尺寸，画好了半圆，并标记了 8 个角度。在中苏友好大厦（现上海展览馆）还举行过一次比赛，父亲用他发明的快速绘图仪器，旁边一个人用常规的尺子，两个人一起制图，结果父亲的速度快一倍。后来，这套仪器，还有父亲编写的《王新福快速绘图法》，在全国各地都推广开来。

父亲还和我们提过 1956 年他去北京参加全国先进生产者大会的事情。他说自己是坐火车去北京的，在受表彰的劳模里面是最年轻的之一。在中南海怀仁堂，父亲见到了毛泽东主席，还见到了刘少奇、周恩来、朱德等党和国家领导人。毛主席和父亲握了手，还摸了摸他的头。合影时，周总理问父亲多大了，鼓励他要努力工作……每当回忆起这件事情，父亲都会很激动，开心得不得了，说终于看到毛主席了，而且党和国家领导人都非常亲切，一点架子没有。

父亲之所以会和我们讲这个故事，不是想炫耀什么，而是想用这个事情，特别是用毛主席、周总理对他们说过的话，来鼓励我们要努力工作，为单位乃至为上海、为国家多作贡献。

其他更多父亲工作上的事情，我就说不好了。毕竟，对我们来说，平时接触的还是生活中的父亲。

父亲退休后又作为技术人才返聘了很长时间，最后到差不多70岁的时候，才真正开始在家休息。我们都劝过他，辛苦了一辈子，终于可以休息了。但父亲即便在家，依旧是劳模，满脑子还是自行车，还是他操心了一辈子的事业。

别的老人家，退休后钓鱼、遛鸟，到处旅行，但父亲在家连电视和杂志都很少看，每天继续看专业技术书籍，继续把脑子里的新想法画在图纸上。

大概80岁的时候，父亲看到街上的电动车越来越多，又操心上了，因为担心电瓶用多了污染环境，不够环保。他开始设计一种“杠杆式自行车”，不用链条，只要脚上下踩就能跑，速度比自行车快，能和电动车差不多。

图纸画好后，因为我也在自行车厂上班，对自行车相对有概念些，他把我喊回家看他画的图纸。我是真的不忍心父亲一把年纪了还在费神搞发明，但更不忍心劝他别画了，因为这是父亲一辈子的习惯和爱好，甚至我们觉得，只有搞发明创造、画设计图纸的时候，父亲的脸上才最有神采。

于是我对他说，我毕竟不是工程师，具体图纸看不出好坏，但是自行车速度快了之后，刹车要跟上，所以不能用常规的刹车。我这话刚说完，父亲很兴奋地说，对对对，这个地方要修改，然后就又忙开了。

原本，按照父亲的计划，要把“杠杆式自行车”设计好并且去申请专利的。但终究岁月不饶人，父亲年轻的时候画图纸飞快，后来脑子转得不如以前快，图纸也越画越慢，甚至每一笔都要反复考虑。再加上毕竟退休在家，做实验什么的都不方便。直到前两年，设计“杠杆式自行车”的这个想法才最终搁置下来。

为了让“蝴蝶”翩翩起舞

口述 包惠良　整理 洪梅芬

包惠良简介

男，1933年9月生，江苏张家港人，中共党员。原上海协昌缝纫机厂技术科副科长，高级工程师。1959年先后被评为上海市劳动模范、全国先进工作者，1963年、1965年先后被评为上海市五好职工，1978年被评为上海市先进工作者。

为生计来沪学做翻砂工

我出生在一个农民的家庭。父亲曾读过两年书，家中种着13.5亩地。有一个哥哥和三个姐姐。1937年，父亲不幸早逝。那年我才4岁。此后，作为家中长子，哥哥挑起了家业重担，还培养我读了四年书。

1948年春，我15岁。哥哥和堂姐夫联系，送我到了上海市闸北区乌镇路桥下一家名为徐鸿记翻砂厂的小作坊学当铸造工，即翻砂工。什么叫翻砂？就是将机器各种零件的模型：有金属的、有铝合金的、有木模的，应用耐高温的各种砂土，适当加入黏土和水分，在应用上述模型铸成各种各样的型腔，经熔炼浇注金属液体，冷却后，成为各种机器零件坯件。当时这家作坊主要铸造汽车活塞、纺织机件、缝纫机铸件，以及医疗器械零件等。我的工作非常艰苦，早上6点起床，工作到晚上11点才能洗澡、睡觉。每天要熔炼1400多度的高温铁水。工作时满脸乌黑，只有两只眼睛是白的，汗水将衣服湿了干，干了又湿，单衣总是白花花的。

起初，我的工作是：每天6点起床去烧一大锅粥，然后买粥菜等。吃好早饭，就要外出到闸北的滚地龙，如番瓜弄、枯岭路等地找金属液的覆盖剂稻草灰。回到厂里，拣出残渣垃圾中的小铁块，在石缸中用铁锤撞碎红砂、耐火泥、老煤屑，然后一起加入耐火泥或水泥浆，修搪化铁炉、炉底石盆、烘炉、装炉。开炉时，搬运焦铁、石灰石、铁料、新铁和残铁、废旧铁等，我上蹿下跳，每天要搬运物件7—8吨，每天要熔化铁水4吨左右，后来一天要开2炉。

有一次，我修的铁水包倒入铁水。突然，浇包一炮火，全部烧毁，没有一点耐火泥。老板看到了，跑过来重重打了我一个头塔，我心里难过极了。当时，现场十分紧张，铁水从炉内满溢出来，浇包都不能用了。什么原因？不知道。只见老板急急忙忙用泥浆和白铅粉混合后，用泥浆先涂在铁水包上，再用白铅粉涂上，然后烘干，这样就可以百无禁忌地应用了。我也赶紧学着这么做，总算渡过了难关。后来我才知道，我用的是摇头松质煤。松质煤可以省时间，但会立即燃烧，可以做炸药，所以我出了大错。但所有这些，没有人告诉你，只能自己摸索思考，总结教训，积累经验，不断改进。后来我就再也没有被老板打过。几个月后，我开始做搪大炉、搪石盆装载炉料、开化铁炉、造型等工作，这些工作很有技术性，老板对我越来越信任。半年后，我的操作技能有了很大进步。

干这份工作虽然又苦又累有脏，但我却觉得蛮有意思的，看着铸出的各种机器零件输送到金加工厂，制造成各种机器，我脑子里就在想：这就叫作工业生产么？能够在上海看到这样的工厂，太奇妙了！

1949年春节，我回老家过年。大年初十回到上海时，上海已经进入了黎明前的黑暗：物价飞涨，钞票像草纸。小厂经济陷入十分困难。到了 4 月初，小作坊已经难以开炉了，解放军已解放了大半中国，准备渡过长江。一天，老板向大家宣布：实在没有办法了，大家回老家吧。

5 月初，我和同乡在上海解放前夕离开了上海。我们是在回家的路上，迎接张家港的解放的。一路上，我们感受着解放区的天是人民的天，穷人翻身得解放的欢乐与激动。

回到家里，我的脑海里一直在想念上海的这家小作坊，回味在砂泥中铸造各种机器零件……我坚信这个工业肯定有发展前途，我学到的手艺是不会丢掉的。1950 年 10 月中旬，我借着去上海卖大白菜的机会，沿着苏州河，来到了我熟悉的乌镇路 33 号，欣喜地又看到了徐鸿记翻砂厂，虽然门面规模变小了，但我还是像找到了家那样兴奋。第二天我回老家带上铺盖又来到了这家小作坊。

从此，开启了我人生的希望之路。白天劳作虽然辛苦，但我仍坚持晚上学习文化知识，先后在上海市育才中学读了三年夜校、在上海机械制造学校读了一年夜校。这些年，我白天工作夜里学习，虽然很辛苦，但却很充实。1953 年，我加入了中国共产党。1955 年，我与赵章娣经过了三年恋爱后结婚。赵章娣是 1952 年的上海市劳动模范，我们在一个低头进弯腰出，仅 16 平方米的小屋里建立了属于我们的幸福家庭。这段日子里有我人生最宝贵的美好记忆。

1957 年上半年，徐鸿记翻砂厂与顾鸿昌翻砂厂合并。不到一年，1958 年春，我们的小厂又并入了协昌缝纫机厂。从此，开启了我人生、事业的新征程。可以说，我的事业是与协昌缝纫机铸造的变革紧密连在一起的。

技术革新攻翻砂关

协昌缝纫机厂，创建于 1919 年。当时，处于半封建半殖民地的旧中国，在帝国主义列强的蹂躏下，国内市场上到处是美国、德国、日本的缝纫机，一个小小的缝纫机厂，又怎能敌得过外国垄断资本的竞争。开厂没几个月就濒临破产，改为专替外国资本家经营缝纫机零件和修理业务的商店。抗日战争胜利后，“协昌”重整工厂，出高薪聘请技术人员，派专人四出套购大批的进口零部件，组织生产，装配缝纫机，并定名为“无敌”牌，梦想“天下无敌”。可是，当时美国“胜家”牌缝纫机正是全盛时期，“无敌”牌哪是它的对手。

新中国成立后，协昌缝纫机厂获得了新生。新中国的成立，为缝纫机工业的发展开辟了广阔的前景。工人们发扬主人翁精神，吃在厂里，睡在厂里，以最快的速度恢复生产。1949 年底，第一台国产“蝴蝶”牌缝纫机诞生。公私合营后，随着国民经济的恢复和发展，相继有九十一家小工厂拼入协昌缝纫机厂，我们就是第一批并入协昌厂的小工厂之一。当时，协昌缝纫机厂年产缝纫机达到万台以上，成为上海缝纫机行业的主干厂。就在这一年，在国际缝纫机市场上，首次出现了这个厂生产的“蝴蝶”(英文：BUTTERFLY）牌缝纫机。“蝴蝶”牌缝纫机质量稳定，运转轻滑，价廉物美，很快销售一空。这一消息传到厂里，振奋了全厂职工，大家纷纷表示：保证让新中国的“蝴蝶”飞遍全世界！从那起，工人们八小时内拼命生产，八小时外主动参加义务劳动，在简陋陈旧的设备条件下，不断增加产量。

与此同时，群众性的技术革新和技术革命，也在厂里如火如荼。翻砂，则是全厂生产的“龙头”，也是增产的关键。一台缝纫机的零件，翻砂铸件占了百分之七十五以上。面对简陋的翻砂设备和原始的操作工艺，首先需要攻翻砂关。

1958 年夏，上海缝纫机公司组织职工去湖南湘潭兵工厂学习铸造、电镀、热处理技术。协昌缝纫机厂派我，还有电镀车间技术员、热处理车间技术员共三人。

该厂地处深山，规模很大，原来是制造军工轻武器的，后来制造军工服装、缝纫机工业。他们的铸造生产规模不大，生产效率不高，但铸造的品件很多很杂。仅铸造炉就有冲天炉、电炉，有活脱式砂箱造型、活拆式砂箱摊地坪造型等。该厂还有失膜铸造：轻武器碳钢零件、工业缝纫机零件等，还有摆梭、失腊铸型的腊模成型、焙烧、脱蜡、高温焙烧等，都是手工操作。这些工艺在上海虽已成熟，但装备条件比不上湘潭兵工厂。

回厂后，我把湘潭兵工厂的各种生产工艺，向公司、厂里领导和技术人员作了汇报，认为有两种工艺可以推广，其中之一是活拆式砂箱造型。他们采用推板式，将造好的铸型，应用专用推箱板，一型靠一型就不用塞箱，可以节约摊放面积场地 25%。当时厂里决定先推广摊地坪造型、不塞箱工艺。我和同事春林铸造出的质量尚好，错边较少，但错边比往常塞箱老工艺多；另外一个同事的错边比较多。全面推广后，生产效率略有提高，但铸件错位的废品率增高。我提出，进行规范操作以提高质量，但是大多数工人都不愿意这样操作。最后只能急速收场，全部恢复原来的造型方式。

我认真总结分析失败的原因：一是推广得太快；二是推箱地坪的条件有差异；三是推广的目的是节约地坪，增加产量，而我们厂的实际是地方大，不存在节约场地问题，还增加了每个工人的劳动量，所以得不到大家的拥护。

一次次的失败与教训，不仅使我积累了经验，更让我渴望学习专业知识。在上海机器制造学校读了一年夜校后，又到半工半读的上海工业大学进行了四年的专业学习，其间还在夜校学习了一年日语。

独立自主研炼新型铸铁

1958 年，全国掀起大炼钢铁热潮，但是炼出来的大都是白口铁无法用于铸造缝纫机。而协昌缝纫机厂生产每台缝纫机要用36公斤灰口铸铁。当时，缝纫机制造面临的最大问题是如何将白口铁变成灰口铁。缝纫机公司有位日本专家懂化学，他告诉我们：现在这种白口铁质地坚硬，而且是脆性物质，无法进行金加工，主要在于化学成分，即碳、硅的含量低，硫与磷的含量高。要将它改变成有用的灰口铁，必须提高碳、硅、锰的含量，降低硫与磷的含量。但这位日本专家只知道理论，却不知道如何去改变。为此，厂领导急得团团转。

当获悉位于西宝兴路的炼铁铸锅厂是专门铸造铁锅的，我们随即前去学习参观。该厂采用黏土型铸造模，小高炉炼铁。小高炉能够连续熔炼一到两个星期。该厂有5—6座小高炉，但炼出的不是灰口铁，还是白口铁，有的是马口铁，因为铁锅不需要金加工，可以直接成型。

这给了我很大启发。当时，我在上海机器制造学校读夜校，学过化学平衡方程、门捷列夫周期表和机械制图，便开始画化铁炉的简图、写说明……没想到，此举得到了厂长倪一平的大力支持与鼓励。一个星期我画好了简图，机工车间照图建造化铁炉。我们车间铸造环型、矩形、热风管道。我也在车间里一起参加铸造，并通知供应科采购火砖、耐火泥、石棉泥、低硫的特定焦炭，以及含钙高的石灰石。当大炉焊接好后，我亲自砌炉，指挥起重队组装管道。从烘炉、调式进风各管道是否有渗漏，都一一确检无误后，再进行正式定日定时开炉。我前后共花一个多月，吃住在厂里，日日夜夜，风雨无阻。但没想到第一次开炉，不到3—4小时，出铁口冻结死，根本不见铁水出来，只好宣告失败，打炉。

经过仔细检查观察分析，查出了冻结死、出不了铁的主要原因：一是应用的耐火泥搅拌得太稀，石英砂配比太少；二是第一次开炉，炉子没有烘干、底灰没有清除；三是风量过大，温度不高，熔化速率太快。

经过上述改进后，再次开炉一个星期，能够炼出灰口铁了，大家都非常高兴，但是后来又出白口铁了，只好再次宣布打炉。

再次总结经验教训，这样反反复复多次。终于到了第四炉，连续开炉15天，天天产出的都是优质灰口铁，每天的出铁量17—18吨。“我们终于自己能炼灰口铁了”，大家别提多高兴了。厂工会的同志们拿着红旗，敲锣打鼓来慰问我们，庆贺成功。压在我心头的沉重大石终于落了地。市里在我们厂开了现场会，我在大会上介绍经验。我是亲手设计者、操作者，当时我的一件帆布衣布满了火烧的小孔，也证明了这项工作是非常艰苦的。后来，也有越来越多的外省市同行来厂参观学习。

1958年，协昌缝纫机厂已是拥有八九个车间、2000多名工人的中型厂了，需要大量的原材料。当时，厂子里把创造条件、解决原材料供给放到了头等重要的大事来抓。协昌厂由开始炼铁、炼焦供应本市缝纫机公司，后决定，增加炼锰铁并由我负责。我利用现有的炼铁炉，作了一些改进。因为炼锰铁的矿渣比较多，40%—50%

炉缸熔量需要升高、进风口要适当放大，出锰铁口与出渣口要分层，适当提高出渣口，提高底焦的储存量，从而提高炉温的稳定性。

由于我们已经掌握了炼铁的熟练技术，工作的进展比较顺利，第一次开炉就炼出了锰铁，淡绿色的渣，比重比较轻，出渣的次数要增多，出锰的数量比铁少。锰渣也成了宝物，因为它可以作化铁炉的正常熔渣，其氧化锰经过熔炼化学反应，可以生成硫化锰，使原来铁的含硫可以更低，效果非常好，可谓：物尽其用，没有浪费，其锰渣可以与石灰石一起应用，作化铁炉的正常熔剂。

这样，我们交换开炉，两个星期炼完锰铁再作交换炼铁。由于工作比较顺利，耗费的无效劳动也可减少，铁与锰铁都出铁至定型的铁模中，渣放到定量的渣桶，减少了很多重复劳动。炼锰铁的实得效益最高，可称是连皮带渣都有用。

在那激情燃烧的时代，我和同事们为了能炼出有用的好铁都忘我投入。厂里的各级领导都全力支持我的工作。在炼锰铁时，我头戴白色风衣帽，身穿白色帆布衣，脚穿耐高温的高靴鞋，每天至少 12 小时工作，我那件帆布工作服被飞溅的铁水烧得千疮百孔。我们厂长倪一平上班总比厂级其他干部早到半小时。一到厂里，他总是到各车间先兜上一圈。来到我们车间，他会带着地方口音的普通话叫我："包惠良，工作上有什么困难吗？"我总是回答："工作顺利，很好。"他总是及时为我们解决工作上的各种困难。供应科的林菊明科长是一个好管家。那时物资奇缺，但供应科总是千方百计采购奇缺急材。机工车间主任叶圣涛经常来车间看我："有什么金加工零件吗？"他话不多，总是像及时雨，帮我解决问题。财务科科长祁礼圣，白天到车间参加劳动，晚上在办公室挑灯夜战……我和同事全心协作，工作晚了，我们就住在厂里的宿舍。记得有一次，我好多天没回家，妻子赵章娣带着我的替换衣服来找我。这让我既感动，又愧疚。

为"蝴蝶"攻克精密铸造工艺

1959 年，厂里决定制造多功能缝纫机，主设计师是姚关龙。根据设计，该缝纫机机身壳体是铝合金，内部有很多零件是中碳钢铸钢件，还有很多冲压件、粉墨冶金，要采用很多新材料、新工艺。缝纫机的壳体采用铝、硅、铜、铝合金等材料。当时，铝合金材料全部是我负责自行研制的。缝纫机的壳体是采用壳型铸造。壳型铸造工艺是我 1958 年与缝纫机公司的一位日本专家一起到清华大学参观时学到的一个工艺。其工艺过程是：采用酚醛树脂为黏结剂，先将筛选好的石英砂加温烘干，后与酚醛树脂和乌鲁托品作为催化剂混合，再将金属模加温到 300 摄氏度，经专用设备将砂覆盖在金属模硬化结壳。待过几分钟硬化成型，经过顶模机构，将固化的硬壳顶出模具，冷却成阴模壳体。后再将各种型芯组合，浇注成铝合金。型芯是采用特殊黏土砂，外涂石墨粉与滑石粉作粘涂料。制芯工作我请黄汉清师傅铸造。他勤劳、肯干、务实，是我的好搭档。还有，就是壳型铸造，这不是一般的砂型铸造，要配备很多专用设备、专用工具。首先要制作一台40千瓦的箱式电炉，内箱两侧是加热电热丝，底部是滑车轨道，前向有活动门，保温材料全部采用石英与玻璃丝绵，并配有温度指示标尺。当时，我把图纸画好，交给厂部的电工蒋士伟完成，提高了功率。零件摆梭车间的一位老工人帮我完成了可以翻转180度的壳模机、平衡式杠杆式顶模机，还制作了很多的定型工具。模具是由厂技术科奚湘源按照我的要求出图，并配上很多顶模、弹簧机件等零件。

这些模具设备制作完成后，我与黄汉清搭档，由模具加温烘烤、扣固紧固翻斗，到移出顶模，第一次顶出浇注完整的“万能缝纫机壳体铸件”。这壳体光滑明亮，不亚于压铸件。按理，这种铝合金机件应该用铝合金压铸机，但我们轻工业厂很难买到这类设备。它的价格又特别昂贵，试生产只能采用这样的工艺。

缝纫机结构内部有很多铸钢件，需要采用失腊铸造，这工艺我在前几年去湘潭兵工厂时见过，后来也曾编写过一些技术资料，但亲自动手制作却是第一次。失腊铸造工艺简单说就是用易熔材料（例如腊料）制成可熔性模型，在其上涂覆若干层特制的耐火材料，经过干燥和硬化形成一个整体型壳后，再从型壳中熔掉模型，然后把型壳置于砂箱中，在其四周填充干砂造型，型壳经高温熔烧后，将熔融金属液浇注其中，再经冷却、破碎、切割、分离成各种零件。

这个工艺比较复杂，需要懂得化学平衡方程式，能够设计……一切都从零起点，自行摸索、创造。浇注钢液，起初在老朋友周正荣厂里做。该厂在延安西路定西路口。浇了几次，将模运进运出，还要焙烧很不方便，又耽搁周正荣厂内的正常生产。后来我自行制造煤焦炉，采用焦炭为燃料。当时，我带的是普通的手套，浇注起包时，把手指都烫焦了。倪一平厂长知道后来看我，并督促供应科为我采购石棉手套和石棉围兜。这下好了，我可以大胆工作了。后来，缝纫机上很多铸钢件都采用了煤焦炉熔炼，材料采用中碳钢。回想当时为了铸造这些多功能缝纫机铝合金壳体和各种铸钢件：从模具配备各种设备、焙烧烘烤熔炼，到浇注成机壳、各种零件铸钢件，整个过程，都只能是靠我们独立自主地创造条件去完成，其间的艰苦难以言表。

1959年，我先后荣获了上海市劳动模范和全国先进工作者光荣称号。我永远都不会忘记，这一年的国庆节，我是在北京度过的。上海市政府组织全国劳动模范、全国先进工作者赴京参加全国群英会。我们轻工业系统由自行车缝纫机公司自行车厂的厂长王世封带队，成员除了我，还有李惠堂、曹慧菊、孟德和。国庆节前夜，我们住进了中南海，受到了敬爱的周恩来总理的亲切接见，还参加了盛大的国庆招待会。10月1日，我们很早就出发来到了天安门城楼的左侧观礼台。庆典开始了，我们仰望天安门城楼，清晰地见到了伟大领袖毛主席和周总理，看到了在场的很多中央首长。国庆节的天安门广场非常热闹，我们也沉浸在欢乐的海洋里，大声高呼：祖国万岁！毛主席万岁！一直到中午，我们才回到西郊宾馆。后来，我们又去游览长城、颐和园、八达岭，其间遇到了铁人王进喜、杨富珍等著名劳模。

创新奋斗助力“蝴蝶”起舞

从北京回来，我更加勤奋努力，毫不利己，全心全意投入到铸造生产的设计和革新了，可以说是几十年如一日。我曾和同事们一起开创了无箱挤压造型半自动铸造车间。在我们厂老翻砂车间搬迁到泗泾分厂后，我和同事们共同努力，开发建造了能够年产万吨铸件的新的半自动化铸造车间。其中 2 条脉动式自动造型线生产量达到 1600 箱 / 线，成为全市同行业中生产效率最高、环境条件最好的铸造车间。我后来担任上海市铸铁行业组的小组长，积极努力为同行服务，并把由自己主导设计的铸造车间、全自动脉动式造型线录像提供给全国各地的同行学习参考。后来我还参加了由国家轻工业部组织的对日本缝纫机工业以及前苏联铸造工业的学习考察。

退休后，我依然发挥着自己的余热，与上海机电设计院高级工程师一起去浙江省临海市临海铸造设备厂负责铸造设备设计工作。其间，我又开发了很多铸造生产的新设备，例如半自动铁模覆砂造型线、铸造汽车四缸、六缸曲轴、壳芯机、壳模生产自动线等多种新型特种铸造设备。还为日本在大连的“丸佑”铸造厂、天津美国格兰德铸造铜厂开发了一种可以铸造 50 千瓦电动机壳体铸件、能将 20 吨 / 时送砂量的铜屑取出来的特种铸造设备。

过去，我曾感到：要做企业的主人，不能做生产的奴隶。现在我体会到：人活着一定要自信自强、顽强拼搏、光明磊落。人生必将因奋斗而幸福。

精心打造“上海品牌”50载

口述 江国钧　整理 吴建初

江国钧简介

男，1946年8月生于上海，无党派人士。上海市资深工人技师，两次被评为上海市劳动模范。1964年中学毕业，考入上海手表厂职业学校学习，1968年毕业，分配到上海手表厂工作。历任上海手表厂夹板车间副主任、上海表业有限公司时豪工贸公司技术经理等职。从事钟表行业技术管理、机修工作五十余年，为我国民族手表制造业作出重要贡献。

我是上海市轻工“龙头”行业——国产钟表工业的领军单位上海手表厂的一名老职工，一名受党教育培养多年的工人技师和技术管理干部。

1964年7月从上海市第五十二中学毕业，我考入上海手表厂职校学习，学制四年。1968年毕业分配进上海手表厂工作，2012年，从上海手表厂转制的上海表业有限公司光荣退休。直到现在，只要单位里有需要，或有技术上的问题，我都会尽力去参与解决。与时俱进，半个多世纪过去了。我想，这50年，自己做好了一件事，就是勇于完成使命担当，全心全意、精益求精地为打造“上海品牌”——上海牌手表，发挥了自己的智慧，尽心、尽力、尽职，为“上海制造”贡献了自己的力量。

当好优质稳产的保障者

2000年起，我在上海表业有限公司控股的时豪工贸公司任技术经理，主管公司的技术革新、技术改造和设备保养维修工作等。

时豪工贸有限公司是多功能自动机械表机芯的平台——表夹板产品的专业生产单位，各种类型产品的工艺流程长，精度要求很高。质量是产品的第一生命力，在生产的整个过程中，主要靠的是设备的精度来保证。但是，在20世纪90年代后期，公司曾经因为资金等原因，一段时间很少更新设备，有一些比较关键的设备由于历经多年超负荷生产运转，基本上处于一种“亚健康”状态。少数设备甚至有时候会亮起“红灯”，我就迅即带着技术人员和机修工积极修复。虽然能够保证产品质量，但我们常捏着一把汗。

怎么办？设备的正常运转是产品质量优等的保障。购置设备是一条途径，然而，把现有的设备尽力维修好，并且作一些技术革新，使其延长使用寿命，为产品的制造和配套继续发挥出更多更好的作用。我认为，这同样不失为一条可以探索的途径。

说干就干，我先从公司拥有的12台多工位铣床的革新改造入手。这些铣床是20世纪七八十年代从瑞士进口的，当时是设计得比较先进的，性能也可靠，质量很稳定。但是经过二十余年的使用，尽管我们在平时有着从不间断的保养和维修，但是这批多工位机床的电器系统因年久还是不可避免地老化了，故障也多起来，有时会拖公司生产的后腿，且对产品质量也会发生些影响。时豪公司领导和我一起商量，当时无非是两种选择：一是更新设备；二是进行技术改革。如果更新设备，我和公司领导曾经了解并测算过，每台设备的更新费用需要耗费10多万美元，在20世纪90年代后期折算成每台新设备就是人民币100多万元。公司共需要12台这样的多工位铣床，要耗费1200多万元，这笔开支对于一个转制后的公司可不是小数字。当时，我就提出建议，要自力更生，进行设备改造。这个想法得到了公司领导的支持。

设备改造如何进行？我思忖，首先需要做好科学分析和可行性论证。作为一名长期工作在机修和工程技术一线的技师，我与各种类型的机床，包括国产的和进口的多工位铣床打了数十年“交道”，对于每一台机床的性能、优点和不足，我基本上能做到了如指掌。现在，需要对这12台瑞士产的多工位铣床电器系统进行更新，既要顺应铣床设备的原设计能力、机床的性能，又要保证稳定与可靠。基于这样的设备电器更新的思路，我会同合作单位的电气工程师，从设备的电器总体要求，一直到每一个分解动作的具体设定，进行了一次次可行性分析，并反复进行论证。然后，我和那位机电工程师协作，一起进行攻关。

我们从确定机床电气系统更新思路以后，经过了一段时间的抓紧攻关。同时，我也对机床作了一些改进。当第一台样机试制出来，并且电器程序编完，试车成功了。这时候，我应当有一种喜悦，应当是有一种经过长途跋涉之后到达了目的地那样的喜悦。但是，我却还没有这种感觉，因为我发现第一台样机的工作节拍比原先的节拍慢了一些，这是为什么？我专门测试了一下，发现这台多工位铣床经过改进后的试车，运行是稳定的，产品的质量也有提高，但令人烦恼的是，工作效率却出现“负增长”：从原来机床的每分钟加工22件产品到现在试制成功加工出来的每分钟18件，减少了4件。这就是说，机床的工作效率足足降低18.2%，少了近两成！

这部分消失的近五分之一的工效到底去哪儿了？我立即着手整改，先修正凸轮，但是不行，没有效果。再调整无触点开关，还是不行！后来，我会同电气工程师对这台机床的电器程序进行修改，实施了一个方案，未见效果；实施第二个方案，没有效果，……经过半个月、多达8次的反复修改和试验，还是没有进展。我们感到筋疲力尽，那位电气工程师觉得实在太劳累，打了“退堂鼓”，提出反正不影响机床的使用，不必再盯着这减少的18%工效了。但是，我不这样想。我认为，首先，降低了18%效率的设备改造，还不能说是完善；其次，如果还有11台铣床改进电气系统后每台都会降低18.2%工效的话，那么全部12台铣床的产量岂不是连原来的10台铣床产量都不到了吗？机床电器更新后，虽然产品质量比以前稳定了一些，但生产能力的缺失却会造成新的矛盾。如何保证生产任务的完成？这恐怕会形成更大的影响因素。

为了这件事情，我感到非常困惑，觉也睡不着，饭也吃不香。这个令人百思不得其解的问题，其症结在哪里呢？一天，我独自站在设备前，边思考，边琢磨，想着看着，突然发现铣床分度凸轮旁边的无触点开关的信号很不稳定，我立马试着换上了一个，再试车。接着，再仔细作了检查，这才明白，原来我找到的故障点就是设备效率降低问题的症结所在。就这样，困扰多时的设备问题解决了，程序的修改也合理了，把改进的方法运用在全部12台进口的多工位铣床上，产量有保证，质量也稳定，每一台设备仅用人民币2万元改造费用，就投入正常的生产。我们也为公司节约了新设备购置费用约1200万元人民币。

做一名新时代的好工匠

1964年，我从上海市第五十二中学毕业，考入了学制四年的上海手表厂职业学校。这是我心仪的一所学校，因为这里已经培养出了不少能工巧匠，他们听党的话，又红又专，成为工人阶级的排头兵。向往上海手表厂，我不单看重的是它的名闻遐迩，也不仅是它在工业领域中素以管理严格、质量上乘而著称，更重要的是看重它作为我国民族工业的标杆，是民族工业的骄傲！

我的父亲，是一位爱国的工商界人士。父亲和母亲一直谆谆教导我，要刻苦学习文化知识，刻苦学习科学技术，做一个对祖国有贡献的人。家风的熏陶，长辈的教诲，我一直铭记着，并且体现在自己的学习和工作实践中。

在职业学校里，我认真刻苦地学习，积极努力掌握文化和技术的真本领。在学校的这四年学习，使我对于工业企业专业理论、手表机械理论、精密工艺知识、机修工程技术等课程，都打下了扎实的基础。1968年，我毕业分配到上海手表厂工作，就在以前实习过的夹板车间机修组担任机修工。

机修组里、一线生产班组里的工人师傅们的热情指教和关心，使我难以忘怀。在工作实践中，我向师傅们认真学习、虚心请教，技术上勤奋钻研。每个星期的休息日，如果厂里没有加班，我就到市或区图书馆里看书学习，并且借阅了不少工程技术书籍回来钻研，我感到很满足，因为自己正徜徉在专业与技术的知识海洋之中。就这样，我用掌握的车、钳、刨、铣、磨等多个工种的技术，热情为生产班组和工人师傅服务，使机修工作不断适应一线班组和生产岗位的需求与发展。粉碎“四人帮”后，组织上和大伙儿选拔我担任了车间的机修组组长。迎着困难，勇于担当，我带领组员们积极为上海牌手表的优质高产而大干快上，为生产第一线提供可靠的技术保障。

那时候，美观耐用的上海轻工业产品很是“热门”，供不应求，人们想要购买新的手表、自行车等，都必须要有票子，店里才会供应的。党的十一届三中全会胜利召开以后，解放思想，改革开放，蕴藏在人民群众中间的社会主义建设积极性和创造性充分发挥出来。我们上海的轻工业，整体经济环境复苏，加上广大职工都有大干快上的积极心态，“只争朝夕”，增产节约，使手表、台钟、自行车、气压式热水瓶、缝纫机等“上海制造”的队伍越来越庞大。我们上海手表厂也是积极响应，贯彻中央和市里、轻工业局的调整方针，努力挖掘生产潜力，推广全面质量管理，年年月月都在产量、质量和降低成本上打漂亮仗，小女表、普通男表、新产品手表等，全面完成和超额完成生产计划，竭尽全力满足人民群众和国内外市场对于各种手表的热切需求。我领着机修组同志们全力以赴，只要一线班组有需要，一个电话就随叫随到，加班加点修复机器，确保生产稳定持续发展。机修组在平时工作中组织的机床设备巡查，不管早班、中班，还是夜班，坚持每个班次从不间断，把故障产生的苗子消灭在萌芽之中。

在工作中，我发挥了积极进取的精神，有一股不达目的决不罢休的韧劲。当时，夹板车间有相当数量的设备是进口的，有关的备品备件都要到国外去采购，费用高不说，而且在国外采购的耗费时间还比较长。于是，我就琢磨着通过技术革新，试着改变这种状况。有一次，我准备把国产的油缸试用到一台进口的“冲巴哈”机床上去试试，看看效果，可是装上去一用，不对劲！我们国产油缸安装上去以后运转起来节拍特别长，不像国外进口的油缸那样可以在全程内任意调节距离。国产油缸初装上这台进口机床，就像一头犟脾气的小牛犊，非走完它的15毫米距离不可，否则不肯回来。

我看到这种情况，心里真个急啊。原先只需要铣2毫米的槽子，用这台国产油缸控制着却要多铣整整13毫米，这不符合“多快好省”的要求啊！思来想去，干脆把这头“犟脾气的小牛犊”——国产油缸——拆开来细细琢磨琢磨再说。于是，我把油缸上拆卸下的螺丝、螺帽、盖板、油封、活塞……各种各样的零部件，七七八八，全部都一股脑儿放在大工作台上，摊成了一大堆。其实，还没拆完这油缸，凭着自己在长期工作实践中积累的较丰富的液压机械知识，我的心里就基本上已经“有谱”了。因为，对于国产油缸的设计思路，我还是比较了解的，拆完了就知道这油缸的缺陷在哪儿了。我想出了一个办法，试着自行为国产油缸增加一个装置，以适应进口机床的加工性能。心里有底了，我立马开动车床，启动了磨床，毕竟自己在当时已有近三十年钳工活儿的经验了，车、铣、刨、磨，一齐上阵。不多时，我做好了一个垫片，把它安装进去，又逐个把国产油缸的零部件全部重新安装好。用这台油缸，安装在进口的“冲巴哈”机床上，开机一试，还真行！这油缸底部，经过我用垫片垫厚之后，缩短了机械行程，达到了与进口油缸同样的铣出2毫米的槽子，经技术部门鉴定，加工精度完全符合技术要求，这头“犟牛犊”终于听话地被我“牵回来了”。

此后，一些国产油缸经过我的改装，陆续用在一台台进口机床上，效率高，节拍是可控的，且刀具不容易损坏，又为国家节省了一大笔外汇。更重要的是，为进口设备的零部件国产化打下了一个坚实的基础。

记得是在1993年4月底，车间里一台进口的“冲巴哈”机床停下来了，因为我们夹板车间是手表机芯生产的关键车间，一旦有重要机床“趴”下来了，势必会影响到全厂手表机芯及手表生产大局，问题很严重。厂设备科很快派来了电气工程师，里里外外，上上下下，都查遍了，结论是电器系统正常；再看机床的压力表，也是正常的。但是这台机器的动作就是不到位，车间领导也急坏了，由于当时这台机床正准备调整为生产电子表的主夹板，新产品产量在增加，零件催得很紧，已经急着“吃热炒”，在这个节骨眼上，机床趴下来了，这不是把大家弄得心急火燎吗！我也很着急，一直干到下午七点多钟，下班的时间早过了，天也黑下来了，问题仍然没有解决。那是4月底，气温也不低，我忙得满头大汗，两手油污，还站在机场旁边琢磨着。车间主任也没有离开，他去食堂打来了饭菜，还掏钱去小卖部买来了一些我喜欢喝的饮料，让我赶快吃晚饭。可是，我看着可口的饭菜、平时喜欢的饮料，却一点也提不起食欲来。自己的脑海里，只是一直翻腾着机床的液压系统、液压油……车间主任很担心，他叮嘱说：“江师傅，明天是五一劳动节，你在家里好好休息吧。”车间领导真的是怕机床趴下了，连我这个机修组组长也累趴下了。

很晚，我才回到家里，躺在床上，横竖睡不着觉，头脑中不断回旋着的都是油泵、顺序阀、减压阀、滤油器……忽然，我一个激灵跳了起来：还可以试着检查一回油箱里的管道！自己似乎看到了一线曙光！谁知，拧开床边灯一看，才凌晨2点多钟。好不容易躺着捱到5点多，我匆匆赶到厂里。到机修组里一看，车间主任和其他几位领导都已经赶来了。他们看到我，就急着问道：“你怎么来了？”我说：“睡不着啊，你们不也早来了吗？”

油箱仅有半米见方，布满了密密麻麻的管道，管子里都是高压油。我顺着一根根油管仔细地摸过去，好几处，手被挤压在管子之间，就像被扣住一般又疼又酸。突然，一阵酥麻的感觉，隐隐地传到我的手心上，再一试，果然有着些许轻微的冲击力。我不由得一阵激动：故障找到了！拆下这管子一看，是一根微微裂开了的无缝钢管。大家在车间里好不容易寻到了一根紫铜管，但是放上去因尺寸稍有差异，还是替换不上。我们只得联系正在家休息的厂部机修仓库管理员，帮忙找来匹配的无缝钢管。一直等到忙完，看着这台机床可以正常运转和投入生产，我已经累得几乎站不起来了。虽然浑身骨头酸痛得像散了架，但我完成了这项任务，心里是感到很欣慰的。

上海牌手表在相当长的时期风靡全国，一直跻身国产奢侈品“三大件”（即手表、缝纫机、自行车）之列，在20世纪70年代中期后的较长时间凭票供应。红火的上海钟表行业顺理成章地成为国家财政的“摇钱树”，仅在1956年到1990年的三十五年间，全行业就实现税利总额100多亿元。数十年里，有一亿二千多万块上海牌手表面世。亿万块既美观又实用的上海手表，成为“上海制造”的杰出代表。

急生产所急是我的天职

我一直认为，艰苦奋斗是我们的传家宝，即使单位的条件好了，也不能丢了这个传家宝。而想生产一线之所想，急生产一线之所急，这是我的天职。

那一回，我们车间里的大型磨平机的料板损坏了，仓库里还一时没有备货。在我们钟表行业工作过的同志都知道，夹板加工工艺流程长，磨平机床是第一道工序。如果首道机床的工序亮起了“红灯”，接下去的各道工序的生产都非排长队不可，这会对全厂的生产造成很大的影响。而这大型磨平机的料板原先都是在天津生产和加工的。那时，上天津可不像去一趟苏州、无锡那样一来一去几小时就能把问题解决，到天津加工在生产计划安排上不允许。

我对领导说：“我来想想办法，争取快一点把料板的事解决，不然会影响生产任务的完成。”领导同意了，我赶紧试着联系上海手表二厂，对方帮我寻找了以后回话，没有多余的料板。接着，联系手表三厂，对方的答复也是爱莫能助，一块多余的料板也没有……功夫不负有心人，在接连多次碰壁后，我接到一个电话，有回音了！在上海手表四厂的封浜联营厂里终于找到料板货源。真是“绝处逢生”。然而，封浜乡，地处嘉定区，来回得搭乘好几辆车，那时候可不兴乘坐出租汽车，即使是办公事也想着为单位尽量节省费用。我乘上了拥挤的公共汽车，再换乘郊区长途汽车，独自一人赶到封浜那里的四表厂联营单位去取货。到达封浜联营厂，厂方很热情地拿出料板，又帮我一起用布包好，绳子捆扎牢固。我见取到东西，归心似箭，顾不得休息，谢绝了主人的一再挽留，带着约有半米直径的料板，大步流星，朝回赶去。但是，去取的时候我是一个人，乘在长途汽车上、市内公交车上，挤一点算不了什么，我回来时却是加上了一块偌大的钢制料板，横无处横，竖也无处竖，只得紧紧地挟在自己的腋下。随着车辆的行驶和颠簸，这块料板不时地碰着别的乘客，戳到别人，我只好一路上不停地朝乘客们打着招呼：“对不起，对不起!”自己在车上也被挤得挪不开身子。

谁知，老天这时候也来凑热闹了，刚才还是个不阴不阳的天气，不一会儿，竟滴滴答答下起雨来，渐渐地，雨势越来越大了。雨中，我带着料板，下车，走一段路；上车，再下车走一段。雨越下越大，我越走越快。待赶回到厂里，我浑身上下被雨淋得湿透。挟着料板，一路跑进厂，跑到车间里，同志们看到了，都心疼地急着对我说：快去换了干衣服再安装料板吧，都 11 月的深秋了，别捂着湿衣服，当心着凉！我感谢师傅们和大家的好意，但却已顾不上换干衣服了，赶紧组织机修人员一起调整那台大型磨平机的料板。经过我们不停歇地工作，终于使车间的生产迅速恢复了正常。

对于一名生产计时器类精密产品企业的技师、技术负责人来说，兢兢业业，恪尽职守，一如既往，排忧解难，是我多年不懈的本职工作。为了完成领导和工人同志们的嘱托，我时时要求自己，必须付出更多，必须勤奋钻研。

上海时豪工贸公司有 22 台多工位钻孔攻丝机，已经使用了二十年左右，大部分动力头部件已有损坏。每一台攻丝机约有 20 根动力头，原价每根是 1200 元，而由于原先的生产企业在数年前倒闭，现在我们公司要采购备件已根本没有办法了。凭着对工作强烈的责任心和事业心，我发挥连续作战的精神，放弃了许多下班后的休息，加上双休日，夜以继日地待在车间里，一次又一次的仔细琢磨，一遍又一遍地反复研究，对原有的动力头部件设计得不尽合理的地方加以改革。经过不懈努力，我对动力头部件技术问题的攻关成功了，使改造修复后的动力头使用寿命由原来的1年提高到2年，维修起来也比以前简便，原来需要4个轴承而现在只需3个。同时，我们还为公司节约了资金20多万元。

我们公司生产“重锤”的表壳车床，原来的“夹头片”制造成本比较高，因为“夹头片”的定位需要用坐标镗床镗孔，再经热处理后有时容易产生一些变形，致使夹头片的精度状态不是很稳定，损坏也比较快，需要时常更换，也会造成设备的工作效率降低。这种情况使我很着急，为此专门用了两三个星期时间，自己动手改进表壳车床。当时正是盛夏，忙得汗流浃背，但我怀着对于技术工作的热爱，一丝不苟地研制改进型的机床零部件，终于把表壳车床改造完成了。经过改造和改进，机床的工作效率提高了30%以上；仅“夹头片”的制造费用，每年就能节约数万元人民币。

随着市场竞争愈益激烈，为了适应市场和群众的需求，新品种的开发、试制的速度越来越快，原来的许多设备已不能满足新颖手表和计时器零部件加工的需要，而公司的财务状况又有实际困难。有一次，设备部门对原来退库报废的一些设备进行处理，我就独自一人在旁边看着，思考着。见到一台原先用于印制手表表面的设备，下面的拖板还能在我们公司生产中派上用场，我想到，在这台机床的上面，只要再加个“动力头”，就能改造成为加工特细长槽的机床了。而另一台准备报废的铣槽机，也被我留意到了，我的想法是，只要在这台铣槽机下面做个平台，再加上个夹具，就能改装成一台“夹板精饰”加工机床了。就这样，我在有关的部门和科室帮助下，当一个“有心人”，主动为公司精打细算，通过设备改造和更新，坚持走技术革新之路，既节约了大量资金，又满足了保证生产和提高质量的需求。

2002年，在新品种“带秒表功能自动表”夹板生产的过程中，遇到部分“圆弧槽”用公司已有的进口冲巴哈型圆弧头无法加工的情况。这是由于圆弧半径较大，圆弧较长，所以加工不出合格的圆弧槽。关键时候，我急公司所急，用了两个星期左右，对原有设备进行技术革新，不仅解决了原来的进口冲巴哈机床存在的弊端，而且切实保证了新产品开发试制工作的按时按质量完成。也是在试制“带秒表功能自动表”的过程中，我从公司接下一个任务，就是插片式“重锤”制造工艺的编制，因为当时国内的同行中几乎没有哪一家生产此类结构的重锤，也缺乏传统工艺可资参考。我以锲而不舍的劲头，聚精会神地钻研，通过对国外相关产品的分析研究，用了各种方法反复比较，以近一个月的时间先行编制了工艺。接着，我再运用原有设备进行改造，在没有新增任何设备的情况下，自己动手，从毛坯到成品，试制出了近千个能与国外同类产品相媲美的“插片式重锤”，从而保证了新产品的试制成功，并投入批量生产，受到总公司领导和本系统同事们的好评。

2003年，为了使我们公司生产的产品再上一个新台阶，同时也为了适应钟表市场上对于手表夹板外观美化的需求，总公司提出要对手表夹板进行精饰加工，我和时豪公司技术部门迎难而上，知难而进，接受了这项任务。经过反复思考，我决定首先从切削刀具的改革着手。通过改变刀具的不同角度，反复进行实验，精益求精，分析综合，积累了许多有效的数据和经验，也收获了一些新的创意。然后，利用旧机床设备一些可用的部件，自己动手制造新的机床、新的研制夹具，再进行试样，终于获得成功，并且得到了国外品牌公司的认可。这既显示了上海轻工业和上海表业有限公司的技术水平，也有利于我们公司在竞争很激烈的国内外市场占据主动地位。

对青年传帮带毫无保留

平时，我注重把日常维修工作中所积累的经验毫无保留地传授给那些年轻职工，耐心地做好传、帮、带，使他们加快掌握运用技术和技能的步伐。在技术革新中，我也是无私奉献，让青年技术人员和青年工人通过创新实践，不仅知其然，而且知其所以然。

夹板车间是技术密集型的车间，产品工艺流程长，精度高，这些特点给维修人员提出了很高的要求。怎样增强和提高维修同志的技术水平，加强车间的维修力量？我就同车间主任商量，并且提出了自己的建议：积极开展技术大练兵的活动。领导上非常支持，在厂教育部门大力配合下，从20世纪90年代初开始，在我们夹板车间以机修组为主，职工中广泛开展了技术大练兵活动。

领导上安排我当“教头”。我就尽自己所能，努力帮助职工们提高技术技能水平，带领大家深化与巩固扎实的基本功。在一次次讲座上，我把夹板车间的重要机床和关键设备，逐一向大家作介绍，并详细分析。例如，对于“冲巴哈”机床、“好深”570机床、六轴八工位机床等，都作了详尽的讲解，示范实际操作运用，并且分析各种机床工作原理。针对一些传动百分度机构，如槽轮，即马氏轮分度结构、动力头结构等，都进行了仔细的解说。然后，结合课堂理论知识，我还特别讲解了平面轴承、推力轴承以及轴承组的调整、安装和调试等，一些技术员和年轻的工人们感到很有收获，还要我多讲讲。

可能他们没有想到，为了掌握技术与生产技能上的本领和诀窍，为了不断攻克工程技术上的难关，几十年来，我废寝忘食，聚精会神，不知用去了多多少少个休息天和节假日，也不知“啃”完了多多少少本技术书籍。通过数次大规模的技术练兵，对每名青年工人都进行了技术考核，大家的技术水平有了不同程度的提高，基本功也更加扎实了。这些青年人，虚心好学，勇于担当，进步很快。其中，有5位同志经过上级严格考核，取得了高级工的技术资格证书。在20世纪90年代，在进入21世纪以来，有的同志在生产管理中肩负重任，有的同志在机修等后方保障部门挑起了大梁。

在2000年担任上海表业有限公司所属的时豪工贸有限公司技术经理后，我更深刻地体会到，公司要发展，企业要开拓，除了要开发和生产过硬的拳头产品之外，还需要加紧培育有理想有干劲有智慧的后备军，这也就是今天的青年职工，因为他们是企业发展主要的后劲所在。人才，是产业发展的第一资源。

半个世纪的机械维修工作经历，浸透了我的一身身汗水，凝聚着我的无数心血。有同志曾问我：“这么忙，这么累，你觉得值吗？”

我是这样回答的：“值得。因为，长期的工作经历反复告诉我，保证生产，稳定质量，提高效率和降低成本，是一名机修工人和技师的天职。这就是我的初心，为企业添砖加瓦，为国家增光添彩。”

一项又一项接连不断的技术革新，一个连一个的艰巨任务，几乎用去了我所有的业余时间。就是平时的车间里加班，甚或碰到设备问题等，不管是在夜晚，还是节假日，同志们也总是会来叫我，而我总是乐意随叫随到。我的妻子黄惠玲很理解我，长期以来一直大力支持我的工作。她是我们上海手表厂质量检验科的一名检验员，工作认真负责，在家里是我的贤内助。我的女儿是一名党员干部，女婿是一名博士医师，家庭和睦，积极上进。外孙很懂事，他的茁壮成长，更加丰富了我们夫妇俩美好的晚年生活。

在社区里，我也一直严格要求自己，助人为乐，带头践行社会主义精神文明建设。我们家庭被评选为上海市虹口区“五好家庭”。我和全家人一起，将继续发挥劳动模范家庭应有的正能量作用，为实现中华民族伟大复兴的中国梦而不懈奋斗。

我的“英雄”梦

口述 张善宝　整理 朱亚夫

张善宝简介

男，1925年10月22日生，上海宝山人，中共党员。15岁进入上海华孚金笔厂（上海英雄金笔厂前身）当学徒，满师后长期从事电镀工作。1954年入党，升任车间主任。先后被评为上海市劳动模范、轻工业部劳动模范和全国劳动模范。1959年，作为专家赴越南技术援助，荣获越南国家勋章。1961年，再受国家选派，赴朝鲜执行专家团援外任务，同年荣获朝鲜国家“千里马”奖章。

噢哟，难得侬有心，带来了20世纪60年代制造的“英雄100型”金笔。看到这支笔，我想起了当年热火朝天建设新中国的情景，想起了我年轻时代的人生经历，想起了我当年的“英雄梦”。当然，这个“英雄梦”，不是神抖抖的、出人头地的“英雄梦”，而是创造我国民族工业品牌“英雄赶派克”的“英雄金笔梦”。

为啥我的工资最高

我是上海宝山罗泾人，家里世代为农，小时候没读几年书，大约15岁时，就被家里送到城里“学生意”。我这个“学生意”，不是站柜台，做生意，而是到厂里当学徒。侬讲这是做“童工”？是的，当时我们国家贫穷，十多岁到外面学生意的很多，做“童工”无人管。

我进的厂是造钢笔的上海华孚金笔厂。华孚金笔厂是英雄金笔厂的前身。这个钢笔是舶来品，我们老祖宗原来书写是靠毛笔，文房四宝。外国钢笔大约是在清朝末期传入中国，刚开始是蘸水写字，使用起来并不方便，直到1930年左右，钢笔，上海人称为“自来水笔”才大量应用，才代替毛笔成为中国人的书写工具。记得鲁迅先生写过一篇《论毛笔之类》，说道，羊毫和松烟，敌不过钢笔和墨水，但连笔墨也乞灵于外国，那当然是不行的，“所以与其劝人莫用墨水和钢笔，倒不如自己来造墨水和钢笔；但必须造得好，切莫‘挂羊头卖狗肉’”。于是有些国内投资者从中看到了商机，开始投资开厂。国内的钢笔生产厂家中，第一家是国益笔厂，资本仅五千银元，开厂后就因资金不足而搁浅。第二家是关勒铭金笔厂，好像是华侨资本，资本额号称十五万银元，设备大多外购。第三家就是我进的华孚金笔厂。开厂时只有三间瓦房，全部工场不到60平方米，投入资金1.5万银元，另有为其3倍的资金用于周转。该厂雇用2个日本技师，有开槽、抛光、轧片、开缝等齐全设备。由于老板周荆庭有从事商业的经验，了解消费者的需要和心理，产品主要以青年学生为对象，销路很好。1933年和1935年，华孚生产的金笔被列为全国最优产品。

我学的是电镀行当，一同进来有十多个人。电镀业是体力活，工作累不说，还与有害气体打交道。可我爱上了这一工作，起早摸黑抢着干，将人家荡马路、嘎山胡的时间全部扑在工作上。电镀车间中的配方间、药水间、电镀间、清洗室，我无不熟悉；各道工序，什么清洗、上挂具、电镀、甩干、检验等，无不在行；至于硫酸、硝酸、盐酸等“三酸”，我一闻气体，就能识别。

我们三年学徒期间，不发工资，只给一点零花钱，第一年每月发一元，第二年是每月发二元，第三年每月发三元。吃住在厂里，不能回家的。由于我学徒期间工作勤奋，肯动脑筋，脏活累活抢着干，我的业务水平是最好的。因此当学徒期满，师傅当着众师兄弟说：“你们今天满师了，下个月要拿工资了。我现在告诉你们，你们师兄弟中，善宝工资最高。不要不服气，他做的活摆得出，掼得响，是最好的！”一席话，讲得大家口服心服。我当时每月拿15元，其他师兄弟虽然年龄有的比我大，但都是只拿10元、12元。

一封拜年信

在我们老工人中，有一句话十分流行，就是“喝水不忘掘井人，翻身全靠共产党”。它说出了我们的心里话。我对此深有体会。我记得很清楚，1952年初，公私合营后的华孚金笔厂股份有限公司正式挂牌，这一年全厂职工为387人，产量72.76万支钢笔。第一任公方代表是诸永利，党支部书记是马广生。公私合营不久，公方代表关心职工身体健康，全厂职工免费体检，结果查出30多人有各种问题，我因长期与有害气体接触，被查出患了肺结核和鼻穿孔。肺结核，俗称是痨病，既花钱又难治，还有传染性，放在解放前，我可惨了，工作丢了不算，还可能无钱治病，流落街头。鼻穿孔，医学名称叫鼻中隔穿孔，这也与我的职业有关。我在厂里工作十多年，老板只知赚钱，工人从来没有享受过免费体检。这次我被查出了肺结核和鼻穿孔，马上安排我住院医治和疗养。三个多月后我治愈回厂，当时我就暗暗下定决心：一定再好好干，以报答共产党和人民政府的恩情！

机会来了，从1953年开始，我国开始实行第一个五年计划，全国上下，掀起了建设热潮，每个工厂都在你追我赶，开展增产节约运动。我也坐不住了，想为厂里增产节约运动出份力，作点贡献。大家知道，当时钢笔，除笔身用赛璐璐外，其笔套、笔夹、笔管、笔尖等，都由金属品制作，这就需要镀镍、镀铬、镀金、镀铜、镀银等，但金属品接触空气，都会产生化学反应，生成氧化膜，如铜会生铜绿，铁会生锈。而钢笔厂又都是小零件，手工操作后会有油污汗渍附着表面，不易电镀，因此往往报废率很高。如何降低报废率，提高质量，增加产量？我凭着自己多年的经验，开始在玻璃容器中小批量试验。我采用废旧药水，过滤掉药渣，在电镀前先对零件进行清洗、腐蚀处理，一次、二次、三次，前处理时间从5分钟、10分钟，再到15分钟、30分钟、60分钟，经过了无数次的试验，我终于找到最佳值，试验出用药黄和淡药水配方去除钢笔零件油污和氧化膜的新工艺。我的女婿是英雄金笔厂研究所的新研究员，他告诉我，我所创造的这个新工艺，专业名称叫“电镀前处理工艺”。

当时，我也没有声张，是检验员发现了我的秘密。因为我电镀过的钢笔零件，卖相好，看上去锃光透亮，摸上去顺溜滑畅，不但质量好，而且产量多，每天产品都是其他电镀工的2倍多。检验员汇报上去，车间主任来了，听了我的汇报后，大加赞赏。后来公方代表来了，私方厂长也来了。老板周荆庭握着我的手说：“张师傅，你进厂十多年了，我还不认识你，真不好意思呀！”公方代表说：我们公私合营，就是要把生产搞上去，提高工人的生活水平。最后厂里一致决定在全零件车间推广我的电镀新工艺。

1954年春节前夕，我收到了厂里的一封“拜年信”，信里说：“在我们祖国步入大经济建设的第一年度中，您和全厂全国工人一道，勤奋地为完成和超额完成国家的生产计划而贡献力量，特别是由于您发挥工人阶级的智慧，不断地开动脑筋，找窍门，想办法，先后提出3件宝贵的合理化建议，使我厂多能（原文如此）替国家增产节约财富达每年六百零三万元。我们向您致意感谢，中国共产党上海市轻工业局党委特向您拜年！”这一年，我获得了华孚金笔厂增产节约甲等奖。

人生最幸福的时刻

每个人都有自己的幸福时刻，我的最幸福时刻是，作为一个普通的工人，我曾先后四次见到我们伟大领袖毛主席！

我一生做了些小小的成绩，党和政府就给了我许多荣誉，1954年，我光荣入党。我还被评为1954—1955年度上海市劳动模范。那年“五一”国际劳动节，我受到上海市长陈毅的接见。

我记得很清楚，1956年，我被评为轻工业部劳动模范和全国劳动模范，赴京参加全国劳动模范表彰大会，曾先后四次见到毛泽东主席。第一次是这一年的4月3日，国家轻工业部的劳模代表大会在北京体育场召开，沙千里部长讲话，毛主席也参加了大会。当毛主席缓缓步入会场时，我们全体劳模起立，情不自禁地拍手鼓掌，有的还高呼：“毛主席万岁！”“共产党万岁！”掌声雷动，呼声如潮，我想起我一个在旧社会被人看不起的工人，如今能在祖国的首都，亲自见到伟大领袖毛主席，我的眼睛湿了，情不自禁地流下了幸福的泪水。是的，这是我人生最幸福的时刻，我终生难忘那激动人心的场面！

第二次见到毛主席是在人民大会堂，那天是开全国劳模代表大会，周恩来总理作重要讲话，毛主席参加大会。

第三次那更是激动人心，是4月24日，我们赴京劳模受邀到中南海作客，受到了毛主席及中央领导的亲切接见，毛主席与我们全体劳模一一握手。当毛主席与我握手时，我有一肚子话想与毛主席讲，可我激动得一句话都没讲出来，只听得毛主席他老人家对我说：“谢谢大家，辛苦了！”最后毛主席与我们全体劳模合影留念。

第四次见到毛主席，是那年的五一劳动节，在北京天安门城楼上。五一劳动节是我们劳动人民的节日，那年首都举行了盛大节日游行，我们全体劳模登上观礼台，在游行开始前，毛主席在天安门城楼上接见了全体劳模。那当然也是一个激动人心的时刻！

激动要化作行动，我把党和人民给我的荣誉当作前进的动力。您看过《英雄赶派克》电影吗？是上海电影制片厂摄制，由桑弧导演的，这部电影讲述了我们上海华孚金笔厂职工提出在两至四年的时间，使我厂生产的“英雄100型”金笔赶上美国“派克”笔质量的故事。1958年“大跃进”中是有不少吹牛皮的，但是讲那一时期都是吹牛皮的，就不是实事求是了。《英雄赶派克》就是我们工人发挥社会主义积极性的创举。当时我们华孚厂经过公私合营后，合并了很多小厂，全厂职工已有1000多人，技术力量也上来了。“英雄赶派克”主要说的是赶质量，后面证明也是成功的。

当时我们拿了很多“派克51型”笔来进行解剖分析。分析结果，“英雄”要赶“派克”一共有11项指标，就是抗漏、圆滑度、连续书写、间歇书写、耐压、耐高温、漏水温差、包金、零件光亮度、精密度、耐磨度。11项指标中，大多是讲内在质量，也有几项是外观质量的。有句话说，佛靠金装，人靠衣装。金笔也要讲究外观，用上海话来讲就是“卖相”。我们电镀就是为金笔打扮“卖相”。因为金笔是书写工具，经常在手中磨摸，而人的手会出汗，汗渍酸性，有腐蚀性，故而对笔的零件光亮度、精密度、耐磨度要求很高，要加强附着力，不能脱皮起泡，这是一个国际性的难道，“派克”厂也没有解决好。这就要求我们的电镀工艺要过关、过硬。记得当时我们全厂都发动起来了，大家群策群力，出主意，想办法，勤于思考，勇于实践，以“实干创新”的精神掀起了“英雄赶派克”的热潮，我们电镀车间也多次改进我的“绝招”——药黄新工艺，使质量跃上新的高度。最后我们的“英雄100型”金笔绝大部分指标终于赶上和超过了美国“派克”金笔。

当时我们厂还叫华孚金笔厂，之所以叫“英雄100型”金笔，表示我们百分之一百是英雄。20世纪80年代后期，美国派克公司派人到中国访问，曾经到英雄厂参观。派克公司的人认为，英雄厂有许多的质量已经超过了美国派克，例如当时的不锈钢笔套的电镀前处理技术。因此，“英雄100型”金笔是当时的时尚品，在蓝色涤卡上衣口袋中插一支英雄钢笔，是知识分子和干部的代表性打扮，是十分气派的身份象征。记得1958年1月8日的《解放日报》头版刊登“英雄笔赶派克”报道，标题就是“英雄金笔的英雄气概——2—4年要赶上美国”。到1965年，我们的工厂也改为英雄金笔厂。我们英雄金笔是闻名世界的民族品牌，曾经见证了无数激动人心的历史大事件。比如中外瞩目的香港回归、澳门回归、上海合作组织成立声明、中国首次举办APEC会议、中国加入世贸组织、与友好国家共建“一带一路”合作谅解备忘录等，均由“英雄”金笔签署完成，英雄金笔还多次作为国礼馈赠国际友好国家首脑和体育运动健儿。“英雄100型”钢笔也早已成为收藏界的宠儿。

出国援建越南

可能是“英雄赶派克”的事迹传到了国外，越南要求我国派出技术人员援建越南红河文教用品厂，一年之内要求工厂落成，正式生产运行，要既生产钢笔、铅笔、圆珠笔，也生产墨水、大头针、回形针、削笔刀等办公用品。1959 年 4 月，我作为专家被派往越南，担任电镀生产技术指导。我们兴冲冲地到了越南红河文教用品厂，下车一看，才发现这个厂并没有生产文教用品的流水线，当地的工人对技术也不在行。

怎么办？当时有两条路，一条是按部就班法，就是先安装调试我们带去的设备，然后再培训对方人员，最后上岗操作；一条是边学边干法，在游泳中学游泳，在生产实践边学边干。我竭力主张后一条办法，认为此法符合中越两国的国情，能最大程度发挥我们这批工匠专家的技术水平，而且又能抓紧时间，在一年内顺利完成援建任务。我的主张获得了领导的赞同。我在越南援外中，毫无保留地将自己创造的绝招——电镀新工艺，传授给越南工人，他们对生产出来的又多又好的文教用品十分满意。结果不到十个月，我们就胜利完成了援建任务。

1959 年 9 月 2 日，是越南国庆节。我们全体援外专家出席了越南方面举行的盛大的越南国庆招待会。胡志明主席在会上作了讲话。他说，社会主义的中国出色地完成了第一个五年计划，我表示热烈祝贺！我准备组织一个代表团，到中国去，向兄弟的中国好好学习。讲话结束后，他就走到我们中国援外专家团桌子前，当时我正好坐在右面第一个位置，因此，我荣幸地成为与胡志明主席握手的第一个人。胡志明主席紧紧地握着我的手，用中国话问道："同志，你是不是毛主席派来的？"我回答说："我是毛主席派来的，我和越南同志一起在建造越南的文教用品厂。"胡志明表示了感谢。我说："谢谢胡主席关心，祝胡主席健康长寿！"胡志明再一次握了握我的手。我当时心情既激动又紧张，又穿着中山装，头上早冒出了汗珠。胡志明微笑着对我说："今天天气热，温度有 40 度，你穿着中山装，太热了，把外套脱掉吧？"这是在隆重的外交场合，出国代表要注意礼仪，我一时不知所措，还好，大使馆同志善解人意，说道："胡主席关心我们，那就脱吧！"

还有一件事蛮有意思，1960 年 2 月，我们提前回国，当时我的二女儿出生不久，名字还未起，我不假思索地说："就叫越华！张越华！"以此来纪念赴越南援助社会主义建设的这段日子。后来越南还为我颁发了越南"劳动英雄"奖章，听我越南徒弟讲，他们的"劳动英雄"，相当于我们的"劳动模范"。

朝鲜同志惊呆了

大约从越南回国一年多，1961 年 6 月，我又参加了援建朝鲜的任务，为期半年。到朝鲜，我们刚刚放下行装，就到平安北道清津市的援建厂听取汇报，之后我到对口的电镀车间实地察看。当时是一批镀铬的金属零件，我一看零件暗淡无光泽，没有生气，凭我多年的生产经验，我一眼就看出了症结所在，于是我对朝鲜同志说：

“我已经知道毛病在哪里，明天给你们解决！”朝鲜同志半信半疑，按我的嘱咐，准备了所有的材料和需要电镀的零件。

第二天一上班，我直奔车间。我知道，电镀的好坏，关键在于要根据电镀物件的多少，配置溶液的配方、比例和浓度，并掌握电镀的温度、时间等，而这些“绝招”我烂熟于心。我胸有成竹地按自己的电镀药黄新工艺搞了一遍，一个小时过去了，见证奇迹的时刻来到了！大家看到经我手电镀出来的零件，锃亮发光，弹眼落睛，一改他们电镀出来的零件灰头土脸的模样。朝鲜同志惊呆了！面对眼前的零件，他们睁大了眼睛，有的还拿来昨天他们电镀出来的零件，翻过来、翻过去地比较着，小声地议论着。不多一会儿，厂长也来了，看着面貌一新的零件，不禁竖起了大拇指。后来清津市领导闻讯也来到了厂里，听到中国专家手把手地传授技术，无私地贡献工作经验，为他们培养技术人员，从而大大提高了产品的质量，增加了产品的数量，深为感动，得知我们这些中国专家还住在简陋的厂里招待所，马上将我们安排到市里宾馆，改善了我们的生活条件。

说来也是凑巧，这一年 12 月 1 日，我奉命往平壤中国大使馆汇报援建情况，大使馆有关领导听后，十分满意，说明天正好朝鲜国家主席金日成要接见中国援外专家，你一同参加吧。第二天，我参加了这次活动，有幸与金日成主席近距离接触。当金主席与我握手时，翻译告诉他：这是中国援建专家，金主席握着我的手，说：“辛苦了，谢谢大家！”后来，我获得了一枚朝鲜民主主义人民共和国颁发的“千里马奖章”，这是他们颁发给“劳动模范”的奖章。

退而不休乐无穷

我从 1985 年退休，不知不觉 30 多年过去了。我现在 95 岁，生活照常自理，手不抖，腿不软，可以自行上下楼，每天在敬老院的湖边散步半小时，育有两子三女，晚年生活过得有滋有味。有人要我讲讲养生之道，真对不起，我哪里有什么养生之道。我也没有什么长寿秘方，我不喝酒，不吸烟，不跳舞，也从不吃保健品。吃饭不挑菜，隔夜菜照吃不误，喝水就喝白开水，如果真的要讲，我只能谈两点体会。

一是退而不休，手脚不停。我一直告诫自己是工人出身，工人就是做工，手脚闲不住。我十多岁就离开家庭，外出学生意，一个人吃住在外，一心扑在工作上。后来当上了劳动模范，更加以劳动为光荣，以好吃懒做为耻辱，以厂为家，一门心思想着技术革新，提高产量质量。后来退休了，但是我身退心不退，总想再做些事情。老古话说，水不流动要发臭，刀不打磨要生锈。人么，同样道理，不活动，不做事体，也要长毛生病。因此，前几年我住在市区食品一店后面时，家在五楼，看到上下楼道，灰尘满地，垃圾不少，我就主动负责打扫，几年如一日，我对自己说，既然承担下来，就不能三天打鱼两天晒网。楼道里公共灯泡坏了，我掏钱买了新灯泡自己换上。我们居住的是旧式公房，左邻右舍10户人家共用一个总电表、总水表，我就主动挑起了抄表的任务。抄表事很小，但很繁琐，每个月要一家家上门抄好分电表，还要一个个去对，对方人不在，要一去再去，不能毛估估，否则容易发生邻里纠纷。这个抄表任务，一直做到我住进养老院为止。

二是若要活得长，凡事不计较。就是要心态好，我认为：钱不论多少，够花就好；脸不论美丑，心善就好；寿不论长短，健康就好；晚年生活不论忙闲，开心就好。豁达大度从容过，心态平和寿自高，这样当然会有利身心健康。我家退休后，我就跟老伴商定，立下遗嘱：我们百年后，不留墓地，参加海葬，我们已经办了有关手续。后来老伴去世了，我就按照遗嘱，带领子女把老伴骨灰撒向大海。我感到这样很好。我家多年被评为“五好家庭”，全家和睦，前几年老伴去世后，我一个人住在五楼，上下楼梯不便，子女叫我过去与他们一起生活，我考虑到子女都有自己的生活，我自己一个人住进了养老院。这样我的晚年生活照样过得蛮好。

现在，许多人称我为“劳动模范”“现代工匠”，其实我就是一个普普通通的工人。回顾我的“英雄梦”，我这样一个普通工人，能在新社会，得到如此多的荣誉和待遇，能受到三个国家的最高领袖的关心和接见，这是我的最大的光荣和幸福，这也说明了我们的党和政府，尊重创新实干，关心和爱护工人阶级。我的一些成绩都是党培养、教育的结果，我要永远牢记党的恩情，一辈子跟党走！

四、大师工匠篇

金杯银杯不如百姓口碑

口述 石川（谢晋同事） 整理 俞亮鑫

谢晋（1923.11—2008.10）简介

男，浙江上虞人，中共党员。著名导演，中国文联第五届、六届执行副主席，第八届、九届全国政协常委。1957年执导电影《女篮五号》，1960年导演《红色娘子军》获第一届大众电影百花奖最佳导演奖。改革开放以来，又拍摄了《天云山传奇》《牧马人》《芙蓉镇》《高山下的花环》《鸦片战争》等一批思想艺术方面的优秀电影。多次获得电影百花奖和金鸡奖，被授予上海市文学艺术杰出贡献奖、全国五一劳动奖章、“全国杰出贡献电影艺术家”称号和第25届中国电影金鸡奖终身成就奖等。2018年被授予“改革先锋”称号，2019年被授予“最美奋斗者”称号。

回溯新中国的电影史，谢晋是一位令人敬仰的大导演。他是中国电影界的一面旗帜，先后执导了36部影片，串联起来，就是一部完整的中国近现代史。《鸦片战争》《秋瑾》《红色娘子军》《女篮5号》《舞台姐妹》《高山下的花环》等，一直到改革开放后的新时期，他在每个时期都留下了经典作品。尤其是他的《天云山传奇》《牧马人》《芙蓉镇》，被称为反思三部曲，做到了与改革开放的大潮相呼应，使老百姓通过看银幕理解了中国为什么迫切需要改革开放，这是谢晋电影的巅峰之作，作品的意义和影响是超越时代的。就像谢晋自己所说："任何国家、任何时代，都要为自己的民族塑造形象。"

位卑未敢忘忧国

我认识谢晋是在1996年，我当时刚调到上海大学不久。钱伟长老校长在全国政协会议上邀请谢晋导演来上大筹建影视艺术技术学院，并请他担任院长。谢导那时正在忙于拍摄《鸦片战争》，觉得忙不过来，起初推辞了几次，但钱校长坚持邀请他，谢导只好答应了。当时，学院让我负责和他联系，后来又任命我担任院长助理，协助谢导在学院工作。我记得，第一次见到谢导，正值两位美国纽约城市大学的教授来学院访问，他们对谢导拍摄《鸦片战争》感到非常好奇，想了解中国人为何要在香港回归之前来再现这段痛苦的历史。这是东西方的一次激烈大冲突，也是中国近代史的开端。他们希望见到谢导，安排我担任翻译。记得那天谢导谈兴很浓，非常兴奋，激情洋溢，竟给两位美国教授说了整整一下午，言语间，充满了家国情怀。他说，香港要回归了，在这个百年难遇的历史时刻，中国电影人一定不能缺席。

谢导对我当天的翻译比较满意。临别时，他笑眯眯地问我："你叫什么名字?"我说："我叫石川。"谢导听后有点惊讶："啊，石川？你和张石川有什么关系?"我说："没关系。"这问题，谢导后来问过我多次。原来，1948年，谢导从南京国立戏剧专科学校导演系毕业，第一份工作就是在大同影片公司担任副导演，他的老师就是张石川和郑小秋。这段有趣的对话，开启了我与他十多年的交往。

要了解这100多年来中国人民于大历史下的爱与痛、生与死，谢晋电影是人们的最佳选择。《鸦片战争》就是如此，谢导先是呼吁在香港回归的重要一刻，电影人要在这百年雪耻的历史关头有所作为，但呼吁没有引起反应。他急了，就给全国政协写提案，还在大会上作了慷慨激昂的发言。强烈的家国情怀和历史责任，让谢导怎么也坐不住，由此开始筹拍《鸦片战争》。我记得，剧本反复修改，数易其稿，精益求精。谢导还去了英国，把当年鸦片战争爆发前，英国议会有关这场战争的辩论档案都找了出来，甚至去英国拍摄了英国议会的辩论场面。尽管前人也有拍过鸦片战争，但视角较单一，清廷很腐败，林则徐是英雄。他的目标是要有国际视野、追求客观真实。谢导在这一重大历史题材上下了很大功夫，从政治、经济、军事、外交等多角度去分析这场战争。他要求视野广阔，纵横交错，思考更深。既容纳中国的主流史观，也有英国人的战争视角；既有对爱国英雄壮举的讴歌，也有对中国战败的沉痛反思……这部历史巨片投资上亿元，创下了当时中国电影的历史之最。谢导为此前后奔波两三年，中途由于一度搁浅，为筹款他甚至抵押了自己的两套房子。这部电影还开创了民间集资拍电影的新模式，用今天的话就是“众筹”。

我觉得，谢导就是一个以天下为己任的中国传统的知识分子。他在拍摄《高山下的花环》时，念念不忘的就是这本书里的一句话：“位卑未敢忘忧国。”这句话与他的内心呼喊有着高度的契合。从《秋瑾》《红色娘子军》《芙蓉镇》到《鸦片战争》，他的镜头有一股不甘放过中国近现代史上每一重大历史时刻的巨大热情。他的电影以家国情怀为重，最终能得到知识精英和普通民众的一致认同。谢晋的镜头还喜欢追求诗情画意。如《芙蓉镇》中，男女主人公跳着华尔兹扫大街；如《舞台姐妹》中，戏班子拉纤的场景。但在谢晋电影的诗情画意中，还蕴含着他非常深沉的人生体验，这使得他的电影有了思想的重量和人性的厚度。谢晋有句名言：“艺术家要对社会问题发言。”有人是为赚钱而拍电影，有人是为艺术而艺术。但谢晋不是，他拍电影就是要对社会上人们普遍关心的话题发言，特别是某些思想观念上的问题。谢晋作品大多涉及当时的社会热点话题，因而都会引起很大的反响。他总是在生动感人的人物命运中，触及宏大命题、历史关照、社会热点，传递出他对人民在时代中的命运、情感、价值的关怀。由于触及社会热点，他的有些作品险被“枪毙”，有些遇到“麻烦”，但谢导总是据理力争，坚守原则，绝不妥协。他用胶片铭刻了这个时代，既为当时拨乱反正、解放思想发挥了巨大作用，更是真实记录下改革开放以来风云激荡的风雨历程。

电影理念有价值

银幕上，许多生动感人的故事都有谢晋鲜明的生命体验和坎坷经历，如他的“反思三部曲”《天云山传奇》《牧马人》《芙蓉镇》，也包括他后期拍摄的《老人与狗》《启明星》等，莫不如此。

电影《启明星》的男主演刘子枫老师曾告诉我，他拍摄《启明星》时，感到他演的这位父亲形象写得非常生动。他在得知自己患了癌症后，就十分担心自己弱智儿子今后的命运。他细细一想，银幕上父亲对儿子命运忧心忡忡，这不正是谢导自己最担忧的事吗？谢导一生育有三子一女，其中有两个儿子不幸罹患智障。作为父亲，他深为忧虑。有一场戏，是弱智儿子在弄堂里玩，被其他孩子塞进了垃圾筒，并向他乱扔瓜皮、垃圾……这位性格懦弱的父亲顿时咆哮发火，怒不可遏。谢晋夫人徐大雯说："这个就是谢晋自己啊！"原来，谢晋"文革"期间也遭遇过这类事。石晓华导演告诉我，拍摄《啊，摇篮》时，在山西某村口，当谢导发现有一群孩子在欺负另一小孩时，也爆发过一次怒火。这些细节一多，你就会发现，在谢晋电影中，有不少是他本人的经历和情感的投射。谢晋电影之所以感人，是因为他与作品中的人物同呼吸、共命运。谢晋这一艺术品质，是当今许多年轻导演所欠缺的，他们住着别墅、开着豪车、贪图享受，完全无法与普通百姓的生活感同身受，怎么能拍出让老百姓为之感动的电影呢？

谢晋导演说："我常常对年轻人讲我走过的各种各样的路，胜利的欢乐有过，苦难的痛苦有过，深深的遗憾也有过。作为艺术家，这是一笔非常宝贵的财富。那种从幼儿园、小学、中学、大学，在母亲的怀抱里长大的，从来没有经受过曲折的人，是绝不可能成功的。百折不挠才是人生的大道。"

有一次赵薇对我说，她在谢晋恒通艺校学习期间，谢导十分注重让学生们排演小品，要求学生深入生活、观察生活、体验生活。当时，要赵薇去演在小菜场卖菜的农村妇女，怎么演？赵薇开始根本找不到一点感觉，只能跑到充满鱼腥味的小菜场去蹲点观察，才慢慢地找到感觉。拍《牧马人》时，谢晋要丛珊扮演李秀芝这一质朴、善良的农村妇女，还是一个有着五岁孩子的妈妈。但丛珊出生在北京的一个艺术之家，还是中央戏剧学院一年级的学生，距离角色甚远，这怎么演？中戏的老师怀疑是谢晋导演选错了人，丛珊自己也是慌得不行，怕拖累剧组。但谢晋说，没关系，他看中的是丛珊羞涩的眼神，感到就像一只受惊的小兔子，犹如当年从四川逃荒而来的农家女李秀芝。

谢晋为人津津乐道的还善于发现演员。经他亲手发掘的影视明星，同样占据了新中国电影史的辉煌一页。他独具慧眼，目光精准而又敏锐。祝希娟、陈冲、张瑜、刘晓庆、姜文、丛珊、盖克、潘虹、斯琴高娃、濮存昕、王馥荔、吕丽萍、岳红等人的艺术生涯，都与谢晋的慧眼识珠有关。

祝希娟当年主演《红色娘子军》，也是谢导来上戏校园发现了她，当时她和同学争执时一双充满怒火的眼睛，让谢晋感觉到这就是吴琼花奋起抗争的眼睛。谢导犹如"星探"，常常深入戏剧学院看学生排练小品，不少演员，就是谢导帮助他们由学生变成明星。谢导是一大批明星的伯乐，并发掘了他们的艺术潜质，也改变了他们的人生道路。

还有一个有关眼睛的故事。姜文告诉过我，《芙蓉镇》中他最满意的是自己扮演的"右派分子"秦书田和刘晓庆扮演的胡玉音举办婚礼那场戏。这场戏，谢导也认为拍得非常成功。但当我告诉谢导，姜文对此也很满意时，谢导却不以为然。他说，姜文拍戏喜欢眨眼睛，在这么凝重压抑的氛围中，眼睛眨得过快，容易让观众感到滑稽，破坏氛围。拍摄时，是谢导自己悄悄"动了手术"，给摄影机升了格，也就是放慢了动作的速度，让姜文眨眼不那么明显。谢晋说，电影表演与话剧不同，电影表演是由演员和摄影机共同完成的。我觉得，这就是谢导独特的艺术理念之一。

武珍年导演曾与谢晋导演合作多年。她有个建议，希望把谢导的一些电影艺术理念整理出来。我也觉得这很有意义，很有价值。谢导有自己的一套艺术理念，对今天影视界都颇具启迪。

赶上一个好时代

谢晋的电影始终关注现实，关注社会，关注重大题材。“反思三部曲”《天云山传奇》《牧马人》《芙蓉镇》，是谢晋电影的艺术高峰。

第一部《天云山传奇》放映后，剧组就收到几万封观众来信，社会反响十分热烈。这部电影折射出一代知识分子在大时代风云下的心路历程，也为新时期的中国电影拉开了反思的序幕。

我听王馥荔说，她扮演的宋薇对罗群和冯晴岚的命运怀有复杂和愧疚的心情，这个女性形象说过一些违心话，做过一点违心事，为了自保，甚至不惜与心爱的人分开。有位年轻人给王馥荔来信，说他看完了《天云山传奇》后大哭一场，觉得父母命运与剧中人非常相似。他母亲很像宋薇，为此他愤恨母亲。他对这段历史沉思了好久，最后写信原谅了这位因犯错而悔恨的母亲。我建议，将这封信留给电影博物馆以作纪念。因为，这是一个时代的历史记忆，也证明了谢晋电影的艺术力量。

1981 年，谢晋拍摄电影《牧马人》，最初的创作冲动来自他目睹当时社会上兴起的出国潮。在蜂拥而来的出国潮面前，谢晋用镜头语言说出了自己的话。银幕上，当在美国的父亲从天而降，曾经饱受磨难的主人公许灵均有过动摇，但最终放弃了美国的物质生活，决定留下来建设祖国，赤子之心不改。这就是谢晋想通过电影说出的心里话，主人公看似伤痕累累、饱经磨难的人物命运，但它传递出热爱祖国、热爱乡土的深情，凸显了爱国主义的真正内涵。

今天再看《芙蓉镇》，依然感到它非常完美，几乎无可挑剔。电影《芙蓉镇》是通过小人物在大时代风雨中的悲欢离合，塑造出普通百姓的坚韧和顽强，成为中国现实主义电影的巅峰之作。筹拍《芙蓉镇》时，为了找到与小说描写高度相符的场景，摄影师、美工师等主创人员先后走访了 7000 多公里，最后才选中了湘西一个小山村——王村。上映后，观众反响非常踊跃，在电影院里，两人座位竟然坐上了四人，后来干脆把椅子扶手都掰了。电影放完，满地都是座位扶手。由于巨大的轰动效应，王村由此改名为芙蓉镇，成了湘西一大旅游胜地。2018 年，我们在英国牛津大学放映谢晋电影《芙蓉镇》时，来了一些中国“90 后”的留学生，他们看完后十分吃惊，他们真的不知道中国还拍过这么好的电影。他们甚至也不知道还有谢晋这样的好导演。

谢晋电影主题深刻，内涵丰富，人物鲜活，以情动人，特别是创造了一系列成功的女性银幕形象，如《天云山传奇》中的冯晴岚、《牧马人》中的李秀芝、《芙蓉镇》中的胡玉音等，表现了中国电影人的良知。20 世纪 80 年代，国内有一场关于“谢晋电影模式”的大讨论，议论纷纷，褒贬不一。但大多数人站在谢晋一边。就像著名评论家钟惦棐所言：“时代有谢晋，谢晋无时代。”当时，我对这句话不太理解，现在就更清楚了，谢晋电影的影响是超越时代的，他是站在一个时代的制高点来解读人物，分析社会，能让不同时代的观众进行分享。中国电影已有 100 多年历史，我认为很少有几个导演能达到他的艺术高度。他的电影充满了良知、正义与和对人性美好的讴歌。同时，谢晋也是幸运的，他赶上了一个改革开放的好时代，让他的才情得以充分绽放。但蔡楚生、郑君里等著名导演就没有遇上这样的时代机遇。

2018 年，是谢晋逝世 10 周年。此刻，我和谢导拍《鸦片战争》时的心情是一样的，遇到这样的时间节点，电影人不能什么也不干哪！我就向上影集团总裁任仲伦建议，应该在谢晋逝世 10 周年之际做点事情，比如修复谢晋电影。任总感慨说：“时间好快啊！”于是，我们就有了在第 21 届上海国际电影节上，推出了上影之夜的“向大师致敬——谢晋逝世十周年纪念电影回顾展”，集中展映谢晋导演的 7 部代表作，姜文、徐松子、陈冲等都来了。我们还用 4K 数字技术修复了《芙蓉镇》《舞台姐妹》，录制了新版沪语《大李老李与小李》，邀请了奚美娟、乔榛、茅善玉、曹可凡、钱程、徐峥、郑凯、唐嫣等明星参与配音。这么多明星前来参与谢晋的电影，体现了影视界对这位大导演的崇敬之情。

2018 年 12 月 18 日，党中央、国务院决定，授予助推思想解放、拨乱反正的电影艺术家谢晋“改革先锋”称号，颁授“改革先锋”奖章。这也是中国文艺界唯一获此殊荣的电影导演。

燃烧生命为艺术

谢晋在 77 岁那年拍摄完了《女足九号》之后，再也没有拍过戏。他晚年至少还有 10 多部拍摄计划，虽雄心勃勃，激情满怀，但他最后都未如愿。表现中国第一座现代化大桥——钱塘江大桥的设计者茅以升的《中国桥魂》，故事展现的是抗日战争时期，为抵抗日军侵犯，茅以升亲自拟订方案，含泪炸毁了才通车 89 天的钱塘江大桥。这一题材谢导前后忙了两三年，最后付之东流。为了筹拍《乡村教师》，已是 80 多岁的谢导亲自冒酷暑去浙江、福建山区看景，在山路上走得满头大汗。还有一个真实故事，说四川有个孤儿患绝症后，收到社会上百万元捐款，但当他知道自己病情已难以挽回时，毅然将捐款捐给了红十字会。谢导每次说起这事，都会热泪盈眶，激动不已。他晚年感兴趣的大多是讲述人道主义的故事。

但这些让谢导为之感动的题材最后都未拍成。因为，谢晋晚年时逢中国电影产业的低谷期，不仅市场低迷，而且风向也变了，过度商业化，投资方大多重经济效益，不肯为严肃题材、艺术电影出钱，这使他的一些设想难以完成。谢导对钱不太看重。20世纪90年代，还没有全国联网的票务系统，基层影院偷漏瞒报票房，让《鸦片战争》的票房损失严重，造成投资亏损。但谢晋却满不在乎，他甚至说："基层影院也不容易，这些钱反正也是给职工发奖金，只要不进贪官的口袋里就没事。"他就是这样，不太在乎电影是否赚钱，他更在乎的是观众口碑和艺术标准。他拥有许多的荣誉、奖杯，但他那句"金杯银杯不如老百姓的口碑"的金句，就是他的座右铭。

在今天看来，谢导晚年筹拍的有些题材还是有价值的，他毕竟是有艺术底子的。况且，他找的冯骥才、叶文玲等编剧都有很高水准。这些题材为何都不能如愿拍摄？这值得我们电影界反思。

谢导晚年时常发火，其实是他遇到挫折后有一种深深的焦虑。我记得，2003年在他的八十寿宴上，我匆匆从韩国赶回向他表示生日祝贺。我倒了满满一杯葡萄酒来敬他，没想到他生硬地拒绝了："你滚一边去！"这场面让我很尴尬。过了一会儿，我见他情绪好转，又换了一杯白酒去敬他。谢导说："好，你敬酒，就必须全部喝光！"我平日滴酒不沾，为表达诚意就全部喝光了。

谢晋不服老，常用喝酒来表达他的激情，表示他的强壮，并借酒滔滔不绝，慷慨陈词，充满理想。我记得他在这次八十寿宴上致辞说："我今年80岁，我要到90岁才彻底退休。我还有十年的时间。在这十年中，我至少还能拍5部电影。"显得自信满满。这之前，当他的好朋友、香港导演李翰祥在电影片场因心脏病突发而不幸逝世，他听说后竟然很羡慕，感叹说："我也要像他那样，要死就死在片场上！"他就是一个视电影艺术为自己生命的大艺术家。他说："我深信一部影片必然倾注导演最大的激情，是艺术家人品、修养的结晶，也是一次生命的燃烧。"

记得不知有多少次，谢导对我说："我下周要去外地拍戏了，你就找不到我啦！"但不论是哪一周，他最后总是没去成。晚年，谢导就活在自己的艺术梦想中，他每天是一副匆匆忙忙、整装待发的模样。他急迫地说："没时间了，我要去拍戏了！"但对于电影商业市场的冷酷，其实我们比他看得更清楚，但谁都不想去说穿它。就让美丽的电影梦想能一直陪伴着这位老艺术家。

2008年8月23日，谢晋导演的爱子谢衍因患肝癌不幸去世，年仅59岁。当导演的长子谢衍是唯一继承了谢晋电影事业的后人，谢导生前也说，谢衍是让他"最放心"的人。我想，谢衍也是一位出色的导演，他是最能寄托谢晋艺术希望的人。谢衍的病逝，无疑是对谢导的一个巨大打击。他对儿子谢衍的感情不仅在生命血缘上，更在艺术延续上。白发人送黑发人，以前精神矍铄、性格爽朗的谢晋，一下苍老、瘦弱了许多。

我和谢衍是很好的朋友。当噩耗传来时，我的心头像是重重挨了一拳，痛得几乎让人窒息。我努力想让自己平静下来，但思绪纷乱，想了很多。我们合作的 18 集纪录片《大师谢晋》最初是由谢衍担任总导演，我负责撰稿的。但 2007 年初开拍前，远在美国的谢衍说他身体不适，需要一段时间进行休养，当时纪录片剧组开机在即，已无法延期，我就临阵接替谢衍担任了总编导。其间，我被谢晋、谢衍的父子情所深深打动，对他们两代人在艺术道路上的彼此支持、相互理解十分感慨。

我记起和谢导、谢衍父子俩的最后一次见面。这是谢衍病逝前两个月，香港导演许鞍华来到上海，谢晋、谢衍父子为她接风，我也忝陪末座。席间，谢衍谈兴甚浓，平时滴酒不沾的他，竟破例与许导演共饮了一杯绍兴花雕。其实，此时他已重病缠身，只是守口如瓶，不想让年迈的父母担忧罢了。谢衍病逝后，我一直都不敢去见谢导。两周后，我在谢衍葬礼上见到了神情痛苦的谢导。他脸色大变，又黑又瘦。我对他轻轻说："谢导保重！"他俯在我耳边说了一句："我大概最多只能活三年了。"谢导家人告诉我，谢导知道谢衍病逝，非常伤心，整夜整夜地睡不着觉，无法接受这一残酷的现实。后来，他总是默默地走进谢衍卧室，悄悄地整理儿子的遗物。在离谢衍病逝后不足两个月，谢晋也突然在 2008 年 10 月 18 日，于自己家乡上虞逝世。

我记得，2005 年，我们讨论筹办谢晋博物馆，这是由谢衍提议的。谢晋、谢衍、上海大学影视艺术技术学院执行院长金冠军和我四人坐在一张桌子旁一起商量。如今，谢晋、谢衍相继病逝，金冠军也于 2011 年 10 月去世。那天，我打电话给谢晋夫人徐大雯，告诉她这一噩耗。徐大雯惊讶地说："他俩走的日期都是 10 月 18 日，病情也都是心源性猝死。"晚年，谢晋确实很依赖金院长。有一天，谢晋突然在无意间说起，他在担任上海大学影视学院院长这一职位都是分文不取时，我们这才发现，谢晋早已忘了学校给他的那张工资卡了。金冠军院长嘱咐我，让我一定要把这笔钱亲自交到他的夫人徐大雯手里，否则，谢晋是很容易再次弄丢的。谢导平时不看重钱，满脑子都在思考艺术。其实，谢导想赚钱很容易，但他一辈子都不会为了钱去拍烂片，他在逆境中坚守文化底线，绝不妥协。

可以说，谢晋导演是 20 世纪中国电影标志性的人物，是中国电影的一面旗帜。2005 年，在中国电影百年百部电影的评选中，谢晋导演的电影占到了 8 部。这是一个很惊人的数字，也是一个艺术巅峰。谢晋导演在中国电影史上的辉煌成就，恐怕很难有人能够企及。谢晋电影，已成为一个时代不可磨灭的历史印记。谢晋说："经历了那么多风雨后，我不在乎获奖。我在乎片子是否能留存下去。因为，最后的审片者是历史、时间、人民。"

像精制手表一样打磨大飞机零件

口述 胡双钱　整理 孙洪康

胡双钱简介

男，1960年7月生于上海，浙江萧山人，中共党员。1978年宜川中学毕业后，就读于上海飞机制造厂技校，1980年12月进上海飞机制造厂工作，现为中国商飞上海飞机制造有限公司零件加工中心数控车间钳工一组组长。2002年获上海市质量金奖，2009年获全国五一劳动奖章，2015年获评全国劳动模范、第五届全国道德模范及感动上海2015年度十大人物。2015年，中央电视台拍摄播映了大型纪录片《大国工匠》，他是八位“岗位超人”之一。他因突出贡献，享受国务院政府特殊津贴。2016年荣获“上海工匠”称号，上海市五一劳动奖章。

整理者言：我关注中国制造大飞机的目光，似乎从来没有移开过。2018 年 1 月，我对中国商飞公司副总经理、C919 大飞机总设计师吴光辉作了专访，采写了访谈实录《C919：更安全的大型客机》；2019 年 5 月 30 日，我又到上海飞机制造公司采访了中国商飞公司的一位普通工人，他是中国商飞上海飞机制造有限公司零件加工中心数控车间钳工一组组长，他在钳工岗位上已经辛勤工作 39 年，参与制造上千万件飞机零部件从来没有出过一次质量差错，他就是实至名归的“大国工匠”胡双钱。

我是一名普通工人，出生在一个平民家庭。我这一生中最幸运的事，就是和飞机结缘。

生在上海的放牛娃

我父亲是浙江萧山人，萧山以前隶属绍兴，1959 年改属杭州；我母亲是绍兴人，我父亲胡忠贤年轻时就到上海谋生，也许是绍兴人擅长腌菜、酱缸的活，他就在一家咸菜作坊做工，每天起早贪黑做着腌咸菜、发豆芽的工作。后来这家作坊并入普陀区副食品公司。我母亲先前没有进厂打工，而是在家操持家务、照护孩子。

我是 1960 年 7 月出生在上海，家里排行老四，上边有一个哥哥、两个姐姐。当时，我们一家住在沪太路中山北路附近。一家人就靠父亲不高的收入维持生计，生活相当拮据。而我的出生，更是让家里的经济压力突破了能承受的底线。于是，我母亲只得进厂打工挣钱，贴补家用。那时候，我的哥哥、姐姐也不大，平日里只能自己照顾自己。于是，我很小的时候，就被父母送到绍兴乡下，由嫁到绍兴农村的姑妈带大。

我在浙江绍兴农村度过了童年，乡下的山坡桑树、大河芦青、田埂野花、老屋竹林都深深地印在我的心里。我忘不了在老屋前的池塘里洗澡，在村头的小河边摸螺蛳，在竹园里挖冬笋，爬树上采桑果，在打谷场扑蜻蜓；我忘不了村前一棵百年大树中间的空洞都能钻进一个小孩，山上日夜不停流下的溪水，是那么干净，那么清甜，一辈子都是眷念。在老家，我 6 岁就学会了独自放牛，我嘴里只要准确地发出四种不同的声音，我放的牛就会随着口令，或走或停，或左或右转弯。我有时会牵着两头牛，甚至三头牛上山，牛在山坡上吃草，我在近旁守着，有时也会躺在长满青草的坡地上看着蓝蓝的天空，看着飞过的鸟儿。到了近午时分，就赶着牛回家吃饭，下午又牵着牛上山了。那时，山上的灌木草丛里不时会有蛇窜出，有时山上还有黄鼠狼和野猪出没。现在回想起来，这两年的“放牛娃”经历十分难得，既培养了我辛勤劳作的习惯和体格，又锻炼了我的胆量和化险能力。

趴在田沟里看飞机

我在老家生活到7周岁时，该到上学堂的年纪了，父母亲将我接回上海。

从农村到城市，周围环境，看到的事物变化很大，一切我都感到新鲜，加上我的个性又喜欢琢磨事，常常会想自行车的轮子为什么能够转动，收音机为什么能够发出声音，缝纫机为什么能够穿针引线缝衣服？

在能转动的机器里，最让我着迷的还是飞机。我常想，蝴蝶能飞，蜜蜂能飞，蜻蜓能飞，麻雀能飞，鸽子能飞，家乡山上的野鸡也能飞，都因为它们有一双扑腾的翅膀，那么飞机这么大的家伙为什么能够在天上飞呢？飞机的"翅膀"能够拍动吗？

那时，我家在中山北路沪太路近旁，有时会有飞机在天空飞过，但它飞得很高，离得很远，实在看不清楚。由此，我一直想找个机会，就近看看飞机，看看飞机到底是怎么飞上天的？

后来，听人说，我家往北十六七里的地方，有一个飞机场，叫大场机场，那里停着不少飞机呢！我心想，十六七里地，也就是步行两个小时的路程。这么想着，一天，我鼓动两个小伙伴就一起摸过去了，但第一次居然没有找到停机坪，是因为到了机场近旁时，方向走反了。于是，我们找个时间，第二次又走了两个小时摸到大场机场，这回方向对了，离飞机不远了，我们就躲在跑道边的农田沟渠里，耐心等着飞机起飞。要知道野地田沟里不时会有小飞虫掠过，会有蜈蚣百脚爬出，还会有田鼠出没。同来的两个小伙伴有点害怕，但在我这个"放牛娃"眼里就不在话下了，我设法稳住了他俩的情绪。这次运气很好，不但看到了飞机起飞，还看到了飞机降落。因为离得不远，飞机的轰鸣声直传到我们耳朵里。像这样来回得步行三十多里路去看飞机，对我这个"小飞机迷"来说，竟有好多回。

喜欢动手的小能人

我们那个年代，家里穷，一年到头过紧日子，能省1分钱就省1分钱，家里的物件，能自己动手做，尽量不花钱买，一般都自己动手做。而我又特别喜欢琢磨手艺，特别喜欢动手，在这方面格外有兴趣。小时候，小朋友们提根绳子抽陀螺转着玩，我就自己寻块木头，锯呀削呀做成了陀螺，用绳子一抽，转个不停；小伙伴们玩"打游击"的游戏，我也自己找了根粗点的铅丝，做了一只很有战斗力的弹弓，成了一名很受欢迎的"游击队员"。

上初中后，我喜欢动手的习惯没改，但动手的兴趣点高了，技艺升级了，动手能力更强了。有一段，我看到有同学玩矿石机，戴个有收听电台广播功能的单耳机，有模有样，就像现在戴“随身听”一样。我偶然也在耳朵边贴一会，哇，耳机里唱着歌，真好听。于是，我迷上了矿石机。那些日子，虬江路、牛庄路街边零件市场，淮国旧、中央商场等旧货、小商品市场，就是我时常光顾的“淘宝”地。几家无线电修理商店则成了我蹲点偷艺的“培训点”。就这样经过几番波折，我终于自己装配成功了一台很有质量的矿石收音机。

尝到成功的甜头后，我兴趣更浓了，劲头更足了。后来，又自己动手组装收音机。等到社会上流行喇叭箱后，我又紧跟潮流。自寻零部件，自己动手做，很快按照家里住房特点制成喇叭箱，音响效果很不错。

有一段时间，我又迷上了照相。那时已经进厂做工了，就攒钱买了架海鸥牌相机，但是放大机和冲印设备都是我自己动手做的。暗房就设在家里小房间里，照片冲洗出来贴窗玻璃上就算上光了。

那些年，社会上住房紧张，几代人挤在一起是常事，家里挤出一间作“婚房”，一般都是自己动手装修。当时，我的装修手艺在我的生活圈里是小有名气的。一是我铺地坪的手艺高超，当混凝土水泥铺下后，我会用一块长板，在极短时限里，就能一次性刮平；二是我的吊平顶水平也不一般。当时社会上还没有专业装修团队，一般都是自己动手，土法上马，因此要做吊顶生活，是个大难题。我却知难而进，反复琢磨，终于想出用铅丝配以少量钢筋蒙上纱布做一个大网，接着将网固定在房顶上，再抹几遍涂料成型。

我许多同事、朋友都晓得我喜欢动手，有几门手艺，但是知道我有缝纫手艺的人却很少。

我技校一位同学一毕业就张罗结婚，他邀请我做伴郎，也知道我家里没有西装，想破费给我做一套西装。这怎么可以呢？为好友当回伴郎，这是应该的事，怎么能收人西装呢！我就放言自办西装，让这位好友一百个放心。

我当时作的决定，出乎所有亲友的预料，我要自己动手做一套西装。

其实，我做服装是有扎实基本功的，家里有台缝纫机，我是主要的操作工。我在学生时代，从踏鞋垫开始学踩缝纫机，逐步能缝制短裤、衬衫，直至缝制长裤、学生装，乃至中山装，都做得像模像样、有腔有调。

只是从来没有做过西装，这是一个新项目。于是，我先到书店买了本西装裁剪书，用心研读，进行“理论准备”；随即购置相关布料，立马进入实践阶段。说实话，画好样子后，要下裁剪刀了，心里是比较揪紧的，万一裁坏了，经济损失太大，我当时暗暗要求自己，只许成功，不许失败，因而当做到“马尾衬”和“黑炭衬”时，我是格外小心。终于，西装自制完成，我穿着它，打着领带，潇潇洒洒做了一回伴郎。当时，只有我一个人知道，这套西装，漏了一处未打褶，因而有一处欠平整。

实现儿时梦想的技校生

我是 1960 年 7 月出生，到了该上学的年龄时，“文革”爆发，从而使教育领域受到极大冲击。在那个特殊年代，我在普陀区南赵宅小学读了七年书，又到宜川中学读到高中。

1977 年秋，我们国家恢复高考制度。1978 年，正值中学毕业的我有自知之明，清楚自己当时的文化功底，若是要考大学，还有一点儿差距，然而依据统考成绩，当年我是完全可以选择填报中专的，当然也可以选择进入技校。

我回家和父母亲一合计，不曾想他们异口同声认为进工厂当工人是个“铁饭碗”，可靠，进技校学技术，会有出息，俗话讲“荒年饿不死手艺人”。看来是没商量了，我便选择到技校学习。由于在这一档同学中，我的考分比较高，便被技校层次中最高的 5703 厂技校录取了。可是，录取通知书上署的招生单位是“708 工程指挥部”。

刚领取这份录取通知书时，我看了半天，不明白 708 工程是什么建筑公司？它为什么要以三个数字来命名呢？后来，老师告诉我，708 工程就是“运十”飞机项目，这是 5703 厂技校专门为“运十”项目培训技能工人开的班，而 5703 厂就是上海飞机制造厂，是一家军工单位。这是上海飞机制造厂办的技校，以后读出来，都是去造飞机的。

闻听此话，我高兴得眼睛都直了，张开的嘴半天都合不拢。我从小不就是迷着飞机吗？不就是一直想同飞机亲密接触吗？不就是想当个飞机厂的工人吗？今天，这个梦想终于实现了。我连蹦带跑地回家报告了喜讯，我父母亲和哥哥姐姐都为我高兴。

1978 年，我很幸运地进入 5703 厂技工学校就读。这是一所专门培养航空技能工人的学校。

我进技校后，第一位带教我的老师姓杨，他也是上海飞机制造厂的一位技术精到、作风严谨的老师傅。杨老师对我们学生虽说要求严格，但态度和蔼，他教育开导我们的话，从来不唱高调，而是实实在在。有一句话，他常说，我记了一辈子，他说：“学技术虽说重要，但不是第一位的事，第一位应该是学做人，这是最重要的，做生活要凭良心！”

我在技校的第二位带教老师也姓杨，他也是上海飞机制造厂技术响当当的老师傅，而且他还是上海市劳动模范。他的作派更加硬朗，对我们这批学生加徒弟更加严厉。比如，他要求我们这些小钳工必须苦练基本功，一是一上钳床，就必须站着干活，决不准许我们坐着干活，即使有些打磨零件的活，坐着也能操作，他也不允许学生坐着做。二是用榔头敲打凿子的活，杨老师从来不准学生戴手套把持铁凿，而执意要求我们一手赤手扶着凿子，一手使劲挥锤击凿，半天下来，练得我右臂酸胀，左手肿痛。

第二天，我们都指望老师能换个项目练练，但没想到，还得继续扶凿击锤。就这样一直练了一个多星期，直到敲击的手势像点样了，敲击的准确度也高了，这才让我们练习锉刀。锉刀技术，也是我们钳工的基本功，当时也练得很苦，一个零件在钳床上夹紧了，就用锉刀不停地锉，很枯燥，很辛苦，但我们的目光一直在注视被锉零件的细微变化。一个零件锉好了，就再锉下一个零件，反正一天一天就这么锉着。

今天，我回想自己在5703厂技校和在车间实习的学艺之路，对几位带教老师和厂里一批老师傅，都充满敬意和感激之情。

参与“运十”项目的小青工

在技校老师的严格带教下，经过自己的勤学苦练，我在钳工技术方面打下了扎实的基本功，在学艺的路上，从一起步，就走正了路子。

人们常说：有几分辛劳，就有几分收获。在我们技校组织的技术考试中，我脱颖而出，我干活的手势首先得到监考老师的好评，加上我制作的“六角镶配”零件，角锐圆润，面平光亮，内外尺寸不差分毫，因而取得高分。

这次考试后，老师就让我这名技校生还未毕业，就“破格”进车间一线干活，直接参与了“运十”项目的零件模具的制造。

让我一个学生直接进车间顶工，我知道这是技校老师对我的认可和器重；让我直接参与重大项目“运十”飞机的零件制造，我晓得更是车间领导对我的信任和培养。我心里拎得清，工作更带劲。每天早到晚走，辛勤工作，甚至当技校放寒暑假时，我仍然坚持上班。

1980年，我从技校毕业，正式进入5703厂，成为上海飞机制造厂一名年轻工人，继续参与“运十”项目的零件模具的制造。

刚进车间，我就被安排在钳工岗位。我跟着师傅依然从最基础的工作做起，继续操练敲凿子、锉零件的基本功，并且自觉地从身边的小事做起，认认真真地做好每一件事。

我们车间加工的飞机零件都是一些精度要求高、技术难度大的精细话，我就全神贯注地看着师傅操作，还对机械图纸绘制、工序编制、公差配合的疑难问题，一遍遍向师傅讨教，并用心琢磨，努力提升技能。在车间，我随身一直带着本子和笔，常常将各种零件的样子勾画出来，还不时在本子上作出相应标记。为了克服一些技术难点，有时下班后，我会留下来，找一些废弃的材料，在钳床操作台上练习，边做边悟。

当时，“运十”项目的研制正进入关键阶段，我们车间上下全神贯注配合“运十”项目的设计需要，随时接受设计系统交办的新任务，并全力以赴去完成。我当时虽然只是一个小青工，只能做一点辅助工作，但在一次次攻坚克难的历程中，车间领导的组织统筹、技术人员的专业作用，高级技工的协同配合，我都看在眼里，记在心里。

那一天，我们5703厂全体员工终于迎来了我们自行研制的“运十”飞机的首飞。

全厂上下，共同见证了中国人在民航飞机制造领域牵动国人的第一次尝试。我们的“运十”飞机终于起飞了，当时从机身后四台发动机喷出的四条浓烟，犹如四条飞龙，追随“运十”银鹰直上蓝天，很是壮观。那天，全厂沸腾，全场欢呼，那天是我们5703厂的盛大的节日。那天，我打心底觉得，我从小抱有的亲近飞机、制造飞机的理想，梦想成真了。

“运十”下马后的执着坚守

全厂员工没想到，我也没想到，“运十”项目在实现首飞后不久，由于多种原因突然下马了。

“运十”飞机曾经让我们全厂员工引以为自豪，它也寄托着我的梦想。“运十”的下马，让全厂员工，让中国多少航空人深感失落，不少老同志都伤心流泪了，也让我从高空蓝天，一下子跌入“冰窖”。

“运十”项目下马后，我们飞机制造厂变得没有生气了，没有飞机产品做了，一台台机器停转了，工人们没工作可干，一下子也变得没了方向。那时，厂区变得很安静，特别是大片空旷地上杂草丛生，常有野兔、野鸡出现。

生活还得继续，工人总得干活，终于有比较活络的工人跳槽去了其他工厂。因为我们造飞机的工厂制造的是技术含量高的产品，所以我们厂的技术工人，无论到那个单位都受欢迎。于是眼看着一批又一批技术工人跳槽走了，大多还是干车刨钳铣老本行，也有转行到其他公司、商场去谋生的。

那段日子，我很痛苦、很纠结、很难熬，我技术很好，许多企业都向我招手，向我开门，邀请我去他们单位上班，有的甚至开出了是我原来工资3倍的高薪。

是走还是留？是跳槽还是坚守？我的心中起了波澜，脑中两种想法在打架。

我没有很快作出决定，而是再等一等，再看一看。慢慢的，我的心绪也渐渐平静下来。

我想到，我小时候是那么爱飞机、迷飞机，后来能进飞机制造厂，让我睡梦中都笑醒，今天怎么能为了几个钱就放弃理想呢？我又想到，我们飞机制造厂可不是一般的单位，而是军工单位，厂门口日夜都有解放军战士持枪站岗，能进军工厂，我一直引以为自豪，这份光荣感岂是几个钱能够换来的？我还坚信，自己喜欢的飞机制造业会有发展前景，即使民航飞机暂时不上马，军用飞机总得制造，所以我们这个厂子不会关门，机会总会有的，为我们国产飞机精制零件的机会总会给我的！

就这样，在“运十”项目下马后，我一直在咱们厂执着地坚守着，好在我一直技不离手，每天依然在精制打磨各种零部件，虽然它们都不是装配在飞机上。

那几年，厂里承接的民品很多，只要有点盈利，厂方就同人家单位签合同，也好让我们工人有活干，有钱挣。回想起来，我曾参与做过电风扇、绞肉机，还做过大客车座椅、冷饮制造设备，等等。

自然，那些年，我在动手做民品零活时在技术上依旧是严格负责、一丝不苟。这对我暂别飞机后依然保持熟练精准的技术操作技能无疑是有利的，但是也让我一次又一次顶住人家企业来挖人的诱惑。有一家做食品饮料的私企老板，见我改制的三色杯冷饮制作模具非常成功，就出高薪来挖我，被我坚决拒绝了。

2002 年 10 月，我荣获上海市质量金奖，很快，一家企业公司又来挖我，并许诺会奖励给我市场价不低于 9 万元的一套一室一厅房子。这次，诱惑力虽然很大，还是被我坚决拒绝了。在飞机制造业坚守下去，我初心不改，决心坚定！

我在飞机制造厂坚守的日子里，还直接参与过航天火箭零部件的制作。因为对我工作态度和技术水平的信任，一次，厂里让我与师傅杨妙根结对承接任务，负责加工航天长征三号运载火箭 331 大梁。杨师傅是上海市劳动模范，他精湛的技术、钻研精神令我们敬佩。331 大梁头部开档尺寸按图纸标注应为 0.08 毫米精度要求，当时我们的机床在加工时无法达到这个要求。这是一个非常棘手的难题。杨师傅实践经验丰富，干活时又善于动脑筋，他便自制了两块标准的止通块，作为加工时尺寸对照标准。其中一块做研磨。另一块作为尺寸控制对照块。操作时，先用锉刀锉到基本尺寸，再用研磨块进行研磨，终于使产品达到图纸的设计要求，确保了航天器的质量。杨师傅的钻研精神和工作方法，给我树立了榜样，影响我一生。

大飞机梦重新点燃

等待出现转机，坚守迎来希望。我终于等到了我们国产民航飞机项目重新上马的一天，终于迎来了中国民航飞机自主研制发展的春天。

我国自主设计研制的 ARJ21 新支线飞机和 C919 大型客机，经国务院批准，分别于 2002 年和 2006 年立项。2008 年中国商飞公司成立。这一条条喜讯，让我热血沸腾，心潮澎湃。我终于又能自己动手，参与制造我们自主设计的飞机了，又能为我们自己的飞机飞上蓝天贡献我一个一线技术工人的一份技术、经验和智慧了。

这两个飞机项目立项时，我才四十多岁年纪，可以说正当年，无论是技术水平、实践经验，还是体力、眼力、脑力，都处于最佳年龄段。我一次次告诉自己：我能赶上中国民航飞机研制发展的春天，是我一生最大的幸运；我能将自己的生命、精力融化在中国大飞机制造的伟大事业中，是我最大的幸福；我，一个平民子弟，一个普通工人，能将自己的心血、智慧和全部手艺奉献给我们的大飞机，不虚此生啦！于是，十多年来，在 ARJ21 新支线客机和 C919 大型客机的研制过程中，我在自己的岗位上，随时听候指令，接受任务，从不畏难，从不叫苦，从不延误，从不言弃，不断创新，不懈攻关，发挥着独特的技术作用，确保了支线客机试飞取证和大型客机总装试验的需要。

一次，新支线客机研制中，根据改进设计的要求，需要赶制一个特制件。此时，我刚刚结束了一天的工作，收拾停当，准备下班回家。接到车间主任下达的紧急任务后，我二话没说，照例先给家里打了个电话，告诉妻子当晚加班，随即就打开特制件图纸，仔细琢磨起来。

细看图纸后，我明白了，这是一项新的设计方案，若是靠车间里现有的数控机设备去做，就要先编制程序、设置工装，只因时间太紧，不可能实现，所以要靠有经验的技术工人来完成这样的特制件。

当晚由我牵头，组建了有钳工、镗床工、铣床工共同参加的攻关小组，在技术员支持下，我们先研看设计图纸，分析技术难点，确定加工方案再由我划线，尔后开槽、打眼、锉平，其间，镗床、铣床、车床、钳床各显其能，协同配合，我们一直忙到凌晨 3 点许，终于完成这个特制件，并一次检验合格。

C919 大型客机的研制过程更加艰难，更加复杂，像这样突然交办的紧急任务更多，要求更苛刻。2014 年 5 月 23 日，习近平总书记视察了中国商飞公司，登上了 C919 样机，并作了重要讲话。他说，我们要建成一个强国，就一定要把装备制造业搞上去，把大飞机搞上去。我寄厚望于你们！那天，我有幸作为公司劳模代表受到习近平总书记的亲切接见，并在现场聆听了总书记的讲话。他还走到我们身边同我们一一握手。那天的情景，使我难忘。

习近平总书记和党中央的关注和支持激励我们向更高目标攀登。2014 年 12 月 13 日，一项根据新的设计要求确定的紧急任务下达到我们车间。这次是要我们制作 C919 大客机上壁板长桁对接接头的特制件，要对 26 个局部结构均不同的零件分别加工，时间要求三天内完成。这种限时限刻的新设计任务，在无工装且无法在短时间完成数控程序编程的情况下，便只能采取传统工序和钳工加工的方法来制作零件。

这项突击任务，还是压在我的肩头，攻关团队还是由我牵头。我按老规矩，要求攻关组成员先要仔细研读零件图纸，认真查看数模。经研究确定该批次零件都为双内角薄壁零件，而相对角度大小都不同，且角度要求精度高。针对这些特点，我提出要改变已有工艺方案，不再以角度标注方式划线加工，那容易出偏差，这次我们采取分析计算法，将工艺图纸的所有角度尺寸转化为位置尺寸标准，并调整优化加工步骤和工艺方案。这次突击加工中，我还将各工序划分为粗、细、精三个加工阶段，依照组内人员的技能水平，分组操作。在夜以继日的突击加工中，我盯牢每一道程序，关注每一个细节，经我们团队三天三夜的齐心协力的努力，终于顺利加工完成所有零部件，并经检验全部符合工艺要求。

很多人认为，高精尖的飞机零件都是靠尖端设备制造的。但实际上，许多零件还是要靠手工来做，特别是一些在研制过程中新设计的零件，角度很小或者有复杂的转角时就无法用数控机器加工到位，依旧要靠有经验的技术工人，用手工去做。这在世界民机制造业界是常有的事。

责任心是质量创优的动能

我曾连续十二年被上海飞机制造厂评为“质量信得过岗位”。2002 年，我荣获上海市质量金奖，2009 年，我荣获全国五一劳动奖章。2015 年我被评为全国劳动模范，2016 年我获中国质量奖提名奖。2016 年，我荣获“上海工匠”称号。

2015 年，中央电视台摄制系列纪录片《大国工匠》，我有幸成为八位“岗位超人”中的一员，现在回想起来，我能获得以上荣誉，最主要的因素，是我在担负生产飞机零部件时，能确保其完美的质量；而确保质量的关键，则是高度的责任心。

我们知道，做什么事，都要上心，做技术活，更要用心，不能相差分毫。何况，我们飞机制造厂的工人加工制造的可不是一般的机械零件，而是在加工制造关系到千千万万乘客生命安全的飞机零部件。我们中国商飞公司员工有一句常说的话：“我们像精制手表一样在制造飞机。”确实，造飞机是在打造大国重器，但为了追求质量，确保安全，我们需要有精制名牌手表的工匠精神。

在平时的工作中，在响着机器声的车间里，我只要想到这是飞机的零部件，它关系到乘客的生命安全，就会更加严格地要求自己，保持高度的责任感，并像珍爱自己的生命一样重视产品质量。

在飞机制造厂的技术岗位上，我已养成睡前“过电影”的习惯。棋坛高手有重要对决后要复盘的做法，多少年来，我也养成了将一天工作流程“过电影”的习惯。每天临睡前，我都要回想今天做了什么，有什么没有做好。有天晚上“过电影”时，我想到白天给一只螺丝加固时是否再上了保险？一直没有想清晰，而这道保险措施，能确保飞机在空中飞行时，不会因震动过大而导致螺丝松动。思前想后，我怎么也不踏实；辗转反侧，怎么也睡不着，干脆一骨碌起身，骑了二十分钟自行车，大约在凌晨3点，赶到厂里，拆去层层外部零部件，哦，螺丝保险清晰出现，这才放下心来。

新时代呼唤工匠精神

很多人认为工匠就是手艺工人，从事的是一种机械重复的劳动，其实工匠有着更深远的含意。我认为一名技术工人能被称为“工匠”，是对工人技艺的高度认可，也是对我们技术工人的工作态度和技术水平的称赞。

说到“工匠精神”，那就要更上一个层次。“工匠精神”是一种职业精神，它是职业道德、职业能力和职业品质的综合体现，其基本内涵包括爱岗敬业、精益求精、专注用心、创新工作等几个方面。依我个人的经验和感悟，其中最重要就是两条：第一是安下心来做好岗位工作，专心做自己热爱的事，胜过爱这些事给自己带来的收益；第二就是精益求精，精雕细琢，追求完美。只要做到这两点，我相信每一个努力工作的工人师傅都能成为“工匠”。

总之，“工匠精神”是优秀工人的基因，也是我们中国工人一代代传承的基本品质，它是工人的本分，也是建设国家的需要，新时代更呼唤“工匠精神”。

今天，回想自己能成为一个技术过硬的好工匠的成长历程，除了有高度的责任心外，还有一点也很重要，就是要养成良好的工作习惯。

首先，作为技术工人，一定要养成先看懂图纸、再开工干活的习惯。当年入行时，师傅是这么教诲，39年来，我也养成了这个习惯：一上机床，先看懂图纸，真真切切地了解要加工零件的工艺要求和技术规范，还要看明白此件有什么新变化、新要求；在接受零件时，还要对照图纸检查上道工序有什么不当之处，这样才能及时弥补，减少差错率。一次，在加工新支线接头零件的划线钻孔工序时，我发现上道工序外形尺寸未加工到位，马上给予及时补救，使产品质量得到了保证。如果当时，我只按自己这道程序去加工，此件必定报废。后来，我又将这条经验概括成四个一点：慢一点、稳一点、精一点、准一点。

其次，我还养成了当一道工序完成后，我会定睛看一会儿、凝神想一会儿的习惯。这个做法就是从上回凌晨3点放不下心返回工厂复查的事发生后养成的习惯。我的心得是：再忙也不缺这半分钟，因为确保质量最重要，何况我们生产的是要飞上蓝天、关系千万乘客生命安全的飞机。我这个工作习惯，又为我加工的零件质量加了一把锁。

如何保证产品质量，在三十多年的工作实践上，我还总结了一套自己琢磨出来并很有成效的工作方法。例如“对比复查法”：我们知道，钳工工作的第一个步骤就是划线，一般都是一次性划线，然后依线操作就是了；我为了增加一次纠偏差机会，并确保精度，就自创了“对比复查法”，先从涂淡金水开始，把它作为对零件的初步划线，根据图纸零件形状涂在零件上。这就好比在纸上先用毛笔写一个字，然后用钢笔在同一个地方写同样一个字，这就增加了一次复查的机会，提高了产品的合格率。

再如“反向验证法”：这个施工方法也同划线有关。钳工通常在划线零件角度时，会采用万能角度尺划线；一般验证划线正确与否依然会采用同样方法去复查，受到人的“经验主义”的局限，往往很难发现差错。我在工作实践中，又自创了另一套复查方法，采用三角函数算出划线长度进行验证，若是殊途同归，结果一致，就放心地操作下去，若是结果不符，那就说明有问题了，必须停止操作。这样做，虽说给自己增加了工作量，但是却为确保加工质量、杜绝次品，上了“双保险”。

在一年年工作实践中，特别是在一线车间直接为研制国产大飞机加工零部件的难忘经历中，我体悟到，一个好工匠不仅能做常规工作，而且要做全新工作；不仅要加工熟悉的零件，而且要加工新设计的零件；不仅要在日常工作中，一丝不苟、保质保量，做好每一件产品，而且在遇到重大技术难题时，要敢于迎战，勇于创新，攻坚克难，完成任务。

像C919大型客机是由数百万个零部件组成的，其中有80%的零部件是我国第一次设计生产，其制造难度可想而知，而且很多公差极小的零件是靠高级技工手工操作来控制精度的。为打磨加工出大飞机的零部件，我将整个身心都扑上去了，几乎每个周六都泡在车间里。这些年，我参与加工制作的大飞机零部件，最大的直径为5米，最小的比别针还小。一次，厂里交下单子，要限时加工机上定位圈。我发现由于零件的直径小，零件定位直口的孔径更小，然而孔径的深度却比较长，故而内径无法打表测量，也没有专用量具可使。面对这道难题，我苦苦思索，反复琢磨，自创了一种测量孔径内壁尺寸的方法。终于攻克难题，圆满完成了此项精度极高的定位圈的加工任务。

像这样加工过程异常艰难的零件，这些年我做过许多件，每一次任务都是一次挑战，每一次压担都是一次提升，每一次遇挫都是一次淬火，每一次磨砺都是一次飞跃！

我这个人普普通通，平平常常，也没其他什么本事，就有这么点机床技术，就有这么点手艺，我个人的命运能同中华民族共同关注的国产大飞机制造事业联系起来，我的手艺、智慧、精力甚至一切都能奉献给中华民族的航空梦，值了！

太空之吻

口述 王曙群　整理 李文祺

王曙群简介

男，1970年6月生，浙江海宁人，中共党员。上海市第十四、十五届人大代表，国家级技能大师，上海航天设备制造总厂有限公司对接机构总装组组长，特级技师，上海航天八院首席技师，上海市总工会兼职副主席。先后参与完成“神舟”“天宫”“天舟”“嫦娥”等11次发射任务，荣获首届上海工匠、上海市五一劳动奖章、上海市科技进步三等奖、上海市十大工人发明家、上海市技术能手、中国载人航天工程突出贡献者、全国技术能手、中华技能大奖、全国五一劳动奖章、国家科技进步二等奖、第七届全国道德模范等荣誉，享受国务院政府特殊津贴。

整理者言：仰望星空，月亮这颗最近、最亮、最富于变化的地球唯一的卫星，以其独有的魅力强烈地吸引着我们去赞美、去认识、去探索。在随着航天事业的不断发展，2004年，我国启动了探月计划，并命名为“嫦娥工程”，中国人开始迈出月球探测的第一步。在2019年春夏之交，笔者在闵行的一个车间内，见到了制造月球车的“大国工匠”王曙群。

完美上演“太空之吻”

2011年11月3日凌晨1时37分，中国航天人完成了一次举世瞩目的“太空之吻”——神舟八号飞船与天宫一号目标飞行器成功实现交会对接，我国成为世界上第3个独立掌握航天器交会对接技术的国家，标志着中国航天迈入了“空间站时代”。

那一天，那一夜，神舟八号“追上”天宫一号，要在太空中实现两个重达8吨多的飞行器对接，就好比在完全失重的环境下闭着眼睛“拧螺丝”——12把对接锁必须同步锁紧。庞大的舱与舱之间，时刻保持平稳，天衣无缝地结合在一起，“做到极致”。

能不能实现？我的心既紧张又兴奋，更多的是担心。因为，对接装置是我和我的团队组装的。

当天下班后，我“偷偷”找了一个地方看电视直播，心情就像是守护参加高考的孩子。当看到神舟八号和天宫一号，完美实现了我国航天器在太空中的首次交会对接，我绷紧的身体瘫软在椅子上。

在太空，对接只能靠操作机器替代人来完成。对接装置有4个插头，每个插头有50多个芯，一共是200多个插孔，交会对接需要同时将200多个插孔准确并同步插入插座。插头上的针直径只有1毫米左右，插针对接的位置、姿态稍有偏离就会被撞弯，造成信号消失，地面便无法判定两个飞行器的姿态或控制，导致对接任务失败。

一次次的试验，一次次的试错，每天想的都是公式、数据、算法。这对于我来说，是一个巨大的挑战。此后一年多的苦苦摸索，我和同事们边装配、边调整、边试验。

为了实现交会对接成功，我和团队分析了150万个数据。对接机构上有100多个测量动作、位置、温度的传感器，近300个传递力的齿轮，750多个轴承组合，1.1万多个紧固件，数以万计的导线、接插件、密封圈和吸收撞击能量的材料……各种各样的接插件，密密麻麻的电缆线，我和团队从不敢有片刻懈怠，每项测试都要做到极致。“航天工作不允许任何一个错误。”我始终牢记，“精益求精”是匠心之本。

航天对接就好比在太空中“拧螺丝”，“拧”得好不好，全在精细度。12把锁钩对接、分离时，不但相关各舱室的气体不能泄漏，舱与舱之间更不能剧烈晃动。有时候，实验室出来的东西却会在生产线上“碰壁”：对接机构研发初期，团队按照设计图纸装备出来的对接锁，分离时却产生了严重偏差，而且毫无规律可循，各路专家会诊也没有“药方”。我经过近一年的反复试验、摸索，最终发现问题的根源：对接锁上的钢丝绳具有延展性，拉伸后张力衰减导致12把对接锁不能同步运动。我马上提出了解决方案，解决了困扰对接机构团队近两年的对接锁系同步性协调难题。

“总装组的工人不能仅仅按科学家的设计图纸组装零件，有时候也要搞技术创新。”

我常常这样督促自己和徒弟，设计与实际生产不可避免会有一些偏差，技术工人的完善创新至关重要。我们团队有个最大的特点：拼！同样的装调任务，通常别的团队一周完成，我们不到两天就全部装调到位。明明是技术工人，我们甚至经常把参与研发的活儿也揽了。

大航天、小零件。我注重细节。有一次，班组成员在产品装配过程中，发现5个螺钉中有一个的表面有些锈蚀，料想可能是储存过程中没有保存好，准备重新换一个进行装配。

我知道后，跟班组成员说：我们不能这么随意地处理这个问题。我提出要复检一下螺钉的原材料，确保原材料批次没有问题以后，才能再使用。后来复测材料确实没问题，班组成员才把表面锈蚀的螺钉替换后再装配。

为何如此“较真”，我们要想得深一点，因为产品装上去后，很多地方没办法进行破坏性考核，而生产的运载火箭又只有这么一发……

为了实现精准对接

我从神舟八号至神舟十一号、天宫、天舟，对接机构经历了7次飞行试验考核，圆满完成了13次交会对接试验任务。我负责总装的对接机构，航天员杨利伟对我作出了“能够让航天员放心地去执行任务”的高度评价。

因为航天器对接锁质量如何，决定了航天员在太空生存和能否安全返回地面的重中之重。

对接锁是对接机构中的关键部件，为保证对接、分离成功，不但相关各舱室的气体不能泄漏，舱与舱之间也要“天衣无缝”，而且对接时必须保持平稳、牢固，不能剧烈晃动。

因此，对接锁的锁钩必须实现同步锁紧、同步分离。为了做到这两个同步，我在装配过程中必须边装配、边调整、边试验。经过多次试验发现，分离姿态与设计要求产生了严重偏差，而且这种偏差毫无规律可循。从那天起，我和这个问题较上了劲。

为了早日攻克这一难题，我走路时想、睡觉时想，有时在饭桌上还会情不自禁地用手比画。在那段日子里，我经常是一天待在家里的时间不足 8 小时。通过近一年的反复试验、摸索，终于发现锁钩采用钢索传动在大载荷下钢索会变长，张力会下降，这就导致了锁钩无法实现同步解锁。

找到了问题的症结，我马上提出了改变钢索旋向以及对钢索进行预拉伸处理的工艺方案，同时将判断锁钩同步性的测量方法进行调整，一举解决了困扰对接机构团队近两年的对接锁系同步性协调的难题，不仅能使柔性传动的对接锁系快速精准地调整到同步，也使同步稳定性从最初的 3 次提高至 50 次以上。

航天器对接机构中对接环的运动位置精度，是影响航天器交会对接任务成败的另一个关键因素。安装在对接环上的上支点和安装在对接框上的下支点形成一个闭环的自差动回路系统。该回路系统由数百对齿轮与轴承组成，整个传动链长约 6 米。

如此长的传动链，普通的齿轮传动精度一般最高只能调整到 3—5 毫米，而对接环在初始位置、对接位置和极限位置的运动精度误差均要求不大于 1 毫米，俯仰、滚转和偏航角度均不大于 2 分，要求整整提高了 5 倍。原先反复调整，都难以保证对接环不同位置的精度要求，多次运动后重复精度更低。

我通过对整个传动链的仔细分析，创造性地提出逆向调整方法——自上而下调整法。为此，我设计了专用装备，首先将对接环固定在极限位置，保证其位置精度，再通过调整传动链上的齿侧间隙，调整对接环在对接位置和初始位置的位置精度。通过实践，验证了该方法的可行性和可靠性，大大提高了对接环的运动位置精度，使对接环在各个位置的精度误差均不大于 0.5 毫米，各方向角度偏差均不大于 1 分，成功实现神舟八号和天宫一号在各种姿态下六自由度方向均能够实现交会对接的目标，一举解决了总装精度调整难的问题。该装调方法已成功应用于风云卫星系列产品。

打造“玉兔姐妹”

随着航天事业的不断发展，2004 年，我国启动了探月计划，并命名为“嫦娥工程”，中国人开始迈出月球探测的第一步。2005 年，对接机构研制进入关键时期。我们班组接到了新的“指示”——迎接新的型号任务，开展月面巡视器的研制工作，也就是“玉兔”号月球车。

如何做到对接机构和月球车研制“两同步”“两不误”，单靠我一个人肯定不行，应该给年轻人也压担子。

压担子，光压肯定不行，关键时候需要“带”。我经过综合考量，选择了班组里基本功较好、干活比较踏实的路爱忠作为负责人，辅助我开展研制工作。同时，我挑选了3个“90后”作为月球车的主操作。

队伍建好了，我给他们上了“第一课”：我拿出了厚厚的三本笔记本，笔记本上都是我研制对接机构10年来的装配“宝典”，给他们分享在对接机构总装过程中遇到的难题，以及如何解决的故事。同时，我结合自己的理解，讲解了月面巡视器产品的移动分系统、结构分系统装配中的几大难点、重点和易犯错的地方。我通过自身经验的讲解，以“传、带、帮”的形式，让年轻组员在该型号装配方面更快成长。

2012年春节前的一个凌晨，我接到北京打来的电话，在月球车整机振动试验时，测试人员发现了测试数据不符合要求，要求我立刻去北京参与排故。

在接到电话后，我犹豫了。嫦娥三号试验任务已经进入倒计时的关键阶段，自己去，可能负责该型号“老总”更放心一些，但年轻人又错过了一次锻炼成长的机会。最后，我还是顶住压力，说服该型号“老总”，让班组里三位年轻人一起去，我留在上海做后方支持。

他们去排故期间，我时刻都关注着手机，就怕错过他们给我的电话。但我接到他们的第一个电话：

“王师傅，事情解决了！产品没问题，是振动试验数据离散性问题。”

“好！好！好！我就知道你们肯定行的！你们辛苦了！”

排故的24小时内，我基本没合眼，比结果更让我激动的是，他们成长了。

在月球车试验阶段，需要对其进行环境模拟试验，且试验需要尽可能模拟月面真实的环境条件（高真空、高低温、太阳光照、宇宙辐射、低重力和月球表面地形地貌等），该试验需要不间断地进行2个月的时间，24小时不停转，这样的试验势必需要进行轮班进行。

篮球馆般大小的实验室地面由火山灰堆积而成，堆积起来足足有一栋三层小楼那样高，地面上还人为地设置了许多大小不一的沙坑、岩石等；月球车需要模拟“月面”移动、爬坡、越碍、拍照、土样分析等多项试验内容。

由于火山灰模拟的“月球表面”土质较轻且很松散，人一踩上去就会使得周围“尘土飞扬”，非常像严重的雾霾天，试验人员必须“全副武装”——佩戴防尘的“猪鼻子”口罩、护目镜、橡胶手套，同时穿着防静电服等。

对这样“恶劣”的试验环境，总是我先去试。一天下来，脱下“装备”，就像刚刚作业归来的煤矿工人，头发是灰的，脸上流淌着“泥浆水”，手掌因长时间带着橡胶手套而发白，身上散发着汗臭味……

这一切，夏巧伟和吕雯龙两位年轻人都看在眼里。在他们轮班的两个月的试验期间，他们没有一句怨言。

走上对接机构总装岗位

1989 年，我技校毕业参加工作，从事工装模具的装配、维修工作。一个机缘巧合让我遇上对接机构。1996 年，厂里举办高级工培训班，规定工龄在 10 年以上的职工才能参加，而我才工作 7 年，得益于中级工考试获得全厂第二名的成绩，破格让我参加了培训班，在培训过程中正好赶上对接机构产品研制。

新的任务、新的技术，一下子激发了我的激情，我想学，想好好学，恨不得想把对接机构研制初期遇到的问题统统在培训班里都找到答案。另外，学到的新知识，我也想赶紧在生产过程中实践起来。

1998 年，对接机构进入初样产品研制阶段，由于很多工作都是首次，很多问题都是从未遇到过的，有时出了问题归零都不知从何入手，感觉越来越难，甚至对自己的工作产生了怀疑，这个东西太难了，到底能不能做出来？上班解决不了的问题，就需要下班继续。当时，企业效益不景气，加上自己加班加点特别多，“钱挣得不多，家里也照顾不了”，家人经常对我抱怨。

是放弃，还是坚守？我选择后者。我牵头研发了 50 多台套专用装备，完成论文 15 篇，获得 5 项国家发明专利。对接机构中的每一套单机必须经过各项试验，合格后才能进行总装，其中有 10 大类 31 套单机还需经过热循环试验的考核，一次热循环就需 37 个小时的连续试验。

为了保证试验的连续性和测试数据的准确性，我带领团队每次都坚持连续工作 37 小时，每到半夜瞌睡袭来时，就用冷水擦一把脸；饿了，就啃几块饼干。就这样，31 套单机他们连续做了 31 次 37 个小时的试验。

光做单机试验的工作量尚且如此，整个对接机构试验的工作量就更不用说了。天宫一号是带着对接机构首次上天的飞行器，可是就在发射前，对接机构在进行最后一项热真空试验过程中，发生了无法解锁分离的问题，现场一时无法判定问题症结。

问题惊动了所有研制线上的技术人员，如果不在短期内解决，不仅经济上造成巨大损失，更会直接影响到天宫的发射计划。技术人员经过分析后，列出了所有故障模式，但一时无法判断问题的原因。

他们把我请到了现场，我了解故障现象后，通过系统分析，列出了所有故障可能性，逐一分析，很快将问题定位在锁驱动中的一根传动轴上，判定该轴已经断裂，且是由于试验设备过载造成。故障迅速排除，天宫一号如期发射。

2011 年，神舟八号和天宫一号在太空上演了一场完美的“太空之吻”，使我国成为继俄罗斯之后第二个掌握对接机构装调技术的国家。

航天器的对接，其管路密封就如同血管对人体一样，直接影响航天产品的生命力。在对接机构研制初期，采用熔焊技术制造的导管合格率仅为20%左右，管路多余物清洗合格率为77%左右。

为了能够让产品满足新的焊接技术要求，对于材料的选取格外重要。在原来的焊接过程中，我们都是焊接两个截面。为了提高焊接质量，我们想到了“管子套管子”的办法，在材料的选择上通过各项试验，得到的五组数据反复对比，最后在焊缝质量检测报告中寻找他们所想要的“答案”。

真是功夫不负有心人。对50件的试样的焊接试验与性能测试，最终找到了最佳的工艺参数，新材料的润湿性能大大提高，焊接后的焊缝气孔少、均匀性好，不仅各项指标达到了航天标准QJ1156A-96 Ⅱ级焊缝、管路漏率$\leqslant 1\times10^{-7}$ Pa·m^3/s的性能指标，他们还形成了企业标准《焊接质量控制办法》。

为了确保100%的合格，管路清洗也不得马虎。为有效避免新的多余物残留，我们成立专项项目组，通过数百次的清洗方案和工艺流程的改进，提出了一种采用高压、高纯度氮气驱动高分子聚氨酯材料在超细导管内多次高速往复摩擦的工艺方法，优化确定了“三步走”的清洗技术路径。同时，结合新发明的一种分解油污能力强、自身易挥发的专用清洗剂，提高干燥时间和温度从而确保了清洗剂的完全挥发。

最终，该技术先后完成了43套试验件和正式产品清洗验证，经导管内残留颗粒度检测，合格率达到100%，突破了国外航天大国对我国该技术的长期封锁。该项目荣获了2018年度国家科技进步二等奖，实现上海航天八院技能工人在国家级科技进步奖领域“零”的突破，真正实现了从“制造”到“创造”的跨越。

没有对接机构就没有我今天的成长，没有团队的一起努力也没有我们团队今天的成就。

作为国内唯一一个对接机构总装班，现有成员17人，平均年龄38岁，是一支多次荣获“全国质量信得过班组”“集团公司金牌班组”“院金牌班组”，以及“中国质量提名奖”“全国工人先锋号”等诸多荣誉的优秀团队。

作为组长，我在班组管理中突出“规范化、精细化、人性化”，以精细管理为侧重点。结合宇航产品高质量、高可靠性的要求，与单件、手工、技术新的装调难点，我带领组员完善岗位依据目录百余项，重修专项操作规程5篇，完善考评奖惩条例，全面推进“星级现场”的管理，体现精益求精、追求卓越的班组价值观。

在型号研制过程中，我带领组员通过分析生产链条中最小颗粒度的潜在失效模式，按故障模式的风险优序数，识别出的Ⅰ类故障模式2个，Ⅱ类故障模式12个，设置工艺关键点5处，强制检验点7处，实现首次研制一次成功的工作目标。

在人才培养方面，我坚持“人才复制”计划，在 2018 年，我们班组成为上海航天八院唯一技师比例突破 80%、双师比例达 18%的技能型班组。力争在“十三五”时期末，实现班组高级技师比例突破 50%。

通过探索与实践，我们班组的管理模式，荣获了 2018 年中国质量奖提名奖，是中国航天科技集团有限公司唯一获此殊荣的一线班组。

脚踏实地、仰望星空。这是我写在工作室墙上的一句话，更是我作为一名航天工人的誓言，以匠人之心铸航天重器。

星空浩瀚无垠，探索永无止境。

柳知随俗添青眼　梅不因寒改素心

口述 王恩多　整理 许兴汉

王恩多简介

女，1944年11月生，山东诸城人，九三学社社员。中国科学院生物化学与细胞生物学研究所研究员、博士生导师。我国著名生物化学与分子生物学家，中国科学院院士，第三世界科学院院士。先后在国际学术刊物上发表论文90余篇。论文被美国《生物化学年鉴》《细胞》《自然》《分子细胞》《欧洲分子生物学组织杂志》等国际相关刊物引用500多次。曾获国家自然科学二等奖，上海科学技术进步奖一等奖、二等奖，何梁何利科学进步奖。2000年被评为上海市劳动模范，2007年获得全国五一劳动奖章，2010年被评为全国先进工作者。2011年被聘为上海市政府参事。第十届、十一届全国人大代表。

整理者言：初夏时节，中科院上海生化与细胞研究所的楼宇间，清风徐来，树影婆娑。在细胞大楼的11楼房间，我见到了要采访的中科院院士王恩多。这位生化科研界著名的院士劳模，微胖的身材，虽说已年过七旬，但满头的乌发，以及一说话就夹带着山东人特有的爽朗笑声，却让人感到一种别样的亲切和热情。采访前，我曾担心，与科学家交流，会不会要面临一大堆专业的术语和数据，以及滔滔不绝外人根本听不懂的一些科学公式和原理。但在整个采访中，我的担心显然多余了，王院士不仅在交流中凡事都娓娓道来，同时由于搞科学研究的人天生缜密的逻辑思维，她的讲话叙述犹如流水飞瀑，倾泻而下，有头有尾，自成章法。而更让人称道的是，为了说明有些材料的来源及准确性，她还会不时打开电脑，将里面分门别类储存的材料用投影机打到雪白的墙壁上，像授课一样给我讲解，既让人看得清清楚楚，又让人听得明明白白，这一招使得我干脆丢弃了原来拟定的采访提纲，而跟着她的思路和叙述走，在采访机里留下了她在探索生命奥秘的科技人生中的串串脚印……

“大图标”和“小图标”

我记得著名的爱尔兰剧作家萧伯纳曾说过：“生命是团纯净的火焰！”我们每个人都拥有生命，也都热爱生命，但要把揭示生命奥秘的科学工作作为自己终身的职业并要干点成绩出来，我这一路走来的过程，说来话长。

我出生在一个习文世家。我的老家山东诸城相州历来名人辈出，曾在明清两代造就过最大的科举仕宦群体，我们王氏家族中的王统照、王愿坚、王希坚等均是文化名人。小时候父母也曾希望我走习文这条路。说句不客气的话，我读书时的作文也不差，要是真的读文科，搞搞文学或新闻大概也行，这样也许就与你们记者是同行了。但是，我小时候有一个特点，就是非常喜欢看书，什么书都拿来看，记得那时为了能多看点书，我还曾自荐到山东省图书馆担任儿童服务员。而正是在这样广泛地阅读学习中，我接触到了各方面的知识，包括许多科技方面书籍和杂志所传递给我的新鲜内容，像《知识就是力量》《科学与技术》这样的科技刊物都在我幼小的心灵中打开了一个全新的世界。不过，促使我后来真正想从事科技工作的其中一个动因，还源于刚上学时读到的一本《世界经济地理地图》。这本书介绍的是当时世界各国的经济发展概况，书中内容丰富，图文并茂，例如介绍某个国家农产品丰富，就把粮垛画得很大，某个国家交通发达，就把火车头画得很大，但是，在这本书中介绍到中国时，除了人口和土地面积的图标很大外，其他像飞机、舰艇、石油、粮食等的图标都很小，这对我刺激很大，为什么我们国家就这么不如人家呢？我长大后一定要多为祖国出力，贡献自己的智慧和力量，把我们国家的这些小“图标”也搞得大大的！

居里夫人和表姨妈吴素萱

当然，促使我最终走上科学研究道路的原因还有很多，但其中有两位我特别崇敬的女性给了我最大的力量。一位是人所共知的波兰科学家居里夫人，一位是我的表姨妈、我国著名的植物细胞学家吴素萱。前者不用说，是许多女性科技工作者少女时代就崇拜的偶像。我在读中学时，一本《居里夫人传》就不知让我翻阅了多少遍，那时，我就特别向往将来能成为像居里夫人一样的女科学家。而后者可能有些人不知道，但我却在读初中时的一篇“我最尊敬的人”的命题作文里，就写到了她，她就是我的表姨妈吴素萱教授。因为她当时已是我国著名的植物细胞学家，不仅获得了美国密歇根大学的细胞生物学博士学位，还曾是西南联大生物系的唯一女教授。1955年，表姨妈吴素萱受聘于中国科学院植物研究所任研究员时，就观察到植物体细胞核穿壁运动的现象，并通过大量系统的研究，对于核穿壁运动的生理功能提出了独创性的见解，在植物细胞学术界影响很大。我记得当时家里人常拿着报纸说三姨妈又得了什么科学奖，我就觉得，她真了不起啊！

说起表姨妈吴素萱，她不仅是我学业上的偶像及榜样，同时，她在我的人生道路上也曾给了我许多具体的规划和指导。我高考时，因为招生单位错漏，没有进我报考的北京大学而到了曲阜师范学院化学系就读，因此自己就一直想再考研究生，实现继续走科研之路的愿望。为此，我就经常写信给三姨妈，跟她交流自己的一些想法和困惑，她也是每封必回，信中或细细劝慰，或热心指点，给了我很多真切的帮助和指导。1965年，我终于考取了中国科学院上海生物化学研究所的研究生。当时，中科院所有新生都要集中到北京的中国科技大学研究生院去学习哲学和英语，那里离三姨妈在北大的家很近。三姨妈一生未婚，又很喜欢孩子，我没事就会去她家和她做伴，对她的认识从那时候就更加生动丰满起来了。三姨妈平时做事生活都非常理性、严谨，有一套科学家自己规定的方式或作息表。例如，她每天几点起床、几点吃早饭、几点出门包括乘哪一班公交车都是固定的，而每天她也总会提早5分钟到办公室。有一次我见她在缝被子，担心她上了年纪看不清楚，就说我来帮你缝，她说不用，原来她把4根线的长度都测量好了，线缝完被子也就缝好了。此外，三姨妈也非常敬业，好几次我半夜起来上厕所，还听见她房间里的打字机敲个不停，那时请她去国外做报告的人很多，一般她都拒绝了，因为她觉得出国太耽误时间，而“我在做什么工作，人家可以通过我的论文知道，这就够了”。同时，她和她的科研同行们在工作治学上也总是很谦虚，记得有一次，我拿着一句很难的英文句子去请教三姨妈，她怕出错，让我去问住在楼下的饶毓泰伯伯。饶伯伯是我们国家的物理学泰斗，留美多年，他看了又让我把书留下，说他第二天再问问在美国待得更久的弟弟。这件事我印象很深，这些大师成就再高，也不会觉得自己真的精通了什么，学无止境，这就是科学家在科学研究中治学精神。三姨妈及她身边的这些老科学家严谨、敬业而谦虚的生活态度和工作作风对我的影响很大，对我以后在科研工作中坚持一丝不苟，勇于不断攀登科学高峰的奋斗精神起到了很好的表率作用。

“恩多恩多，师恩多多”

说起这些年我在科研工作上取得的成绩，不能不说说我的两位恩师。说来奇怪，我出生时父母为我取名“恩多”，想不到在我日后的科研生涯中，真的是恩师多多！我遇到的第一位恩师是中科院上海生物化学研究所的著名酶学专家邹承鲁先生，那年我本科毕业，考取了上海生化所酶学研究室的研究生，有幸成了邹承鲁先生的学生。邹先生在探索生命奥秘的科研工作中，曾 2 次获得国家自然科学一等奖、4 次二等奖，这是很不容易的，也是在生化研究领域中不多见的。邹先生是我国著名地质学家李四光的女婿，他也像李四光一样，在科研工作中是一个能做到“从无到有”的开创型的科学家。能拜这样的科学家为师，是我一生的幸运！

成为邹承鲁先生的学生后，一开始他就为我精心挑选了一本英文参考书《生物化学》(Chemistry of Living Organism）让我学习。这其中就包含了恩师的良苦用心。我在用心读了这本书后，不由深感，这本书既让我学到了以后将从事的专业知识，又帮我巩固和提高了原来的英文水平，真是收获满满！在日后的带教学习中，邹先生也是手把手地从如何做实验记录，以及尊重原始实验记录的重要性等方面进行专业指导，此中的点点滴滴，都让我深深感到老一代科学家对科研和治学方面的严格要求及认真细致的科学态度。我举一个小例子给你听：1981 我写毕业论文时，先拿去给邹先生请他审阅。看后对论文他基本表示满意，但却提了一个题外的意见，那就是要求我的论文在正式打印前，一定要用碳素墨水抄写，而不能用蓝黑墨水写，什么原因呢？邹先生告诉我，因为碳素墨水复印字后不会变颜色是黑色的，而蓝黑墨水复印出来字就会不清楚，如此严谨的工作作风和认真的科学态度，很长时期也一直影响着我的实际工作。当年没有电脑时，我写科研报告都是用手抄写，一页纸 400 个字，只要写错一个字，我就全部重抄一遍，每次都如此。

我的另一位恩师就是我国现代生物化学事业奠基人之一的王应睐院士。王应睐先后对营养、维生素、血红蛋白、酶、物质代谢以及酶与核酸相互作用进行研究，都取得了一系列重要成果。他曾成功组织完成了具有生物活力的人工合成结晶牛胰岛素和酵母丙氨酸转移核糖核酸两项重大基础性工作，这两项成果于 1982 年和 1987 年分别获得了国家自然科学一等奖。

王应睐先生1958年起担任中国科学院上海生物化学研究所所长，长达26年。我是王应睐先生“文革”后招收的第一个研究生，在向王应睐先生求教和工作期间，深感王应睐先生对学生充满着师长的深切关爱和期望。他注重给学生创造锻炼机会，培养学生的综合能力，这些都使我终身受益。研究生毕业后，王应睐先生建议我向参加全国高级生化训练班的学员讲授酶学课程。那是在上海第二军医大学的一个大礼堂上课，听课的人很多，所里派出上课的老师大部分是资深研究人员，其中我年纪最轻、资历最浅，面对这么多人上课难免有些紧张，想打退堂鼓。王应睐先生便对我说：“上课就是不仅要自己懂，还要让别人也懂，也明白，这是要下工夫的，我看你还是去吧。”事后，我感到王应睐先生让我去上课，一方面使我以前读的书本知识更加扎实了，另一方面也提高了我的口头表达能力，以后做学术报告就不太费力了。

有几年我与王应睐先生在同一个研究组工作，这个研究组属于分子生物学国家重点实验室，每年要写中、英文年报。第一次写年报时，我心想我中学和大学学的都是俄语，英语底子不好，就向王应睐先生提出：“我写中文年报，你写英文的，如何？”他说：“中英文的都由你写，写好后，我帮你改英文的。”他告诉我英文水平只有多用、多写才能不断提高。这之后，我的英语水平果然有了较大提高，这与王应睐先生在学习上对我的严格要求和教诲是分不开的。1982年我研究生毕业时，王应睐先生和其他三位先生推荐我申请美国国立卫生研究院Fogarty国际基金会提供的奖研金，经过一年多的等待，我的申请非常幸运地被批准了，成为中国大陆学者获得该基金资助的第一批三位学者之一，到美国加州大学戴维斯分校霍兰德教授实验室学习DNA重组技术，为期一年。去美国前，王应睐先生找我谈话时没有居高临下地对我说教，而是语重心长地说：“到了该回国的时间就回来吧！这对各方面都好，包括你的家庭。”这句话一直温暖着我整个留学期间的心。当然，我也没有让王应睐先生和所里的前辈失望，在美国的头三个月中，我的研究成果就赢得了外国同行的赞扬，并于半年后，Fogarty国际基金会还破例批准给我提供第二年的奖研金，学校的霍兰德教授听说后告诉我：“Fogarty国际基金会给你的奖研金，据我所知是时间最长的，你这位40岁的中国女留学生，真是了不起！”

王应睐先生一向对名利看得很淡。尽管在“人工合成结晶牛胰岛素”这项工作中他的贡献很大，但有关文章投稿时，他都将自己的名字从作者名单中删掉。在他89岁时，许多科学家鉴于他在“人工合成牛胰岛素”和“人工合成酵母丙氨酸转移核糖核酸”两个大项目中的贡献，推荐他为何梁何利奖的候选人。当我向他提及这件事时，他说：“这都是过去的事情了，不必再提了！”老科学家这种淡泊名利，专心科研的精神影响着我一生的科技工作追梦之旅！

“中国有个王恩多”

1987 年，我从美国回到上海后，便开始着手王应睐先生交给我的研究课题——“酶与核酸的相互作用”。这里我要简单介绍一下，在我们的身体中，蛋白质、核酸、脂类等是构成人体细胞的基础物质，而每个细胞都有蛋白质合成系统，如果要产生正确的蛋白质，那就需要正确的“生产原料”和“生产模板”，核糖体则是其中的合成机器。氨基酰 -tRNA 就是合成蛋白质的原料，它携带着氨基酸和与模板配对的反密码子，在核糖体上合成蛋白质。氨基酰 -tRNA 则是由氨基酰 -tRNA 合成酶这一类酶催化合成的，它们产生正确的氨基酰 -tRNA 就保证了遗传基因翻译为蛋白质的正确性。反之则会细胞功能异常，对人而言就会导致疾病。比如，如果神经细胞中的蛋白质不对，就可能产生神经性疾病；如果心脏细胞的蛋白质不对，就可能产生心脏疾病。我们还发现了这类酶中的某些酶还具有“校正系统”，它能把错误的氨基酸去掉，能够尽可能地让细胞内合成蛋白质的原料是正确的。反过来，如果我们破坏了某些病原菌的氨基酰 -tRNA 合成酶的活性，病原菌也会被杀死，利用这个原理我们就可以设计出新型抗菌素。你看我们的工作多有意思多有意义！在这方面你研究得越深入，你就越会越觉得人体生命真是太奇妙了，进行这方面的研究工作真是其乐无穷。而正是在“氨基酰 -tRNA 合成酶与 tRNA 相互作用”这方面研究我们取得了一些研究成果，因此很快使得中国在这一领域的国际研究中获得了一席之地。当然，要取得这样的成绩并非易事，我刚开始进行这一研究时还是遇到了许多困难，之前研究组里仅有的 3 位高级研究员又都先后离开了，研究工作曾一度停滞了近三年，要人没人，要经费没经费，可以说完全是“白手起家”。那时我们一年只有 3 万元的研究经费，加上国家重点实验室给予的 3 万元补贴，一共才 6 万元，而实验所需要的同位素价格很贵，经费相当紧张。这个课题本身难度很大，我们的研究对象在大肠杆菌中含量极低，纯化酶的原料也需要从大肠杆菌里提取，当时我们研究所没有发酵罐，就拉着三轮车去北京西路的医药工业研究院把发酵液拖运回所里，再用大型离心机把菌体分离出来，才能得到一些分离纯化酶的材料——大肠杆菌。这个过程是相当艰苦的，要通过 5 个不同的层析柱才能得到纯酶，我们怕酶失去活性，要随时监测、及时收集。4 个小伙子经过一周的连轴转也仅能提到几毫克的酶，只够做三四次实验。而就在这时，我的身体也突然出现了问题。1992 年夏，我正准备去法国进行合作研究时，却突然被查出患了乳腺癌。在当时那样紧迫的情况下，我一个人拎了包就住院了。躺在病床上时，我心里想的还是实验中的事。由于实验中用到的一种重要试剂过去都是我亲手配制的，因此我就把研究生叫到医院，告诉他们这种试剂应如何配制，交代清楚后才放心。后来手术中切除了肿块，缝了 40 多针，而两个星期不到我就出院了，并在四个月后，便提着行李飞赴巴黎，从那里转火车去法国斯特拉斯堡法国国家科学研究中心，跟分子与细胞研究所的让·甘乐夫教授实验室进行合作研究。为了不让对方看出我患病的端倪而产生顾虑，我丝毫没有透露刚动过手术的情况，而仍像平常一样，照样用放射性同位素标记的化合物做实验。直到多年后，让·甘乐夫教授知道真情后，连呼真是不可思议，他告诉他的同行们说："中国有个王恩多，在这一领域也是在玩命的工作着！"而在这一领域的"翻身仗"，我和我的团队足足打了七八年才取得一些实质性的成绩，要是心中没有一点信念的支撑和工作上的吃苦精神是绝对打不下来的！

在这之后日子里，我多次辗转美国、加拿大以及中国香港地区等的多个实验室从事细胞科研工作。其中，和法国斯特拉斯堡法国国家科学研究中心分子与细胞研究所的合作交流一直持续了 25 年。就这样，我们通过多次到国外与相关科研机构的访问合作，促成了一些关键性技术问题的解决。1995 年，我们终于发表了第一篇研究论文，到了 1998 年、1999 年的时候，研究成果不断涌现，甚至有一年在国际学术刊物上连续发表了 3 篇研究论文，使国际同行们知道了我们的研究工作。我们的成果获得了 2000 年上海市自然科学一等奖、2001 年国家自然科学二等奖。2005 年我当选为中国科学院院士后，2006 年又当选为第三世界科学院院士。各方面也给了我许多荣誉，2000 年被评为上海市劳动模范，2007 年获得全国五一劳动奖章，2010 年被评为全国先进工作者。

我儿子的外号叫"荷包蛋"

你问我在这么繁重的科研任务中，作为一个女性，在家庭中又怎么去担任好一个妻子和母亲的角色呢？

说实话，你提的问题也是我自己经常在思考的问题。其实，我除了单位里的科研任务外，还担任了所里和社会上的许多公职工作。从 20 世纪 80 年代开始，我就连续担任了 12 年所里的妇委会主任工作，并连续 7 年担任上海市科技系统的妇委会正、副主任。此外，还兼任过全国妇联执委和上海市女科学家联谊会理事长等职务，也获得过诸多"巾帼""三八"头衔的荣誉。被选为第十届、十一届全国人大代表。三年前才结束了任期 5 年的上海市政府参事一职。在这么繁重的科研任务和社会工作交叉的压力下，要再顾及家庭里的一些生活琐事，确实也是一件不容易的事。但我也自有一套照顾好家庭的"妙招"。譬如说，我儿子读中学时中午要吃饭，那么如何把菜做得既简单方便而又有营养呢？思考下来番茄炒蛋或荷包蛋常常是我的首选，因此一段时间来，我儿子的外号就叫"荷包蛋"，因为他几乎天天吃的就是不变样的荷包蛋！此外，我在时间的规划和安排上也动了一些脑筋，例如我一般都选在寒暑假和春节年假去国外或地区的实验室交流，这样平时就能多照顾到家里一点了。当然，家里真有大事时，我还是会全力以赴的。有一年，我先生由于高血压而导致眼睛充血发红，医生嘱咐他每天要喝芹菜叶榨成的汁。我就每天赶早去菜场买了最新鲜的芹菜，洗干净后榨汁给他喝，不出一个礼拜他的眼睛就好了。那年我正好得了上海市自然科学一等奖，在和科委领导座谈的间隙，我无意中谈到了这件事，大家顿时都露出很惊讶的样子："王恩多你居然这么会照顾家里的人！"其实，我认为，我们这个社会对女性价值的认定应当更趋多元化，就是说不应该认为女性只有在事业上取得成就才是成功，其实如果能把你的小家庭照顾好，那也是对社会的一种贡献。当然，在这方面，我还需多多努力！

说到这里，我就想起了我爷爷曾写过的一副对联："柳知随俗添青眼，梅不因寒改素心。"这副对联后来经过装裱，成为我们家族的家训。对此，我也将永远记住这副对联的教诲，在今后的科研工作和为社会服务的前进道路上，永怀为国争光、为人民多作贡献的"素心"，不怕困难，不忘初心，不断以更加优异的成绩向祖国和人民包括我的家族交上我满意的人生答卷！

为中国大飞机翱翔蓝天披荆斩棘

口述 钱进　整理 阮莉珠

钱进简介

男，1960 年 8 月生，安徽蚌埠人，中共党员。中国商飞公司总飞行师，民用飞机试飞中心主任，上海市航空学会副理事长，中国民航功勋飞行员，波音 747、777 机长，C919 首飞机组观察员。在 40 余年的飞行生涯中，钱进先后执飞近 20 种机型，安全飞行超过 2.2 万小时，曾多次成功处置各类空中险情。曾被授予全国五一劳动奖章、中国民用航空总局安全飞行金银铜质奖章，获得央企楷模、上海市领军人才、上海市劳动模范、上海市劳模年度人物等荣誉称号。

整理者言：钱进的忙碌超乎寻常，与他约定的采访时间一再更改，据悉这就是他工作中的常态：5+2，白 + 黑（工作日 + 双休日，白天 + 晚上），几乎没有节假日。他的家远在北京，他几乎把所有的时间精力全都放在工作上，放在打造国际一流试飞机构的伟大事业中。他到上海才 6 年，办公桌后面一长排书柜中摆满了他们自己编制的“试飞标准”（中国首创），有三大类近百万字。他从橱中、柜子里拿出大大小小的工作笔记居然有 10 多本，从中可以窥见他的忙碌、他的思考、他的实绩。钱进获得的荣誉令人炫目，但他一再强调：我这些荣誉的取得，是因为我们身后有一个强大的中国商飞公司，我从事的工作比较特殊，这些成绩不是我一个人的功劳，工作都是大家在做，都是我们的试飞团队通过多年的努力共同取得的，我只是他们的一个缩影。钱进娓娓谈起他与飞机结缘 40 余年的历程，浩瀚蓝天就是他人生的大舞台，驾驶舱就是他的办公室。在他的叙述中，一个无私无畏、大智大勇、坚守执着、肩负国家民族使命和重任的勇士形象在我眼中愈加高大丰满，令人肃然起敬。

驾驭国产大飞机首飞告捷

2017 年 5 月 5 日，中国制造的 C919 大型客机一飞冲天，首飞圆满成功！世界的目光聚焦中国，争相报道 C919；中国人民欢呼雀跃，泱泱中华终于有了自己国产的大飞机！习近平总书记视察商飞公司，殷殷嘱托：“一定要把装备制造业搞上去，把大飞机搞上去！”天道酬勤，这一天终于等到了。这注定是载入我国史册的光辉灿烂的一天，也是我飞行人生最激动、最难忘的一天。

当天下午，上海浦东国际机场第四跑道附近，早已聚集着来自中国乃至世界各地的数千名观众。他们中有中央和地方的领导，有国际航空业的巨头和专家，有蜂拥而至的媒体记者，也有满怀喜悦的普通市民……所有人的目光都齐刷刷地聚焦在跑道中央的那架银白色大飞机——C919。

我作为观察员与 C919 首飞机组的另外 4 名成员——机长蔡俊、副驾驶吴鑫、试飞工程师马菲和张大伟穿着橙色的飞行服，英姿飒爽地登上崭新的大飞机各就各位，一切准备就绪。14 点整，塔台发出了起飞指令，C919 飞机起动、滑行、机头昂起、冲上云霄……每一个动作都是那么漂亮，每一个步骤都是那么精准。飞行约半小时，地面监控室指挥大厅打来电话，时任中共中央政治局委员、国务院副总理马凯代表党中央和国务院向机组全体成员致以问候。大家深受鼓舞，很是振奋。我从位于 3000 米高空的 C919 飞机上向地面指挥大厅报告：“飞机一切正常，请首长放心！”我们一丝不苟地操纵着 C919 翱翔蓝天，经过 79 分钟的飞行，圆满完成首飞各项任务，可以说非常成功，飞机状态非常好。

C919 首飞前有过一段“小插曲”。天气对飞行的影响相当大，首飞前一个月，气象部门的专家评审组已经预测了首飞当天天气晴朗。然而，天有不测风云，首飞当天，公司领导、气象台的首席专家和我在试飞准备区的气象台，看到的实时监测出的数据，如云高、云量、风速、风向等关键气象要素都处于临界状态。天上一大团乌云，久久不散，天暗沉沉的。大家面面相觑，气氛有点凝重。飞还是不飞？在面临这一艰难选择的时候，我感到压力陡增。但想到此时此刻全球瞩目 C919 大型客机的首飞，中央和地方领导出席，央视也在现场进行直播。而且组织这样一场首飞，各项工作千头万绪，首飞改期虽说无可厚非，却也影响巨大。为了 C919 首飞，机组艰苦训练长达 8 个月的时间，其中经历过各种条件严苛的训练，而且当时机组技术状况和飞机状态都很理想，机组成员也都铆足了劲，信心十足。于是我们临危不乱，主动请战："保证安全完成首飞任务！"

虽然之前我们为首飞机组人员配备了应急降落伞，但机组成员登机后却一致决定不背降落伞。国产大飞机好不容易才搞出来，如果飞机"丢"了，试飞机组"何以见江东父老"，如何向党和人民交代？我们决定不给自己留后路，抱着人在机在的决心上天，颇有背水一战、志在必得的果敢和决绝。终于，我们胜利了！

我们一下飞机便被鲜花掌声欢呼声包围了，我们被众人簇拥着，如凯旋的英雄一般。能为国争光，为大飞机事业贡献自己的力量，我们机组成员每个人心里都感到非常自豪。

当天，党中央、国务院对 C919 大型客机成功首飞发来了贺电，向参加大型客机研制任务的全体参研参试单位和人员，表示热烈的祝贺和亲切的慰问！

中国大飞机梦一波三折

让中国的大飞机翱翔蓝天，是中华民族几代人的梦想，也是我的梦想。作为一个在飞行领域摸爬滚打了几十年的飞行员和管理者，我飞过波音 747、767、777，空客 340 等近 20 种机型的飞机，但却都是外国人造的，多么想在有生之年驾驶国产大飞机翱翔蓝天。

然而，中国的大飞机梦一波三折，历经坎坷。

1970 年，国家向上海飞机制造厂下达"运 -10"大型喷气式客机的研制任务，并于 1972 年审查通过飞机总体设计方案，1973 年正式开始研制工作。经过全体研制人员 10 年攻关拼搏，1980 年 9 月 26 日，中国第一架大型喷气客机"运 -10"飞机在上海首次试飞成功。在当时十分艰苦的环境下，实在是一个了不起的重大成就。遗憾的是，由于种种原因，1982 年"运 -10"黯然下马了。

1984 年到 1996 年的 12 年之间，我国与美国麦道公司合作组装 MD80 和 MD90，却不料这个项目干了 12 年最终也无疾而终。波音公司突然收购了麦道公司，完成收购之后，波音公司宣布原麦道公司研制的MD系列飞机全部停产，为此中美合作的MD飞机项目不得不终止。

但中国人的大飞机梦并没有就此泯灭。2003年，10多位院士联名向中央上书呼吁：一定要造中国自己的大飞机！这一吁请得到党中央、国务院的高度重视并被采纳。2006年3月，十届全国人大四次会议通过了《国家中长期科学和技术发展规划纲要（2006—2020年）》，将大型飞机正式列入我国“十一五”发展规划纲要16个重大科技专项工程之一。

2008年，ARJ21-700新支线飞机成功首飞。虽然，它还算不上“大飞机”，却标志着中国在客机领域又重新返回自主研发的道路。正是在这样的背景下，国家启动了C919大型客机的研制计划。2015年11月2日，C919首架机总装下线。十年磨一剑。2017年5月5日，C919大型客机在上海浦东国际机场成功首飞。中华民族百年的“大飞机梦”终于梦想成真。这是真正的大国重器，意味着中国实现了民机技术集群式突破，形成了我国大型客机发展核心能力，标志着项目全面进入研发试飞和验证试飞阶段。对于我来说，能亲自参与国产大飞机首飞，把自己和祖国紧紧相连，我感到非常荣幸，我的职业生涯圆满了！

目前，ARJ21飞机已经交付客户13架飞机。C919大型客机项目正在进行科研试飞，正在全面进入适航取证阶段。CR929远程宽体客机，目前已完成前期论证，转入初步设计阶段。

万里长空任翱翔

1976年，是我真正飞上蓝天的那一年。那年，我有幸被选入安徽滑翔学校学习一年。1976年底，我首次驾驶滑翔机，翱翔在蓝天上，广袤无垠的天空让我感到心胸豁然开朗，俯视地面，有一种腾云驾雾的美妙感觉。洒下的汗水，是青春，埋下的种子，叫理想，从那时起，注定我的一生将与飞行和蓝天结下不解之缘，飞行成为了我一生的事业和使命。

1977年，我作为百名优秀学员之一，被选入中国人民解放军第十四航校，也就是中国民航飞行学院的前身。经过一年的刻苦学习、超级严格的政审和身体检查，最后筛选掉一半多学员，只有48人留了下来。光阴荏苒，时至今日，还在从事飞行工作的只剩寥寥10几个人。

1977年到1980年的3年间，我在航校进行了2年的理论学习和1年的飞行训练。当时我任学员中的副区队长，管理30多个人。1980年毕业时，被航校留任当了飞行教员。任教的几年中，我带出了3期飞行学员，现在这些学员在民航系统也都是出类拔萃的人才。

1985 年 1 月，我从航校调到了民航北京管理局飞行总队，当时能去飞行总队是很多飞行员的梦想，因为飞行总队在全国范围内招聘的都是顶级的飞行员。从那时起，我就开始接触机型的改装。当时改装的是前苏联的伊尔 -62，这种机型可以搭载 160 多个乘客，我是一名副机长。1985 年底，由于国航要引进波音公司 767 新机型，我有幸被派往美国西雅图对波音 767 进行了 2 个月的改装训练。此后我飞了 11 年的波音 767 飞机，执飞了很多架次党和国家领导人的专机任务。一路从学员、副机长、机长，成长为飞行教员。

1997 年，国航首次引进空客 340 机型的飞机，公司组建了空客飞行大队，由我任副大队长，主要分管安全和技术。当时我又作为第一批改装人员，专门到法国图卢兹空客总部，用 2 个月的时间完成了空客 340 机型的改装。从法国训练回国后，我又飞了 3 年的空客 340。1999 年，我又改装波音 747-400，载客量可以达到 400 多人。1999 年底，我调至国航训练处，担任训练处的负责人。2010 年的时候，我又改装了波音 777，并从国航训练处调至安全技术管理部，担任副总经理，然后又调至国航培训部任总经理，全面负责国航所有新员工、飞行学员、飞行员、乘务人员的培训。几十年的飞行生涯，我既是飞行员，又是教练员、管理者，这是我打基础的重要阶段。我累计安全飞行超过 2.2 万小时，获得了中国民航的全部安全大奖，包括安全铜质奖、银质奖、金质奖，最后获得中国民航的最高荣誉“功勋飞行员”，可以说是“大满贯”，这样的履历在航空领域也是少有的。

几十年的飞行生涯不可能是一帆风顺的，飞行中各种状况也是时有发生。我遇到过飞机发动机空中停车，遇到过飞机空中失压紧急下降，遇到过飞机被电击等种种突发状况。由于我经过专门的训练，所以可以做到处变不慌，理性应对，一次次化险为夷，转危为安。有一次遇到电击的情况让我印象深刻，那是比较危险的一次事故。当时我带着两个年轻飞行员执行从日本大阪，经上海虹桥，最后到北京的航班任务，快飞到北京的时候，飞机出现了被电击的状况，驾驶舱发出了很大的异响，随后直接飞出一个像火球样的静电弧光，“唰”地一下就窜到客舱去了，飞机瞬间失控，驾驶舱各种警报不停在响，各种不正常灯光不停在闪，情况十分紧急。当时首都机场的飞机都在给我们的飞机让路，我们在落地前就看到地面救护车、消防车的灯光闪烁着连成片，等着抢险救援。落地检查时发现，起落架厚厚的钢板上裂痕清晰可见，机身右侧还有几十个被电击的痕迹。遭遇这次惊魂一刻后，两个年轻人陆续放弃了飞行职业。或许我的心理素质比较强大吧，能一直坚持到今天。

功勋飞行员转行试飞员

在国航工作了 28 年，我的人生慢慢进入了“舒适区”：工作驾轻就熟，生活平稳，再干上几年，就能光荣退休，享受安逸自在的晚年生活。

然而，2013 年的一天，领导找我谈话，说中国商飞公司要引进一名既懂飞行技术、又懂管理、最好飞过多种机型的飞行员，来建设商飞公司试飞中心。领导无不惋惜地说："我们培养一个优秀机长很难，培养一个优秀的飞行干部更是难上加难。但是为了支持国家的大飞机项目，我们还是要忍痛割爱。"当时我已 53 岁了，在这个已经知天命的年纪，我要离开熟悉的舒适的环境，抛家别子、背井离乡去一个陌生的地方、陌生的单位、陌生的领域，未来充满辛苦，充满不确定性，当时心里是有些踌躇的。然而，大飞机项目是国家的重大战略决策，国家使命、国家大局重于天。一种崇高的责任感、使命感在心里油然升起，我决定踏上为"中国梦"贡献一份力量的道路。

2013 年，我来到上海，任中国商飞公司总飞行师、试飞中心主任，承担起为中国组建第一支专业民机试飞队伍的重任。战斗的号角已吹响，从此，我的人生与国家战略目标紧紧相连，半百之年再度披挂上阵，开启了一段波澜壮阔、拼搏奋斗之路。

试飞员，这是一个特殊的职业，他们是飞行员，却又不是单纯的飞行员。业内有句话：与其说飞机是"造"出来的，不如说是"飞"（试飞）出来的。飞行员尽量在安全参数上限与下限的中间区域内操控飞机，而试飞员则是去触碰参数的上下限，他们飞行的目的是为了对飞机进行各种试验，在实际飞行的过程中验证设计指标、找出飞机集成中存在的问题，那就是说有时就要触碰各种极限，要怎样能查出问题怎样飞，有时甚至是在颠覆飞行员的操作经验。

对试飞员的综合素质要求极高，他们是挑战极限的勇士。虽然试飞员和飞行员都是"飞"，但是一字之差，内涵完全不同。试飞员不但要有比飞行员更高超的飞行技术、更扎实的理论功底，更要具备沉着冷静的强大心理素质。"担当、自律、情怀、奉献"，是我对试飞员的赋能概述。试飞员每次飞行所冒的风险要比一般飞行员大得多，不管前行道路上有多少挑战和困难，都必须义无反顾地勇担重任。因此，试飞员有"刀尖上的舞者"之称。所以，一个好的试飞员，他一定是一个好的机长；而一个好的机长，未必就能当一名合格的试飞员。

为中国试飞领域创立"国标"

到商飞试飞中心履新之前，我已考虑到可能面临的一些困难、艰苦，但是没想到这么难、这么苦，远远超出我的想象。试飞中心的员工特别年轻，200 多人平均年龄不到 30 岁，多数是刚从学校毕业的；在民机试飞专业上，所有人都是门外汉，没有一人搞过民机试飞工作；其中稍微有点经验、年龄大一点的员工，又都来自不同的单位，各自有着不同的文化背景和认知。试飞中心人员组成就像一个“联合国”，而对于民机试飞专业却如同一张白纸。

初来乍到，先熟悉了解情况。我花了两三个月时间，找了很多干部员工谈问题、谈规划、谈发展。大家说得五花八门，但是没有一个人能谈清楚试飞中心未来的规划是什么。调研3个月后，我向公司领导汇报工作时，把试飞中心当时的现状概括为“四有四缺”：有队伍缺骨干、有技术缺核心、有想法缺办法、有理论缺实践。同时，我也提出了9个字的发展方向：“打基础、建能力、攻项目”。

队伍建设，理念建设，制度建设，体系建设……一大堆的事情摆在我面前。经过深入研究，并借鉴国内外试飞机构的建设现状，我的工作思路渐渐明晰。在基础建设方面，我们形成了一套组合拳。

一是制定试飞中心中远期发展规划。我们编制了一套2014—2020年的试飞中心发展规划，也制定了可以使规划落地的发展纲要，在全体干部员工中广泛宣传，让大家知道试飞中心未来的发展方向。

二是建立四个体系。分别是安全体系、技术体系、适航体系、质量体系。开展全员编手册工作，我们要编试飞中心的手册，手册包含了试飞方方面面的工作，其中包括一级手册，二级手册和三级手册。为此，我们专门成立了手册编写领导小组，由我任组长，中心其余领导任各小组副组长。

2014年初开始，我就提出要打造手册中心、手册员工。试飞中心所有人都参与编写手册，这里面包括技术手册、管理手册、部门手册。大家加班加点，用了约半年的时间，编制了36本近百万字的手册。我们是国内第一支民机试飞队伍，所以我们制定的所有标准、手册和制度，都代表着国家在这个行业和领域的指南和标准。其实，编手册最终目的在于让大家去想问题、查资料、勤思考，通过编写手册提高员工的软实力。每做完一本手册，我们就要评审，评审通过后就进行手册发布，这成为我们保证试飞工作良好开展的基础。同时，我们通过编手册进行业务流程梳理，发现试飞中心将试飞员和试飞工程师分开管理，在部门设置上不太合理，于是我们举一反三把一些部门的业务进行重新整合，重新编排。

2014年4月21日，《试飞中心手册》正式发布，标志着试飞中心在推进COMAC管理体系建设中迈出了重要一步。《试飞中心手册》为中心各项工作的规范化、制度化、标准化、程序化运行提供了遵循样本。

我们的手册内容非常细致和规范，包括手册类型、发布令、批准更新、修改记录、修改清单、修订记录、有效清单，等等。组织一场飞行，我们至少要打通30个关键环节，我们没有经验，就是边学习、边探索、边建设、边发展。在这个过程中，手册确实发挥了很大作用，我们始终在边试飞、边修改、边完善，所以我们的手册目前都是活页。

满腔热血浇筑大飞机试飞事业

为了快速完成从飞行员到试飞员的转变，更好地带队伍，我不顾自己年过半百，坚持与其他年轻试飞员一起参加各种高强度的飞行训练。54岁“高龄”时，我还坚持到国外进行为期一个月的试飞专业训练，并系统学习了试飞风险识别和试飞安全管理等专业知识，又进行了实操训练，获得试飞员证书。

2014年，组建2年的试飞中心要承担ARJ21-700飞机105架机的首飞，当时为完成这项任务，中心聚集了所有优质资源，由于没有搞过民机试飞，这对我们所有人都是一个挑战。这个时候刚刚发布的《试飞中心手册》给我们提供了极大的基础能力支撑。我们边干边学，缺什么补什么。而我，一是要组织，二是要决策，三还要作为首飞机组观察员与机组一起飞行。记得那次飞行，心里真没底，也做了些不好的打算。为什么知道危险自己还要选择上机？真的是一种责任，一种强烈的责任意识压倒一切。新飞机、新队伍，各种情况都可能发生，只有我上机，自己心里才踏实，对机组人员也能起到安定军心的作用。ARJ21-700飞机科研试飞、生产试飞、北斗试飞、交付试飞等所有试飞科目，都是试飞中心完成的。C919首飞，我又选择了上机，因为对于一个机型来讲，它是真正意义上的首飞，各种不确定因素太多，首飞是极高风险的科目，还有机组之间需要磨合才能配合好，而我既是他们的领导，又是他们的长者，在关键时刻就是要发挥定海神针的作用。

在首飞机组外，我是试飞中心的一把手，但在机组里，一切命令都得听机长。很多人问我，C919首飞那天，你为什么不担任机长、甘当一名观察员？其实，个人的名利得失我早已抛诸脑后。因为我的目标是打造一支高素质、过得硬、可持续的试飞队伍，早日把试飞中心建成国际一流的民机试飞机构。我做管理工作已经很多年了，真正飞行的时间还是少了一些，但是我们年轻的机长不一样，他们一直在不间断地训练，一直在飞，身手也比我敏捷，应该让他们做主角挑大梁。对于我来说，当好配角也是非常重要的。观察员好比是飞行员的第三只眼睛，坐在机舱的最中央，与天空对话、为机组护航，我是保证安全飞行的又一道防火墙。

我每年有20天的工休假，但来到试飞中心后，我基本上没休假过，我的所有心思全放在了试飞中心，所有热情也全放在了试飞事业。

2015年最忙的时候，我父亲病重住院，医院接连发出三次病危通知书。我母亲给我打电话时哽咽着说：“你再不回来，就见不到父亲最后一眼了。”作为家里的老大，我感到愧对父母，母亲的眼泪和病危父亲最后的期盼让我忧心如焚，我立即买了车票赶到安徽，父亲望着我，嘴唇翕动着，已经说不出话了，没几个小时便去世了。自古忠孝难两全，我知道他一直在等着我，可在“家”“国”之间，我真的很难抉择。好在天意眷顾，我终于赶上了父亲的临终时刻。

2016 年我患了急性肠炎，上吐下泻，到中山医院挂水 3 天，回来后，我在办公室到洗手间的 50 米距离内吐了 3 次，但是当时工作千头万绪，忙得没办法休息，生病也只能硬扛着。

我们没有自己的机场，所以首飞和首飞前的训练，只能利用上海浦东机场这个全国最繁忙的枢纽机场跑道。为了不影响机场正常航班的运行，我们只有凌晨三四点钟就起来开始滑行。首飞前，我每天都要跟机组一块训练和飞行，他们飞完后可以回去休息，而我作为试飞中心主任，还有一大堆需要处理的事情。作为飞行员我原来的身体很棒，就在那段时间的高强度训练和不规律生活的压力下，我的血压、血糖、尿酸指标都开始飙升。首飞前的两三个月，我的体重激增了 10 多斤，而首飞后一个月体重突降 10 多斤，医生都担忧地对我说，这是典型的压力肥。这一路走来真的很不容易。

努力打造国际一流试飞中心

现在我的工作重心是在管理方面，利用我几十年的经验，对试飞进行安全的精细化管理，用我对安全工作的执着来打造这支试飞铁军队伍。

当时中心有两个方面能力比较弱，第一是我们的试飞员来自不同的航空公司，队伍能力参差不齐；第二是团队中没人做过民机测试工作，在测试这方面很薄弱。为了把测试能力提升起来，我们就试着走出去，一部分去哈尔滨工业大学进行理论培训，一部分到中航工业参加测试培训，一部分跟试飞院进行改装学习，又派了 16 个工程师去国外进行测试改装培训。

试飞是产业链的末端。在中国商飞我们是最年轻的单位，是安全压力巨大的单位，是不能失败必须成功的单位。在缺少经验的前提下，只有苦练内功，提升能力，才能弥补不足。这些年，我们有计划地把核心业务人员送到国外试飞专业机构去学习锻炼，同时我们也和国内著名院校开展合作。例如，我们与哈尔滨工业大学共建民机试飞边缘计算联合创新工作室、民机试飞测试技术联合实验室；我们与上海交大共建民机试飞工程技术研究中心；我们与上海气象局合作建立试飞气象工程研究中心，试飞中心各项关键能力开始逐步提升。

C919 大型客机是新飞机，试飞技术是新技术，试飞空域是新空域，试飞机场是新机场，试飞队伍也是新队伍。要完成这样重要的新任务，必须“以新克新”，以新思维、新方法、新举措应对新任务、新挑战。

我凭借 40 多年的飞行及飞行员管理经验，积极借鉴国外民机首飞机组培训模式，主动推动试飞管理创新，派送首飞试飞员到国际一流试飞培训机构接受专业培训，邀请国内外型号首飞机组进行技术会诊，组织国内外知名试飞专家成立试飞专家组，严格开展C919首飞机组选拔；推动首飞组织创新，探索并建立了依托国际航空枢纽机场开展大型客机试飞的多方沟通协调机制，协调了C919大型客机首飞所需的机场、空域、气象等各方面资源；推动试飞测试技术创新，创新试飞数据实时监控方法，创新试飞数据处理方式，打造了全新的民机试飞遥测监控网络，搭建了国内第一个民用飞机试飞业务管理一体化平台，实现了民机试飞的电子化、信息化。此外，我们还在国内率先开展虚拟试飞仿真技术研究和试飞“大数据”建设。

2014年初，试飞中心就提出要建立试飞业务管理一体化平台，也就是在面对一些飞机故障或者试飞科目编排的时候，可以通过信息化大数据来实现。如试验飞机上要铺上千个测试点，铺线长度达六七十千米，每次飞行完，要完成四五万个数据的传输。目前，行业里这种数据收集和处理的平均时长在8小时左右，而我们目前已经成熟的平台，可以实现在3个小时以内将数据全部处理完毕的这一历史性突破。

我们在各种试飞经验的总结和科技创新上的投入也比较多。2015年我将获得的上海市领军人才科研奖励25万元用于科研工作，让年轻的试飞工程师进行驾驶舱评估的研究，目前我们的驾驶舱评估工作开展得非常好，达到了比较先进的水准。

我们试飞中心的试飞员目前还没人完成过一个型号的完整的试飞，后面高风险的科目很多，所以现在我们需要做的就是不停地训练，把每个科目都在地面利用全动模拟机进行专门训练，试飞员和试飞工程师一起进行不同科目的反复训练。

截至目前，我们连续主办了三届国际民机试飞论坛。我认为试飞在世界领域内也是一个小圈，是少数人干的事情，所以我们就想办法开辟一个平台，把这些国际试飞大腕聚集在一起，在我们的主会场和分会场分享经验，交流思想。我对我们的干部员工提出，每次的论坛都要带着问题去，带着成果回。每次论坛结束后，我们就把在论坛上发表演讲的专家的成果收回来，编成一本经验合集的书供试飞中心专业人员查阅和学习。

我是一个特别注重细节的人，特别是在质量和安全上坚决不能出问题。“宁愿听到骂声，不愿听到哭声”，我们在中国商飞公司率先建立了SMS安全管理体系，建立了应急机制、开展联合应急救援演练。我们经常组织试飞员对全球飞行安全形势进行讨论，有百年历史的公司都会出现安全问题，我们这么多新技术等叠加在一块，安全更要引起大家的重视。我在讲党课时强调，安全是最大的政治，安全工作必须要做细做实做深做透，我又对试飞安全工作总结性地提出“十个很重要”和“八个加强”。

目前，试飞中心已经打造了一支由17名试飞员、39名试飞工程师、26名测试工程师组成的核心人才队伍，全面形成和检验了试飞组织与实施、试飞工程、测试改装、场务工程等核心能力；试飞角色从幕后逐步走向台前，真正从储备能力全面跨入担当重任阶段；从参与试飞、保障试飞逐步转变为自主组织实施试飞；从刚开始点对点的单线试飞，发展为可以同时实施多型号、多场地、多架次试飞任务。试飞中心组建 7 年来，我们实现了严重差错和事故征候为零的纪录。7 年后的今天，试飞中心培养了一批干部，成长了一批骨干，提升了一种能力，锻炼了一支队伍。

九万里风鹏正举。试飞中心将以变革迎接挑战，在发展中破解难题。试飞人有雄心壮志，有坚定勇气，迎难而上，披荆斩棘，推动大飞机事业阔步前行！

师出名家续传统　砥砺前行为大众

口述 许传荃（朱南孙女儿） 整理 贺锡廉

朱南孙简介

女，1921年1月生于上海，中共党员。朱氏妇科第三代传人、国医大师、上海市名中医、上海中医药大学终身教授、上海中医药大学附属岳阳医院主任医师，上海市中医文献馆馆员，享受国务院政府特殊津贴，上海市非物质文化遗产项目（朱氏妇科疗法）负责人及代表性传承人。1952年随父同入上海市卫生局主办的中医门诊所（上海公费医疗第五门诊部及上海中医学院附属岳阳医院门诊部的前身）。历任上海中医学院妇科教研组副主任、岳阳医院妇科副主任、岳阳医院妇科研究室主任、中华全国中医学会理事、中医妇科委员会委员、上海中医学会副理事长兼妇科学会主任委员等。曾获全国三八红旗手、全国卫生先进工作者称号，第八届上海市人大代表。2016年获中国最美女医师终身荣誉奖，2017年获最美中医荣誉称号。

师出中医世家

我的母亲朱南孙1921年出生于上海的一个中医世家。那时，她的祖父、我的外曾祖父朱南山是上海的妇科大家，同时也是近代苏浙杏林流派之一——朱氏妇科的创始人，他治学精专，往往一帖药见效，人称“朱一帖”。1935年，外曾祖父朱南山与儿子朱小南（我的外祖父）、朱鹤皋在上海创设一家医学院，为入门弟子传授中医药之道，外曾祖父效仿张仲景十问之意编写了《妇科十问口诀》，以此奠定了朱氏妇科的基础。我母亲朱南孙幼年时，经常在外曾祖父的名为“南山小筑”的诊所里见到许许多多慕名前来求诊的患者。她曾这样回忆：“我小时候，家里每天来求诊的病人很多，她们多是愁眉苦脸而来，带着笑意而去，我感觉医生的作用真是够大的！”从那时起，母亲对中医的好奇与日俱增。而外曾祖父也对我母亲寄予厚望，为她取名“南孙”，其实就是希望她长大后能够继承祖上医术，多为民众解除病患。

母亲果然没有辜负外曾祖父的期望。她高中毕业后顺利考入了由外曾祖父在上海创设的这家医学院，开始学习中医，踏上寻梦中医的道路。

1942年，母亲毕业后即随她的父亲朱小南（我的外祖父）襄诊，逐渐成为外祖父的得力助手。1943年春，外祖父为母亲在这一诊所设立桌案并登报刊登公开启事，让母亲正式坐诊，那时母亲才22岁，她的寻梦之旅可以说水到渠成了。

新中国成立后不久，1952年，母亲随外祖父一同进入当时上海市卫生局开办的中医门诊所（后改为上海市公费医疗第五门诊部，即今日上海中医药大学附属岳阳中西结合医院名医特诊部的前身）工作，时光荏苒，母亲在这里坐诊竟然一坐就坐了近70个春秋。

医道皆为民众

几十年的从医经验和对朱氏妇科上两代名医的学术传承，让母亲朱南孙形成了一套独特的理论体系，她精心研习先辈的学术理论和经验，借鉴李东垣的脾胃学说、朱丹溪的滋阴降火学说、张景岳的温阳益肾论及唐容川、王清任的活血化瘀法，并领悟陈自明、傅青主等临床大师的思想精髓。尤其难能可贵的是，在20世纪50年代国家提倡中西医结合时，她积极响应这一号召，投身于其中。在她看来，中医、西医是不应当存在门户之见，而且是可以互补的，而这样也使她的医学造诣更为深厚。她在坐诊时经常与向她学习的西医医生切磋诊治疾病的心得，直到现在，她还经常向她的学生们询问西医在治疗妇科疾病方面的一些手段和案例。朱南孙教授认为，医学是在不断发展的，中医学应当与时俱进，不断吸取现代科学技术和诊断手法，才能不断提高临床疗效。比方说，她将“治血证以通涩并用为宜”的学术经验加以演变，以失笑散中的二味药为君，配以朱南山所创制的将军斩关汤中的数味主药，创立了具有祛瘀生新止血之效，治疗重症崩漏的验方。

母亲朱南孙在长期的临床实践中，总结并提出“动静乃阴阳之兆，以平为期”的医疗主张。她将诊治妇科疾患的要领归纳为“审阴阳，看动静”，以此作为临床证诊的原则。什么是“审阴阳，看动静”呢？就是以阴阳两纲为统帅，提纲挈领，执简驭繁，辨人体阴阳之盛衰，察气血虚实动静，把握妇科疾病变化之态势。此外，她还将妇科病治法的运用归纳成“从、合、守、变”四个方面，并将此四法贯穿于辨证施治的过程中。

母亲朱南孙擅长治疗妇女崩漏、痛经、不孕、癥瘕、更年期综合征等妇科难治性疾病，为许多饱受疾病折磨的妇女解除了病痛，自然也为她们的家庭带来了幸福。比方说，曾经有一位女子嫁给了外国人，后因多年不孕前往母亲的门诊。母亲给她开了方，她后来如愿以偿怀孕并生下一个孩子。该女子去国外一段时间后，打电话跟母亲说还想生第二胎。母亲当时也没什么其他别的办法，就让她再试一试那个方子，结果又怀上孩子了。这位女子喜出望外，还将方子与其他的外国朋友分享。这一奇妙有效的医方，叫做“朱氏调经促孕方”，它的传承至今已有150多年，内含党参、丹参、当归、黄芪、熟地、仙灵脾、巴戟天、覆盆子、菟丝子、石楠叶、石菖蒲等。古代有句老话说：“鸳鸯绣出从教看，莫以金针度与人”，也就是说，独门绝技历来是不会传授给旁人的。母亲则不然，她将朱氏妇科的经验和验方毫无保留地传授给弟子，类似这样的医方人们甚至可以在一些网站上查到。

20世纪80年代初，有位章姓日本妇女随她的华人丈夫一起到上海拜访母亲。原来，章某56岁时曾因子宫大出血在日本当地医院就诊，经检查诊断为卵巢癌，子宫附件全部被切除。须知，卵巢癌是一种恶性程度很高的肿瘤，在手术治疗后需要按规定接受化疗。然而章某担心自己化疗后身体状况会更差，希望利用“余日不多”的时日跟丈夫一起到各地旅游。而旅游的首站就是中国。旅途中，她在其亲朋好友的建议下，抱着百闻不如一试的想法前往母亲的诊室。母亲和蔼而又耐心地接待她，在详细询问了病情后，先是在其心理上多加安慰。后来通过母亲的精心调理，章某的体质明显地获得恢复、增强，令人啧啧称奇的是，她安然度过了5年的危险期，直至她70多岁仍然健在。这位患者在治疗后的十几年中一直对家人说，是朱南孙教授高超的中医治疗技术改善了她的生活质量，让她能够继续享受生活。然而母亲却十分谦虚地说，这主要是章某的生活勇气在治疗过程中发挥了决定性作用，实际上，母亲一直安慰她，鼓励她，让她在精神上保持信心和乐观。

母亲朱南孙几十年如一日地深深爱着中医这一行，在许多人看来，当医生固然值得尊敬，但又是何其辛苦啊！可母亲很坦然而又淡定地说：“因为中医博大精深，充满神奇，而且对治病防病卓有效果。有些甚至连西医都看不好的病人，到我这里来却给看好了，这给了我莫大的鼓舞，也一直坚定了我学习中医、弘扬中医的信念。”

多年来，我的许多亲人、母亲的朋友陆续定居美国，“朱南孙”的声名也远播海外，她每次前往美国探亲访友时，求医者总是络绎不绝。亲友们挽留她留美行医，母亲笑笑说：“中医的根在中国，我当然要留在中国咯！”

母亲的肺腑之言在国内都得到了印证：她在临床和科研两大领域并进，善于推陈出新，先后主编专著，发表论文50余部，带领朱氏妇科完成各级课题100余项，推广新技术5项，获国家知识产权2项及各科技奖励10余项。她领军承担了国家“十五”攻关项目、“863”课题和国家自然科学基金项目等课题。1988年，获上海科技进步二等奖，研发的加味没竭片新药进入三期临床研究等。在母亲朱南孙的带领下，上海岳阳医院妇科先后成为国家级“十五”“十一五”“十二五”重点专科，国家卫生部“十二五”重点专科，上海市重点学科等。2001年，母亲开始以工作室形式开展流派传承工作，现在还仍然亲自主持朱氏妇科流派建设工作，培养后学，传承队伍遍及海内外，朱氏妇科已经成为全国医药界工作室建设的成功典范。

真诚善待病人

无论是初次就诊还是复诊的患者，来到市中心岳阳医院青海路名医特诊部一号诊室的患者往往会被母亲那语态谦和、形象可亲和善解人意的细节所感动。有一次，母亲了解到前来问诊的陆女士是一大早专程从江苏溧阳开车赶过来时，关切地问道：“从那么远的地方开车来啊，累不累啊？”为了减轻患者在江苏、上海两头跑的行车劳顿，她在开药时特意为这位病人多开一些药，叮嘱她好好服药，过段时间再来复诊。

不厌其烦地询问病情是朱南孙教授一贯不变的“功课”。母亲总是强调辨证施治的诀窍，即中医诊法分望、闻、问、切四诊。她常说，“四诊”是缺一不可的，以问诊为首重，切脉论证以脉佐证，触诊辨别虚实乳胀，明辨虚实望闻辅之。不仅如此，朱南孙在问诊时一直严格遵循她的祖父朱南山的妇科十问要求：“一问年月二问经，及笄（女子15岁）详查婚与亲，三审寒热汗和便，四探胸腹要分明，头痛腰酸多带下，味嗅辨色更须清，五重孕育胎产门，崩漏注意肿瘤症，六淫七情括三因，八纲九候祖先问，本病杂症须弄清，十全诊治方得准。”

在母亲朱南孙的一号诊室，每位患者往往会在这儿待上至少半个小时，初诊的病人更可能要待40—50分钟之久。因为她总是会不厌其烦地仔细询问一系列问题：“来例假时痛经吗？”“是做什么工作的呀？”“腰酸不酸？”“睡眠好吗？”“平时容易疲劳吗?”如此等等。妇科疾病不同于其他病痛，因其往往涉及患者隐私，或者与患者的家庭生活、个人情绪等密切相关，又因为不少人的传统观念根深蒂固，对自己的部分症状和生活习惯往往羞于启齿。母亲深知妇科病的这些常见现象和特点，注重综合考虑患者的生理、病理和心理因素，以进行综合合理的治疗。母亲在诊疗中特别注意求诊者的心理因素，采取类似聊家常的方式打开患者的心扉，消除她们的顾虑，了解她们的生活起居以及想法、情绪等，从而对其病情进行综合诊断。正因为问诊细致，母亲就能够比较精准地进行辨证而治，对症下药。

一号诊室里常年充满欢声笑语，这是一般医院少见的现象。“朱老治疗病人与其说是在身体上进行治疗，倒不如说更是在精神层面进行治疗。”母亲的学生们对老师看诊的特点可谓一语中的。的确，母亲很重视病人的精神层面，她总是会在治疗过程中给予病人以希望和鼓励。母亲从来没有草草了事的敷衍或者咄咄逼人的语气，总是在类似拉家常的互动中进行“切脉”“望色”“听声”“写形”，医疗活动在有条不紊中开展。因此，许多经过母亲早年治疗过的病人病愈后就一直追随着她，而且一家三代，即母亲带着女儿、女儿再带外孙女，像追星一样紧紧“锁定”母亲，有病就会找母亲就诊。

母亲朱南孙在治疗中总是多为患者着想，比方说，既要组方简捷有效，用药量轻、药味少，又要组方用药一般不超过 12 味，而且善用药对，或两味成对，或三四味成组，药精不杂，丝丝入扣，以此寻求理想的服药效果，并且减少患者服药的麻烦。

直到近些年，已近百岁高龄的母亲仍然坚持每周出诊两次，许多初诊病人不知道，也往往看不出母亲的真实年龄。母亲在 75 岁和 85 岁时因股骨头坏死曾经动过两次大手术。当时在家里只休息了几个月，她就急着要到医院给病人看病，学生们纷纷劝她在家里好好休养，她却执拗地说：“那么多病人等着我，我放不下心啊!”

着意言传身教

作为朱氏妇科“三代一传人”，母亲朱南孙并没有将底蕴深厚的家学和自己几十年积累的临诊经验视为不传之密而藏于私匣。1994 年，在其弟子的协助下，母亲将多年来的医论、医话和医案汇集成《朱南孙妇科临床秘验》一书，让朱氏妇科经验传于社会。2010 年又在弟子及工作室成员的襄助下出版了《朱南孙膏方经验选》。母亲很重视学术的传承与发展，将自己毕生所学言传身教给学生们。从 1983 年招收第一届研究生开始到现在，母亲一直倾其所学，悉心为学生们解疑释惑。

将医道的真谛传授给后学是母亲的全部心思。她常常告诫学生，一定要讲究辨证论治，丢掉辨证论治就是丢掉了中医的根本，是看不好病的。在日常的医疗工作中，母亲着重培养学生们辨证的思维和能力。她的一位学生曾经这样回忆，朱老师在出诊给病人开方时，经常会问随行学生的一句话是“你们是怎么想的?”，以此启发学生动脑筋，同时还会给学生来一些“小测验”考考学生，培养学生独立看诊的能力。又比如在出诊时，让学生询问病人的病史，把脉，开方等，母亲则在一旁观察学生，最后对所开的方子进行把关和点评。

有一位“西学中”的医师在早年向母亲学习过程中曾经遇到过一些困惑，比如一味中药有很多种功效，但有时候功效太多反而难以掌握。她记得，母亲此时就会对她进行悉心指导，告诉她要熟读中医典籍，要时常对照书籍反复思考。

另外一位妇科住院医师称自己像一名幸运的孩子，能够在读研究生第一年就跟着母亲抄方，这是她求学中的一段可贵的经历。她说：“当时的我就像一张白纸，一开始跟着大师学习就能少走弯路，多多学习老师的思路和方法。”的确，她跟随母亲诊疗，亲眼目睹、亲自感受到母亲对各种疑难杂症的治疗思路和方法。母亲在教导研究生时，非常强调工作仔细这一要点，并且常常以自己年轻时的出诊案例来告诫学生，这让学生们感同身受。

岳阳医院的一位主任医师至今还清晰地记得：“朱老最爱说的一句话是‘流水不腐，户枢不蠹’。她酷爱学习，出诊时若是遇到西医方面最新的检查方法，就会向我们西医出身的医师询问，结合病情与大家一同讨论。”母亲这种不断学习、不耻下问的真诚态度深深地影响着她门下的学生们。

在医术方面，母亲朱南孙会着意给学生们传授很多书本上没有的知识和方法。有时待门诊结束后，她会趁和学生们一起在诊室吃饭时回顾此前看诊时的细节。她经常叮嘱学生的一句话是：“要抓住问题的根本”。例如，曾经有个习惯性流产的大龄妇女前来就诊，她患有排卵障碍并伴有炎症。针对这种情况，一般常用的妇科助孕药都是直接补肾，而母亲抓住病人“有炎症”这一特征，先用龙胆草来消炎，从一开始就用清法，直到炎症治愈后才用补法，以清补为主，不会用太多补药。现在，一些受教于母亲朱南孙的学生都能领会这一点。有一位医生说：“朱老对于出血病人有‘通、涩、清、养’四个法子，在临床应用中很有效果，我们现在就常用这个办法治疗出血病人。”

平时，母亲朱南孙将学生们视为自己的家人、孩子一样，她待人随和，对诊室里抄方的小医生，都十分体贴、照顾，没有一丝一毫的老前辈架子。母亲说起话来，对学生总是温声细语、和蔼可亲。平时在诊室里围着母亲抄方的学生很多，学生们觉得朱老师诊疗工作一直很忙，大概难有闲暇与学生们交流吧。谁知母亲一有空便会跟这群抄方的年轻医师们聊天，跟他们拉家常。有一位年轻的学生说：“朱老会记着你的一些生活细节，比如即使对与她仅有一面之交的学生，她也可能留有印象。比如有一次，她对一位女生说‘你就是那个住在宝山的小姑娘吧’。”“我们去朱老师家，她就像家中的长辈一样张罗着让我们吃水果，留下来吃饭，要是我们不留下来吃饭，她还不高兴呢。”这样的亲切、真诚，每每让年轻学生和医师们常常感动不已。她的一位弟子不幸患了癌症，母亲闻讯，不顾年老腿疾的不便，冒着盛夏酷暑亲自到医院探望，甚至爬上该弟子家的七楼前往探望，送去关怀，事后亦让他人送去不菲的慰问金，鼓励患者克服苦难，战胜癌症。

学生们受惠于医术高超、医德高尚的朱南孙老师的言传身教，都说：“朱老就像一面旗帜，用自己70多年的临证经验和高尚品行，为我们诠释了一名真正的医者该是怎样认真地从医，怎样真诚地修为，怎样友善地与人相处。”

在日常的诊疗中，很多患者熟见这样的情形：身着白大褂，满头银发的朱南孙一边伏案开着药方，一边念念有词：“枸杞子、菟丝子、覆盆子。”然后抬起头来，微笑着与就诊的姑娘说“这个药吃起来酸酸甜甜，不苦的。”老人柔声细语、反复叮嘱：“吃药时不要急着怀孕啊。”其言谆谆，其情殷殷，如同慈爱的长辈一样嘱咐自己疼爱的晚辈。

贵在身体力行

母亲朱南孙97—98岁时，仍坚持一周出诊两次。她除听力有所下降外，视力、记忆力状态都还算不错。她经常对人说，自己没有刻意去养生，而是将一些良好的生活习惯坚持了几十年。她这样说和做，既是律己，也是以此示人。她信奉“生命在于运动”“动静结合”“动则生阳”“动中取静”“不妄作劳”这些有益的老话。她小时候就不让家人用小轿车接送，而是步行或脚蹬旱冰鞋上学。母亲自述，她作为朱家长女，年轻时像男孩子似的，爱好多种运动。那时，她爱打篮球、棒球，还爱唱戏，跳舞，吹口琴，演奏扬琴等，在单位里是联欢会上的一名活跃分子，曾经登台演唱《四郎探母》等传统剧目，扮演铁镜公主等。她认为，运动和文娱活动等兴趣爱好不但能让身体保持活力，而且可以带来融洽的人际交流，这样的话，心情自然会舒畅好多。因此，母亲特别希望女孩子要像男孩子一样多运动，或多参加文娱活动。她常告诉青年期的女性，养生的关键不在于吃多贵的补品，服用多贵的营养品，关键是要保持心态平和与开心。母亲常对患者说：“如果总是愁眉苦脸、愁肠百结，疾病就会跟着来。现在乳腺增生甚至乳腺癌的发生比以前多，与年轻人思虑多、压力大有关。”

作为一名资深的妇科专家，母亲朱南孙经常提醒年轻女性还要学会自查身体。比如，月经是青年、中年女性健康的晴雨表，痛经可导致其他疾病发生，严重的话甚至会引发不孕症。她说：“平时要注重腰部保暖，少穿露脐装，不过量食用生冷食物。”如果发生痛经，也不用害怕，母亲为此推荐使用的一碗“化膜汤”能有效地治疗痛经，尤其是子宫内膜异位症和盆腔炎引起的痛经。“化膜汤”又名“加味没竭汤”，从1984年起，母亲指导学生运用现代科学的手段、方法，对此进行系统的临床和实验研究。1986年该项目被列为自然科学基金课题，取得了理想的效果，1992年它通过上海市市级鉴定。

母亲朱南孙用自己的经验之谈，针对中年女性，提出中肯的建议。她长期的妇科临床实践总结了女性生理、病理方面的特点是“以阴虚火旺者居多”。因此，她提醒：“女性应少吃油煎炸食品，否则容易上火，造成阴虚阳亢。”母亲自己就是这样，吃东西基本上不忌口，但是有两样东西从来不碰：补品和油炸食物。她建言更年期的女性，要学会怡情，“快乐的事要记住，不快乐的事都忘掉它”。对女性而言，保持恬淡、心静心宽和愉快是有利于健康的，而动不动发脾气，必然肝郁气滞，影响脾胃，气血来源受阻。处于更年期的女性，焦虑、郁闷情绪容易引发一系列的身体变化或疾病，如心血管病、便秘等。母亲建议，此时可多吃豆类和豆制品。豆类食品对于改善女性的皮肤暗淡、色斑暗沉症状是很有帮助的。为此，她推荐一款验方“三豆饮”，即用绿豆、赤豆、黑豆各20克，加生甘草6克，煎汤代茶喝，并将煮烂的豆子拣出食用。该验方可以利水消肿，补充营养，改善皮肤状况。

母亲朱南孙进入高龄期后，常被人误以为才70岁。的确，她血压正常，身材苗条，体重一直保持在50公斤左右，给人以并不见老的印象。然而，岁月无情，总不免会给人带来疾患和痛苦。母亲在75岁、85岁时曾因股骨头坏死动过2次大手术。手术后，她坚持服用多种维生素，同时她更注重食补，比如，她每天喝同样的一碗汤，即用枸杞15克、西洋参6克，晚上煮好，第二天早上温一温后喝下。母亲解释，这是一种“滋阴汤”，它有滋阴功效，不过脾虚的人需要在该汤中放两三颗红枣，肠胃不好的人则不建议喝。

母亲朱南孙每天坐诊回家，有两件事从不落下：一是按摩后背；二是泡脚。母亲这样解释：“背部有心俞、肝俞、肾俞3个重要的穴位，按摩可以使血脉活，经络也可打通。如果白天累了，或有心事，我就在睡前泡脚15分钟至20分钟，可以降低血压。”

遵从科学之道并身体力行是母亲朱南孙的原则，最基本的人生态度则是保持乐观、快乐。母亲喜欢与年轻人在一起活动。例如，她乐意跟着年轻的同事一起去唱卡拉OK；她有时在家还悄悄地玩电脑游戏、俄罗斯方块等，人们可想不到，她连俄罗斯方块都玩得那么好！她从年轻开始就喜欢活动，步入老年后，只要身体状况允许，腿脚方便的话，仍然喜欢四处走走，甚至外出旅游，通常选择苏州、杭州、南京等较近的地方作短途旅游，一两天后即返回，做到有张有弛，张弛有度。

母亲朱南孙是一名共产党员，几十年来一直严格以党员要求为座右铭。她在参加上海市第八届人民代表大会期间，为中医事业的发展积极献计献策；2008年，

“5 · 12” 汶川大地震爆发后，母亲不顾年事已高，立刻赶赴医院，捐款一万元给灾区人民。此后，她不顾炎炎烈日，利用休息日参加为灾区人民筹集善款举行的义诊活动，而且再捐赠 1500 元。

母亲朱南孙于 1991 年被定为全国首批名老中医；2016 年获中国最美女医师终身荣誉奖；2017 年荣膺国家人力资源与社会保障部、国家卫计委和国家中医药管理局共同评选的第三届“国医大师”称号，因作为朱氏妇科第三代传人，传承两代名医的医学成果，再加上她 60 多年的从医经验，在医林中享有“杏林奇葩”之美称，等等。我为母亲成功传承了祖上朱氏妇科的医道、取得众多的现代医学成就感到骄傲，更对她视病人为亲人、提携后学尽心尽力和身体力行的高尚医德、医风深感敬佩。

一心航行在工艺美术的大海之中

口述 张心一 整理 孙孟英

张心一简介

男，1958年2月生于上海，中共党员。1975年进入老凤祥工作，现任上海工艺美术有限公司副总经理、老凤祥股份有限公司总工艺师、上海工艺美术博物馆馆长、上海工艺美术研究所所长、上海市工艺美术学会会长等。在40余年的工艺品设计制作中带领职工创新设计出了不计其数的各类精美工艺品，深受消费者青睐，并夺得数十个大奖，先后多次被评为上海市劳动模范、当选中共上海市党代会代表等。2000年被评为全国劳动模范，2004年被授予“全国职工创新能手”称号。

我的难忘之日

2018 年 2 月 8 日，对我来说是一生中最难忘的一天，它是我经历了风雨人生六十载的靠岸之日，整整一个甲子，是该退休颐养天年了。那天，我如释重负早早地去单位办公室打包装箱，我要腾位让贤，过轻松怡然、闲情逸致、其乐融融的家庭生活，把关爱与温暖的重点放在自己的家人身上。想到此，我情不自禁和发自肺腑地发出了欢快的笑声；我可以有时间陪伴亲人周游世界了。

然而，正当我沉浸在自己幸福快乐的想象之中时，一位领导“闯入”了我的办公室，让我停下手中的“活”，直言道：“张心一，经上级组织研究，你必须继续留任主持原岗位工作，这是组织需要你，企业需要你，作为党员必须听从党指挥，服从组织决定。”上级领导说话语气非常坚定，不由我半点犹豫。当时，我听了有些愕然与惊诧，一时不知所措，领导见状又继续道：“你是中共党员、大师、教授及全国劳动模范，必须听党指挥！”

这一天，我回到家里内心仿佛大浪排空、急流涌动，久久不能平静，更是感慨万千，思绪滚滚，浮想联翩，深感我所取得的成绩和许多荣誉除了靠自身努力外，全都是靠党和国家对我的精心教育与培养，才从一棵幼苗茁壮成长为参天之树。我暗下决心，一定要服从组织的决定，继续为建设强大的社会主义中国再次扬帆启航。

这就是我的一个难忘之日。

阴差阳错爱上了画画

1958 年 2 月 8 日，我从娘胎里呱呱坠地来到这个大千世界，我的身份标签为中医世家的后人，按照中国人的传统，中医世家的后人必须是子承父业，长大后的我必然是当中医师，故父亲为我取名张心一，顾名思义“心一”就是要我长大后心思只能选择一个职业——子承父业、学好中医。然而，一切事与愿违，在我刚刚踏入小学不久，“文化大革命”开始了，在“破四旧，立四新”及“横扫一切”的口号下，工厂停工，学校停学，我家的中医诊所，被彻底“横扫”掉了。学校中出现许多错误的做法，我把耳闻目睹到的事情告诉了父母，我的父母只是一味地摇头叹息，神情与内心中显露出了对那个时代的无可奈何，但父母又怕我受那种潮流冲击而学坏，因而非常担忧。一天晚上，父亲把我叫到他的房内对我语重心长地说：“我们是中医世家，祖祖辈辈讲仁智礼仪信，以儒家的孔孟之道为教子之道；你要做到非礼勿视，非礼勿听，非礼勿言，非礼勿动。”我当时年龄小，还一时听不懂父亲这四句话的意思，父亲见我双眼傻看着他，知道我不明白其中之意，就用非常简浅的话语解释道："就是不好的东西不看，不好的话不听，不好的话不说，不好的事不做。"在那个年代能讲出这样话的人定然是出生书香门第，受过严格的文化教育与家庭教育，我就是在这样的家风家训中成长的。

别人的小学时代是在"闹革命"及"当小闯将"中度过的，而我在父母的严格管教下学不了中医就学画画，也许是一种与生俱来的天赋或是一种生来就有的爱好，我偏偏喜欢上了画画，闲暇时就在家里画画，在一张张白纸上画人、画房、画草、画花、画树、画云彩……先是临摹，后是自己独创，再后来自己到野外去写生，山川河流、飞禽走兽，云霞彩虹等样样都画，而且是从没有拜过大师，一切都是无师自通。不知什么时候，我会画画的"雕虫小技"在学校里不胫而走，我一下成为了学校中的文艺骨干，可以大显身手，学校的黑板报、少年宫中的宣传栏都有我的"杰作"，我一下成为了校园里的"著名小画家"。

那时的我大有给人一种"不飞则已，一飞冲天；不鸣则已，一鸣惊人"之感，而这一切在冥冥之中让我在人生的旅途中偏离了父母曾指望的"子承父业"当一名中医师的路径，从而转向了走艺术人生之路。

特招成为了一名工艺艺校生

常言道：有心栽花花不开，无心插柳柳成荫。我在"文革""赋闲"时爱上的画画却成就了我另一番人生事业。

1972 年夏，我进入市中心的贵州中学读书，这是按照户籍所在地而入学的一所普通中学，没有什么"教学特色"，所有学生在一起读书学习，没有优劣之分，一切都平平淡淡，波澜不惊，有志者与慵懒者都只能在同一条的"起跑线上"，谁也出不了头，成就不了一番理想与事业，面对这样的社会环境与时代，我总有一种不甘心。说来也巧，那时我们的语文课正读到奥斯特洛夫斯基写的《钢铁是怎样炼成的》一书中的一段名言："人生最宝贵的东西是什么？是生命，生命属于我们只有一次。一个人的生命是应该这样度过……我整个的生命和全部的精力，都已献给了世界上最壮丽的事业——为人类的解放而斗争。"这段话给了我极大的启迪，我暗下决心：不能虚度年华，不能碌碌无为地活着，我要做一个对社会有用之人！

人们常说，好运总会降临在一个有理想和有准备者的身上。这话真是一点也不假，1972 年，国家急需扩大出口换取外汇，国务院下达了"发展民族传统工艺争取创汇"的指示，明确各地有出口能力的工艺美术企业要恢复生产传统手工艺产品，如玉雕、地毯、绣品、金银细工等。在这样的形势下，上海的一些工艺美术企业在恢复生产的同时，办起了"工业中学"，培养专业技术人员，其生源主要是有一定美术基础的学生。当时，我才刚升入中学两个月，就被上海市金属一厂（其前身是上海老凤祥银楼）开办的工业中学录取，我一下成为了学校里的佼佼者，成为同学们羡慕的人。一时间“美言四起”，都夸我是国家栋梁之才。父母得知我被破格特招为“工艺艺校生”，非常激动与兴奋，但也向我敲响了警钟，特别是富有文化内涵与修养、平时少言寡语的父亲怕我年少涉世不深，容易产生骄傲与自满，就同我进行了一次促膝长谈：“心一啊，古代圣贤曾这样说过：‘傲则损，谦则益’，你在新的学习领域和环境中一定要虚心好学，刻苦钻研。但同时也要有志向与雄心，画工须画云中龙，为人须为人中雄，男人当自强。”我父亲的这一席话对我具有极大的帮助作用，如同我人生道路上的一盏指路明灯。

在新的学校，我们全班50个同学一起挤在大教室内上课，学习条件虽然艰苦，但幸运的是来教我们的都是曾在上海工艺美术学校任课的老师，很有教学经验。工业中学所开设的文化课程有普通中学的语文、数学、英语等，专业课程包括素描、白描、图案、国画以及金银细工设计和制作。而实践专业制作课放在工厂车间里，由厂里挑选的几位技术好、经验丰富的老师傅执教。经过专业学习，我不仅学到了文化和专业知识，而且得到了金银细工技艺的基础训练，特别在素描、国画等方面进展非常大，使我对中国的传统优秀文化艺术有了更深的了解，并深深地喜欢上了中国的十大名画：顾恺之的《洛神赋图》、张择端的《清明上河图》、黄公望的《富春山居图》、仇英的《汉宫春晓图》、郎世宁的《百骏图》、阎立本的《步辇图》、张萱和周昉的《唐宫仕女图》、韩滉的《五牛图》、顾闳中的《韩熙载夜宴图》、王希孟的《千里江山图》，这十大名画在创作与构思上都具有独到之处，可用完美来形容，它们开阔了我的创作视野，增强了我对艺术之美的理解，激发了我的创作灵感，开拓了我的创作思路，对成就我今后的事业很有帮助。

在工艺艺术之路上迈出踏实一步

时间如白驹过隙，转眼三年过去。1975年2月，我以优异的成绩从工业中学毕业，并以学习尖子与四名同学一起被“特招”到大件组工作。当我把这一好消息告诉父母后，他们都为我能有一个好工作而高兴，特别是我父亲还专门对我讲道：“心一啊，无论干什么工作都必须要干一行爱一行、钻一行、精一行，行行出状元。古人曾这样说过：‘男儿不展风之志，空负天生八尺躯’。男人就要立大志，攀高峰。”

父亲的谆谆教诲，给了我极大的工作动力和精神鼓励，我再次深感父亲真是我人生扬帆启航中的良师益友。在那个年代，读书毕业进入企业工作都还需要经过三年拜师学徒的生活。我所拜的师傅是长期从事金银细工的陶良宝和边炳森，他们可算得上老凤祥银楼创立以来的第四代传人，不仅技术全面，而且在造型艺术设计上颇有成就。在师傅的细心指教下，我开始了三年艺徒生涯，从金银细工制作的基础工艺学起，由浅入深学锤揲、抬压、錾刻、镂空、镶嵌、焊接等技艺。

在学艺中，我对自己要求十分严格，尤其对金银细工制作的抬压、錾刻等关键技艺，更是下功夫刻苦磨炼，不厌其烦，一遍又一遍，直到能熟练为止。在学习过程中，为了能多学到有关知识、技能与技艺，我还时不时地给自己加压，为掌握更多技艺，向师傅讨教学会了泥塑、开模等专业技术，并进入业余美术学校学习雕塑和美术设计，以丰富和增进自己的艺术素养和专业知识，从而对西方文艺复兴时期的艺术作品有了进一步的了解，特别对意大利雕塑家米开朗基罗·博纳罗蒂创作的作品《大卫》更是极为喜欢与欣赏，这种精美、精致、大气的作品对一个工艺设计与制作者来说是最好的鉴赏品。

我的刻苦努力与勤奋好学感动了师傅，为此，师傅和领导从锻炼与培养我的角度出发，让我参与《龙华塔》《圣母玛利亚号船模》及《大盘龙》等大型摆件的设计与制作，这是我“入门”以来的第一次参与高难度的工艺品设计与制作。作为其中一员，我感到非常幸运与骄傲，这是师傅与领导对我的信任与重用。下班回家，我又把这“佳音”告诉了父母，父母再次为我感到高兴，尤其是平时说话不多的父亲，总爱为我敲“警钟”：“千里之行，始于足下，走向人生事业的成功之路，就在于要迈好坚实的第一步，要踏踏实实，认认真真地做好每一件小事，方能以后成就大事。”我父亲对我说的每一番话，其实都是在告诫我走好每一步跨出去的路，真是良苦用心，为我掌舵。

进入工艺品设计与制作实战之后，我一心沉浸在了工作之中。设计制作镀金摆件《龙华塔》难度极大，工艺要求特别高，塔高 30 厘米，七层八角，塔内呈方形。为了使作品富有被誉为沪上“宝塔之冠”龙华塔的优美造型、雄奇姿态和玲珑剔透的风貌，在创作中，为突出龙华塔楼阁式立柱重金的江南建筑艺术特色，师傅带着我来到龙华塔现场体验生活，登上龙华塔，了解塔的历史和建筑结构。《龙华塔》的塔顶、塔身及平台被分解成的部件达 400 多件，面对量多、加工复杂的工作状况，我与师傅积极配合，并按照师傅提出的要求，对各部件不同规格和工艺标准，做到一丝不苟的精确加工。我采用锤揲打制的屋面戟背线，用特制的瓦楞錾刻刀具刻制的琉璃瓦，使塔顶显得精致、挺括。用钣金和镂空技艺制作门框、门楣、立柱和围栏使其显得灵巧、流畅、透亮。用抽槽式工艺镶嵌腰檐下的 100 多件斗拱，有板有眼、不露一丝痕迹。配之平台底座上錾刻的佛教图案工整、简洁、匀称，加重了龙华塔的深厚历史底蕴。经过努力拼搏，精美大气的《龙华塔》作品诞生了，这是我人生中参与设计制作的第一件艺术品。

通过第一次的“实战”，我明白了一个道理，设计制作工艺作品，就是一种艺术的创作，对不同的工艺品设计与制作都有不同的要求，必须要对不同工艺品的创作注入不同的艺术、文化与历史的元素，给予作品强烈的艺术之美与艺术的生命力，也就是我们通常说的“要有艺术的活力”。例如在设计制作白银摆件《圣母玛利亚号船模》时，我们了解到这是以500年前哥伦布发现新大陆时所驾之船为蓝本而创作的。这件白银细工摆件中，船模制作技术难度较大，制作时必须掌握抬压、钣金、錾刻、花丝、镂空、焊接等多种技艺，这对我既是一次挑战，更是一场严峻的考验。在挑战和考验面前，我没有退却，从制作木模船体，到放样制版，从船体分解到钣金成型，从灌胶錾刻到整形焊接，在师傅的帮助和指导下，我闯过了一道又一道难关。在制作过程中，充分利用银质材料延展性强的特点，按照船体木模实样，运用钣金和灌胶錾刻技术打制船头、船身、船尾，讲究比例结构准确，讲究互相连接到位，以保持船模外形的简洁美观。运用抬压和花丝制成的铁锚、铁链、梯子及船舵都做到精细逼真，均可灵活转动收放。耸立在船体桅杆上的缤纷彩旗和扬起的风帆，用抬压、錾刻和点金、砂金技术打造，更给整体船模增添了层次感和生动感，给人一种惟妙惟肖感。

又如在设计制作镀金摆件《大盘龙》时，师傅在与我合作中不仅详细讲解了中国传统龙的结构特征，而且对全过程操作工序做了一一分解，从泥塑、翻模、制壳、修正、成型、压制、焊接、灌胶、精雕、脱胶、总装、镀金、镀铑的每一道工序，进行面对面辅导，尤其对龙头、龙尾、龙体的抬压、焊接、龙体鳞片的錾刻，龙爪、龙须、龙角的制壳成型等一些关键工序更是给予重点指导。由此制作而成的《大盘龙》造型雄浑古朴，形态自然生动，龙头昂首口吐银色水浪和滚球，龙体盘旋流畅，充满活力，龙头龙尾遥相呼应，龙爪刚健有力，展现出气势威武、勇猛无比的艺术形象，再经镀金、镀铑工艺的表面处理，使整件作品黄白相间、交相辉映。2004年，镀金摆件《大盘龙》被评定为上海市工艺美术精品，由上海市工艺美术博物馆收藏。

设计制作每一件不同的工艺品，其实就是一种充满难度的美感艺术的创新。雨果曾这样说过：艺术的大道上荆棘丛生，这也是好事，常人望而却步，只有意志坚强的人例外。雨果的这段名言对我来说真是入木三分，非常有理，只有具备学而不厌的毅力与意志，才能逐步攀登上事业的高峰。

挑重担搞革新研发新工具

我的努力学习，刻苦钻研，博得了领导和师傅们的好评。1978年，我学徒满师就被推荐到上海市金属一厂大件组当生产组长，我一个初出茅庐、乳臭未干的小青年要担起如此“大任”，心里还真没有底，但我有一颗进取之心。在自己工作的岗位上，我处处带头干，迎着困难上，勤勤恳恳，以身作则、积极进取，从而年年被评为厂先进生产者。1984年，我光荣地加入了中国共产党。为此，我肩上的责任更重了，我必须时刻起到表率作用。

常言道：逆流而上，不进则退。党的十一届三中全会后，随着改革开放的深入，金银细工产品出口外贸订单剧增，而大件组仍采用传统的“一手落”生产方式，产量上不去，脱期交货现象时有发生，影响了企业的信誉。我看在眼里，急在心里，决心要改变这一现状。在厂部的支持下，我着力推行流水线生产操作，并在组内进行全组承包、组员分包，这是我在新形势下改革的重要一步。刚开始并不顺利，组内一部分组员有异议，有人闹情绪，但我想到自己是一名共产党员，在关键时刻我没有退缩，而是顶着压力上。我一方面过细地做好组员的思想工作，宣传流水线生产操作和承包改革的积极意义；另一方面针对试行过程中存在的难题，深入实际认真调查，找出问题关键点，提出切实可行的解决方案，让组员了解改革带来的好处和有利于自己的切身利益。在我大力度带领和影响下，流水线生产操作和承包改革终于在组内实施，激发了全体组员的积极性，不仅使金银细工的生产效率直线上升，而且产品质量显著提高，损耗明显下降，原材料周转加速，获得了较好的经济效益和信誉。1988 年，全组完成出口加工量是未实施流水线生产操作和承包改革前的 10 倍。由于工作业绩出色，我先后被评为上海市二轻系统“新长征突击手”和“十大青年明星”。

在担任大件组组长这段时间里，由于表现出色，我被公派到爱尔兰的克尔尼设计公司进修业务半年，从而使我开阔了眼界和艺术视野，提升了技能。然而，随着国内外工艺品需求量的不断上升，如何做到多快好省地设计制作出更多不同类型的工艺品满足消费者的需求这一问题摆在了我的面前，求快、求精、求美、求省这是生产企业的必由之路。

常言道：工欲善其事，必先利其器。在设计制作各类工艺品的过程中，我感受最深的是“三分靠手艺，七分靠工具”，为了提高制作出的艺术品的精美度与速度，所使用的工具起到了决定性作用。为此，我开动脑筋，发挥自己的主观能动性，殚精竭虑研发工具。走进我的工作台，首先跃入眼帘的是一字排开的锤子，有倒菱锤、平拱锤、马掌锤、双面锤、錾口锤、小钢锤、胶木锤、圆形木槌等。这些锤子结构看似简单，但要做到位并非易事，量体取裁、锻打成型、钻孔锉削（或磨削）、淬火处理、安装木柄，每一步骤都必须很专注，同时还要从力学原理出发，十分讲究锤面与锤体的最佳合理角度，讲究在冲击下锤子的形状变化，因而我制作的锤子不仅外形长短适宜，而且使用起来得心应手很着力。我自行研发制作的手工工具很多，林林总总有 300 余把，不同的形状，不同的规格，不同的造型，使人看得眼花缭乱。不同的工具需用不同的材料。我所制作的錾子都选用弹簧钢和优质低碳钢材质，可分为常用錾子和特型錾子两大类。常用錾子有杀錾、批抢錾、三角錾、踏錾、豆錾等，特型錾子有双线錾、沙田錾、棕丝錾、簇毛錾、鳞纹錾、圆点錾、阳点錾、印记錾等，每种錾子有几把或十几把大小尺寸不同规格。我对制作每把錾子都十分认真，从錾坯退火、锉削（或磨削）成型到回火（或淬火）处理，都做到一丝不苟，以满足錾子使用的要求。我尤其对常用錾子中使用频率最高的杀錾、批抢錾、三角錾更是顶真，不仅根据图案纹样的形状结构现场精心制作，而且讲究錾子道口位置、錾打手持位置和錾头位置的整体感，我所制作的一字形杀錾厚薄适宜、轻盈灵巧，以精确表现对象结构外轮廓；所制作的批抢錾，适度的单面倾角刀刃，不论錾刻线条还是块面，既有折光感、纵深感，又有层次感、浮雕感；所制作“V”形凹槽的三角錾，上手舒适、转折灵活，刻出的线条匀称流畅，富有节奏感和韵律感。我对于制作特形錾子中的鳞纹錾颇有好感，在我的艺术生涯里所雕琢的“龙”不计其数，因而各种不同规格的鳞纹錾有几十把，最大的直径口如大拇指，最小的仅一根牙签粗细。

我对自制量具十分严格，所选用材质都为强度较高并有一定韧度的高碳类优质碳素结构钢。我制作的矩叉（又称“化规”）的图样定型、矩片加工、钻孔铆合、修磨矩叉的整个过程，道道工序从严把关，保证了矩叉的精度。我对于模具改进十分重视，善于将西方精细的开模技术应用到实际操作中，并融入东方雕刻艺术，形成了自己独特的模具风格。

我通过自己设计制作出的工具而制作出来的各种精美工艺品可谓是不计其数，可让金灿灿的黄金、闪耀耀的宝石变成一件件各种形状、造型的漂亮工艺品，其中不少作品在展览与比赛中获得了大奖。1993 年，我荣获“中国工艺美术大师”荣誉称号。1995 年，被评为“高级工艺美术师”。由此，人们都喜欢叫我张大师。《荀子・劝学》中有这样一段名言：锲而舍之，朽木不折；锲而不舍，金石可镂。我始终把这段名言当作我的座右铭，它告诉我人想要成就自己的事业，就是要有一种刻苦钻研和努力奋进的意志力，不怕吃苦，善于开动脑筋方能在事业的道路上高歌猛进。

在坚守中不断出成绩

随着改革开放的不断深入，社会思潮出现了大冲撞、大裂变、大转折，芸芸众生都在各自的生存空间中重新作出抉择：有人为电冰箱、电视机、汽车、房子、票子而奔波忙碌；有人为了一己私欲获高薪水而跳槽；但是也有人为了自己的理想和钟爱的事业坚守自己的工作岗位，并取得了成就而成为“状元”。我张心一就没有被社会上各种奇奇怪怪诱惑而改变人生事业的航道。

20 世纪 80 年代中期，社会上掀起了一股狂热的“下海”经商潮，一时间物欲横流，一切向钱看成为了一种“大势”，我们“老凤祥”也不是处在世外桃源，不少有技术和能力者为了“小我”而放弃“大我”：有的自己开工艺品销售商店，有的开工艺品加工厂；有的与乡办企业合股开金银饰品制作工厂；等等。曾经与我一起同窗学艺的4位同学，在全面经商的大潮冲击下，或下海经商，或跳槽求高薪。也有一些大老板见我技艺好，曾以高薪或赠股为诱饵让我下海同他们合作，有的老板开出的优厚条件就像《三国演义》中曹操为得关羽时的“封侯赐爵”；三日一小宴，五日一大宴，上马一提金，下马一提银。但我有做人的原则与底线，那就是不能背叛培养自己的企业，更不能挖企业的墙角，作为党员更应该坚守在自己的岗位上不动摇。

在数十年的坚守与执着、努力与发奋下我取得了不小的成绩。以下是我的一部分成绩：

作品《驰骋》摆件栩栩如生地刻画出了骏马勇猛、剽悍的自然逼真感，给人以气势恢宏与奔腾感，荣获“1984年中国工艺美术百花奖”。

作品《珍珠鳞》以构思新颖、造型秀美，做工细腻、美观大气，荣获“1984年中国工艺美术品百花奖评比奖优秀设计制作二等奖”。

作品《龙的传人》以刚劲有力、生动逼真、惟妙惟肖，荣获“1988年中国工艺美术百花奖优秀创作设计一等奖”。

作品《旋》18K金耳环以精美雅致、艳丽大气，荣获“东南亚钻石首饰设计比赛大奖”，获奖当年被评为“工艺美术师”和“上海市劳动模范”。

作品《飘逸》以充满自然美感与大气之感，荣获“1990年中国工艺美术品百花奖优秀新产品一等奖”；1991年该作品荣获“保加利亚国际青年发明奖”。

作品《百龙舞舟》《18K金蛇草镶钻女士项圈》《飘逸》及《龙的传人》等被选送参加在北京举办的“1992年中日传统工艺品联合展览”，深受业内外人士的高度好评，同年被推荐为“上海市职工科技成果推广促进会会员”。

1991年，我荣获全国五一劳动奖章。从1992年至1998年，先后当选中国共产党上海市第六次、第七次代表大会代表，先后多次荣获“中国轻工系统劳动模范”“上海市劳动模范”“上海市工业先进个人”“上海市十大杰出职工”“中国工艺美术大师”称号，并享受国务院政府特殊津贴。在这期间还应邀到德、法、意、新、马等国参展和学习考察，获得柏林国际设计中心培训证书，还出席了中国工艺美术大师颁奖大会，受到时任国务院总理李鹏的接见……

在追求技艺的同时，我还从实践上升到理论研究，写出了不少高质量的理论文章和论文，如《金属工艺由来与发展》《金属工艺肌理美》及《首饰设计与构成艺术》等，这些文字作品发表后，博得了业内同行的一致好评，说我在工艺品艺术设计与制作领域开创了新篇章。

有人说我是上海工艺饰品领域中的“万绿丛中一点红”。对此，我深刻地认识到一个人红只是红一点，大家红才能红一片，我有责任多培养工艺饰品设计制作人才，把老凤祥优良的工艺设计制作传承下去，使之不断层，后继有人。我非常注重带徒传技，在我数十年的带徒历程中，共带出了十多名高徒，他们后来在各自的岗位上成为独当一面的技术能手；有的获得了上海市和全国技术能手称号；有的被评为上海市美术大师及多次在国内外大赛上夺得大奖。他们在工艺饰品的设计制作领域纵横捭阖，攀登高峰。

水之不涸，以其有源也；木之不拔，以其有本也。老凤祥之所以长兴不衰，就是有一批批爱岗敬业者不断传承，我更要成为这块艺术园地里的园丁，使之桃李满天下。

主动出击抢占市场

人生一世，草生一秋，但人非草木，有理想与思想，更有追求与憧憬。天空之高、宇宙之大，生活在这个世界里不能像燕雀安于现状，日求三餐，夜求一宿地平庸度过，而应像鸿鹄一样冲天高飞，翱翔苍穹。我张心一就是这么想，而事实也印证了“机遇是留给有准备的人”这句话。

1997 年，我被任命为上海老凤祥公司所属素金厂和银器厂厂长，我由一个企业的大组组长担任起了厂长，这是我人生中的一个飞跃和质的变化。此刻，我想起了唐代诗人李白《行路难》诗中的两句诗：“长风破浪会有时，直挂云帆济沧海。”我要投身到大海般的商战中去冲锋陷阵，这已是我的使命所然。我走马上任之后，人们都以为会“新官上任三把火”，这仿佛成为新官上任后的一种天经地义的惯例。然而，我没有严厉地大刀阔斧整顿企业员工，我深知人的凝聚力是靠人的“心换心”得来的，特别是在我们这样的老国有企业里职工有着根深蒂固“当家作主”的思想，不采用新的管理方法很难治理好企业、团结好人心。为此，我采用了人性化、理性化、温情化的操作方法对企业员工进行岗位调整、工种调整、责能调整，让每个有一技之长者和特点的员工进入自己熟悉和喜欢的岗位上工作，发挥每个人的专长，真正做到“物尽其用，人尽其才”，这样增强了员工的向心力和凝聚力。作为一个管理者，一定要牢记古人说的“德广使人来，量宏使人安”这句话。在任用好每个员工后，必须要强化员工的责任心，我在企业中实施了工作责任制，岗位到人、职位到人、分工到人、分配到人，并采取多劳多得的计件方法进行按业绩分配，从而激励了员工的工作热情与积极性，人人都爱岗敬业，使企业在原有的基础上平稳顺利地有了一个质的变化。

调整是为了更好地开展生产，提高生产力。当时上海的金银饰品市场遇到了前所未有的冲击，海内外的金铺银楼纷纷涌入，同行之间的竞争到了短兵相接的白热化。面对市场的急剧变化，我和厂内职工一起锐意创新，迎接挑战，以扬金银细工雕刻技术之长，结合运用国外先进电铸工艺技术，先后开发研制了“V”形方戒、镜面挂件、卡通生肖摆件等新产品。尤其我研制的纯银雕刻装饰画，从激烈的金银饰品的市场竞争中杀出来一条血路，赢得了同行的尊敬。

有一位名人曾这样说过："一个企业家的成功，其所花出的代价是常人所无法承受的，这个代价就是比常人多学习、多思考、多观察、多工作、多一根弦，更要善于捕捉市场瞬间出现的信息，把握好商机，方能赢得市场。"我作为一个企业的经营和管理者，必须要有捕捉市场商机的敏锐度。在对市场的调查中，我发现纯银雕刻装饰画由平面做成半立体浮雕再配上中西式镜框很有艺术的美感，特别能满足有艺术修养的白领家庭、高档宾馆、写字楼内艺术装饰的需求，我带领职工就进行了精心设计与制作，推向市场后得到了市场的认可。

要想在激烈的供大于求的市场竞争中不落下风，就必须主动出击，争夺市场，占据市场、引领市场。为了抢占市场制高点，扩大纯银雕刻装饰画的品种和市场，我和创作设计人员边跑市场、商店，边上书店、图书馆，搜集调研材料和创作素材，在短短半年时间里，先后创作了各种题材纯银雕刻装饰画100多个品种：有上海风光系列的外滩、城隍庙九曲桥、东方明珠、金茂大厦、大剧院等；有海外风光系列的白宫、悉尼歌剧院、富士山、埃菲尔铁塔、狮身人面像等；有国内各地名胜古迹的北京故宫九龙壁、敦煌飞天、普陀山大佛、西安兵马俑等；有中华文明系列的宝鼎、古董、马踏飞燕、青铜灯台等；有人物和动物系列的古代仕女、奔马、山虎、宠物等。这些纯银雕刻装饰画全面推向市场后，不仅成为国内金银饰品市场的畅销品，而且还打入了海外市场。1999年在第五届上海科技博览会上，纯银雕刻装饰画被评为金奖，并获得了国家专利证书。

在抢占市场的同时，我们还需要寻米下锅。1997年，无锡灵山要制作3000尊小金佛，向全国招标，我得到讯息后迅速组织技术人员参与投标并及时研发产品，最终由于我们的产品工艺精湛，造型别致而一举中标，并在短短的半年里高质量地完成3000尊金小佛，博得了中国佛教协会的称赞。在香港回归这段时期里，我带领员工研制成功"97香港回归纪念卡"，在市场上发行后博得消费者的青睐。

面对所取得的成绩，我认为只有不畏艰难、艰辛、艰苦，踏踏实实地干，方能取得好收获。

常言道：能者多劳，而我愿意为革命工作多作贡献。

孟子曾这样说道："天将降大任于斯人也，必先苦其心志，劳其筋骨，饿其体肤，空乏其身，行拂乱其所为，所以动心忍性，曾益其所不能。"孟子的这一段至理名言，很能激励人。

1999年，组织上让我肩上加重担子，任命我为上海老凤祥有限公司银器厂厂长，这是让我在人生的事业上再上一个台阶，我不能因此而沾沾自喜，更不能躺在成绩的功劳簿上而故步自封，而必须百尺竿头更进一步。我上位之时正碰上世纪之交，我必须在即将跨入21世纪时做好市场预测，更要有那种“运筹策帷帐之中，决胜于千里之外”的超前意识。我带领员工一起利用纯银浮雕工艺及电铸技术开发礼品市场。特别是进入21世纪后，我预感到旅游业方兴未艾，必然会带动旅游品、纪念品市场的火爆。为此，我带领员工抓住商机，开发设计制作了精美的十二生肖印章系列，并在包装上注入了中华民族传统的吉祥题名，更丰富了产品的文化内涵，如《马运亨通》(马)、《吉祥如意》(羊)、《灵猴献瑞》(猴)、《功名富贵》(鸡)、《兴旺发达》(狗)、《多智多福》(猪)、《智财必得》(鼠)、《牛气冲天》(牛）等。这些吉祥喜庆、文化内涵丰富的十二生肖系列印章，符合人们的消费心理，成为市场上畅销的旅游纪念品。在中国大陆与台湾实现两岸包机通航后，中国东方航空公司特将十二生肖印章系列作为指定纪念品，深受两岸同胞喜爱，不少乘客为了每年得到生肖印章，已是东航的座上客，从而打响了品牌，使企业夺得了两个效益的双丰收。

我的努力与付出，得到了上级领导与员工的一致肯定与好评。2000年，我获得了“全国劳动模范”光荣称号，这是我一生中所获得的最高荣誉。对此，我感到自豪与幸福，这将激励我在事业的道路上继续奋进。

拼搏才会赢，奋斗方能胜，付出才有收获，这就叫一分耕耘，一分收获。下面是企业工会为我统计的各种荣誉（仅从2000年至2017年）：

任世界黄金协会“千禧永恒金”设计大赛评委、被上海市经委聘任为“上海市工艺美术系列高级专业职务任职资格审定委员会委员”、被授予“上海工业十大工人标兵”、当选为中国共产党上海市第八次代表大会代表、任老凤祥有限公司副总工艺师、受聘为上海市传统工艺美术评审委员会委员、被授予“全国职工创新能手”称号、任中国工艺美术大师联谊会副会长，受聘为上海工艺美术职业学院客座教授、作品《八仙神葫》在中国传统美术精品大展中获金奖、被列入上海地方“培养人才”领军人物、被任命为上海市工艺美术博物馆馆长及上海市工艺美术研究所所长、荣获上海黄金珠宝行业“20年行业精英奖”……，其中金银细工《金玉满堂》在2018年第十九届中国工艺美术大师作品暨手工艺术精品博览会上获得“百花杯”中国工艺美术精品奖金奖。

有人曾对我历年所获的各种奖类、荣誉称号及头衔作了统计，共有80个，使不少人听了不由得惊叹不已，称我是“大奖王”和“荣誉王”及“头衔王”。特别是当有人看到了由江苏美术出版社出版的《中国工艺美术大师张心一》十六开本彩色精美书籍时，更是对我钦佩不已；书中对我历年来钻研技艺、开拓创新、工作学习、主持工作、所获大奖及荣誉称号作了全面的叙述，有人说这是一部传颂工匠精神的鸿篇巨制，也有人说这是在为我树碑立传，但我从深层的角度去理解，这是一部记录“老凤祥”企业历史、文化、工艺、品牌及技艺传承等方面的优秀力作。

造桥是我一生的使命

口述 张耿耿 整理 孙洪康

张耿耿简介

男，1943年8月生，江苏南京人，中共党员。历任上海第一市政工程公司101施工队队长、第一市政工程公司第一分公司经理兼党总支书记、上海耿耿市政工程公司董事长兼党委书记。曾十一次获得上海市重大工程建设功臣称号，四次获评上海市劳动模范，并获得上海市十佳创业先锋、全国劳动模范、全国十佳道德模范称号和全国五一劳动奖章。上海市第九届、第十届人大代表，党的十五大代表。他领军的市政101施工队获得造桥英雄队称号、全国五一劳动奖状。

整理者言：张耿耿是我十分敬重的一位劳模。20世纪80年代中期，我曾采访过他，后来我一直关注着他。他曾四次荣获上海市劳动模范称号，曾获得全国五一劳动奖章和全国劳动模范称号，十一次获得上海市重大工程建设功臣称号，他是党的十五大代表。

2019年6月27日，我又对张耿耿作了一次较长的访谈。他告诉我，他这一生似乎同桥有缘，他带队建设的各种桥梁近90座，他领军的市政公司101施工队曾荣获"造桥英雄队"称号。从他的谈话中，我深感改革开放以来，在上海翻天覆地的市政巨变中，倾注有张耿耿和他的团队的大量心血！

贫苦家庭长子的担当

我1943年出生在上海，属羊，祖籍山东。听我父亲说，祖上是枣庄附近的贫苦农民，早年逃荒，我曾祖爷爷带着一家老小逃到南京城外江宁农村安顿下来。后来，我祖父又拖家带口到上海打工谋生，那会儿，我父亲才9岁。

我父亲10岁刚过，就到一家皮革作坊当学徒，起早贪黑，吃了很多苦；成家后，因子女多，负担重，他更是节衣缩食，一生勤俭。

我家有七个兄弟姐妹，我排行老二，上边有个姐姐，下边有三个弟弟两个妹妹。因为家里孩子多，我母亲就没有出外做工，而一直在家操持家务、照护孩子。那些年一家九口就靠父亲一个人的打工收入维持生计。解放后有一段日子，父亲还失业了，一家九口就只能靠政府救济为生。所以，我母亲一直教育我们不要忘本，不要忘记党和政府每个月发给我们家的救命钱，要求我们长大后一定要认认真真工作，本本分分做人，要报答社会。

后来，我父亲依旧在皮革行业找到工作，进红光制革厂做工，该厂位于远郊嘉定。那时交通不便，父亲干脆住在厂里集体宿舍，一个月回家一次。他月薪70多元，全家九口人，虽然日子过得很紧，但不要政府救济了。

那时，我家住在普陀区曹杨路金沙新村，我母亲热心里弄工作，一直担任居民小组长。

生活在这个清贫的家庭里，我也是个懂事的孩子，看着父亲为了养家到那么远的单位去上班，看着母亲既要操持这一大家子的事务，还要忙乎里弄工作，我作为长子，心里早就萌生了分担责任的想法。好在我身体很棒，到了16岁，已长成个头蛮高、体格壮实的小伙子，我就向父母亲表达了当一名工人的心愿。我的想法得到母亲的支持，她一直在协助居委会工作，招工的信息也比较灵通。当时，上海铁路局正在实施沪宁复线的建设项目，急需组建一支上万人的施工队伍。于是，刚满16岁的我成了一名施工队员，每天投身在沪宁复线建设的铁流中，风吹日晒，雨淋霜打，一年下来，复线工程竣工，我被光荣地评为“优秀队员”。

火红年代的艰苦历练

沪宁复线工程结束后，我回街道报到。很快，街道又推荐我这个铁道战线的“优秀队员”到上钢三厂工作。那是 1959 年年底，我又成了一名炼钢工人。上钢三厂位于浦东周家渡，我在浇钢车间工作，通红滚烫的钢水铸件，几乎将车间变成了火焰山，到处地皮烫脚，热气灼人，每天衣服一次次湿透。当时，我是浇钢车间的起重工，炼钢后剩下的渣包，要用起重机将它们吊起、拖走。其间，我还适应了伴随炼钢产生的硫磺、沥青的气味。我吃得了苦，受得了累，挥汗工作，表现出色，年年被评为上钢三厂的生产标兵。

没想到好景不长，1962 年国家遭遇自然灾害，一批重点工程下马，经济战线收缩，我们钢厂也受到连累。上钢三厂组建了一个分流小组，我先在这个分流小组工作，到 1963 年 2 月，也终于“分流”到我了。于是，我又回街道报到，但一个月不到，我们街道又介绍我到市政工程队工作。我终于找到了一个可以托付终身的工作岗位。现在回想起来，此前经历的岗位，从事的工作，好像都在为这项最适合我的工作在做准备。

我是 1963 年 3 月 5 日进上海市政公司第一工程大队 101 工程队工作的。当时，我年纪轻，反应快，身体倍棒，浑身是劲，又有多年当工人的经历，考虑到我在钢厂当过起重工，公司就安排我到 101 工程队起重队工作。这个工种发挥了我的特长，让我工作起来如鱼得水，我更加全身心投入。我们起重队有近 20 个工人，其中有几位“老法师”是 6 级工或 7 级工，经验丰富，水平很高，我就虚心拜师，认真学习。

我在起重队进步很快，1965 年我被任命为起重队队长。当队长后，我更是吃苦在前，吃亏在前，重活、苦活，我冲在前，有奖励、分奖金，我退在后，工友们生活上有难处，我尽力帮助照顾，以心换心，我以自己的真诚将我们的团队紧紧地凝聚在一起。

以工地为家的施工队长

搞市政建设，就是造桥修路；造桥修路，就是为民造福。我出身贫苦，不怕吃苦，20 岁当上市政工人，一身是劲。有人觉得筑路架桥是露天工作，日晒雨淋，风吹霜打，太苦了。我却不觉得苦，我从心里喜欢这份工作，我认准了这项工作适合我，是我的一只“金饭碗”，我要紧紧地捧牢它。

从此，我把心思用在工作上，把汗水洒在工地上，1965 年，我被评为上海市

"五好工人"。当了101施工队下属起重队长后，我更是一心一意扑在工作上。1971年，我在苏州河造桥工地一线入了党，在党旗前举起右拳宣誓时，我由衷地感到肩头更加沉甸甸了，那是共产党员的责任感。

1975年，市政公司任命我担任101施工队队长。从这项任命下达之日起，我就把铺盖卷搬到工地，把工地当成了我的居住地。自此，一年到头，从早到晚，我都是吃在工地，干在工地，睡在工地，甚至生病，也是躺在工地。反正工程项目在哪里，工地就在哪里。或者沿江河扎营，或者在野地搭棚，或者随处支个帐篷，在地上铺个草垫子，搁上被褥就打地铺了。总之，寒暑雨雪寻常事，蚊叮虫咬随它去。我记得苏州河恒丰路桥工程项目比较复杂，当时我们的施工装备比较陈旧，工期较长，我在施工期，整整5个月都没有回过一次家。我记得苏州河曹杨路桥工程项目，因河湾水运繁忙，陆上交通复杂，施工难度更大。当时，我家在曹杨路金沙新村，距离工地只有10分钟路程，但是我心心念念都在造桥工程上，苏州河每天涨潮落潮，施工状况都不一样，施工难题随时都会冒出来，我一点都不敢大意，一分钟都不敢离开工地。所以，家里虽然不远，但是我不能回家。我对大禹在治水时"三过家门而不入"特别理解。

我记得关乎宝钢建设发展、牵系宝山人民出行生活的吴淞大桥工程原定工期为3年，但我们施工队承接此项全长968.7米的大桥工程后，全力以赴，创新工序，克服各种难题，只用了19个月，就高质量建成。施工期间，我一刻都不敢离开工地。一天，在吴淞大桥10号桥墩施工时，突然发生严重渗透，只见5米深的桥墩基坑发生渗水，情况十分危急。我带领施工队一边奋力排水，一边修筑堤坝，经过三天三夜连续抢险，终于排除险情，保住基坑。当时，由于我们浸泡在河水中时间太久，已经挪不动步了。

我记得担任施工队长后，我不仅仅是平时不住在家里，不在家吃饭，甚至连中国人最看重的年夜饭也不能保证在家里吃。我记得在建设松浦大桥、金山大桥、沪嘉高速、吴淞大桥、太浦河大桥、南浦大桥、恒丰路桥、南北高架等重大工程时，为了确保质量，确保工期，在施工期间，每年除夕，我都不能回家同家人团聚，都是在工地上守岁，在施工间隙陪工友们一起吃年夜饭。

风雨中锤炼"造桥英雄队"

在我们市政建设战线，造桥是技术难度最大、劳动强度最大、施工风险最大的一项工作，是一个啃硬骨头的活。

因为桥各不相同：有河上的桥，有江上的桥，有湖上的桥，有海湾的桥，有铁路上的旱桥，还有高架道路桥。再说，同样是江河上的桥，但江河有宽有窄，岸线弯势无一处相同，何况每座桥所处位置的地质条件和土层特点都不一样，每座桥面对的交通状况和承载的运输工具也不一样，桥建在城区和农村情况更不一样，我们的施工方案、施工装备、施工时段及施工进度都会视情应变、机动处置。

苏州河是上海的母亲河，我带领的施工队作为上海造桥的主力队伍，几十年来一直在同苏州河打交道。我在不断摸索造桥规律的过程中，对苏州河的脾性特点越来越熟悉。比如我们在承建苏州河桥梁工程时，每天施工都会避开涨潮时段。自然，苏州河涨潮落潮，一天两汛，这同其他江河大致相同，然而苏州河每天退潮的时间却有差别，它退潮时间隔天会误差 45 分钟。我们摸透了它的脾气，总能精准地“你退我进”，争分夺秒，提高工效。

1986 年夏，与黄浦江鲁班路越江隧道配套的中山南一路实事工程康衢桥项目进入紧张的施工阶段。这项工程施工环境复杂，设计要求高，是难啃的硬骨头。何况“康衢桥”似乎是一座桥，实际上在这个标段中，要建 7 座桥，市政府为了让鲁班路越江隧道按期通车、造福市民，就给“康衢桥”工程下了死命令，一定要在 5 个月内拿下这个艰巨工程。我知道这是一场硬仗，是不能含糊的，我每天都扑在工地上，盯牢一个个环节，克服一道道难题，把自己每天的睡眠时间压缩到 4 小时左右。这段时间，由于过度劳累，睡眠又少，终于导致牙周炎发作，腮帮子红肿，半边面孔疼痛难忍。但“牙痛不是病，工程最要紧”，康衢桥工程于当年 12 月 23 日竣工。

我们承建的真北路立交桥，给我留下了难忘的印象。这座立交桥将沪宁高速公路和武宁路连接起来，被誉为雄伟的上海西大门。此桥投资 5 亿元人民币，占沪宁高速公路总投资的四分之一。它是我们市政施工队成立以来承接的最大的一座桥。

在真北路立交桥工地上，我们共打下近 3000 根混凝土桩，共挖出 20 万方土，共架设 2000 多根梁，共浇筑 380 米混凝土箱形梁，共浇筑 14 千米防冲墙的混凝土，共埋设 12 千米长的雨水管和污水管，共摊铺 7.9 万平方米的大桥路面和 8.9 万平方米的沥青地面道路。我和我的团队创造了用 600 个工作日高质量完成这个宏大工程的奇迹。

真北路立交工程是我们队的骄傲，也为上海市政建设史树起一座丰碑。

1994 年初，上海市重点工程实事竞赛领导小组命名我领军的市政 101 施工队为“造桥英雄队”。

对家人深深的亏欠

几十年来，我一直以工程为重，以工地为家，自然，对自己的家庭关心得非常少，家里的大事小事都是我妻子唐红妹操心，家里的千斤重担都压在她一个人肩上。

我是 1968 年 12 月 31 日结婚的，婚后第三天，我就卷铺盖去闵行工地了。我从苏州河上的大桥造到蕰藻浜上的大桥，从太浦河大桥再造到黄浦江大桥，从沪嘉高速公路上的大桥再造到南北高架上的大桥；总之从 20 世纪 70 年代开始，一个任务接着一个任务，后来又赶上上海三年大变样的发展机遇，我们市政工程公司承接的工程项目越来越大，打的是一场连一场的硬仗。

身负如此重任，我只能舍小家为国家。几十年来，住在工地，吃在工地，很多日子都不回家。我妻子已经适应我一个月、两个月，甚至三个月不回家，偶然隔两个星期我突然回家，她都会感到十分惊奇。

我妻子对我的工作非常理解、非常支持，她晓得这些工程项目的意义，她是党员，她有这个觉悟，所以在这个家里，她付出再多，压力再大，都毫无怨言。我记得有一天，她患痢疾病了一个星期，都支撑着没告诉我，还是邻居帮助送她到医院急诊。那天傍晚，我接到邻居的电话，等我安排好大桥工地的事务，赶到家里已是当晚 9 点多钟。当我看到躺在床上一脸病态的妻子，我心里一阵难受，开口说："唐红妹，对不起呀……"就这么一句，我便再也说不下去。我妻子反倒轻声安慰起我来："我晓得，你很忙，你忙的事都很要紧，家里的事，你顾不上……"

我记得，妻子只埋怨过我一次。那是 1988 年的事，那次，我女儿小俊生病发高热，七天不退烧，我妻子焦急万分，就到弄口电话间给我们工地上拨了电话。我大约是傍晚 6 时许接到电话，然而不巧的是，那天工地上棘手的事冒出来不少，等安排好，我回到家，已是晚间 9 点多钟了。这一夜，幸亏我赶回家，临近午夜，女儿非但高热不退，而且整个身体都抽搐起来。我赶紧将女儿从四楼背下去，赶上末班车，送进医院急诊，直到凌晨 3 点我女儿才退烧脱险。我妻子嘀咕了一句："今夜亏得你回家，要不，叫我怎么办？"

三位亲人临终，未及送别

我将造桥作为我一生的使命，为之付出再多，我也无怨无悔。但是当我的三位亲属先后病故时，都是因为承建工程正好进入关键施工阶段，我作为现场指挥，无法立刻离开，而不能赶去送别。对此，我抱憾终身。

我父亲本分老实，辛劳一生。他 9 岁跟着我祖父从南京迁到上海；为了挣钱贴补家用，他 10 岁就到一家皮革作坊做工。

我父亲似乎一生都过着缺钱的紧日子，因为家里有七个孩子，母亲不做工，全职操持家务，一家九口就靠父亲这点收入过日子。几十年里，父亲从不乱花一分钱，他一年到头，唯一的消费就是抽烟，不过我记得很清晰，他抽的烟价格越来越便宜，香烟牌子越来越低档，从 1 角多的"劳动牌"抽到"勇士牌"，再跌到 8 分钱一包的"生产牌"香烟。

父亲到中年时查出患了肺气肿，发作起来咳嗽得很厉害，特别是夜里咳得有点吓人。1990 年 2 月初，父亲再次发病，来势很凶，赶紧送医院急诊，结果查出父亲患了肺癌，已是晚期，那年父亲 72 岁。获悉这个凶讯，我从位于金山县城的大桥工地挤出时间赶往普陀区中心医院，急步走进病房探望躺在急救病床上的父亲，只见他正在输氧、输液，我详细询问了病情和抢救情况，在旁的姐姐和弟弟都安慰我。姐姐说："你忙，你先走吧，我们姐弟妹六人已安排好，我们会照顾好老爸的。"我还叮嘱他们几句要安抚好老妈，就狠心离开了病房。谁料到这一走，竟是同我老父亲的永别。

真没想到，只过七天，父亲就永远地离我们而去了。当时，我正全身心投入金山县城朱泾大桥的工程建设，这是金山县最大的一座桥梁，直接关系金山县的经济发展和县城居民的生活出行。那天，接到姐姐报告父亲病危的急电时，我们施工队正在抢建主桥墩，我实在没法立马离开指挥岗位就走，再说当时金山到上海市区的公路很窄，长途汽车班次不多，待我心焦万分地赶到医院，父亲早已咽气，一家人守着父亲的遗体在病房等我。见此情景，我悲痛万分，失声痛哭。

父亲临终，我没能最后见上一面，只要想到这事，我心里就感到隐隐的痛。没想到父亲过世刚刚一年，我大弟弟又突发心脏病，叫救护车送医院急救。这次，我接到家里来电，可一点也不敢迟疑，将工地上的活加紧交待了一下，就赶往医院探望。弟弟的心脏手术是成功的，我先后去医院探望了两次，我也放心了。谁料到，我大弟弟出院一个多月后，心脏病再度发作，又送医院抢救。这天下午，先是我妹妹打电话报急，我心里不由一阵揪紧，恨不能立马飞到医院探望，但是金山大桥收尾工程的现场会正在紧张进行，我作为总指挥正在调整方案、布置任务、提出要求、叮嘱细节，这个当口，我实在无法立即甩手离开。那晚 7 点半，家里又打来电话，报急电话变成了报丧电话，这次是我妻子打来，她在电话里哽咽着说："你不要回来了，你弟弟已经走了！"

我大弟弟比我小 7 岁，1950 年出生，属虎的，是"老三届"学生，曾在安徽农村插队落户，风里雨里，吃了不少苦，落下病根，1981 年病退。他离世时只有 41 岁，正值壮年，后边还有多少好日子在等着他呢，但他就这么匆匆地走了，我甚至就不能见上最后一面，想到这，我悲痛地攥紧电话机，止不住泪流满面。

1993 年是我们上海重大工程的"丰收年"，好多项造福市民的工程项目都在这年圆满竣工。这一年，我日夜奋战在重大工程吴淞大桥的建设工地上，这一年，因为忙于造桥而不能为母亲临终送别，这给我内心深处留下了永远的创痛！

我母亲生了七个孩子，她辛劳一生，把我们一个个养大，她节俭持家，为一大家子操碎了心。她晚年患了糖尿病，血糖指标很高，以后又渐渐看不清东西，患上青光眼，终于多病并发，引起几次昏迷。那几年，她每次住院，我工地上再忙，都会挤时间去探望。当然，陪护照顾，主要靠我的姐姐、妹妹。1993 年 6 月，我母亲最后一次发病，是我的弟媳妇叫来救护车，陪护送到医院。记得那天下午 3 时许，我妹妹打来急电，报告了母亲病危的消息。那时，我正在主持吴淞大桥合龙施工的紧急会议。我不可能会议开到一半，起身就走，但也实在不敢再迟疑拖延。这次，我算得果断处置、临时安排，以最快的速度离开了现场，但是乘上公交车，从吴淞赶到普陀区中心医院，已是傍晚将近 6 点，又晚了，我母亲已经永远地离我们而去了。只见母亲静静地躺在病床上，早已咽气了。她一定知道我在忙工作，忙造桥，忙重要的事情，她就不等我了，我又没有赶上见母亲最后一面。当时，我无比悲痛，跪倒在床边，久久地失声痛哭。

“龙脉”上打桩

20 世纪 90 年代初，为了适应上海经济快速发展的需要，上海市政工程迎来了一个建设高潮。按照“三年大变样”的规划蓝图，继内环线、延安路高架完成后，气势宏伟的南北高架道路建设又上马了。这是上海“申”字形高架道路贯穿南北的重要一笔。

自然，我领军的市政 101 施工队在南北高架道路建设中，是不会缺席的。我们队当时中的标段是南北高架的苏州河跨河大桥。这座大桥长 1000 多米，桥面最宽处 56 米。为了确保在复杂的水陆环境下安全高效地施工，我们在这项跨河工程中，创新工艺，全部采用了无支架挂篮施工，从动工到竣工仅用了 16 个月。

在南北高架道路建设中，原本我们队承建的就是这座苏州河跨河大桥，可是谁会想到广为流传的延安路立交桥“龙脉”上打桩的硬仗，偏偏又让我撞上了！

南北高架和延安路高架交接的延安路立交桥，当时以 31 米的高度雄踞亚洲第一。这座立交桥贯通东西南北，匝道左转右旋，上下共分 5 层。为了支撑起多层桥面又减少桥墩数量，设计人员独具匠心地设计了一座直径为 4.2 米的特大圆柱桥墩，有力地托起整座立交四层桥面。

就是这座特大圆柱桥墩，当年围绕它展开的“龙脉”上打桩的故事可传得神乎其神。

当年，承建延安路立交桥工程项目的是上海市一家大公司，他们将主桥墩打桩的项目转包给合作伙伴——一家外地的建筑公司，这种做法也是行业内正常合规的。然而，这家建筑公司虽具备打桩专业，但他们以往都是为厂房建设打基础桩，从来都没有碰到过这样磕断牙的“硬骨头”。

这家公司驻地在宝钢，施工队员每天由班车接送，来回途中正逢上下班高峰，单趟耗时近两小时，上午 9 点赶到延安路工地开工打桩，下午 3 点停桩收工，赶回驻地已近傍晚。这样停停打打的打桩法，正是犯了打桩的大忌。

按原定设计，延安路立交桥要打6排钢桩，共36根桩，每根桩直径90厘米，长度为64米。该公司的打桩设备是国外进口的大吨位桩锤，活塞芯子自重8吨，是合格的。

但该公司施工方法出了问题，第一根桩就没有打下去，只打下去46米深，其余18米桩柱都露出地面；他们一共打了6根桩，打得最深的就是第一根桩，打下去46米，打得最浅的只打下去26米，露出地面的桩柱有38米。

遇到这么大的难题，打桩只能暂停了，流言却传开了，说什么这里是“龙脉”所在，在这里打桩，引起“神龙”发怒，无奈请来高僧方丈，补做“法事”，虽然连日红烛高香，但是依然收效不大。

当时，工程指挥部认为，传言必须制止，迷信必须破除，难题必须解决。那天，工程指挥部领导和市政设计院领导邀请我一起到施工现场“会诊”。我查看了相关地质资料，又了解了先前的打桩情况，就提出原先的打桩方法有问题，这64米的钢桩，必须连续打桩，趁势而下，还要在打桩时，不断注水，减少阻力，要不停地将一根钢桩全部打下去，才能停机稍歇。

听了我的施工建议，指挥部和设计院的领导都表示赞同，但是那家遭受挫折的公司在这里耗了三个月只打了6根桩，且没有一根打到底的，要调整施工方案，他们不肯继续干了。于是工程指挥部同意那家公司退出，转而请我“出山”，由我们造桥英雄队立即进驻延安路立交桥工地啃硬骨头，在“龙脉”上去打36根64米长的钢桩。

我们进驻工地后，没有马上开工，而是先争取当地街道组织和环保部门的支持，一起做好周围居民的工作，同意我们夜以继日连续施工，理解、支持我们早日完成市政重大工程。

我们施工队经研究，决定采取“由浅入深”的打桩方法，先前留下的打得最深的那根桩，我们暂时不动它，而从打得稍浅的桩开工补打，桩机分四档，开打时，我们先不用重锤，而用低档的轻锤试探，边打边注水，以减少打桩阻力，渐渐摸准脾气，再越打越快，越打越重。

没几天，我们就摸着了规律，掌握了进度，一般是每天打下一根桩，连续打16小时完工。我们清晨6时开打，打到午夜收工。这样工人可抓紧睡觉，设备也能不过度使用，周围居民也可有6小时安静的环境。

就这样，一根桩接着一根桩，完全按照设计要求，打下去64米深，36根桩形成强大的根基，产生了千钧巨力，稳稳地托住了宏伟的延安路立交桥，承受了南来北往的车辆隆隆驶过。

延安路立交桥工程竣工后，工程指挥部索性在高耸的大立柱桥墩外面包了一层金属皮，上有凸出的九龙浮雕，这九条金龙似乎在向人们讲述着上海建设者不信谣、不信邪、不畏难、开新路的故事。

改革创新是我不懈的追求目标

我16岁就当了工人，书读得不多，起初只有初中文化程度。我晓得自己的短板，了解自己的软档，一方面，我利用工余时间，在文化学习上不断地补短板，比如在上钢三厂工作时，就读了两年夜校高中；另一方面，我一直在工作实践中，多动脑筋，多讨教，多学习，在实践中，结合问题学知识，学了知识解难题。好在实践是我的教科书，工地是我的大课堂，造桥是我的主攻专业。

几十年来，在市政战线上，在造桥工地上，我虽然每天顶风冒雨奔波忙碌着，每天都挥汗如雨埋头苦干着，但是我从来不以“大老粗”自居，从来不是一味蛮干。每次接到工程任务，我都仔细研读工程图纸，反复比选施工方案。有位哲人说，人不可能两次进入同一条水流。同样，我们承建的大桥工程，每一座桥所处的环境和地质条件都不一样，每一处江河的岸线和弯势都不一样，每一座桥的车载承重都不一样。所以，我们施工队每次实施的方法都不一样，每次把握的重点也不一样。我们在恒丰路桥工程施工中，针对实际情况，采取了“预应力后张法箱形连续梁”的新工艺，就改变了以前“满堂支架”的做法，而是用一只“挂篮”吊在桥的主梁上，一点一点向河心推进。这个新工艺比老办法提高了三至五倍的效率。在重点工程吴淞大桥施工中，我们又创新工艺，在大河两岸，分别采用双向四只挂篮相向施工，此前，我们运用计算机准确地计算出桥梁的预应力，由此确保了南北相向施工的精准度。之后，当南北几百米长的连续梁合龙时，对接高低仅差4毫米，大大低于允许误差20毫米的国际标准。如此高质量高精度的合龙，就是靠的科学施工，靠的创新工艺，靠的知识的力量。

1996年至1998年，我又利用周六、周日和晚间的空余时间，去读了由上海社会科学院办的经济管理硕士进修班，成绩合格，获得证书。

1992年秋，党的十四大明确提出：我国经济体制改革的目标就是建立社会主义市场经济体制。

党的十四大精神激发了我们施工队的积极性，鼓励我们勇于创新，不断开拓施工领域。从党的十四大到十五大的五年间，我们施工队的产值每年以40%的速度增长，每年向上级公司上交1000万元的利润，资产回报率250%左右。

那些年，我们施工队不仅在施工工艺上不断开拓创新，而且在施工队的体制改革上，也在积极酝酿变革。1997年秋，我作为党的十五大代表赴京出席党的十五大，在人民大会堂聆听了江泽民总书记作的报告，受到很大鼓舞。借着党的十五大的东风，1997年11月15日，在市委领导的支持下，上海市政行业首家以我个人名字命名的“上海耿耿市政工程有限公司”挂牌成立。市委副书记孟建柱发来贺信，上海市副市长夏克强亲临现场为我们公司揭牌。

我们耿耿公司按照资产纽带关系，以“搞活经营机制，搞大优质资产”为原则组建，由城建集团上海市政一公司控股。我们公司注册资金中，国有资产占62.5%，经营者和职工持股占37.5%，我担任董事长。

我今年已经76岁，回想起来，我这大半辈子，共参建了近90座大桥，我把自己的心血和智慧都奉献给了造桥事业。我也打心底感恩我们的时代，是改革开放和经济快速发展促进了市政的大规模建设，带来了上海三年大变样的历史机遇，从而给我们上海市政公司提供了施展身手的大平台。

改革，使我国经济发展进入了“快车道”，给我们社会带来了深刻变化，也极大地提高了我国人民的生活水平。改革，也给我们市政行业带来了全新体制，带来了新的活力，带来了巨大变化！

五、领军人物篇

铸造祖国的铁壁铜墙

口述 梁晋才　整理 李文祺

梁晋才简介

男，1927年12月生，广东南海人，中共党员。中国防空导弹专家。1997年当选为中国工程院院士。2002年至今任中国航天科技集团公司科学技术委员会顾问。1950年北京大学电机系电讯专业毕业后被分配至北方交通大学（原北京铁道学院）任教。1957年赴苏联莫斯科鲍曼高等工学院研究生部，攻读自动控制理论。1961年获副博士学位后回国，次年调入国防部第五研究院。1965年调至上海航天局（原上海机电二局），历任研究室主任，副所长、所长，局科学技术委员会副主任、技术顾问，上海市宇航学会理事长。1979年起任某防空导弹武器系统副总设计师、总设计师。获国家科技进步一等奖1项、三等奖1项，部级科技进步一等奖2项。1986年被授予“国家有突出贡献的中青年专家”称号。1987年被授予“全国优秀科技工作者”称号，获全国五一劳动奖章。1988年被评为上海市劳动模范。1993年获航天工业总公司“航天奖”。

读北洋大学：为了“有口饭吃”

我祖籍广东南海，1927 年出生于北京，是父母的第八个孩子。我的家庭并不富裕，一家老老小小共 11 口人，再加上父亲一度失业，生活之艰难可想而知。1946 年，我考入北京北洋大学（后改为北京大学）工学院电机系电讯专业，只身前往北京读书，开始独立生活。之所以读电讯专业，因为从小就喜欢和“电”相关的学问，选报这个专业纯粹是看到了“电”这个字。我当时读大学，家庭经济状况是个很重要的原因，因为那时读大学不要钱，读书期间还有补助。我当时的真实想法就是：有口饭吃就不错了；如果大学毕业，能找份工作就更好了，在大学读书期间，我身上穿的都是哥哥的旧衣服，一件棉袄穿一个冬天。由于物价波动很大，当时学校里有“实物银行”，以当时面粉牌价为基数可抵换现金。我每次拿到补助金后，和其他学生一样，拿大洋换面粉，当时一块大洋能换 44 斤面粉。

旧中国的大学和今天的大学完全是两种模样，大家可能想象不到，我们当时连新的教科书都没有。每到学期结束，我会把所有的老课本挂牌出售，卖给低一届的学生，再把卖书的钱拿去向高一届的学生买旧书。这是当时大学生的普遍状态。

俄文是工具，也是媒人

1950 年我大学毕业，就进入了北京铁道学院（现北方交通大学）电信系任教，成为一名大学教师。后来，全国院系进行了调整，北京铁道学院电信系被并入哈尔滨铁道学院，我随电信系一起前往哈尔滨，在全新的环境里继续执教。

在哈尔滨的一年时间里，我在专业上不断努力，使自己的理论功底更加深厚。为了让新来的老师掌握一定的俄语交流技能，学院专门从俄语专业的学生中挑选了一批功底深厚的尖子生，来单独辅导老师的俄文，在此过程中，我结识了俄文系的女生贾玉桂，她是负责辅导我俄文课程的“专属老师”。这个姑娘认真细致的辅导，使我的俄文水平在短期内得到快速提高，两人也相互留下了极好的印象。

1953 年，电信系又从哈尔滨铁道学院整体迁回北京铁道学院，我重新回到了北京。1954 年时，有前苏联专家到北京铁道学院讲课，我被抽调到苏联专家办公室担任专业课翻译。我在这个过程中不仅俄文水平得到充分体现，由此能接触到更先进的专业技术知识。更让人兴奋的是在天安门的一次巧遇——我遇见了毕业后被分配到铁道部联运局工作的贾玉桂。曾经的“师生缘”得到延续并演化成了爱情，1954 年年底，在大家的祝福中，我俩喜结连理。

在莫斯科听毛主席说“世界是你们的”

经国家挑选，1957年我踏上了前往苏联的留学之路。11月6日，我和同学们正式启程，离开祖国。坐在专列上的我，留恋地看着车窗外。火车开动了，窗外熟悉的景象向后移去，且越来越快。大家都是第一次背井离乡留苏的学生，有着相似的经历，自然也有着共同的话题，时间一长，就混熟了，聊开了。

第二天，11月7日，列车上的广播里传来一则新闻，说这一天是苏联的革命纪念日，毛泽东、宋庆龄等组成的中国政府高级代表团正在莫斯科参加伟大的十月社会主义革命40周年的庆祝典礼。毛主席也在莫斯科？我们顿时振奋起来。

驶入苏联境内后，餐车上的饭菜也统统变成了俄式西餐。由于烹调方法和饮食习惯不同，留学生们一进餐车，就能闻到一股奇特的味道。好在大家之前大多没有吃过西餐，虽然感觉味道有些怪，但还是吃得津津有味，毕竟这是第一次“开洋荤”。

列车奔驰在西伯利亚的荒原上，这里人烟稀少，极少见到人影。每到一个大站，火车都会停留一段时间加水加煤。借这样的机会，留学生们就会走出车厢，到处看看，舒展一下筋骨，有时还会在月台上列队做操，以消除长途乘车的疲劳。

专列开了整整八天，留学生们也在这个狭小的空间里度过了八天。但没有人抱怨，大家都处于亢奋状态，因此没觉得特别疲惫，更不觉得无聊。特别是到苏联境内后，列车员统统换成了年轻的苏联姑娘，之后五天的车厢生活就变得热闹起来。留学生们为了抓紧时间练习俄语口语，个个都愿意同列车员进行交谈。

1957年11月14日，我们终于踏上了莫斯科的土地。

“莫斯科，我来了！”

经确定，我被分配在苏联莫斯科鲍曼高等技术学校研究生部攻读自动控制专业副博士学位。该学校是一所拥有一百多年建校史的工科名校，在苏联工科学府中的地位相当于中国的清华大学，能够获得进入这里学习的机会，我有种如获至宝的感觉。踏进校门，我下意识地攥紧拳头，暗暗告诉自己，在这里，我必须要努力，努力，再努力！勤奋，勤奋，再勤奋！

1957年11月17日，我来到异国他乡的第四天，这是一个让留苏学子铭记终生的日子。就在这一天，我幸运地见到了毛主席。

就在前一天晚上，莫斯科各大学的中国留学生得到通知，第二天上午全体同学在莫斯科大学大礼堂集合，由中宣部原部长陆定一向大家做国内外形势的报告。另外，还有一个令人无比振奋的消息，如同长了翅膀，瞬时传遍所有学校：毛主席有可能会来看望大家！

大家都知道，自从毛主席踏上苏联国土，留学生就一直关注着代表团的活动，每天上课前第一件事情就是买上一张《真理报》，看看最新的消息，到学校后，大家还会兴高采烈地讨论代表团的动向。

第二天是星期天，莫斯科刚刚下过一场大雪，空气清冽，整座城市被白雪覆盖着，在淡淡的阳光下显得格外素雅和宁静。

坐落于列宁山上的莫斯科大学大礼堂里面却是十分热闹。全莫斯科的中国留学生就像赶早集一样，一大早就从四面八方赶了过来，很快把这个能容纳三千人的大礼堂给挤满了。连走道上都站满了学生。我去得比较早，占到了一个座位。十点钟，陆定一开始做报告。报告应该是精彩的，可是我几乎没有听进去，因为我脑子里一直在想，毛主席会不会来呢？

会议开始不久，台下就开始写纸条、传纸条，很快，表达大家心情的小纸条就像雪片一样飞到了主席台上。不一会儿，会议的主持人——驻苏联大使刘晓面前就堆了高高的一摞纸条。我相信，这叠纸条中大部分都是在询问毛主席什么时候来的。中间休息时，刘晓大使向留学生们做了解释，说毛主席昨晚工作了一夜，早上八点钟才刚刚就寝，所以非常疲惫，需要休息一会儿，请大家体谅并继续等候。

下午三点多钟，陆定一做完报告后，刘晓又告诉大家一个最新消息：毛主席正在克里姆林宫参加一个极其重要的国际会议，会后会过来，但现在还不知道这个会议开到什么时候，有可能比较晚。学生们听到毛主席是要来的，早就欢呼起来了，高喊着：“无论等到什么时候，我们都愿意！”我生怕错过这千载难逢的机会，就到学校小卖部买了点面包，在礼堂里边吃边等待。

晚上六点，一群电工开始在场内拉电线，在主席台上安装拍电影用的强光水银灯，大厅里所有的灯也全都打开了，整个大厅被照耀得如同白昼，显得更加金碧辉煌。再后来，大家看到背着照相机的记者也开始在台上台下地跑来跑去，大家立即意识到，一定是毛主席马上要来了！

突然间，两个学生飞快地跑了进来，一边跑一边扯着嗓子大声喊着：“毛主席来了，毛主席来了！”这喊声像有神奇的魔力一般迅速传到每一个角落，偌大的会场突然间就安静了下来。几千人不约而同地站起来，屏住呼吸，眼睛齐刷刷地盯着入口处。很快，入口处的人群自动向两边分开了，毛主席的身影出现了！

毛泽东可是这个年代全中国人民心目中最崇敬的人！当他的身影一出现在大家视线中，整个大礼堂里骤然响起了雷鸣般的掌声。“毛主席！”“主席好！”……学生们激动的欢呼声此起彼伏，我与所有人一样使劲鼓着掌。

毛主席登上了大礼堂前的主席台，代表团其他人员鱼贯而上。

毛主席身穿一件合体的灰色中山装，满面红光，慈祥可亲，从主席台的一端走到另一端，向学生挥手致意。最后，毛主席回到主席台中央，大手一挥，场内顿时又安静下来，静得连一根针掉在地上的声音都能听得到。

“同志们！我向你们问好！”毛主席一句话刚刚说完，台下再次爆发出震耳欲聋的掌声和欢呼声。

“世界是你们的，也是我们的，但是归根结底是你们的！”毛主席的话带有浓重的湖南口音，却非常有力，“你们青年人朝气蓬勃，正在兴旺时期，好像早晨八九点钟的太阳。中国的前途是你们的，世界的前途是你们的，希望寄托在你们身上！”这时，全场立刻响起毛主席万岁、中国共产党万岁的欢呼声，掌声如暴风雨般经久不息……

最后，毛主席在这次著名的讲演中向学生们提出了三点希望：第一，青年人既要勇敢，又要谦虚；第二，祝你们身体好、学习好、工作好；第三，和苏联朋友要亲密团结。

毛主席的话给予我们的精神动力是难以估量的，这不仅仅是毛主席的鼓励，也是祖国人民的重托。作为留学学子，承担起这份嘱托的方式只有一个：刻苦学习，报效祖国！

科研之路从“去教从戎”起步

从20世纪60年代以来，我致力于防空导弹自动驾驶仪和武器系统回路的研究，主持研制某型导弹半液浮陀螺的仿制工作，这为自动驾驶仪小型化奠定了基础。1979年起，我主持中国第一个半主动寻的某中低空导弹武器系列（海用和陆用）的研制，先后任副总设计师、总设计师，解决了导引头、引信、雷达等一系列重大技术关键、型号研制取得突破；又主持研制成功该武器系统的（乙）型，提高了舰队作战能力，填补了中国中低空舰空和野战防空导弹的两大空白。在1989年、1995年、1996年及1998年中国海军和炮兵四次重大军事演习中取得发发命中的佳绩。1989年又主持该武器系统（丙）型导弹的研制、主持设计新的气动布局，提高了导弹机动性，达到了国外同类武器的先进水平。

我的科研之路是从“去教从戎”之后起步的。1962年，我被“借调”到国防部第五研究院，从教师到工程师，我的人生从此发生了重大转折。

当时我心里并不情愿，因为我喜欢教师这个很自由的职业。那时候我每天上完课，就会去图书馆、书店看书买书，一逛就是半天，不用坐班。如果我到五院，就没这么自由了。当时学校也不愿意放我离开，但是来自聂荣臻办公室的一张通知让学校顶不住了。从此，我开始每天坐在办公室，慢慢学习导弹的研发，为日后的研究和攻关打下了坚实的知识基础。

1964年，国防部第五研究院改为中华人民共和国第七机械工业部；同年，七机部作出重大决定，凡是与地空导弹型号配套的专业研究所一律迁往上海。当时，我担任第22研究所的副所长，1965年，我们所与其他四个所的同志们一起，从北京来到了上海，成了当时的“新上海人”，从此开辟了新的战术型号研制战场。

我现在回想起来都觉得很感动，一次迁移就是一次创业。当时，上海机电二局的上海仪表厂，主动和我们对接，把徐汇区宜山路710号腾出来，无偿提供给我们22所，完美实现了我们扎根上海的第一步。接下来就是设备搬迁等工作了，我们那批老同事，不少人都是复员军人，他们吃苦耐劳，亲自将巨大的机床安置到位，实在不容易。当时全所总共三四百人，全部住在研究所新址的一个大仓库里。很快，七机部拨了一笔建筑用款，研究所建了一个筒子楼，终于解决了工作人员的居住问题。

打靶两发未中，顶着压力继续前行

1977年，上海机电二局决定筹建战术导弹总体部，并明确了由我负责总体部的筹建工作，从选址开始，筹集经费、组建专业队伍……历经种种困难和阻碍，1979年导弹总体部（上海航天局第八设计部）正式建成。

1983年，我临危受命，担任红旗六十一号总设计师。接手该型号后，针对存在的一些共性问题，我与同事们一起进行了排故、攻关、整质等工作，导弹的设计质量和生产质量都得到了显著提高。

1986年6月21日，是我难以忘怀的一个日子。那一天，是决定导弹命运的一天。直到现在我仍然能感受到当年的那份紧张：如果打靶试验失败，就意味着该型号必须接受下马的结局，也意味着我的团队多年的心血付之东流。

当天清晨，一切准备就绪。发射阵地上一片寂静，操作人员都撤离了发射车。靶机起飞，消息传来，操纵手立刻绷紧了每根神经。

“发射！”

导弹“呼”的一声离架而去。靶机远远地飞过来了，但导弹似乎一直没有察觉，可人们依然在翘首等待着奇迹出现。

奇迹没有出现，导弹没有被拉起，从靶机的下方穿过，在很远的天际爆炸。按预定计划，第二发导弹准备发射。靶机进入，导弹离弦飞出，直奔目标。导弹与目标慢慢接近，胜利在望。正当人们准备欢庆之际，导弹却出人意料地又一次与靶机失之交臂。

两发未中，压力巨大。我当即召集骨干进行全面系统的分析。讨论结果是一致的，这两发导弹属于偶然的故障弹，而不是系统问题，尤其是第二发弹道很好，继续试验成功把握很大。于是，我果断决定继续试验。

因为气候原因，一直到晚上八点，才听到靶机起飞的命令。靶机第一次进入时偏航，一次宝贵的机会丧失了。靶机第二次进入，一切正常。

“发射！”

导弹出镗，漆黑的夜晚，远远看到一个光点逐渐逼近靶机，弹道也正常。忽然，导弹没有预兆地直接往下钻，就像一个人失去平衡一样。就在大家紧张之际，飞速行驶的导弹仿佛被一只神奇之手拉起，直冲目标而去。就在与靶机相会的那一瞬间，导弹的战斗部引爆了，迸出耀眼的火光，天幕上一团火球开始下坠……整个试验场顿时一片欢腾，喜不自禁的队友们忍不住把我高高地抛起再接住。之后试验的结果更是发发命中，我和队友们充分享受了成功的喜悦。

两发齐射，击碎靶标及残骸

1989年，根据需要，上级要求用有限的时间、有限的经费对某型号武器系统进行改进，提高总体性能。这相当于一个全新型号的研制，而且经费和时间的限制使得难度大大增加。为了祖国国防的需要，我冒着极大的风险，毅然承担了这项几乎不可能完成的任务。我亲自主持总体方案的论证，对继承性、先进性及可行性做了全面综合考虑，采用了新的布局和控制技术，制定了周密的计划流程，充分利用仿真手段缩短了研制周期，使该型号突破了条件限制，在各次鉴定性飞行试验中获得圆满成功。

1995年10月，我国北方某海域，中国海军“九五”时期新装备演习拉开了序幕。随着舰长一声令下，靶标从数十千米外飞来，越来越近，突然之间，一发导弹喷着尾焰直扑靶标；3秒钟后又一发导弹飞出发射筒。几乎在同一瞬间，第一发导弹击碎靶标，第二发又将掉落的靶标残骸打得粉身碎骨！

“打得好，打得好！”

两发齐射，是此前我军防空导弹史上从未有过的飞行试验。中低空导弹是我国目前唯一自己独立研制的防空导弹啊，我为我国舰空导弹系统和野战防空系统填补了两大空白。

回顾过去，我把功劳归于集体，归于大家团结协作的精神：一个人的一生不可能什么事都很顺利，尤其是型号导弹试验，总会遇到困难和挫折，有时候遇到的艰难困苦和巨大压力简直难以想象，如果让我一个人撑着，我也许早就趴下了。正是大家共同怀着对事业坚定的信念，对成功强烈的渴望，鼎力相助、携手搀扶，才闯过了一道道难以逾越的沟坎。

登上天安门，观礼国庆阅兵

1997年，我虽然到了古稀之年，但依旧活跃在导弹型号研制战线上。1999年10

月 1 日，是中华人民共和国成立 50 周年纪念日。在这特殊的日子里，中国将在北京天安门前举行盛大的阅兵仪式，向全世界展现中国的崛起和强大。而对我个人来说，这一天有着更为特殊的意义：我们呕心沥血研制的“红旗六十一号”导弹武器系统，将首次出现在阅兵仪式上，组成导弹方队经过天安门。就在这一天，“红旗六十一号”导弹武器系统不仅要接受中央领导的检阅，更要接受全国人民的瞩目，甚至接受全世界的目光洗礼。这是多么巨大的荣耀啊！我作为“红旗六十一号”导弹的总设计师，受邀参加了这次大典。这一天，也成了我终生难忘的日子。直至现在，每每提起这个特殊的日子，我依旧心潮澎湃。那一天，那一时刻的一幕幕情景，一切都历历在目。

天安门的观礼台上，我站在观摩的人群中，目光注视着眼前经过的一列列方队。终于当载着“红旗六十一号”的导弹车方队慢慢驶来时，我的心脏率动频率加速，怦怦的，像打着小鼓。看到那一枚枚导弹整整齐齐地排列着，神气地昂着头，沉静而威武，气势十足。

导弹方队从我眼前慢慢驶过，又慢慢地经过天安门城楼，接受中央领导的检阅，直到方队淡出视线，我才回过神来。鼻尖一酸，眼眶一热，泪水瞬间模糊了视线。

典礼结束后，我仍然有着万千的感慨，越想越是兴奋和激动。夜深了，我依旧不能成眠，写下了下面的文字，表达我的心声：

虽然方队经过的时间是短暂的，但是它在历史长流中给我们留下了不可泯灭的印象。它折射出的重大意义是别人难以感受到的。这是对我们多年来工作的肯定，抚慰着我们这些人多年来为这个型号所走过太多风雨、遭遇过太多坎坷的心灵。

过去一幕幕的往事，不断地在我的脑海里翻腾。我们研制复杂的武器系统，必须有高度集中的意志、团结协作的精神和敢挑重担的勇气，以及出现问题寻找自身问题的高尚风格。我和大家就是在这种精神指导下完成各项任务的。

这几十年，在型号战线上，我和我的队友们一起摸爬滚打，如果说我数十年的日子没有虚度，也做出点成绩的话，也是因为有了队友们的努力和付出。我感触最深的是，一个人一生不可能什么事情都很顺利，总会遇到困难，特别是在型号的研制过程中遇到的沟沟坎坎，其艰难是设想不到的。如果让我一个人撑，我是撑不住的。当我想到那种不怕困难、锐意进取、勇于战斗的精神实质已经完全融入到我们这个集体的每个人的血液中，在他们那种随处可见、极为朴实、没有任何虚夸的行动里和眼里写满了坚强，就会感受到有一股力量在支撑着我去战胜困难。

这支队伍为了加强国防，把全部的精力都倾注在工作中，常常是为了攻克一个难题，昼夜奋战，顾不上身体，很少关心家庭。为了型号，加班加点是家常便饭。那时，前往戈壁滩进行导弹飞行试验，一天的补贴只有几角钱，队员们一去就是几个月，毫无怨言。那时，没有专列，试验队员必须自己买票坐火车进基地。买到卧铺票的还好；买不到，一张硬座票坐一路；有时，甚至连硬座票也没买到，那只能站着，最多找个角落靠一靠。我们默默无闻地付出了太多太多，一心所求的不是个人回报，而是型号试验的成功。让中国的军事装备得到提高和加强，就是我们这批人最大的心愿，也是支撑我们的简单理想和坚定信念，可以让我们如此坚韧不拔地走下去。

如今，40 年过去了，和我一起共同奋斗的这一代人几乎都已退了下来，默默地离开了钟爱一生的航天舞台。他们中有的已进入垂暮之年，有的已患病早逝，我很是怀念他们。

我能有幸在国庆 50 周年这样隆重的盛典中，站到观礼台上观礼，是国家给予我的巨大奖励，是可以让很多人羡慕的荣耀。但是，我清醒地认识到，这项荣誉不是给予我一个人的，而是给予我身后整支研制队伍的。我的队友们虽然没有亲临现场，但我相信，他们会在电视机前和我一起分享这个荣誉。因为，这个荣誉，他们受之，是当之无愧的。

无论战术导弹技术突飞猛进到什么程度，我们都不会忘记他们为型号研制所做出的努力，就是因为他们的尽心尽力，才奠定了战术导弹的发展基础，他们用自己的忠诚、智慧、毅力、心血做出的功绩，是永远不会泯灭的。

现在应该是年轻人大展宏图的时代了。时代虽然不一样了，但是，“两弹一星”精神和载人航天精神却是代代相承的，精神层面的东西，在任何时代都不能丢弃，航天人依旧应该是热血的、真诚的、崇高的。

作为一名老航天人，我更加希望我们这一代年轻的航天人，认真思考当今时代的深刻含义，准确定位好自己的人生。要充分认识自己在航天事业中所肩负的责任和使命，要在型号研制工作中，坚定理想信念，奋力拼搏。

我是造星人

口述 孟执中　整理 李文祺

孟执中（1934.12—2019.12）简介

男，浙江诸暨人，中共党员。中国气象卫星专家。1956年毕业于华南工学院电讯系。曾任上海航天局科技委副主任，上海航天技术研究院首席高级技术顾问、研究员。我国极轨气象卫星的开拓者之一，全国劳动模范。1958年起曾在苏联科学院自动学及远动学研究所进修两年。1979年起先后主持我国第一颗“风云一号”和“风云三号”气象卫星的研制，任总设计师。曾获国家科技进步一等奖、二等奖和多项省部级科技奖。2002年获何梁何利基金科学与技术进步奖。2003年当选为中国工程院院士。

整理者言：30多年前，上海制成我国第一颗气象卫星，笔者作为《解放日报》记者，访问时任上海卫星工程研究所所长孟执中，消息刊登在1988年6月8日第一版显要位置，还被评为上海市科技好新闻一等奖。时过境迁，想不到30多年后笔者又与孟老相逢，真是有缘啊。现在，新闻媒体每天都要播报气象信息，尤其是中央电视台的《新闻联播》结束之后，以及中央四套的《晚间新闻》播放完后，会介绍全国各省、自治区、直辖市的气象预报及世界上主要国家首都的气象预报。气象信息之迅速、快捷、准确，给人们出行带来极大的便利。人们在电视上看天气预报的气象云图时，有没有好奇这些翔实的科学资料来自哪里？告诉你，这些都离不开气象卫星的帮助。我国到目前为止发射的17颗风云气象卫星都有着相同的“基因”：从1988年发射的风云一号A星，到2018年发射的风云二号H星，都由中国航天科技集团上海航天技术研究院研制。这背后，是中国工程院院士孟执中等上海航天人的努力奋斗。他们把自身成长与国家和民族的前途命运紧紧联系在一起，不忘初心、埋头苦干，只争朝夕、驰而不息，用最美的“奋斗之笔”书写出我国气象卫星事业发展的美好篇章。在航天科技集团八院院士办公室，造星人孟执中如是说：“回溯寻源，气象卫星研制的初期，新中国领导人的殷殷嘱托依然荡漾在航天人的脑海。1958年5月，毛泽东主席豪迈地提出：‘我们也要搞人造卫星。’1969年1月29日，周恩来总理高瞻远瞩地提出：‘要赶快改变落后面貌，搞我们自己的气象卫星。’‘搞我们自己的气象卫星’，成了我国航天人的梦，也成了我的梦。几经努力奋斗，梦成为现实。在造星人的队伍中，我是其中一个。”想不到，这次与孟院士相见竟是永别！他于2019年12月14日在睡梦中安然离世，享年85岁。

孟子后裔

2013年2月24日元宵节，我出席了浙江省诸暨市应店街镇十二都村举办的“暨阳孟氏宗族续谱、修谱圆满完成”的庆典。这是我家乡孟氏族人的大事和喜事。新增族谱中，从我父亲算起，增加到24人，为此，我感到非常的高兴和自豪。那天的庆典，从某种意义上讲，也是我认祖归宗的仪式。

1934年12月16日，我出生在杭州，祖籍浙江省诸暨市应店街镇。诸暨是孟子后裔南分支分布最密集的地方，现还留有宋高宗御书“仁寿堂”匾额的孟氏宗祠、柏楼等文化遗迹。孟子后裔的宗谱续修非常完整，已经到了孟子第81代孙，我的父亲为孟子第74代孙。

我祖父在我父亲九岁时就病逝了，家庭全靠祖母支撑。我父亲在祖母和伯父的关爱下，在杭州的一家私立医院完成了学业。毕业后，做过一段时间的实习医生。母亲是一个宁波商人的女儿，念过书，知书达理。她喜欢看越剧，看完了就讲给我们听。在我的记忆里，母亲好像总有说不完的故事，那时我最爱听母亲讲岳飞精忠报国和孟母三迁的故事。

“耕读传家”的理念在父母心中是根深蒂固的，无论环境多么动荡波折，无论生活多么艰难困苦，都要让孩子们完成学业。我有兄弟姐妹八人，一个高中毕业、一个大专毕业、六个大学毕业，真不容易。

1949 年 5 月，我初中毕业。1952 年，高中毕业。当时，为适应全面建设新中国的需要，教育部门从高校抽调了一批年轻教师，给可以培养进入高校或初步具备入学条件的人补课，我有幸被选中，承担了三个月辅导员的工作。工农兵学员在三个月内补习完成了整个中学的课程。这些人的学习精神，让我很感动。我与被辅导的学员一起参加大学入学考试。当时，家里希望我学医，但我立下了自己一生的志愿：学工科！我对父母说：我在上中学时，学习地理，看到侵略中国的日本，在地图上就像一条小蚕虫，而中国却像一片硕大的桑叶。日本为什么、凭什么欺负我们？因为日本的工业和科学技术比中国强，所以小虫才会蚕食桑叶。我要学工科，使我们的国家早日强盛起来。我成功考入了在华中地区最负盛名的武汉大学，1953 年院系调整后并入华南工学院（现华南理工大学）。

1956 年初，我和班上同学在崔九成教授的带领下，到上海电讯部门进行毕业实习。其中一处实习点是上海人民广播电台。几个中波电台发射机系统和发射天线设在虹桥，播音设备在靠近外滩的一座大厦内。另一处实习点是南翔的短波无线电台。所有的发射、接收系统和控制台等都是在南翔。每天全体同学分两拨，分别去两地实习，由电台的技术人员带领参观设施，听取电台人员的介绍，仔细阅读有关资料，看图纸和参加值勤。我与另外两位同学由电台一位专业技术员陪同乘一辆小车，沿沪宁线公路到昆山、苏州、无锡和常州进行当地电磁场强度的测量。一个多月的实习活动，为我毕业设计打下了扎实的基础。回到学校后，我以对台湾中波广播电台设计为题，做了毕业设计，并以优等成绩通过了学校内外专家教授组成的专业评审委员会的答辩。

步入科学殿堂

1956 年，我大学毕业。在这个时期，全国科学规划工作也正在紧锣密鼓地进行着。在周恩来总理的直接过问领导下，来自 23 个单位的 787 名科学家经过半年多的努力，编成了我国《1956—1967 年科学技术发展远景规划纲要（草案）》(以下简称《规划纲要》)。《规划纲要》共确定 57 项国家重要科学技术任务和 616 个中心问题。在此基础上，又挑选出了具有全局性意义的 12 项重点工作，在人力、物力上优先予以保证。对某些特别重要而在我国却很薄弱、甚至还是空白的学科，如计算技术、半导体技术，以及发展原子弹和导弹研究这两项绝密任务，共六项技术采取紧急措施，构成我国发展尖端科学技术的关键性的措施。此时，我作为应届毕业生被分配到北京。

1956 年 9 月，我与同班毕业的 20 多位同学，乘着同一列火车前往中科院等单位报到。火车经过长沙时，我的父亲、母亲和弟弟妹妹们到火车站来看望我。当我在火车上远远看到父母时，心情异常激动。父母祝福我开始新的生活，同时勉励我要好好工作，实现自己的理想。虽然火车只停留了 20 分钟，但在我的心里却温暖了一辈子。

第二天上午，我和同学们安全抵达北京前门火车站，并在那里等候来接站的各单位汽车。由于需要一段时间的等候，汽车才能到，于是大家组成几个小组，去天安们参观。大多数同学是第一次来北京，看到天安门城楼时都很激动，也为能够来到首都工作而高兴。来接站的汽车，将我与另一位同学周宏廷送到了北京中关村力学所驻地。当时的自动化研究所还在筹备阶段。钱学森是自动化研究组的组长，自动化所筹备组组建和成立都是在他的支持和参与下进行的。这年中秋节，自动化所一共只有六七个人，所以和力学所一起举办中秋联欢会。钱学森全家四口都参加了联欢会。钱学森夫人蒋英在“击鼓传花”中演一个节目，她大大方方地唱了一首民歌《南泥湾》，钱学森在夫人唱完后带头鼓掌，喊着“再来一个”。

尽管当时日子过得并不富裕，但所里的气氛很融洽，大家的精神非常愉快，学业、学术长进也很快。1956 年 10 月，中科院自动化所筹备委员会正式成立并召开会议，成员有钱学森、钱伟长、张劲夫、陆元九和其他几位老科学家，我与几位新来中科院的学生旁听。中科院党组书记、副院长张劲夫讲话：“我是来给诸位当后勤的，给你们拎皮包、拿皮鞋的，真正的研究工作还要靠诸位，靠大家。”这是我第一次听到中科院领导的表态，感到非常兴奋。张劲夫的话表明了党对我国科技发展的期待和重视，对知识分子的关爱和信任。

自动化所分六个专业小组，分别是调节理论、生产过程自动化、自动化技术工具、自动电力拖动、模拟和计算技术以及远动学小组。我参加了杨嘉墀负责的自动化技术工具小组，到全国各地考察，摸索中国的自动化怎么搞。我参加了上海考察组，考察了大华仪表厂、南市电厂和外高桥电站等单位的生产过程的自动化控制发展情况和需求，详细了解了已在线运行的苏式ЭПП-09 热工参数的测量和控制自动化仪表的技术性能和运行情况，包括它们在生产过程中发挥的作用。回来讨论后，所领导确定分自动化理论和硬件两方面来进行研究，硬件又分探测器和执行机构。我被安排组建电子技术实验室，筹建实验室时，杨嘉墀购买了上海几个电子仪器厂生产的一些示波器、电表，以及真空管、电阻电容、半导体等电子元器件。他建议我学习和实践的第一项工作，就是组装一台电子管特性参数显示器。杨嘉墀从美国回来前，在美国买了一些电子仪器仪表，实验室组建后，他将这些电子仪器仪表转交给了实验室使用。我将杨先生带回国的一台长余辉慢扫描示波器作为电子管参数性显示器的输出显示器，有了这台示波器，仪器得以顺利组装完成，我学到了实践知识。

赴苏留学

1958 年 12 月，中国科学院一批留学生乘火车从北京出发，全程七天到达莫斯科。我开始了为期两年的留苏生活。

莫斯科有一个宏伟的、展示各加盟共和国国民经济成就的展览馆群，我利用报到前的间隙，参观了展览馆群。这里是展览楼宇与植物园融于一体的大型公园，宏伟而具有重大历史意义的建筑和展品，让我感到苏联人民创造的丰功伟绩，值得全世界其他民族和国家学习和效仿。最让我感到惊讶的是莫斯科的地下铁路网，它分布各地，舒适便捷，令人叹为观止。

苏联科学院自动学、远动学研究所设在莫斯科列宁格勒大街的一座三层结构建筑里，离红场不远。我去研究所报到，见到了导师。他是动力学的老专家、自动化系主任舒米诺夫斯基，副导师是自动化仪器的专家缅里采尔博士。导师简单地介绍了苏联科学院、自动化所实验室的情况，同时问了我一些问题，为我拟定了学习工作计划。大致分为三个阶段：第一阶段为书本理论学习，重点学习自动控制的核物理的基础知识和理论；第二阶段在实验室进行学习和实践，同时熟悉放射性同位素的特性和掌握测试操作技术；第三阶段根据所学课程和未来工作需要选定研究课题，开展研究工作，最后完成结业论文。

为了尽快适应环境，特别是能用俄语交流，第二天一早，我就自己去研究所上班，并且每周六日都去所里看书学习。三个月下来，我就与实验室里的同事熟悉了，俄语对话也基本掌握了。研究所内，多个研究室、实验室都有岗哨，不少研究室门口有军人日夜值班。除了中午就餐的小食堂，工作人员从不串门，甚至走过他人实验室大门时，也不往里面张望。在苏联近两年的学习时间里，我在所内除本研究室（也叫八室）的两间工作室和小食堂外，其他地方从未进去过，查资料、借阅报刊都到外面图书馆去，我经常去的图书馆是列宁图书馆。

我去苏联学习的专业目的很明确，主要是掌握实验室仪器的性能。熟悉放射性同位素射线的特性和对它进行操作的技术，以及研究利用放射性同位素射线进行无接触自动化测量的技术。三个月的基础理论课程学习告一个段落，我就开始在实验室熟悉放射性同位素的性能，弄清楚测试仪器的原理和使用方法，学会并熟悉测量操纵放射线技术。实验室的实习工作完成后，1959 年年中进行选题。

从1959年下半年开始，我一头扎进研究课题的准备和试验中，起先提出了一种用核射线的吸收和散射的特性来分析物体成分的方法，但在实验室做了一些探索性的试验和仔细地分析了试验数据后，我发现只有在使用两种元素组成物的情况下，才可以得到满意的精度和测量速度，元素多了就会导致精度差，不可用。通过进一步分析和调查研究，我了解到，当时苏联和其他国家已经广泛利用X射线作为矿山和工厂中物体成分快速分析的工具。另外，在第一届日内瓦国际和平利用原子能会议论文集中，我看到了利用 β 射线产生的韧致X射线替代X光管在医学和工业探伤方面所取得的成果。

这两方面的情报，使我得到了很大的启发。从理论上可以知道，用射线来监测和确定物体所含元素的成分，是基于被测物体受激发后，产生的二次X特征射线，然后根据二次X特征射线的能谱分析来确定被测物体的元素成分。根据这些调研和分析结果，我向导师汇报了初步设想，并向研究所提出了调整课题研究内容的申请。两位导师非常重视，召集了全实验室的工作人员听取我的介绍，并进行了讨论。大家认为，这一自动化检测多元素物体成分的方法是一个有创新、有前途的好方法，支持我把工作继续下去，并安排实验室的另一位副博士研究生，把他原来的研究课题暂时放一下，协助我的工作。

1959年夏天，在实验室一位工程师的陪同下，我去了拉脱维亚共和国的首都里加的科学院物理所，进入放射性同位素自动化实验室实习。研究所的所长、拉脱维亚科学院院士基尔柯和实验定主任亚努戈夫斯基亲自接待，并安排了一位很有经验的自动化仪表专家指导我实习，实习他们实验室所有的利用放射线同位素制成的自动测量仪器。

1959年8月初我结束了在里加的实习，返回莫斯科后，又开始研究课题的理论分析论证。依据半年多的书本学习和实验室工作所掌握的知识，又查阅了大量的文献资料，经过半年的仔细分析和严格的数学推演，对利用放射性同位素射线激发的元素二次X特征射线谱带分析的办法，来进行自动和不接触测量物体成分的方法是可行的，并拟定了实现它的初步设计方案。

到1960年5月，我在实验室进行了大量的实物试验，获得了大量验证数据，再运用小二乘法等数学处理方法，进行数据筛选处理，得到设计方案的正确性和可实现性论据。有了这些理论分析和初步试验的结果，按研究所对学生的要求，只要有理论依据，试验验证正确就可以结业了。经导师同意后，我编写了工作总结，由实验室内研究人员集体讨论、评议通过。这样，原本两年进修、实习的计划，只用了一年半就完成了。

在苏联留学的两年里，在基础理论知识方面，我掌握了一些核物理、放射线等方面的知识，对以后参加核动力设备自动控制和卫星的抗辐射等工作有很大的帮助。

1960年10月的一天，我登上了回国的列车。

中国要造卫星

1957年10月4日，苏联发射了世界上第一颗人造卫星，引起了中国科技界乃至世界科技界极大的反响。1958年5月17日，毛泽东主席在中共八大二次会议上发出“我们也要搞人造卫星”的号召。中科院把研制人造卫星列为1958年第一项重点任务，组织有关专家拟订人造卫星发展规划，筹建了三个设计院，分别从事人造卫星、运载火箭总体、控制系统，以及空间物理、卫星探测仪等总体和关键分系统的研究，设计与试验工作。

1958年8月21日，中科院第一设计院在北京成立，负责人造卫星和运载火箭的研究设计，为充分依托上海这一中国现代工业基地的机械制造优势，加快人造地球卫星的研制进度。中科院第一设计院总体设计部和发动机设计部于1958年11月迁至上海，组建了上海机电设计院，实行中科院和上海市双重领导，揭开了上海从事航天事业的序幕。

20世纪60年代中期，三年困难时期已经过去，经过调整，工农业生产和国民经济发展形势逐步好转，人造卫星的研制和发射又再次被提上议事日程。1965年元旦前后，中科院地球物理所所长赵九章和自动化所所长吕强以及钱学森先后提出了研制人造卫星的建议，并得到聂荣臻同志的同意。国防科委为此专门组织进行了可行性论证并报告了中央专委，中央专委批准了报告，并将卫星研制列入国家计划。

中央批准人造卫星的研制任务后，中科院立即行动起来。1965年5月31日，中科院正式宣布成立卫星本体组、轨道组、生物组和地面设备组，并要求在6月10日前拿出第一颗人造卫星方案设想和卫星系列规划轮廓，并决定第一颗人造地球卫星争取在1970年左右发射。中国的航天技术由此进入了有计划开展工程研制的时期。

1965年5月，我结束了“核动力设备自动控制”的研究任务后，转向我国第一颗人造地球卫星工程设计和研究工作。在方案中，我对主计算机的外部联接通道做了设计修改，增加了数传、大屏幕卫星轨道显示及绘图器等外部设备。为适应实时控制和处理数据的要求，对计算机的中断分时系统做了改进，整个系统能实时地完成卫星跟踪、遥测，接收并处理中、小观测站通过数传机送来的信息，计算和预报卫星轨道，实时监督各台站并向它们发送指令等任务。这样一个复杂的集控制与数据处理于一体的自动化系统，就其功能而言，在20世纪60年代中期是很先进的。

1968年年初，国防科委政治部下调令，调我去中国人民解放军某部工作。报到后，我被分配在第五研究室任技术负责人，负责控制计算中心和台站计算机系统设备配套抓总工作。1968年5月，我带领技术小组到酒泉试验基地28号临时中心，进行108乙机的安装调试和外部设备的联调。

当时的酒泉试验基地，满目荒凉，几十千米的路面根本称不上是路，全是搓板状。车子跑起来颠簸得厉害，人若坐在车尾，遇到大的颠簸甚至会被颠下车来，一旦路上遇到大风，漫天沙尘，往往后车见不到前车，双耳和两个鼻孔都被沙尘充填了，一挫牙都能感觉到满嘴的沙子。

沙漠中用水奇缺，每人每天只给一军用水壶的水，喝都不够，更无法洗漱。几天下来，衣报上，脸上，甚至眉毛上都沾了一层细沙，远远看起来像一尊尊会移动的“活兵马俑”。

1968年二三月间，我找到王介康，给他安排了一项临时决定的紧急任务——临时中心指挥监控设备的研制。在我的具体指导下，1968年4月初，王介康完成了逻辑设计的工程货柜，并在北京738厂配齐了印刷电路版的种类、数量及插件组架等，去上海嘉定的中科院上海科学仪器厂（现中国航天科技集团公司九院539厂）进行任务的技术要求交底。

在厂方的大力支持与配合下，到8月，所有工作终于完成，设备包装后运往现场。虽然艰苦，可是大家的工作劲头十足，对任务高度重视，不敢有丝毫懈怠。在那个“一穷二白”的年代，新中国的热血青年白手起家，在基地艰苦创业，将自己的青春年华默默地、无私地奉献给了祖国新兴的航天事业。1968年8月，我完成了安装和调试工作后回到北京。

上海也要搞人造卫星

1969年年底，周恩来总理指示，上海也要搞运载火箭和人造卫星，建立新的卫星研发基地。由于上海技术人员不足和缺少这方面的经验，上海派出了有关人员去北京七机部和国防科委下属的有关部门考察调研，争取支援。事有凑巧，七机部和国防科委领导向他们引见了卫星地面测控基地的负责人，这位负责人便向上海代表推荐了我和魏钟铨等十几位科研人员。上海方面非常满意，马上同意接收，并趁热打铁，用了不到一周的时间，就与上级机关谈妥了有关人事调动事宜。我们在一个星期内起程前往上海。

1969年10月31日，党中央、国务院、中央军委正式向上海市下达研制人造地球卫星和运载工具的任务。从此，上海开始了航天基地的卫星事业。然而，上海研制队伍的组织，产品的设计、生产、试验和配套设备的建设都要从头开始做起。最紧迫和最关键的是缺少开发人造地球卫星的科技人员。

1969年12月8日，上海市召开工程动员大会，有关工厂、研究所、高等院校等180余个单位近600人出席会议。会后，上海机电一局因陋就简，开始组建卫星研制队伍，在上海汽轮厂内组建卫星总体设计单位。1969 年 12 月初，我带着大儿子先到了上海，一个月后，我夫人带着小儿子也从北京调到了上海。安顿好家人后，我就投入到“长空一号”总体框架的设计工作中。

1970 年 2 月，卫星总体设计人员根据技术试验卫星任务、运载火箭能力、发射场和地面测控站设备等已有条件，经过综合比较，拟订出了卫星总体框架设想。

3 月，经论证，确定卫星总体框架是：卫星质量不大于 1200 千克，轨道近地点高度 190 千米、远地点高度 380 千米，轨道倾角度 69 度，运行周期 91 分钟，在酒泉试验基地进行飞行试验。地面测控系统采用已有的测控设备，星地遥控系统增设数据注入部分，用以修改轨道根数和卫星钟时间。卫星外形为：高 2.52 米，分前、后两舱，前舱为圆锥体，后舱为圆柱体，最大直径 1.7 米，圆柱体腹部安装天线。星体内部装载电子接收机、星载计算机、遥控机、遥测机、双频信标机、10 厘米引导信标机、雷达应答机，以及姿态控制系统与电源系统等单机设备，共计 24 台套。

在总体方案中有两个主要创新点。一是卫星探测区域的控制，采用了我和李增福、范振国等科技人员提出的以星载计算机为主、地面遥控为辅的控制方式，控制卫星在规定区域内或机动区域内电子设备的开关面和状态变换。二是由魏钟铨等科技人员提出的遥测、数传和双频信标机采用“兼用合一”方案，首次在测控系统综合利用中试用。

1970 年年底，“长空一号”第一颗模样星完成齐套，开始测试。我负责主持电测试试验。试验中尽管产品的功能是完整的，性能也勉强符合要求，但产品质量和可靠性不尽如人意。

第一次电测试由于地面电缆阻值未考虑周全，卫星一上电就供不上电，只能现场改进，重新测量计算，增加电缆线的股数，减少电缆阻值，才解决了问题。接着，计算机又多次出故障，与其他分系统的接口不匹配，集成电路不断发生故障，几乎每工作一步都会发生这样那样的问题。

大家经常加班加点，有时一直工作到黎明，问题还没有解决，只能暂时休息一下，啃点干粮，继续干，有时甚至连续几天才找出问题的原因。记不清多少回，为了解决试验中的问题，我在实验室门外搭了一张床，工作累了，就在那里稍作休息，不分昼夜地和大家奋战在试验一线，直到问题解决。在经过很长一段时间的昼夜奋战，才完成了卫星的电测试。

长空一号卫星是一颗技术试验卫星，分系统多、技术复杂、涉及面广、质量要求高。1971 年 8 月，设计人员在山东莱阳站用伊尔 -12 飞机进行校飞试验，检验卫星与地面站之间信息传输的协调性、正确性和可靠性，观察星地之间有无干扰情况，重点检验以星上计算机为主、地面遥控为辅的控制方案的合理性，验证遥控和电子信号数据调制在双频信标机高低频端的正确性。

1972年4月至5月，设计人员在莱阳站再次进行校飞试验，发生计算机程控失常，原因是遥控电源受计算机开关控制，导致遥控机不能正常工作。卫星总体和分系统单位共同研究后，决定采用遥控接收机常开、译码器电源受开关控制的办法，保证在计算机失控或程度失效时，仍可以进行地面遥控。

同年10月，我与刘杰带领上海试验队在莱阳进行卫星与地面观测站间的飞行对接试验获得成功，并解决了前两次校飞中遗留的问题。

向周恩来总理汇报

对祖国航天事业的执着追求，是我矢志不渝的行为准则。让我终生难忘的是两次向周恩来总理主持的中央专门委员会报告“长空一号”的技术状况。

1973年6月20日晚，全体汇报人员围坐在人民大会堂湖北厅内，热切地盼望周总理的到来。21点整，周总理健步来到大厅，他环视了一下到会的同志，又看了我和火箭的各种汇报图表，然后高兴地说：“大有希望！”周总理的话是对我们过去四年来工作的鼓励，也是对我们今后工作的期望，它犹如一股暖流，温暖着每个人的心，整个会场顿时活跃起来。

在融洽的气氛中，我代表卫星研制单位作了汇报。我第一次经历这样的场面，心里有些紧张，便拿着稿子照本宣科地念了起来。刚开头称呼“总理”，周总理便用亲切的语气说：“要称同志！”

周总理又说：“你是搞这项工作的，应该很熟悉了吧！要讲，不要念。”简短的话语中饱含的鼓励，消解了我心中的紧张。我镇静下来，逐渐找回了自信，汇报起来也比较顺畅了。

当汇报到卫星研制和其他有关工作时，周总理意味深长地说：“地球围绕太阳转，卫星围绕地球转，我们的各项工作都要围绕共产主义这一个共同目标，如果各行其是，什么工作都搞不好。目标要认清，方向要对头。只要你们认准这个方向，就一定会创造出新的成绩来。”

第二次向周总理汇报是在1973年8月14日。中央同意把卫星和运载火箭从技术阵地转到发射阵地。在准备发射前，我从酒泉试验基地赶到北京，到达汇报地点人民大会堂新疆厅后，领导告诉我有中央领导前来听取汇报。

“上次会议是周总理主持的，这次会是谁呢？”我心中嘀咕着。下午17点05分，厅里灯光明亮，周总理快步进入大厅，大家鼓掌说“周总理好！”总理和大家握手后请大家坐下。突然，周总理接到一个紧急电话，便叫大家等一等在这里吃晚饭。过了一会儿，周总理又专门来电，表达歉意，并约定第二天下午继续开会。

15日下午16点，汇报会正式开始。我既兴奋、又担心。上次汇报的经历告诉我，周总理听取汇报是很严格的，记忆力也特别好，每次汇报都要求汇报人要尽量简明扼要地把问题说清楚，把试验数据说准确，回答提问时不允许用“大概”“差不多”等含糊的词。

周总理面色非常憔悴，他一边坚持着听汇报，一边服药。周总理不仅坚持听完了汇报，还做了详细的布置安排。

我后来才知道，周总理当时已身患癌症，病魔缠身。但他为了国家大事，为了航天事业，忍受着极大痛苦和折磨，忘我工作，将自己的一切都贡献给了党和人民。

周总理的光辉形象，一直留在我的心里。

在曲折和艰难的研制历程中，卫星经过了方案设计、初样研制、正样研制三大阶段，于1972年7月正式确定了正样产品技术状态。1973年9月18日，卫星在酒泉试验基地进行首次发射。

火箭第二级姿态控制用的摇摆发动机没有工作，一、二级分离和二级点火后，即失去稳定，自行炸毁，发射试验没有成功。

失败给大家以沉重的打击，大家都泣不成声。

这次发射的卫星虽然未能进入轨道，但是卫星星载计算机，随火箭从63千米的高空跌落到农田里，研制人员费了九牛二虎之力将这一残骸运回上海，经检查，发现计算机外壳虽然受了点损伤，但其电路板仍然能正常工作，这不能不说是一个奇迹。

从1969年到1977年的8年间，“长空一号”经历了总体方案论证、卫星研制和发射试验的全过程。我全力以赴地扑在工作上。第三颗卫星经过总装测试后，于1975年5月进入酒泉试验基地。6月，卫星在技术阵地进行了性能测试与星箭匹配试验。7月26日发射这天，中央特派国防科委副主任钱学森、马捷亲临现场指挥。中央军委副主席叶剑英在发射前还特地打电话给试验队说：“恭候佳音。”21时29分，火箭点火，携带着卫星昂首飞向深邃的苍穹。卫星按程序分离、准确入轨。星上计算机启动工作，红外地平仪小风罩打开，卫星姿态稳定，工作正常。

晚上22时，急切等待消息的叶剑英怀着激动的心情打电话给试验队：“祝贺你们把卫星送上了天，请向参加前线工作的同志传达，向他们问好，祝他们胜利！”国防科委主任张爱萍闻知喜讯，挥笔贺诗一首：“长空激雷霆，红星照寰宇。喜看风光好，再把险峰登。”党中央、国务院、中央军委也发来了贺电。

同年8月，在上海召开了卫星飞行试验总结会。会议认为，长空一号卫星总体方案正确，卫星服务系统单机性能满足要求，卫星各系统在飞行试验中得到了考核。长空一号卫星首次发射成功，大大增加了研制人员的信心。之后经过技术改进，又成功发射了两颗卫星。地面测控数据显示，卫星仪器设备可靠，工作正常，卫星寿命和可靠性比原设计都有所提高。

1975 年冬季，第四颗卫星进入轨道，正常工作了 8 天，按原设计工作寿命在电源耗尽情况下停止工作。卫星入轨后 2 小时，西安卫星测控中心报告了卫星的运行轨道参数，近地点高度 186 千米，远地点高度 464 千米，倾角 69 度，周期 91 分钟。

从 1973 年开始到 1976 年，长空一号卫星进行了六次飞行试验，其中三颗卫星发射成功，另外三颗卫星因运载火箭故障而未能入轨。

在中国卫星研制发展史上，长空一号技术试验卫星名不见经传。其原因是：第一，它是一颗试验卫星，在很长一段时间内没有解密，不为世人所知；第二，由于当时运载火箭技术没有过关，其中三次失败，因为发射成功的几率太低，使得卫星功能没能得到充分验证，问题也没有得到充分暴露，尤其是它的有效载荷没有实现用户的基本要求；第三，由于历史的原因，该型号生产于“文革”期间，研制队伍的思想混乱，严重影响了卫星工程的研制进度和工程质量。

但是，长空一号卫星的研制既是上海卫星事业的起点，也是我国卫星事业发展历程的一个组成部分，它取得的技术成果可圈可点，具有一定的历史价值。它虽然由于多种原因被调整下马，但它的经验和教训为上海日后的卫星研制打下了坚实的基础。

搞我们自己的气象卫星

中国地域广阔，地理环境和气候条件极其复杂，气象成为影响人们生产生活的最重要因素之一。因此，要用更先进的卫星技术手段进行气象预报和灾害监测，以减少灾害带来的损失。

1969 年 1 月 29 日，周恩来总理高瞻远瞩地提出，“要赶快改变落后面貌，搞我们自己的气象卫星”。1970 年 2 月，中央下达了研制气象卫星的任务，在国防科委的统筹安排下，由上海市组织有关部门开展太阳同步轨道气象卫星的研制。1972 年 3 月，气象卫星研制正式纳入国家计划。

1985 年 10 月，国防科工委将“711”工程列为“七五”计划的重点型号，1986 年 8 月 18 日，国务院、中央军委批准风云一号卫星研制任务，指出风云一号是国内第一代军民结合的气象卫星，主要任务是获取全球的气象云图和海洋资料，用于天气预报、气象和海洋科学研究，为国民经济和国防建设服务，并要求于 1988 年实施首次飞行任务。

“风云一号”是一颗太阳同步轨道气象卫星。太阳同步轨道的特点是，卫星轨道平面绕地球自旋轴旋转的方向，与地球绕太阳公转方向相同，旋转角速度等于地球公转的平均速度，卫星的轨道平面与太阳光的照射角始终保持不变，其轨道倾角大于 90 度，通过地球两极附近的太阳同步轨道，又通常被称为极地轨道。极地轨道气象卫星的轨道高度一般在650—1500千米。由于卫星经过地球两极附近，故可以实现全球观测，所以太阳同步轨道和地球同步轨道一样，都是可以进行卫星气象观测的最佳轨道。

太阳同步轨道能以同样的本地时间经过地球上的相同纬度的每一个点，所观察的地面目标始终处于相同的日照条件之下，只在不同季节才会有所变化，这正是气象观察所需要的。另外，太阳同步轨道都是近极地轨道，被它探测的地域在一天之内可以两次覆盖。由于光照的有利条件，简化了太阳电池对太阳光的跟踪控制并提高了效率。

风云一号，是我国自行设计研制的第一代在极地轨道上运行的气象卫星。卫星在轨运行，全世界各地的气象台在卫星临空时，可以接收卫星发送的地区云图，包括高分辨率模拟量云图和甚高分辨率数字量云图。卫星可以在国外指定地区摄取云图，并将信息记录、存储在磁带机内。当卫星经过我国上空时，向北京、广州、乌鲁木齐三个气象云图接收站，实时发送国内地区云图信息，同时回放星上记录、存储的国外地区云图信息。这些全球云图资料是近期气象预报的重要依据，通过对全球气象资料的分析和处理，可以扩展我国中期气象预报的能力。

第一个风云一号极轨气象卫星初步设计为，轨道高度900千米的太阳同步圆轨道。根据卫星的轨道和质量等情况的要求，确定由“长征四号”执行发射风云一号卫星的任务。

“长征四号”主要由上海航天局负责研制，经过广大科技人员、工人14年的艰苦拼搏，火箭于1988年9月7日到1990年9月3日接连成功地发射了两颗风云一号卫星，开创了中国大型运载火箭首枚一次成功发射的新纪录。

地面测控系统是风云一号气象工程的重要组成部分，其任务是对风云一号气象卫星的发射、运行和实施气象遥感提供测控支持。从运载火箭起飞到星箭分离，历时670多秒，行程2240多千米。星箭分离后，从卫星目标姿态的建立，太阳电池阵解锁伸展，星上各种仪器设备的处理，直至卫星投入试验和试用，还需要两个多星期的时间，在这一个过程中，地面测近系统要准确可靠地完成火箭弹道和卫星轨道的测量计算，接收并处理火箭和卫星的运行测量数据，监视火箭和卫星的工作状态，保证航区安全，对卫星进行各种必要的指令控制和数据注入，使卫星能够正常工作，实时发布高分辨率模拟量云图和甚高分辨率数字量云图资料，记录和回放高分辨率模拟量云图资料。

发射中难忘的“手术”

太原卫星发射中心，地处黄土高原，生活条件比较艰苦，试验队员住的地方，是部队营房临时改建的。因为受当地条件的限制和经费的短缺，没有进行较大的建设，只将原基地部分职工生活区进行适当改造后提供使用。一日三餐和生活等其他安排由上海来基地的参试单位自行解决。

1988 年 9 月 4 日，我国第一颗风云一号 A 星将在这里发射。发射塔上，运载火箭推进剂加注完毕，进入倒计时。中华大地，西至喀什，南至海南的测控网站全部打开。指挥员发出命令："5 小时准备！"就在这关键时刻，发射控制中心的控制台上一下子失去了卫星所有的遥测信号，指挥部不得不决定停止发射。

"唰"的一下，所有目光投向了负责研制卫星的上海卫星试验队，队员又将目光投向了我。此时的我也在焦急地思考着，卫星怎么了？它还能不能上天？

此刻，作为工程总师的任新民果断决定，马上组织参试人员在塔架上就地检查。打开卫星的回转平台，卸下整流罩，排除故障。于是，在离地面几十米高的塔架上，我、徐福祥及试验队队员开始了紧张的抢救，为气象卫星做了一次难忘的"手术"。

徐福祥带领几名队员在发射塔架上查找卫星故障发生的原因和部位。他们先是打开了卫星所在位置上的回转平台，吊起卫星风罩，露出上半截卫星，然后用转接电缆，通过卫星上的对外窗口，按操作指南对卫星遥测机进行单独的测试检查，查找故障原因。

在几十米的高空，仅有 20 多平方米的高空平台，四周无遮无拉，而卫星下面是已经加注完毕、装满了推进剂的火箭箭体。在这样的环境下去动"手术"，风险很大，每一个排故动作都要极其小心，一不当心就会造成灾难性的事故。所以，工作进展很慢，直到傍晚才查清了故障原因。原来故障是遥测机的 CMOS 电路在特定的情况下发生了"栓锁"。

原因找到了，我们没有松气，紧接着研究排故方案，并动手排除故障。我们组织人员在塔架上打开卫星蒙皮，取下遥测机，送往技术区测试，进行返修工作。徐怀金等几位电装师傅和研制遥测机的技术人员一起连夜紧张工作，把已损伤的元器件拆下来更换，又增加了 50 多个电阻电路，一直到第二天早晨，才完成任务，经过测试合格后，立即送往发射区。修复后的遥测机被再次装入卫星，并进行整机测试和系统测试，等待重新进行综合测试。

由于火箭早已加注完毕，受推进剂重力挤压，外壳涂层已出现皱裂，如果过长时间不发射，后果将难以预料。最让我难以面对的是，远在千里之外的北京、上海和全国各地等候消息的各方领导和守候在地面台站的工作人员，一次次来电询问卫星排故的进展情况。在重重压力之下，我愧疚和焦虑之心上升，真想从发射塔上跳下去。

北京时间 1988 年 9 月 7 日凌晨 4 月 30 分 19 秒，长征四号运载火箭成功地将风云一号卫星送入了 900 千米的太空。当从遥远的地面观测站传来"跟踪正常，太阳帆板打开”的好消息时，我和全体参试人员流出了激动的泪水。

卫星准确进入 907 千米高度的太阳同步轨道，姿态控制系统仅用了 122.6 秒，就完成了对地球的初始捕获，随后折叠伸展式太阳帆板按预定程序解锁、伸展，为整星提供能源。在太阳同步轨道处，风云一号卫星的计算机三轴稳定控制系统自如地把风云一号的姿势下俯 35 度，进入工作姿态。

当卫星飞行到 1214 秒时，卫星的两侧各自弹伸出 3 块近 7 平方米的太阳电池帆板，14256 片 4 平方厘米的高效太阳电池，把 800 多瓦功率的电流输出送给风云一号卫星，使之开动各种仪器设备，把一幅幅清晰的云图源源不断地输送到地面。至此，我国第一颗气象卫星获得发射成功。

又一次出其不意

我国第一颗气象卫星发射成功后，想不到在 10 月 15 日，卫星姿态失控，没有过到预定的半年考核寿命。11 月，国防科工委、航空航天部、国家气象局等单位在肯定这次发射实验成绩的同时，要求进一步查清轨道飞行试验中的故障原因。1989 年 1 月，在上海召开气象卫星首次飞行试验技术总结会，上海卫星工程研究所报告了卫星在飞行试验中出现的故障和问题，并对造成卫星失利的致命故障进行了详细的分析，提出了第二颗气象卫星的技术方案和状态修改意见。

针对 A 星出现的问题，我要求设计师进行反思，在总结风云一号 A 星经验的基础上，对风云一号 B 星的技术状态做了修改。修改最大的是姿态控制系统。姿控系统仍以 A 星的控制系统方案作为主控手段，增加了备份星载计算机和偏置动量飞轮控制的备份方案，增加一整套备份系统。在硬件和软件设计上，采用了多种提高可靠性的手段，并做了可靠性试验，使得姿态控制系统的可靠性有了明显的提高。改进了红外地平仪，利用地平仪的地球左可弦宽的和与差讯号，一个地平仪得到两个轴的姿态讯息，并在 CMOS 电路中采用抗闩锁的措施。为解决扫描辐射计红外通道受水汽污染问题，采取一系列防污染设计和措施。改造了发射场的测试环境，同时增加了辐射致冷器二级冷块加热去污措施。

1990 年 5 月 17 日，时任上海市委书记的朱镕基同志亲临上海卫星工程研究所总装厂房视察。我汇报了 B 星的研制情况。朱镕基同志关切地询问：风云一号 A 星故障原因是否已彻底清楚了？我回答已经查清了，并采取了措施做了备份方案。朱镕基同志说：故障一定要彻底解决，质量是航天工作的生命，寿命是气象卫星的效益。要树立质量第一的思想，每一个细小环节都要严格把关。务必做到万无一失，不留任何隐患。风云一号 A 星的图像很好，但只工作了 39 天实在太可惜了，希望今后的气象卫星长寿。

风云一号B星于1990年9月3日8时53分，由长征四号运载火箭送入预定轨道。按正常流程，星箭正常分离后，卫星太阳帆板展开，卫星建立对地观测姿态后，即可宣布发射试验取得圆满成功。

但那次发射任务进行到星箭正常分离后，后面的情况没有报告，我马上意识到卫星一定是出现问题了。我们急忙从基地经太原飞赴西安测控中心，想尽快了解卫星的情况。当我们赶到西安卫星测控中心时，在大厅前迎接我们的华振武满面笑容地说，卫星故障排除了，已正常地在轨运行了。

原来，星箭分离后，姿态控制系统捕获地球目标的俯仰红外地平仪突发故障，使卫星未能按时建立起工作姿态。但由于卫星系统本身有故障自主识别应急、重捕姿态的功能，在卫星第二圈飞入国境时，由西安卫星测控中心按预定故障对策手段，发送遥控指令和注入遥控数据切换至姿控备份控制方案。备份系统选用了有冗余设计的红外地平仪组合，组出了俯仰姿态角讯息进行换切控制，在卫星出境前，姿态重捕地球成功，卫星有惊无险，已正常地在轨运行了。

1991年2月14日，刚好是传统节日大年三十，全国人民都沉浸在欢度佳节的喜庆氛围中。我带领着工作小组成员，在西安卫星测控中心执行岗位任务。由于当天卫星在轨运行工作比较平稳，我和基地副参谋长看到面露疲惫的试验队队员，心一软就说："大家分批回家过年吧。年三十那天，把晚上7点跟踪观测的一圈，提前到傍晚5点，跟踪观测一结束就下岗，跟踪测控少进行一轨，大家也去吃个团圆饭吧。"

也许是老天捉弄人，当天晚上9点，北京气象卫星地面站发现卫星云图发生扭曲，并不停地滚动，又是控制系统出了问题!

风云一号B星因受空间高能粒子的轰击，星上计算机工作紊乱，卫星姿态失控，姿态控制系统虽已设计了故障自主诊断、系统重构和全方位姿态捕获等功能，应该说，处理一般的故障，系统是绰绰有余的，但是当时星上的储气（动力源）已耗尽，失去了自主恢复正常工作的能力，必须立即实施地面抢救。

当天晚上，我与在上海的控制系统主任设计师徐福祥在电话中商讨，取得一致意见后，立即启动偏置动量轮到最大值。启动大飞轮后，卫星章运动明显减小，卫星太阳电池阵供给电流从0—8安的快速起伏，转为6—8安的平稳的供电。卫星的供电保证，为后来抢救卫星提供了有利的条件。

卫星抢救小组成员经过反复分析、讨论，提出了抢救这颗卫星的技术总策略。即首先要搞清楚失控卫星现在的运动方式，并在地面进行失控卫星动力学仿真。其次，起旋偏置动量轮到最高转速，以稳定卫星旋转角动量在空间的取向，保证太阳电池有一定的输出，为进一步制定抢救策略打下基础。这一步之前已经实现。然后分析失控卫星的运动规律，建立失控卫星运动模型，进行动力学仿真试验验证；寻找失控卫星的姿态确定方法；并利用卫星的三根磁棒和一切可能的条件，寻找并设计出挽救卫星所必需的外力矩，制定抢救方案，进行地面仿真试验验证，并不断完善优化抢救策略；制定详细的抢救实施流程，简化地面操作程序，确保整个抢救过程有条不紊地进行。终于，风云一号 B 星抢救成功。

花甲犹存豪情志

1994 年 1 月，围着卫星忙了几十年、已近花甲之年的我经组织安排，继续领导风云一号 02 批卫星的研制工作。

风云一号 02 批气象业务卫星的任务是稳定可靠地提供全球的卫星气象资料，所以必须解决卫星的长寿命和稳定可靠工作的问题，在性能方面，根据当时技术攻关的成果，对卫星气象遥感仪做了改进提高，由原来的五个通道改为十个通道，比美国的气象卫星多了几个通道，卫星气象资料数据相应地大量增加。

研制的卫星质量上不去，可靠性差，事故频繁和寿命很短，固然有技术条件差、经验不足等客观原因，同时也存在着管理上的问题。我经过深刻分析认为，自己长期在中科院科研单位工作，在脑海中，“质量”两个字几乎是一个空白区，质量意识比较淡薄。风云一号 A、B 两颗试验气象卫星的挫折给了我深刻的教训。我意识到质量是航天产品的生命。为保证卫星的研制质量，我们带领研制团队打响了提高卫星质量的攻坚战，提高全体研制人员的质量意识，要求他们学会并掌握提高研制质量的方法。质量是产品满足规定和潜在需要能力的特性总和，这需要包括功能、性能、可靠性、维修性、安全性、可生产性、可测试性、经济性、时间性等等。其中，最基本的就是可靠性。软件的可靠性也非常重要。如姿控系统上使用的微型计算机，就不能不把计算机程序软件的可靠性问题放在一个突出的位置上来对待。负责星上计算机软件的科技人员结合型号任务中星载计算机的软件设计任务，对软件的可靠性，尤其是软件和系统验证的方法，进行了积极的探索创新，提出了几种方案，并在卫星研制中发挥了很好的作用。经参研人员经过充分讨论，制定了风云一号 02 批卫星的修改方案，完善了全方位姿态重捕、故障自主识别和系统重组；特别是在软件工程化管理方面做了大量细致的工作，使姿态控制分系统研制质量有了很大的提高。

同时，为解决姿态控制计算机的可靠性问题，我经过充分调研和芯片落实后，将原控制计算机的 CPU 改为 1750A 计算机，这是提高可靠性的重要决策。1750A 计算机在风云一号 C 星上的使用，取得了令人满意的结果，尤其是对提升卫星的可靠性和长期稳定性表现突出，之后多个型号卫星都选用 1750A 计算机作为星载计算机，在空间的工作时稳定可靠，无故障发生。卫星正式进入业务运行，每天覆盖全球两次，卫星上的遥感仪器和云图传输正常，在春分、夏至、秋分和冬至期间，进行两次连续记录300分钟延时遥测数据，研究和分析卫星在轨道时不同季节太阳光照角和地面辐射对供电和姿态控制影响的变化规律。卫星在轨运行近一年，星姿态稳定，电源分系统供电充足，性能优良。这颗稳定、可靠的太阳同步轨道气象卫星，是中国气象卫星应用上的一个里程碑。

2002年5月15日上午9时50分，中国第一代极轨气象卫星的第四颗卫星风云一号D星，在太原卫星发射中心由长征四号乙火箭成功发射。至此，在茫茫太空之中，中国拥有四颗极轨气象卫星，追踪风云变幻。风云一号D星性能达到世界先进水平，为中国入驻世界气象卫星大国“俱乐部”增添了一块重重的砝码。

为强大祖国铸箭造星

口述 孙敬良 整理 臧利春

孙敬良简介

男，1930年7月生，山东掖县（今莱州市）人，中共党员。中国工程院院士，国际宇航科学院院士，液体火箭发动机与运载火箭设计、卫星工程专家，中国航天科技集团公司科学技术委员会顾问。曾先后担任上海航天局副总工程师、风暴一号运载火箭技术负责人、长征三号运载火箭副总设计师、长征四号运载火箭总设计师、风云一号卫星工程副总设计师、局科委主任、局技术顾问、微波成像遥感卫星工程总设计师。先后被评为首批国家级中青年有突出贡献专家、全国先进工作者和全国优秀科技工作者，荣获3项国家科学技术进步奖特等奖和3项全国科学大会奖，1998年荣获何梁何利基金科学与技术进步奖。

赴苏留学发愤学习

1940 年，我随着母亲和家人离开老家山东掖县（今莱州市）辗转来到东北哈尔滨，和闯关东的父亲团聚。1947 年夏天我考入哈尔滨工业大学，从包括俄语、代数、几何、化学、物理等课程的“预科”学起。其间，我刻苦钻研俄语，还阅读了不少俄罗斯原版名著。翌年，加入了新民主主义青年团（后更名为中国共产主义青年团）。

1950 年农历正月十五，我和同学们接到学校发布的通知，刚组建的中国空军要在学生中挑选人员去航校。我幼时经受过日寇的追逐惊吓，内心无比崇敬解放军，当时一听说可以参军便激动起来，也没和家里商量，就自己做主，投笔从戎。当天申请报名，当天就获得批准。经半个月培训后被分配到锦州空军第三航空学校，先在地勤翻译组从事俄语航空军事气象语言翻译，后被任命为翻译组组长。

1951 年，国家要从空军部队中挑选一些青年骨干去苏联军事院校学习，以充实国家的军事科技力量。经过多轮考核筛选，再经过层层选拔审批，最终选中 30 人，我是其中之一，成为久负盛名的苏联茹科夫斯基空军工程学院的中国留学生。从此，我就全身心地投入到学习之中，将所有的时间都用到学习上，几乎每天都要学到晚上十一二点钟。一年后，我顺利完成了基础理论学习，正式转入本科学习阶段。我深知此时的中国经济科技实力很弱，自己是背负祖国的重托前来学习的，唯有发愤学习，掌握先进的科学技术知识，才能报效祖国。在苏联的六年里，我除了学习还是学习，学习、吃饭、睡觉就是全部的生活内容。

1956 年 2 月，我被授予中尉军衔。1957 年 4 月，我加入了中国共产党。

1957 年 11 月 17 日，我和 3000 多名中国留学生一起受到伟大领袖毛主席的亲切接见。我们军人留学生被安排在主席台下最前方位置，我得以十分清楚地仰望敬爱的毛主席，并聆听伟大领袖的谆谆教导：“世界是你们的，也是我们的，但是归根结底是你们的。你们青年人朝气蓬勃，正在兴旺时期，好像早晨八九点钟的太阳，希望寄托在你们身上。”毛主席热情洋溢的讲话，引发了全场一阵阵雷鸣般的掌声。毛主席还教导我们说：青年人应具备两点，一是朝气蓬勃，二是谦虚谨慎。他勉励留学生们“要努力学习，建设祖国”，还讲出了“世界上怕就怕‘认真’二字，共产党就最讲认真”的名言。我认真地聆听毛主席说的每一句话，许多人流下了激动和幸福的泪水，“为党奋斗 50 年”“为祖国工作 50 年”的口号声此起彼伏。

回到茹科夫斯基空军工程学院很久，我的耳畔都似乎回荡着毛主席那振奋人心的话语，更加坚定了为强国而学习的信念。

挑战液体火箭发动机

1958年4月，我以优异成绩毕业回国，被分配到国防部第五研究院一分院总体设计部，从事导弹总体设计工作。然而，我的专业是液体火箭发动机，当时世界上能够独立研制液体火箭发动机的国家只有苏联、美国、英国、法国等几个发达国家，中国要想开展导弹研制，攻克液体火箭发动机的关键技术是最难的任务之一。哪个最难就搞哪个，干出来最有成就感！我要挑战液体火箭发动机的难关。于是我就找到总体部政委刘川诗，直截了当地表达了希望从事液体火箭发动机研制的强烈愿望。刘政委答应了我的请求。第二天，我就转到了一分院第三设计部——液体火箭发动机设计部（简称三部）。当时，三部正在紧张地进行着1059导弹发动机的仿制。液体火箭发动机的工作原理非常复杂，特别是燃烧室设计和燃烧过程研究仿真，我的分工方向是热传导，这是发动机设计的两大难题之一，非常适合我"哪个最难就搞哪个"的性格，我和几个同事信心十足地接受了任务。按照中苏协定火箭发动机的全套设计规范、图纸、工艺等由苏方提供。然而，在苏方提供的所有技术资料里热传导方向的内容少得可怜，而当时国内的发动机热传导理论几乎就是空白，为数不多的国外教科书基本讲述的是液体火箭发动机的工作原理，在热传导方面的算法和仿真都是概念性地一笔带过，一切需要我们自己艰辛地探索。我一心一意地搞理论研究和计算，不久就在热传导仿真计算分析方面取得了进展。我在总结国外液体火箭发动机对流换热试验和数据分析的基础上，对十多种计算方法进行了仿真对比后，提出了较准确的传热计算方法。这种计算方法一直沿用下来，为后来中国自行设计液体火箭发动机奠定了热传导理论的基础。不久，我被任命为理论计算组组长。

在1059导弹仿制工作取得突破性进展之后，按照上级的指示，决定进行中近程弹道导弹——东风二号导弹的研制。相对于1059仿制导弹，东风二号导弹改进最大、改动最多的是液体火箭发动机，然而改进后的火箭发动机在热试车时被烧坏了。东风二号导弹设计委员会副主任委员、三部主任任新民让我带领理论计算组参与技术攻关。我们认真分析故障现象和所有测量数据。在一次次的发动机振型振源对比试验和数据计算中，我们掌握了发动机燃烧不稳定性的测量、分析技术，拥有了在高温、高压下测量振源的方法。对此，我感到十分自豪。

紧接着，我带着理论计算组又参加了5D61发动机的研制。5D61发动机第一次试车就出现了问题，喷注器头部被烧穿了。钱学森带着任新民、梁守槃前来"会诊"，专家们通过对试验现象和数据的详细分析，一致将5D61发动机试车失败的原因定在发动机燃烧不稳定上。

我和理论计算组的同事们通过反复的理论分析，确定5D61发动机试车失败的故障原因是燃烧过程中燃烧振荡与燃烧声学振荡相耦合而产生的强烈共振，共同作用导致发动机损坏。于是，我提出了在喷注器头部加隔板的解决方案。我们理论计算组又进行了各种形式的隔板构型和长短、数量、冷却或不冷却等试验，为解决大型液体火箭发动机燃烧不稳定问题提供了理论和试验数据。不久，我被任命为研究室副主任，那年我刚满 35 岁。

历经磨砺研制火箭发动机

1965 年 8 月，我离开北京，来到上海履职 21 所技术副所长，首要任务就是带领技术人员解决红旗三号导弹发动机（又称 304 机）推力室喷管喉部烧蚀难题。经过一次次的推力试验，反复调整设计方案和试验参数，最终彻底解决了 304 机推力室喷管喉部烧蚀难题。

1966 年 2 月，我的妻子也调来上海工作。然而由于交通不便，从浦西的家中到浦东的 21 所，路途来回需 2 个多小时。我和妻子商量好，我住到单位宿舍里，每周回家一次，这样就节省了每天上下班赶路的时间和精力，用在工作上。在妻子和家人的支持下，我全身心地投入到导弹发动机的科研工作中。

然而，令人意想不到的是一场历时十年的“文革”到来了。我成了所谓的“走资派”和“资产阶级反动学术权威”。造反派夺了所里的权，我被靠边站了。1968 年，造反派把我关在小房间里隔离审查了 2 个月。尽管如此，我始终牢记自己是一名共产党员，是新中国培养的科技干部，不管处境如何，我都要竭尽全力做好党和国家交给我的红旗三号导弹发动机的研制工作，要为祖国强大而奋斗。

1969 年 2 月，21 所接到了红旗三号导弹改型发动机（306 改型机）的研制任务。所里抽调了 18 名技术骨干组成项目研制团队，我被分配到系统组。我们聚精会神地投入到 306 改型机的研制中。306 改型机总共做了 15 次试车试验，14 次均告失败，但我们屡败屡试，毫不气馁。我和大家一起清洗、分解发动机，组织试验数据初步判读，用手摇计算机对大量的试验数据进行分析计算，绘制各种参数曲线，精心编写试验分析报告，组织技术讨论，研讨下一次的试验改进方向，直到 1970 年 6 月第 15 次试车获得成功。经与国外同类发动机相比，我们自行设计研制的红旗三号导弹 306 改型发动机达到了同时期的国际先进水平。1978 年，红旗三号导弹武器系统（含发动机）获得全国科学大会奖。不仅如此，306 改型机供应系统还应用于后续的风暴系列和长征系列大型运载火箭二级游动发动机系统，实现了二级火箭的滑行方案，为发射大型卫星作出了贡献，为上海航天基地承担大型运载火箭工程做了技术积累和人才储备。

1970 年初，21 所承担了“701”工程风暴一号运载火箭发动机分系统的研制任务。不久，所里恢复了我技术副所长的职务，负责发动机分系统及二级游动发动机的设计和研制工作，来上海从事红旗系列导弹小型发动机研制四年多后，竟然又回到了自己最感兴趣的大型火箭发动机专业领域，兴奋的心情难以言表。经过论证，我提出把红旗三号改型发动机的推进剂输送系统移植到风暴一号运载火箭二级游动发动机上去，以减小输送系统的箭体结构质量，增加推进剂的加注量，实现火箭在停泊轨道上的滑行，大幅度提高风暴一号运载火箭的运载能力。1970 年 4 月中旬，第一台改进型发动机组装完毕运往北京进行试车，28 日首次试车即达考核目标。8 月 14 日至 9 月 10 日的 20 多天里，我们又进行了包括可靠性试车在内的 5 次二级发动机热试车，5 次试车均获得成功，证明方案切实可行，并在此基础上生产出了改进型二级游动发动机。这一成果后来成功应用于大型二级运载火箭。

但研制过程并非一帆风顺。最令我难忘的是 1971 年连续 8 次试车失败的经历，每一次解除警报的警铃声刚停止，我总是不顾尚未散去的推进剂毒气和刺鼻的气味，第一时间靠近发动机，在最近的距离观察故障的部位和状态，同时组织参试人员对发动机进行故障定位，根据故障现象寻找故障点，分析失败的原因。由于尚在“文革”时期，上海市“701”工程负责人把发动机研制过程中遇到的纯技术问题硬说成是阶级敌人的破坏，对科研人员进行隔离审查，我被勒令停职检查。在停职期间，我的脑子里像放电影一样，一遍又一遍地回忆发动机从开始设计到 8 次试车失败的每一个细节，在我的心里只有一个想法，就是找到试车失败的原因。

停职检查一结束，我就和设计人员立即投入到寻找故障原因分析中。我们对每次试车产品的配套情况、组合件的冷试数据、调整计算及热试车参数等逐一进行分析研究，从实验室、资料室和生产车间调阅各种资料，直至职工手中的工作记录本，查阅了几十次冷、热试车的数据记录，分析了几万个数据，绘制了几百条数据分析曲线。功夫不负有心人，最终我们找到了导致 8 次试车失败的原因是节流圈特性和管路流阻特性不准确。为对症解决难题，我拍板决定：采用定点调整方法，加以提高喷注孔的加工精度，降低混合比等措施进行性能试车考验。1971 年 11 月 27 日，改进后的发动机在试车中取得了成功。

1978 年 3 月，我调任上海机电二局副总工程师和运载火箭技术负责人。我和朝夕相处的科研人员没有丝毫懈怠，继续为进一步提高中国液体火箭发动机的先进性和可靠性而探索不止。

完成中国首次“一箭三星”腾飞

1978 年，我受命担任中国首次“一箭三星”运载火箭的技术负责人。因为是首次执行“一箭三星”任务，在研制中需要突破许多技术难题。但是，20 世纪 70 年代末期，“文革”流毒尚未完全肃清，缺乏尊重知识、尊重科学和按科学规律办事的认识和氛围，以前“多拉快跑”和“大干快上”的思想还在一定程度上影响着科学研究工作，加上“701”工程二期项目风暴一号运载火箭分别于1977年9月14日和1978年4月16日在酒泉导弹试验基地发射低弹道遥测弹成功，这一切使所有人放松了对“一箭三星”任务的复杂性和艰难度的警惕。从任务立项、方案适应性改进设计到完成全部产品生产和火箭总装，只用了不到一年时间。1979年夏天，我带领改进型风暴一号运载火箭试验队，运送火箭来到酒泉导弹试验基地，参加“一箭三星”的发射，遗憾的是这次发射失败了。那一刻，我深切地感到心疼得似乎碎了。基地召开火箭发射事故分析会时，我控制不住流下了难过的眼泪。一连几天，我都没法安稳入睡。这时，时任全国人大常委会委员长叶剑英元帅专门发来激励我们的电报：“科学实验允许失败，失败是成功之母，总结经验，吸取教训，再接再厉。”国家领导人的宽广胸怀和殷切期望使我放下了沉重的思想包袱，我冷静下来后感到了沉甸甸的使命感，那就是一定要找到失败的症结和根源，坚决避免失败的再次发生。

国防科委和七机部领导专程来到上海主持召开风暴一号运载火箭“一箭三星”发射故障分析会，提出必须对现有的二级游动发动机进行彻底的改进设计，要下决心研制出一个高可靠性的二级游动发动机来。会上，我坚定表态：不仅要对二级游动发动机的设计、生产、试验等环节进行彻底的改进，还要将以前历次飞行试验出现的问题都查清并彻底解决。我提出的排查问题的工作指导原则是：翻箱倒柜，不留死角。为此，我们把风暴一号运载火箭的所有设计图纸都重新复算一遍，所有生产记录都重新核查一遍，所有试验数据都重新判读一遍，所有设计、生产和试验验证上的细节都再过滤一遍。我们一丝不苟地对长达几十米，使用的元器件成千上万，导线、电缆长度以千米计量的运载火箭进行了层层彻查，逐渐把导致发射失败的主要原因锁定在了二级游动发动机涡轮泵漏氧化剂的问题上。在1979年到1981年整整2年里，我和设计人员、工艺人员、工人师傅密切配合，从涡轮泵、总装、系统三大方面采取有效措施提前排除一切不可靠因素，彻底改进游动发动机。我在总结过去成功与失败两方面的经验教训的基础上，提出了“12字箴言”：“设计可靠、生产严格、试验充分”，以此作为指导游动发动机研制工作的指导思想和工作目标。通过各方面的共同努力，终于研制出了面貌全新的二级游动发动机，经过3次涡轮泵联动试验，3次游动发动机试车，每次都获得成功。之后，我们又进行长达500秒的游动发动机热试车，试验结果一切正常。在此基础上，我们决定再进行一次游动发动机与主发动机组合的二级发动机联合热试车，我要求“发动机试验要比实际工作情况更苛刻、更全面、更严格，只有这样才能使发动机存在的问题和隐患充分暴露出来”。于是，我们根据发射风暴一号运载火箭从点火到关机，发动机飞行时间最长不会超过10分钟的特点，把发动机热试车工作时间确定为飞行时间的4—5倍，在地面对发动机进行苛刻严格的全面考核验收。1981 年 1 月 25 日，大推力、高混合比条件下的二级发动机联合热试车在试验站正式点火，在主发动机按规定程序于 200.1 秒正常关机后，游动发动机继续在试车台上喷射着火焰，一直持续工作到 3600 秒正常关机，比国内以往试车的最长纪录整整多出了 600 秒。至此，困扰多年的游动发动机问题彻底得到解决。1981 年 9 月 20 日凌晨 5 时 28 分，风暴一号运载火箭在酒泉导弹试验基地点火，再次托举着一组“科学实验卫星 9 号”的 3 颗卫星奔向太空。火箭起飞 7 分 20 秒后，3 颗卫星按照预先设定的程序逐一与火箭分离，进入各自的预定轨道，“一箭三星”发射取得圆满成功。这次发射成功在世界上引起巨大轰动，标志着中国成为世界上第三个独立掌握一箭多星发射技术的国家。当发射成功的消息传来，我的心情无比激动，流下了兴奋的泪水。

攻克纵向耦合振动难题

1977 年 10 月，国防科委和七机部联合召开专项专题会议，决定由七机部一院和上海机电二局共同研制长征三号运载火箭，在合作研制长征三号运载火箭的过程中发现了纵向耦合振动问题，我带领科研人员负责解决这个难题。根据理论分析，抑制纵向耦合振动，必须破坏产生纵向耦合振动的条件，关键在于找准火箭一、二级推进剂输送系统的固有频率，并据此选择适合的蓄压器，安装在火箭第一、二级推进剂管路系统中，以改变系统的固有频率，使其远离箭体结构的固有频率，起到破坏共振产生条件的作用，从而避免纵向耦合振动的发生。然而，要想获得准确的纵向耦合振动数据谈何容易。为了减少热试车的次数，大家开动脑筋，提出了用水代替液体推进剂在火箭系统的管道中流动，测量推进剂输送管道系统响应频率的测试方案。在上海电机厂的大力配合下，以水为激励源的管路模拟试验很快完成了，并在多次测试中搞清了频率误差机理，取得了需要的管路纵向振动频率。接着，我们又在湖州试验站，开展进一步的输送系统动特性研究试验和测试，以研究纵向耦合振动的固有频率。这是一项超大型的研究性试验，技术难度大，协作面广，待解决的问题复杂，而且要求完成时间紧迫。有两年时间，我都在北京、上海、湖州三地多家单位之间不停地来回奔波，协调解决各种技术和管理问题，理顺试验流程和技术接口关系。

在这期间，我们实行了一个创造性的符合中国国情的切实可行的试验方案，在液体火箭发动机试车台上进行冷流试验测试纵向耦合振动频率，但向贮箱的涡轮泵里打介质是一项风险很大的工作，上百千克质量的推进剂往贮箱里打产生的压力，弄不好会压垮贮箱，甚至毁坏试车台。为了取得真实可用的试验数据，设计人员经过反复论证，决定冒险试验。当时我鼓励参试人员说：“咱们搞技术的，搞的就是物理概念，有了物理概念就能有创新，只要物理概念清楚了，试验就可以大胆做下去。试验成功了，技术成果是你们的；试验失败了，杀头坐牢我顶着。”进行首次介质冷流试验时，上海机电二局党委领导亲临试验现场为大家鼓劲壮胆。1982 年 10 月至 11 月，我们以推进剂为介质进行了 6 次不同工况的冷流试验，取得了预期效果。为了验证模拟发动机方案的有效性，我们利用二级发动机进行了 3 次校准性试验，试验结果与模拟发动机的参数一致。在试验站进行了 9 次试验获得了泵前系统的谐振频率和振型，找到了泵的气蚀柔度随入口压力变化的规律，确定了蓄压器的设计参数。之后，又顺利地进行了一级动力系统冷流试验，并于 1983 年 1 月圆满完成发动机全部动力系统冷流试验任务。

通过大型综合试验找到火箭动力系统的动态参数，是自行设计研制蓄压器的重要前提。经过不懈努力，我们研制的皮囊式蓄压器终于在长征三号运载火箭发射前获得成功。用试验测得的数据对蓄压器进行参数设定，后参加长征三号运载火箭发射，经多次试验证明其有效地抑制了长征三号运载火箭的纵向耦合振动。这个科研成果为长征三号运载火箭发射成功提供了有效的保证，不但填补了国内技术空白，为中国大型运载火箭抑制纵向耦合振动开辟了新的技术途径，也使中国抑制纵向耦合振动的技术进入了世界前列。

长征四号 A 型火箭连续创造辉煌

1982 年 10 月，在风云一号气象卫星大总体方案审定会上，将新长征三号运载火箭更名为长征四号 A 型运载火箭，我担任总设计师，准备承担风云一号气象卫星发射任务。然而，随着国际国内形势的不断变化，出于共享发达国家航天先进科学成果的想法，关于长征四号 A 型运载火箭是继续研制还是“下马”产生了争议，我坚持认为在涉及国计和国防的航天高科技领域，只能走独立自主、自力更生的道路，只有这样才能在关键时刻不会被人“卡脖子”。同时，无论是从上海航天的发展，还是从国内外卫星发射市场前景来看，长征四号 A 型运载火箭都大有用武之地。经过多次力争，航天工业部党组采用民主决策、投票表决的方式决定发射风云一号气象卫星运载火箭选型，长征四号 A 型运载火箭以物美价廉、可靠性高和能够适应各个发射场的独特优势获胜。

长征四号 A 型运载火箭设计方案瞄准了世界先进技术发展方向，首次使用先进的薄壁共底贮箱、火箭姿态控制系统采用数字计算机控制方案，使长征四号 A 型运载火箭成为国内第一个使用数字化校正网络、数字调零和双向摇摆伺服系统的火箭型号。在对长征四号 A 型运载火箭总体方案设计评审时，参与评审的钱学森对数字化控制的方案很感兴趣，称赞“这是第二代运载火箭的方案”，会议间隙，钱学森还专门从座位上站起来和我及搞火箭姿态控制的科研人员亲切握手，以表达他对中国运载火箭的第一个数字化控制方案的支持。

1986 年 12 月 10 日，长征四号 A 型运载火箭顺利通过试样设计方案评审，正式进入试样研制阶段。鉴于长征四号 A 型运载火箭的曲折经历和经费限制，我提出的研制工作目标是投产两发运载火箭就要正式成功发射两颗气象卫星，即我们研制的运载火箭要实现首飞一次成功和两次发射连续成功。为保证质量，我兼任了火箭可靠性保障协调组组长，参照国外先进标准，结合长征四号 A 型运载火箭的具体实际，制定了《长征四号 A 型运载火箭可靠性保证大纲》，详细规定了可靠性工作任务、内容、要求和完成形式，实现了质量可靠性工作从人治到法治的转变。

经过严格的火箭合练箭试验，1988 年 6 月 15 日，通过了航天工业部组织的质量评审的长征四号 A 型运载火箭首发飞行箭正式出厂，我带着长征四号 A 型运载火箭试验队奔赴太原卫星发射中心，执行风云一号气象卫星的发射任务。首飞在基地遇到了各种问题，我和同志们一个个解决，向着胜利一步步迈进。1988 年 9 月 7 日 4 时 30 分，首发长征四号 A 型运载火箭在太原卫星发射中心成功发射风云一号试验性气象卫星。长征四号 A 型运载火箭首飞成功，标志着中国成为世界上第三个能够独立发射太阳同步轨道卫星的国家，工程总设计师任新民高兴地说：长征四号 A 型运载火箭是国内第一个首次飞行试验就取得圆满成功的大型运载火箭。1990 年 9 月 3 日 8 时 53 分，第二发长征四号 A 型运载火箭又一次精确地将第二颗风云一号气象卫星和搭载的两颗“大气一号”卫星分别送入预定的太阳同步轨道和试验轨道，这也是我们又一次“一箭三星”发射成功。

1991 年春节前夕，邓小平、杨尚昆等党和国家领导人在时任上海市领导的朱镕基、黄菊同志等陪同下，特地到上海航天局运载火箭总装厂——上海新中华机器厂视察，当邓小平听到长征四号 A 型运载火箭首发和连续两次成功发射风云一号气象卫星时高兴地说：“了不起！”我现在还记得当年邓小平和我亲切握手的情景。

这年 12 月，长征四号 A 型运载火箭荣获当年唯一的国家科学技术进步奖特等奖。在颁奖大会上，我代表全体获奖人员在大会上发言。这不是我个人的荣誉，这是对我们长征四号 A 型运载火箭全体科研人员的最大鼓励。

长征二号丁火箭三次“龙抬头”

由我担任总设计师的长征二号丁运载火箭负责发射第二代返回式照相普查卫星。从立项之日起，距离预定的发射日期只有 28 个月，研制发射运载火箭时间十分紧迫。我们接到研制任务后针对第二代返回式卫星的需求，在长征四号 A 型运载火箭

“自我超越”改进的基础上，进行了再一次适应性优化，使这个新的两级火箭上携带的设备实现了小型化、模块化和大规模集成电路，技术达到了国内同期先进水平。

1992年，中国运载火箭刚刚进入国际航天发射市场，然而在不到3个月内却接连两次发射失败，大家都盼着一次成功发射激励士气。1992年6月，我们带着经过在地面多次充分严格试验的长征二号丁运载火箭来到酒泉卫星发射中心。8月9日下午4时整，首发长征二号丁运载火箭将首颗第二代返回式照相普查卫星准确送入预定轨道。8月11日，中共中央总书记江泽民在酒泉卫星发射中心七号阵地冒雨专程接见了长征二号丁运载火箭试验队全队成员，江泽民同志亲切地与大家合影留念，并在讲话中高度肯定了这次运载火箭发射成果。

随后，我带领型号科研人员继续对长征二号丁运载火箭进行优化完善。为了长征二号运载火箭的后续任务，我组织研制选用新型的动力调谐陀螺和新型加速度计、增加控温措施、取消锁紧机构等多种新技术手段的挠性小平台，以代替使用近30年的气浮陀螺大平台。对新研制出来的挠性小平台样机，我组织了三轮严格的地面试验，还进行了性能参数稳定性、故障模拟、各配套单机互换性等各种试验，认定各项指标合格、质量可靠后决定用于第二次长征二号丁运载火箭上。1994年，又是两次航天大型试验失败后，长征二号丁第二发火箭出场，执行发射任务。7月3日，第一次使用挠性小平台的第二发长征二号丁运载火箭在酒泉卫星发射中心成功发射，将第二颗第二代返回式照相普查卫星送入预定轨道。遥测数据表明，首次使用挠性小平台的第二发长征二号丁运载火箭入轨精度比第一发火箭提高了一个数量级。

连续两次成功发射的出色表现，使得长征二号丁运载火箭在业界声名鹊起。中国航天工业总公司将长征二号丁运载火箭成功经验总结提炼为著名的“六严”作风，即严格执行上级的各项规定；严格按研制程序办事；严格技术要求；严格地面试验；严格落实行政、技术两条指挥线的岗位责任制；严格全过程质量控制。国防科工委在全国军工系统大力推广学习“六严”作风，以推动国防科技工业现代化建设的步伐。1995年，长征二号丁运载火箭获中国航天工业总公司科技进步奖一等奖。

1996年，又逢中国运载火箭发射低谷。长征二号丁运载火箭再次肩负重托出场。10月20日，第三发在酒泉卫星发射中心成功将第三颗第二代返回式卫星送入预定轨道，又一次扭转了被动局面，为长征系列运载火箭重新赢得了信誉，并拉开了此后长征系列运载火箭连战连胜的序幕。

连续三次发射，连续三次成功。长征二号丁运载火箭连续三次以“龙抬头”的骄人业绩载入中国航天史册，中国航天工业总公司授予长征二号丁运载火箭唯一的一块“优质运载火箭”奖牌。

跨界领衔造卫星

1999年，我被任命为遥感卫星一号工程总设计师；2001年，我又被任命为中国首颗新一代极地轨道气象卫星风云三号工程总设计师。我将系统工程理念引入卫星工程的设计和研制工作中，强调以卫星工程总体最优化设计作为各系统的工作指导思想。同时，我从遥感卫星一号整星质量大的角度出发，更加关注大幅度提高火箭的运载能力问题，而火箭三级发动机的二次启动技术无疑是解决运载能力不足问题的最佳方案。上海召开二次启动发动机专题会议，邀请我作为技术专家参会。这天，恰逢我70周岁生日。我到会为二次启动发动机问脉会诊，出谋划策。这个生日，过得开心。

这样，由我任工程总设计师研制的遥感卫星一号率先使用了直径达3.8米的大整流罩，加上由我指导使用常规推进剂的火箭三级发动机采用了二次启动技术，仅这两项技术创新带来的相关技术状态更改就多达161项，取得了卫星和运载火箭技术双优化。

2006年4月27日6时48分，使用常规推进剂的火箭三级发动机采用了二次启动技术的长征四号乙运载火箭，成功地将遥感卫星一号送入预定轨道。遥感卫星一号主要用于科学实验、国土资源普查、农作物估产和防灾减灾等领域，对国民经济的发展发挥重要作用。

风云三号气象卫星工程是中国“十五”期间投资最大的民用航天工程项目，是中国赶超世界先进水平的新一代极轨气象卫星工程。这颗装载了11种先进探测仪器的卫星升空后，使中国气象观测能力得到质的飞跃，尤其是我们首次自主研制的星载微波成像仪工作稳定可靠、成像清晰，与美国、欧洲新一代极轨气象卫星一起成为国际上最重要的三大极轨气象卫星之一。风云三号卫星在技术上实现了从单一遥感成像到地球环境综合观测、从光学遥感到微波遥感、从千米级分辨率到百米级分辨率、从国内接收到极地接收、从单星观测到多星组网观测，填补了国内卫星平台、有效载荷研制等方面的技术空白。2009年1月，首颗风云三号气象卫星被纳入世界气象组织业务气象卫星系统。

2010年11月5日，第二颗风云三号气象卫星进入预定轨道，这是中国首次发射的极轨气象卫星下午星，与第一颗风云三号气象卫星上午星组网运行。2013年9月23日，第三颗风云三号气象卫星发射升空，与正在轨运行的前两颗风云三号气象卫星组网运行，大幅提高了中国气象观测和中期天气预报能力，还可在全球范围内实施全天候、多光谱、三维、定量探测，为中期数值天气预报提供气象参数，并预测大范围自然灾害和生态环境变化，同时为研究全球环境变化、探测全球气候变化规律以及航空、航海等提供气象信息。

我现已年届九旬，已退出航天工作第一线，颐养天年了，但令我欣慰的是通过研制运载火箭和卫星锤炼出了一支高素质、严要求和经受“十二字箴言”“六严”作风等上海航天文化熏陶的科研队伍。我常常对年轻一代航天人说，创业不易，守业更难。你们这些人当年跟着我摸爬滚打经历过许多艰难困苦，知道今天上海航天的大好局面来之不易。现在你们的任务不仅仅是要把先进技术传下去，更要把我们敢打硬仗、能打胜仗的作风一代代传下去，只有这样，才能牢牢守住上海航天这一片能够大有作为的天地，并且不断为上海航天开疆拓土，谱写新篇。

新中国电机设计制造奠基人

口述 汪 耕（孟庆元同事、中国科学院院士） 整理 潘新华

孟庆元（1917.5—2004.5）简介

男，浙江杭州人，中共党员。高级工程师，中国电机设计制造专家。1938 年毕业于交通大学电机工程系。1942 年考取教育部公费留英研究生，获英国文化委员会奖学金。1943 年入英国利物浦大学学习，1946 年获利物浦大学电机工程博士学位。随后赴美国西屋电气公司实习。1947 年回国，任国家资源委员会中央电工器材厂上海制造厂电机组组长。1949 年新中国成立后，历任上海电机厂工程室主任、副总工程师、总工程师、副厂长。1950—1952 年兼上海交通大学电机系教授，1957—1958 年兼任电机系副主任。曾任中国电机工程学会理事，中国电工技术学会第一届理事、荣誉会员。第二届、第三届全国人大代表。1959 年被评为全国先进生产者。1954 年领导试制成中国第一台 6 兆瓦汽轮发电机。1958 年起先后领导研制成功世界上第一台 12.5 万、30 万千瓦双水内冷汽轮发电机，并在 12.5 万千瓦、30 万千瓦双水内冷汽轮发电机研制中解决了关键技术问题，随后投入批量生产，并形成 50 兆、125 兆、300 兆瓦系列。1985 年获中国科学技术进步奖一等奖。

第一台“双水内冷”在我们手里诞生

我的原名是汪积威，但是，我不愿意被人听起来像是“汪精卫”，就决定改名了。1927年10月，我出生于江苏南京。在黎明前最黑暗的时刻，我参与党的地下工作，1949年4月加入中国共产党。1949年7月，我毕业于上海交通大学电机系。1950年5月，进入上海电机厂工作，后来担任上海电机厂副厂长、副总工程师等。孟庆元同志是我钦佩尊敬的领导，我们一起共事几十年。

1957年，我在苏联留学，亲耳聆听了毛主席在莫斯科大学的讲话：“世界是你们的，也是我们的，但是归根结底是你们的。你们年轻人朝气蓬勃，好像早晨八九点钟的太阳，中国的前途是你们的，世界的前途是你们的，希望寄托在你们身上！”满怀毛主席的教诲，我积极投身到新中国发电机的研发、制造中。在孟庆元的领导下，我担任了上海电机厂双水内冷汽轮发电机试制组的组长。

1958年中央发布通知要求各地第一把手相聚上海，研究讨论第一个五年计划。20世纪50年代，也就是新中国成立后，全国总共仅有水、火电发电机185万千瓦，全国发电量仅有43亿度。在迫切的形势下，中共上海市委果断决策要研制新型的发电机。孟庆元和我等人被通知到上海锦江饭店开会，研究讨论并布置任务。回到上海电机厂，在孟庆元领导指挥下的试制造团队，在短短几个月的时间里，冲破外国势力垄断、封锁技术的壁垒，组织研发了世界第一台1.2万千瓦双水内冷汽轮发电机设计方案和关键部件研制，为国产大型发电机的自主设计与制造奠定了基础。“3000转/分双水内冷发电机”项目在1985年获得首届国家科技进步一等奖。

我已经90多岁了。2017年起，因身体原因，住进华东医院。我的听力时好时差，我的女儿和护工就给我戴助听器。许多事，我是通过写纸条来和医生、家属交流。我还把事情记在黄色小贴纸上，有时，我也会随手在书本空白处写一点东西，记录些什么。你看这本书——由我写序言并和李希明等多人一起编著的《大型汽轮发电机设计、制造和运行》，上海科学技术出版社2012年出版的，就有我回忆记下的内容。

今天，你来采访了解劳模孟庆元的情况，我女儿事先已经发手机短信告诉了我。我回忆了一下，事先在小黄纸条上写了：“他眼睛不好。孟庆元去美国前，李文华厂长特地和电机厂主要领导干部一同到他上海的家。房子是国家分配的。”

当年还有许多事情，我可能记不清了，但我曾写过回忆参与双水内冷汽轮发电机研制经历的文章。孟庆元的许多资料，你可以查到，也可以问我的老同事和我的女儿。况且，你是一名新闻记者，许多年前就多次采访过孟庆元，那情况就更熟悉了。

强烈的事业心来自哪里

“要有强烈的事业性。想清楚要做的事，就一定要去做，一定要做好。”这些话是孟庆元一直对我们说的。孟庆元的事业心是从何而来的呢？他自己说过，他的事业心来源于个人的生活经历。

孟庆元对搞电机这个“行当”，从青年时代就是很向往的。他考进交通大学，先读理科，后来觉得理科不能直接使国家工业强大，便改学电力制造。1943 年，他在交大毕业后的第 5 年，到英国利物浦大学学习，1946 年获利物浦大学电机工程博士学位。随后赴美国西屋电气公司实习，学习先进的电机设计制造技术。他想多收集一些大型发电机的资料，有人却说：“你还是看看几百千瓦的有关资料吧，不必看大的。中国能做出这种小电机来已经蛮好了。”事实也确是这样，在解放前的旧中国，我们根本没有电机工业。作为一名电机工程博士，他向往“工业救国”，希望祖国富强。在英国利物浦大学学习之余，他到博物馆转转，想不到那里特意陈列着中国的“龙袍”和“长辫”，以展示中国之落后。这给孟庆元极大的刺激，他就拼命读书，准备回国后干一番事业。

抗战胜利后，国民党政府让他失望了。“工业救国”成了幻影，个人的事业心又有什么用呢?！只是在社会主义中国，我们的电机工业才能发展起来。他带领我们，设计制造出中国第一台发电机。1978 年 3 月，他出席了全国科学大会。

孟庆元曾经这样说过：“如今党和人民为我们创造了实现个人抱负的条件。这一切，使我深切地感受到：只有热爱自己的祖国，热爱科学，我们才能产生正确而又强烈的事业心。同时，也只有把个人的志向、抱负与整个祖国实现四个现代化的前途紧密结合起来，那么这个事业心才能获得持久的动力。”

一个人有没有强烈的事业心，还往往表现为有没有创造精神。新中国成立初期，国民党政府留给新中国的是一副烂摊子，偌大的中国自己不能制造大型发电机。对此，我们是等待，还是创造？在那“有一个千瓦就有一吨钢”的形势逼迫下，根据上级的决定，孟庆元带领我们，和厂里的工人、技术员等齐心努力，白手起家，在 1954 年参考捷克图纸，在专家的指导下制造成功我国第一台 6000 千瓦空冷汽轮发电机，结束了中国不能制造汽轮发电机的历史。工人们推着发电机，游行在南京路上向全国人民报告喜讯。1958 年，我们又首创了世界上第一台双水内冷汽轮发电机。到 1978 年，已经能制造 30 万千瓦容量的发电机了。当年上海电机厂担负了全国三分之一容量的汽轮发电机制造任务，还试制成功具有世界先进水平的超导电机。

孟庆元说：“科技发展犹如一条长河，不断奔腾。如果没有事业心，就无所创造，怎么谈得上超越前人呢？对我这样一个一辈子搞电机制造的工程技术人员来说，要真正把社会主义现代化建设搞上去，非得要有献身四化的事业心不可。没有这种强烈的事业心，什么事都办不成。”《文汇报》曾经刊登过他的讲话内容。（详见《文汇报》1979 年 2 月 26 日，孟庆元口述《献身四化要有强烈的事业心》，潘新华整理）

信任感、判断力和执行力

新中国电机制造工业，是从我们这一代人起步发展起来的。孟庆元担任副厂长、总工程师的职务，历任厂长都很支持他。李文华厂长就信任地对他说："技术上的一切，都听你的。你决定了，就放手去做。"

说到李文华厂长，大家也是比较熟悉的。1981 年 3 月，李厂长到广东顺德糖厂调研。他看到这个广东最大的糖厂仍然使用落后的蒸汽机榨糖。当时，糖厂正在考虑技改方案，却有些举棋不定。我们提出了在不改变整个轧糖车间工艺流程的前提下，用直流电机代替蒸汽机的方案，讨论后被对方接受。但新设备能不能及时提交？投产后会不会有问题？当糖厂厂长赶到上海探询时，李文华干脆地回答："保证如期供应，我负责。"但是，糖厂厂长还是不放心地说："老李啊，您负不了责啊！糖厂开榨以后，农民每天用几百条船运甘蔗来榨，万一设备出问题，甘蔗处理不了，就会烂掉。那时候，几千农民会拿扁担打我们！"李文华听了回答："万一发生了这种情况，您打电报来，我李文华一定赶到顺德，陪您一起挨扁担！"

两位厂长的对话很快传开了，大家把这批电机叫做"扁担电机"。李厂长信任孟庆元，对我们技术人员放手，我们做好技术保证。在糖厂电机的任务单上面，打上紧急订货符号，一路开绿灯。这批电机终于如期交货，并且一次试车成功。在整个 100 天左右的榨糖季节里，除了由于工人操作不当停过 8 分钟之外，一直运转正常。

顺德糖厂技改成功消息，迅速在广东、广西、福建、江西等甘蔗主产地区传开了，电机厂收到很多订货单。我们又根据华南环境和榨糖工艺条件，重新设计一种制糖专用电机的系列产品。此后几年，糖厂电机订货量稳步上升。

后来，时任国务院副总理的万里也得知了这件事。1983 年元旦，《经济日报》创刊。万里为《经济日报》写创刊词，题目就是《赞"扁担电机"精神》。创刊词赞扬上海电机厂全心全意为用户服务的精神，并把这种精神称为"扁担电机"精神。就这样，"扁担电机"精神传遍全中国。

"扁担电机"的精神，不是一句空话，靠喊口号、空讲道理，一台发电机也造不出来。要设计制造出国家急需的各种型号的电机设备，技术保证必须一丝不苟。李文华厂长既然放手信任孟庆元，信任我们技术人员，作为工程技术总负责人，他的担子就更加吃重。孟庆元平时工作很忙，但只要有空，就抽出时间到我当时所在的设计科来，大型汽轮发电机、双水内冷汽轮发电机等许多产品，第一步就是要在我们科室设计完成图纸。碰到难题，他就仔细听我们的报告建议，往往还没有等到技术人员全部想明白讲清楚，他就能敏锐地抓住核心难题，概括出来，还经常超前一步地果断做出决定，布置下一步从哪里突破。

“双水内冷”试车成功

1958年，第二个五年计划开始时，电力供应不足的矛盾十分突出。为此，国家要求我们上海电机厂制造更多的汽轮发电机支援工农业生产。制造汽轮发电机需要转轴和护环。这两个重要部件，当时国内生产没有过关，要从国外进口。人家给几根转轴、几套护环，就只能生产几台汽轮发电机。那一年年初，厂里制定追赶国外的科学技术规划时，我们起初只提出了试制国际上最先进的定子水内冷、转子氢内冷汽轮发电机这个项目，还认为能够做出这种产品已经很不错了。那时虽然也有人提出过要试验转子水内冷，可是大家觉得这是先进工业国家正在探索的大课题，我们还没有条件，因此只打算做一些收集资料的工作，作为今后技术发展的设想，根本不敢订出实现的时间。

时间不等人啊！上海市委布置任务后，1958年7月3日，在副厂长、总工程师孟庆元领导下，我们的设计小组开始了世界首台双水内冷的设计制造任务。

当时厂里没有现成完整的技术资料，除了浙江大学的水电试验模型，没有发电机实物可以参考；也没有外国专家指导，一切得靠自己摸索。设计工作启动后，从领导干部、技术人员到工人群众，大家动脑筋、出主意。遇到技术问题，就在厂区一个半圆形宣传长廊贴出征求解决方案的“大字报”。

设计图纸完成后，又碰到制造难关。当年厂里设备差，车床还是靠老式皮带转动的，行车起吊能力只有50吨。许多工人缺少经验，加上原材料质量差，做出来的零部件比较粗糙。制造中遇到的问题之一就是渗漏水。我们请来自来水修理工、阀门管理工、熟悉油压系统的汽车修理工、机床检修工，各行各业的能手一起攻关，先后试制100多种式样的零件，终于攻下渗漏水难关。

加工双水内冷机转子中遇到的一个难题，便是导线的弯形。过去制造的空气冷却发电机，用的导线弯形比较简便，现在用的是特殊的导线，比较坚硬，却又要弯成各种角度的奇形怪状的样子，很不好弯；弯好以后有些地方质量不能达到要求。后来，经过一步一步钻研摸索，终于搞出了一台弯导线的专用工具，能把导线按照图纸要求弯成各种复杂的形状，而且质量良好。

导线弯形问题解决后，接下来的问题便是导线的焊接。这种导线比较短，要接长以后才能绕制线圈。在过去，导线的焊接是不成问题的，但现在，因为导线规格比较特殊，非常难焊。为了解决这个问题，工人们不知试验了多少次，厂部将全厂电焊工中的“老把式”都调了来，集中优势兵力围攻这个关键，最后焊接成功！

当发电机的转子装配完成后，接下来便要做超速试验。超速试验，对于大家来说，等于是对于前阶段工作成绩的总测验，大家是多么期望着它能通过考验，获得成功。可是当转子转速从每分钟500转加到1200转时，发生了问题，再三检查才找出了原因。后来还接连不断产生一个个新问题。花了几个白天和黑夜，最后在总工程师孟庆元的帮助下，才使问题得到了解决。

当然，试制“双水内冷”汽轮发电机，绝不是我们一家电机厂所能解决的。在有关领导部门的帮助协调下，先后有30多个单位和我们进行了协作，其中包括高校、科研单位和配套工厂等。有一家工厂，为了给“双水内冷”出力，主动承担一项特殊材料的协作试制任务，还表示：“你们不要我们做，我们也要争取做。”

1958年10月27日，经过100多天的日夜赶制，1.2万千瓦双水内冷汽轮发电机在超速试验室试车成功。当年12月，世界上第一台1.2万千瓦双水内冷汽轮发电机安装在上海南市发电厂。发电初期发生一些问题，被解决后，就一直在南市电厂正常运行34年，直到1993年8月才因机组容量小而“退役”。

媒体报道　反响巨大

发电机，可以分为水力、火力和海能三种。发电机离不开冷却介质和冷却方式。冷却介质分为空冷、氢冷和水冷。空气冷却效能最低，氢气冷却比空气冷却高3—4倍，水冷比空冷高40—50倍。冷却方式上有内冷和外冷之分，内冷效果又比外冷为好。但是在制造技术上，水冷比氢冷困难，内冷比外冷困难，特别是转子绕组水内冷，世界上当时还没有先例。我们率先研制成功第一台“双水内冷”并运行数年得到证明后，媒体作了报道，评价高，反响大。

1965年4月29日这一天，新华社、首都和上海的多家报纸同时发表消息和评论庆贺。

《人民日报》以《笨和聪明》为题，发表评论员文章说：“我们热烈祝贺双水内冷汽轮发电机的创制成功。这是我国在电机工业方面攀登世界科学技术高峰的又一个重大成就。——更值得我们祝贺的，是在这项成功中所表现出来的我国科学实验中的革命的创新精神。上海电机厂总工程师孟庆元同志说得好：‘我们中国人不比外国人笨，有党的正确领导，有优越的社会主义制度，加上我们自己的努力，我们为什么不能在技术上超过西方国家呢？’——孟庆元同志说：‘很多复杂的技术关键问题，原来大家觉得毫无办法，困难重重，可是当我们把问题一拿到群众之中，和大家一起集体讨论，你一言，我一语，互相启发，互相补充，这些问题很快就解决了。’”

《工人日报》在题为《要有一股革命闯劲》的社论中说："上海电机厂职工能够创造成功双水内冷汽轮发电机的新技术，关键就在于他们大胆实践，不迷信洋框框，有一股勇往直前的革命闯劲。"

《大公报》发表题为《自力更生方针的胜利》短评说："这种汽轮发电机的诞生是自力更生、奋发图强的结果，是思想革命化和严格的科学态度相结合的具体表现。"

《解放日报》1965 年 4 月 29 日第 1 版刊登报道《我国首先制成双水内冷汽轮发电机》。文章写道："攀登世界科学技术高峰的一项重大成就——双水内冷汽轮发电机，已由上海电机厂首先创制成功。一九五八年十月，上海电机厂在许多兄弟单位的协作下造出了世界上第一台一万二千千瓦双水内冷汽轮发电机，一九六〇年，又制成了容量达十万千瓦的。到目前为止，上海电机厂先后制造的一批这种发电机，已在全国十七家发电厂正常运行了将近三十万小时，发电三十亿度以上。经过长期考验，证明质量良好。"

任务艰巨　心情愉快

1963 年元旦伊始，上海市科学技术委员会举行科学技术工作会议，讨论上海市科学技术工作的发展方向问题。中共中央副主席、国务院总理周恩来到会讲话。

周恩来总理指出，要实事求是，循序渐进，齐头并进，迎头赶上。周恩来总理最后说，我们的任务是艰巨的，心情是愉快的；责任是重大的，精神是饱满的。上海，作为我国最大的工业城市和科学技术的重要基地，我们对上海科学技术界寄予深切的期望。希望上海的科学技术界在实现四个现代化中作出应有的成绩。

那次会议，孟庆元和其他出席会议的理科、工科、农科、医科等有关的 23 个专业的著名专家、教授、青年科技工作者等一起，聆听了周恩来总理的讲话。会议开始前，周恩来总理还接见了部分专家，同他们进行了亲切的交谈。《解放日报》1963 年 1 月 3 日报道：接见时在座的有冶金学家周仁、周志宏，工程技术专家程孝刚、李艮同、孟庆元，土壤学家戴弘，物理学家朱物华，化学家黄鸣龙，数学家苏步青，生物学家冯德培、张香桐，外科专家沈克非，著名中医程门雪，以及青年研究工作者谷超豪、石美鑫等。

成功以后　绝不自满

"双水内冷"研制成功以后，孟庆元绝不自满。他知道"双水内冷"虽是我们首创的，但国外的电机容量、效率远远超过了中国。

1978年，他这样说过："我们必须迎头赶上，这里需要的不是等待，而是创造！光等着引进国外的先进电机是不行的，我们更要切实提高自己电机的内在质量，并努力创造出口产品。这种创造精神，就是奋发图强的精神。强是图来的，而不是等待来的。"他还表示："今年我虽然已经六十二岁了，但自觉还有精力。我决心把自己的余生都用在四个现代化事业上。"（据《献身四化要有强烈的事业心》，《文汇报》1979年2月26日，孟庆元口述，潘新华整理）

2009年，在上海电机厂成立60周年之际，江泽民同志亲笔题词："解放思想，发扬双水内冷电机的首创精神"。2011年，江泽民同志为《中国电机工业发展史——百年回顾与展望》撰写序言。在"序言"中，他这样回忆："1956年，新中国制造的第一台汽轮发电机投入运行，虽然只有6000千瓦，但相比过去已是庞然大物。——记得当时需要做超速试验，要达到额定转速的120%，即每分钟3600转。大家很担心，就怕转子飞了怎么办。后来，在闵行上海电机厂内建了一个超速试验室。试验那天我们都去了，效果很好。那时，我在一机部上海第二设计分局担任电器专业科科长，协助上海电机厂副厂长孟庆元完成了这项任务。当年参与过这项工作至今仍健在的还有汪耕院士。6000千瓦功率不算大，但毕竟是新中国建造的第一台汽轮发电机，万事开头难啊！'大跃进'时期，孟庆元等搞出了采用新型冷却方式的1.2万千瓦双水内冷发电机，这台汽轮发电机制造成功震动了全国，国外反响也不小。"（据新华社北京2011年11月8日电）

孟庆元当然也记得江泽民同志和电机工程师朋友的深情友谊。20世纪70年代末孟庆元到北京开会，江泽民同志那时担任一机部外事局局长。有一天，正值会期空当，老孟对同去北京开会的一名同事说：我们去看看江泽民吧？老同事一拍即合，好啊，走！他们坐了公共汽车来到一机部宿舍，敲开房门，江泽民同志满脸欣喜，与孟庆元他们热烈握手。正是中午时分，江泽民同志关切地招呼："饭吃了没有？我们一起去吃阳春面吧！"（据《日出江花——青年江泽民在上海》，《新民晚报》2010年4月25日）

思考好比磨刀　脑子越用越活

在十年"文革"期间，孟庆元的身体受到很大摧残。他那原来已经高度近视并患有眼疾的眼睛遭到了造反派的打击，以致右眼失明，左眼也几乎失明，已不能看书。他说："眼睛的损伤，给我生活上带来了痛苦，但更痛苦的是我不能为国家的电机制造工业多做一点工作。搞工作怎能没有眼睛？"

1978年，党的十一届三中全会提出，把党和国家的工作重心转到经济建设上。当时厂里的技术整顿，百废待举。虽然孟庆元眼睛不好，可他怎能安心退休呢？他眼睛不好，不能看报纸，就收听广播；不能阅读技术资料，他就让周围的同志或他爱人读给他听；他还努力锻炼自己的记忆、思维能力。从记忆电话号码到传达重要会议的内容，他都把它当作锻炼的机会。孟庆元说：“脑子好比一把刀，刀越磨越快，思考也好比磨刀，脑子越用越活。为了实现四化，我必须克服困难，拿出更多的精力、花费更大的代价，要有一种甘愿献身的精神状态。否则，怎么能追上已经失却的时间呢?”（据《献身四化要有强烈的事业心》，《文汇报》1979 年 2 月 26 日，孟庆元口述，潘新华整理）

1982 年 4 月，孟庆元出席了上海市七届人大四次会议。他听取了汪道涵市长的工作报告以后，接受了《新民晚报》记者朱家生、潘新华的采访。孟庆元说：“从事物质文明建设的工程技术人员，首先要有志气，要相信我们中国人民的能力。”他回忆起不久前到美国参加了电机电子工程协会的一次年会，宣读了一篇论文《二十一年来上海电机厂“双水内冷”的发展》。双水内冷是我国在 1958 年首创的一种新型电机冷却技术。后来，瑞士、联邦德国等国专家来上海参观，都承认首创发明者是中国。孟庆元高兴地说：“我们有信心造更多更好的电机，为国民经济调整作新贡献。”（据《使上海的建设更上一层楼　人代会旁听记》，《新民晚报》1982 年 4 月 24 日）

淮海西路 40 号当年建起了新型的高层住宅大楼，文艺界等行业的知识分子被分配入住，大楼也被人称为“文艺大楼”。孟庆元也被分配到了新的住房，在这幢大楼居住。他晚年赴美国治病。2004 年 5 月 8 日，孟庆元在美国辞世，享年 87 岁。

历史财富　传承不忘

历史留下的财富不应忘记。1952 年，中华人民共和国政务院财经委批准，上海、哈尔滨各建一套发电设备厂。1958 年上海决定发展闵行，建设闵行卫星城。它是以重工业为主的，从动力角度看就是一个动力工业的卫星城。当时全国电力中心是哈尔滨和上海闵行，有“北有哈尔滨、南有上海”之称。

“四大金刚”，大家都知道吧——上海人喜欢的大饼、油条、粢饭和豆浆。其实，在 20 世纪五六十年代，“四大金刚”指的是位于上海闵行的 4 家万人大厂，它们分别是上海电机厂、上海汽轮机厂、上海锅炉厂和上海重型机器厂。“四大金刚”称得上是新中国工业的脊梁，建造出了中国第一台 1.2 万千瓦双水内冷发电机和第一台万吨水压机。

这么多年来，人们没有忘记孟庆元等劳动模范，也没有忘记“双水内冷”和“扁担电机”。“双水内冷”的首创精神，“扁担电机”的契约精神，一步一步，打造出了“上海制造”品牌。

从“东方明珠”到“小蛮腰”

口述 吴欣之　整理 郑正恕

吴欣之简介

男，1950年1月生，浙江余姚人，中共党员。上海建工集团原副总工程师，上海市机械施工有限公司副总经理、总工程师，中国钢结构安装专家，教授级高级工程师。曾获国家、建设部、上海市科技进步奖十余项，荣获上海市科技精英、“科技功臣”等称号，被评为上海市、建设部和全国劳动模范。

整理者言：在改革开放年代里，吴欣之在建筑工程领域里坚持科技创新，先后荣获国家科技进步一等奖、两次获得国家科技进步二等奖，六次获得上海市科技进步一、二等奖。在中国重大建筑工程中，他和他的团队成功开发并掌握了一系列由计算机控制的液压钢结构整体升降、平移、旋转等高新技术。同时，他还率领团队多次攻克建筑工程中的超级难题，使东方明珠、国家歌剧院、“小蛮腰”等众多标志性建筑成为上海、北京、广州等国际大都市的风景线。他被业内尊称为中国超大型结构全新工艺安装的杰出领军人物。年近七旬的吴欣之还在为上海一些重大工程项目贡献自己的智慧和力量。

我是“老三届”66届初三，学校还不错，是育才中学。

1968年9月我被分配到崇明农场务农，1974年被抽调回上海市机械施工公司第二施工队当工人。那天，农场宣布上调名单时，我还在地里干活。队里“老三届”中有的是高中老大哥，我一个初中生，暂时还轮不上我吧？吃午饭时，队员一拍我肩膀说，喂，你上调了！我一听，傻晕了！我一下子奔进寝室，抱着自己的被子痛痛快快地哭了一场。回上海，当然高兴。但喜极而泣中还包含着对农场许许多多的依依不舍。

现在回想起来，在崇明农场6年锻炼，对自己一生影响至关重要。我在学干农活时很用心的，比如，割稻。那年，崇明农场请南汇老农民来作指导。我一眼就发现南汇农民手中的镰刀与崇明农场不同。南汇镰刀呈新月形，刀头大，刀柄长，薄口而利刃。又仔细观察南汇农民的操作表演，见他挥舞镰刀，手起刀落，割下的水稻恰似一把展开的折扇，又如一袭飞舞的长裙。我注意到他的割稻手势：左手虎口向下，右手握刀。从右边起手，第一刀横割两棵，此后由前至后每刀三至四棵，由此不断递进，一把一握一割竟可达到十六棵之多。后来，我学着用南汇镰刀采用“南汇”方式割稻，从日出做到日落，可一连十几个小时挥镰不辍，从不直腰。至今都没弄懂，当时自己哪来的这股牛劲？

现在，想通了。还是邓小平同志说得有道理：科技是第一生产力，先进生产工具，科学生产方式，才是发展生产的最大原动力。我从事建筑工程40多年，这方面的体会太多太深了。

1978年，宝钢工程在沪全面开工，我有幸被调往宝钢工地工作。当时，我公司承接的有宝钢3台300吨级转炉炼钢主厂房钢结构安装任务，含高达70米的转炉车间、连续四跨的注锭车间等，钢结构总重量达31300吨。而那时的我，由一名起重吊装工人转升为一名普通技术员，只有3个月的时间。施工技术准备的重任压在我肩上，除了紧张，还是紧张；除了激动，还是激动。唯一的办法就是抓紧学习，除了睡觉，就是读书、工作；工作、读书。我参加了由公司总工程师陈尚翰主持的技术培训班，为期一年，每周一天。而这一天，则是我一周中最宝贵的一天。每次，陈总都有备而来。他从打开图片做起，深入浅出地推导出一项又一项公式，阐明一个又一个计算原理，而他举出的实例就是我平时最熟悉的一次又一次的吊装操作。在宝钢那段时期，我没有节假日，没有星期天。我到市区的唯一理由就是到图书馆借书，到新华书店买书。通过陈总的“技术扫盲”，我开始对建筑力学、材料力学等有了初次接触。面对宝钢日本专家搬出的海量的资料与数据，我开始敢于接受挑战与任务。

我胜利完成的第一个任务，就是在有关总工程师指导下编写《日本新日铁钢结构安装符号图识图讲义》。我还根据日方提供技术数据，对重型钢柱的吊装索具提出了由两个滑轮串联的特种形式。我和工人师傅一起设计了重型钢柱移位校正器和重型行车梁校正器等，对传统校正工具进行了大胆的改革与创新。要知道宝钢炼钢厂最大柱子的间距达 28 米，每一根钢柱重达几十吨，没有新发明的校正器怎么可能使钢柱、钢梁这些笨重大家伙乖乖“听话”就位呢。记得重型行车梁校正器刚加工完毕，因急于想了解其使用效果，我和工人师傅们一起爬上了厂房屋顶。那天，正值酷暑。烈日当空，我顺着垂直爬梯一口气登上了几十米高空，突然感到一阵晕眩，竟不省人事地晕倒在一根狭窄的行车梁面上。好几分钟过去，我才睁开了眼睛。天哪，我竟身悬高空，命系生死一线啊！几十年过去，这样的绝处逢生，有时还会使我在梦中惊醒。

宝钢炼钢厂主厂房钢结构是全套引进日本新日铁技术的，包括钢结构件、围护体系、紧固件、材料及工艺等，日方都仔细而完整地提供了安装作业指导书、安装符号图及管理技术文件。一些细节上的设计考虑，都从方便工人施工出发，非常人性化。而我在宝钢工地上，首次能以技术员身份去承接项目，就可接触和学习到这些现代钢结构的施工新技术，真是受益匪浅啊。当然，在某些结构工艺上，我也没有全盘接受照抄。如日方提供的“编制 +58m 标高钢料仓安装方案”，我就发现过程太繁琐，步骤太多，工人劳动强度太大。于是，我就进行了重新核算，发现用我们的 300 吨履带吊车完全可以循序吊装单个整体料仓，而不必多费周折。我把自己的想法跟有关领导提了，他瞪大了眼睛看了我好一会儿，说：“好啊，我们也敢提自己的设想了！”接着，他就去与日方现场总代表进行沟通。日本新日铁现场总代表名叫向直树，脸庞黑黑的，眼睛很大，很明亮。我俩一扳手指，都 29 岁，很快就成了朋友。向直树复核了我的全部计算，很快就同意了我提出的整体吊装方案。事实证明，上海机施公司的方案是可行而有效的。

没想到多年过去了，在上海信息枢纽大厦工程工地上，我们再次不期而遇。那时，向直树已成为日方设计现场顾问，而我也成了上海机施公司总工程师。事情往往就是这样：打开国门，我们引进来；改革开放，我们走出去！ 1978 年，我们建宝钢。1997 年，一个更大的日资项目——上海环球金融中心大厦开工。其间，我数次随单位赴日本东京从事工程投标事宜，再次约见了向直树先生。异地重逢，当我握着他的手时，感到一股暖流涌上了我的心头。虽然大家都已人到中年，但我深感我身后已有了一个国力强盛的祖国。

整理者言：邓小平同志发表南方谈话前后，他一直关注着上海，关注着浦东的开发开放，而上海也做到了城市面貌“一年一个样，三年大变样”。那些年，你都参加了上海哪些方面的重大工程建设？

套用一句时髦话，几乎“全覆盖”。

我参加的建设项目有南浦大桥、东方明珠、浦东机场航站一号楼、磁悬浮、世博会一轴三馆，还有八万人体育场、上海网球馆、上海火车南站等。我说的这些大工程里都包含有超大型钢结构的制作与安装，都赶超并代表了当今建筑工程中的国际领先水平。可以这样说，在这批被攻克的项目中，都迸发出上海工程技术人员和工人师傅的聪明才智，体现了上海城市建设的速度与力度。

先来讲南浦大桥。南浦大桥是当时上海的第一号重大工程。近百年来，上海市区从未建设过从浦西直通浦东的桥梁，而南浦大桥的开建将标志着沪上这段历史的结束。我公司负责的任务之一是浦西主引桥的起吊与拼装，任务相当艰巨繁重。我们现在来看南浦大桥，还是那么壮观美丽。特别是浦西主引桥，层层叠叠，呈环形打开，接踵而来的大小车辆盘旋而上，奔驰在这蝴蝶型“盘”上。用工程技术术语来讲，南浦大桥是国内首座大跨径斜拉桥，而浦西主引桥圆环直径达 300 米。螺旋上升的双层环状桥面，须用 150 多根预应力混凝土弧形箱梁组合而成。这 150 余根箱梁不仅每根安装高度不一样，分量也不一样，轻则几十吨，最重的要达 250 余吨。

20 世纪 80 年代末、90 年代初，在起重设备等都还相对欠缺情况下，上海机施公司承接这项任务，需要有多大胆魄与勇气啊！工程至少面临着三个重大问题：用什么设备吊装？现场如何布置预制箱梁？怎样实现巨型箱梁的换挡作业？首先，上海机施公司咨询了德国起重机生产厂家：使用他们生产的 300 吨履带式起重机，在 100%荷载条件下，采用双机抬吊，满负荷行走，设备是否可行？德方回复：“只要符合起重机手册性能列表范围内均可”。当然，德国人承诺是有前提的，如起重机作业区域路基必须平整结实。当时，南浦大桥浦西段动迁户的老房子被匆匆拆掉，但留下的路面尽是坑坑洼洼的瓦砾，这样松软杂乱的路基怎么行驶吊车？当时，我们决定利用遍布现场的建筑垃圾加固施工场地，同时在路基上加铺钢路基箱，经负重试验后，以确保履带式起重机的作业安全。就这样，上海机施公司仅有两辆进口 300 吨履带起重机，终于在我们上海工人师傅的起重哨声中开始作业了。

设备解决了，“弧形”巨型箱梁在哪里现浇？上海人讲“螺蛳壳里做道场”，但那批上百吨重的混凝土“大家伙”是无法在两辆起重机行走路线上现浇制作的。唯一可用的地方就是在起重机后边还有一片较为开阔的施工场地，现场浇筑就只有这样定了。但与此相关联的问题又出现了：因为预制箱梁在起重机后方，两台起重机在同时吊起弧形箱梁时，又必须由后面换挡到起重机前方，才能安装在高高耸起的桥墩上。我和吊车司机、起重工人师傅中有经验的“老把式”反复商讨，一个大胆而可行的方案诞生了：先由两辆起重机同时起吊，把箱梁“拎”离地面；随后，一台起重车向前行驶，另一台起重车原地不动；行驶一段距离后，两台起重机的间距拉大，再双机相向回转，使箱梁实现“华丽转身”。几经试验，我们成功了！这就是我和工人师傅们一起抱团实行的探索与革新，这样的施工工艺也使上海机施公司吊装水平迅速达到和超越了国内同行先进水平。

在南浦大桥浦西段，我们几乎是紧贴在周边地区老房子中间展开施工的。机器轰鸣，尘埃飞扬，有时吊臂快伸到居民窗户边上了。但那时的民风多好啊，理解的多，赞同的多，支持的多。记得那天，当位于路边最后一根箱梁在极其狭小的空间中安装到位时，已是午夜时分。周边居民都自发地围拢了上来，他们自己掏钱买鞭炮燃放，庆贺浦西主引桥胜利合龙。这是多么感人的场面啊！而那晚的我，竟和衣躺在起重机旁的钢走道板上睡着了。一觉醒来，浦东一片霞光。

南浦大桥建成不久，我就转战到了上海东方明珠电视塔工地。“东方明珠”塔高460米，属当时亚洲第一、世界第三。它竖向分布着10多个大小不一的钢结构球体，寓意“大珠小珠落玉盘”。塔身上，必须竖有一根巨型钢桅杆。整座电视塔气势恢宏，直插云霄。承接这样的任务，其压力是可想而知的。

当时，浦东还没有一幢高楼，也没有开建现在繁花似锦的陆家嘴金融区。因此，“东方明珠”的崛起，可以说是举世瞩目。仅就东方明珠电视塔所在的地理位置就能充分说明这一点，它位于陆家嘴黄浦江拐弯的最前列，隔江眺望就是外滩与南京东路的交汇点。当时，领导一再强调，上海机施公司吊装的每一节塔身，每一颗明珠都会引发国内外媒体的高度关注，而浦东开发开放太需要“东方明珠”日以继夜的节节拔高了。

记得1993年9月，“东方明珠”地下结构已破土动工，市领导开始与我们机施公司谈上部结构的施工问题，我也有幸参加了会议。当时，还没有推行市场机制的招投标。市领导的意图是让上海机施公司负责大小球体舱的结构安装，天线钢桅杆由来自北京的专业单位负责安装。那时，我还真不知道“天高地厚”。会上，我竟“斗胆”向市领导提出，天线钢桅杆也让我们上海机施公司一并安装吧，我们上海人是有能力完成460米高度天线安装任务的。市有关领导相当开明，在进行了一番商讨后，居然同意让我们承接“上天揽月”这项光荣而艰巨的任务。

当然，真的拿下任务后，我感到肩头的责任是多么重大啊。因为“东方明珠”所面临的技术难题，可以说是“步步惊心”。

从电视塔下部结构到直径达50米的下球体结构安装，从电视塔身的“节节高升”到上球体的钢结构吊装，其中有太多难关被我们上海机施公司工程技术人员和吊装工人师傅一一攻克。而这其中的甘苦，是无法用语言表达清楚的。我只能告诉你，我们太难了。但我们齐心协力抱成一团，难题都被一一攻克了。“东方明珠”一天比一天长高了，即便隔江观望，上海人也要仰起头来了。

1994年的春天，“东方明珠”终于冲刺到了天线钢桅杆安装阶段。在天线钢桅杆安装工艺方案选择上，原上海市建工局总工程师叶可明策动全局上下全力参与，希望大家能拿出一流水准的可行性技术方案。而我们上海机施公司则在王大年总工程师的主持下，提出了“地面逆装，垂直提升”方案。这个新颖方案确定了钢桅杆须从地面提升至正350米高空，提升重量达450吨，提升行程达330米，其主要工艺路线为“钢绞线悬挂承重、计算机同步控制、液压千斤顶集群提升”。上海机施公司王总提出的方案确实是代表了当时机械施工行业高耸结构吊装的顶峰水平，体现了上海建筑业的科技创新与高超施工水准。在这套方案中，关键一招是当年最新研制的计算机控制系统首次加入了进来。在这方面，我们得到了同济大学的鼎力支持。同济大学教授们开发的计算机系统，与广西柳州建筑机械厂生产的液压式提升千斤顶结合起来，使我们获得拥有了提升安装天线钢桅杆的关键设备。

1994年4月30日，以每昼夜60米上升的钢桅杆天线即将最后登顶，攀至460米的最终高度。这一天，领导、工程技术人员、工人师傅都集结在“东方明珠”塔下，准备最后“冲刺”。但还真是“天有不测风云”。和我们一起战斗在施工第一线的上海气象局工程师报出了“大风警报”：位于300米高空的气象工作人员测出350米高的作业区内风速已达每秒18米，而天线钢桅杆离最终高度还有23米需要提升。

提不提？王大年总工程师拿出了抗风系统设计计算书。他翻出的数据是提升施工阶段选择的极限风速为每秒22.5米，因此会议决定，继续提升，到风速至每秒19米时再行研究。会议刚结束，头顶上的气象专家又传来了新的数据：此时此刻，风速已达每秒20米了。当时，正是我负责夜班提升施工。我立刻向领导提出，我要到350米高空作业现场去就地指挥，领导同意了。

我就与同行的工程技术人员一起，顺着“东方明珠”施工塔吊的垂直登梯奋力向上爬去：10米、20米、30米……100米、200米、300米，当我登上350米施工平台时，迎面刮来的大风几乎可以把人掀倒。这时，一个惊心动魄的场面出现了：和我一起攀登到施工作业面上的公司领导、党员干部、工程技术人员等或抱着天线钢杆，或抓住施工护栏，或手挽手齐刷刷地站到了风口正面，同时还把操作工人都安置到背风面去了。

我察看了现场，检查了场地，向领导请示：继续施工！迎着呼啸狂风，在计算机操作系统的精准控制下，天线钢桅杆一点一点向上提升着。整整一个夜晚，没人后退，没人气馁，施工照常进行。其间还发生了一个小插曲，天开始亮了，我以浦西高楼为参照物，竟发现天线垂直度明显发生了偏差。当时，我立刻喊停。我用对讲机与同济大学教授们通了话。原来，他们设计了 A、B 两套控制方案，先用 A 方案，一切顺利。当天线快要就位时，他们想验证一下 B 方案，就从 A 方案切换到了 B 方案。但因 B 方案检测探头产生了偏差，导致原本垂直的天线反而倾斜了。当计算机控制模式被重新设置后，钢桅杆又恢复了垂直状态。一场虚惊终于"烟消云散"，天线像一柄闪亮的宝剑，最终垂直而挺拔地矗立在浦东陆家嘴上空。

5 月 1 日来临了，那天是五一国际劳动节，那天是我们工人阶级自己的节日。下午一时许，钢桅杆天线胜利安装到位。下午四点，上海市领导在申城举办的首届国际旅游节开幕式上宣布："东方明珠"电视塔桅杆登顶成功！

那天，我从 350 米高空返回到地面，半路就被数十名媒体记者包围了。至于我当时是如何回答他们提问的，我实在想不起来了。因为我太累了，一头倒在工地一角就呼呼睡着了。

整理者言：随着上海社会主义现代化国际大都市的迅速崛起，越来越多国外建筑设计师、工程师加入城市建设中，你怎么看待这类由他们参与设计施工的新颖建筑群？

总的来说，国外建筑工程设计师参与或主设计的建筑都极富当代气息，新潮、别致而富有个性。一些建筑工程，因造型奇特而给城市建设注入了活力。但这样的设计，也给我们建筑工程施工，特别是结构安装等带来了全新的课题。好在上海有这方面的实力去迎接挑战，上海一直在做科技创新的先行者，改革开放的排头兵。

比如说，浦东机场 T1 航站楼。

这是继"东方明珠"后，上海又一个重大工程，而 T1 航站楼就是由法国著名建筑师安德鲁设计的。他的设计之所以能中标，就是因为设计非常新颖独特，充满了想象，充满了创意。剖析安德鲁的设计，T1 航站楼整体形象恰似一幅海鸥展翅的宏图，建筑画面充满了激情与诗意。但这样的构思，仅就钢结构的吊装、安装而言，就极富挑战性。

T1 航站楼由主楼、高架进厅和登机长廊组成。弧形屋盖的张弦梁结构是国内第一次应用，跨度分别为高架进厅 48 米，主楼 80 米 +42 米，登机长廊 52 米；高架进厅和主楼纵向长达 411.6 米，登机长廊长 1383.6 米；屋盖钢结构均由斜柱、托架、张弦屋架、檩条和拉索等组成；安装面积 16 万平方米，钢结构总重量达 33000 吨。

记得那是1997年的某天，公司科技开发中心针对浦东国际机场T1航站楼钢结构安装，全公司组建了12个竞赛小组，形成7套较为完整的方案。在逐一陈述方案时，由公司团委6位小青年组成的攻坚小组，提出了一个大胆而新奇的创意方案：主楼（高架进厅）屋架节间地面组拼，柱梁屋盖跨端组合，区段整体纵向移位；长廊地面组装，四机抬吊，高位负荷，远程吊运。这个连斜柱带屋盖多跨一起滑移的方案，在全国建筑钢结构安装行业中，至今仍是“绝无仅有”，极富创意而石破天惊，初生牛犊不怕虎啊！

为验证方案的可行性，我和技术中心的工程师在精确计算的基础上，又做了可移动缩尺模型，验证施工工况。经过精心准备，我们专程请浦东机场吴祥明总指挥和华东设计院汪大绥总工程师等观看了模型，向他们详细汇报了方案，并有幸得到了他们的认可。吴总指挥是“一言九鼎”的长者，也是建筑工程界出名的以“严厉”著称的领导。他在同意我公司方案同时，又提出了要用300万元资金购买我们这个技术方案，再进行市场招投标。当时，我只得婉言作了解释，说这个方案是我公司根据自己的设备与技术“量身定做”的，其他单位不一定适用。吴总沉思片刻后，终于点头拍板同意，并当场指定王其龙副总指挥与我公司对口协商签订合同条款。多少年过去了，这个场景还会闪现在我眼前。说实话，我特别感谢吴总、王总和设计院汪总等对我公司方案的“慧眼识宝”，特别感谢吴总能给予我们参加T1航站楼这种前瞻性工程的施工机会。登机长廊自1998年1月30日开吊，于当年7月31日完成。主楼及高架进厅于同年2月28日第一区段平移，至当年6月30日完成。钢结构月最大安装工作量6670吨，创造了当时全国同行吊装钢结构件的全新纪录。

由此而体会到：因为我们在实际施工中学会了“游泳”，积累了大量宝贵经验，掌握了许多新技术、新工艺，所以，对上海一系列重大市政工程建设，我们都能积极参与，责无旁贷。

在世界上首条要投入商业运行的磁悬浮列车轨道建设中，我们与德国工程师们有了许多深层次接触。我们提出并实际操作的“沿线设基准，架梁初定位，梁面布导线，梁侧置棱镜，全站仪精测，四点定一梁”的工艺路线，确保了每一根轨道的高精度安装。工程的如期建成，连德国专家也频频伸出拇指，盛赞“中国智慧”。

上海旗忠森林网球中心建筑结构的概念设计，出自日本空间结构专家渡边邦夫的神来之笔。对这样一个颠覆传统、国际上绝无仅有的创意工程，著名的日本三菱重工拿出了场内满堂支架、“花瓣”空中散件拼装的方案。但三菱开出的天价与无法确保竣工日期，使工程建设陷入了僵局。

上海机施公司抓住了这次机遇，我和公司团队勇敢地接过了这个“烫山芋”。当4000吨重的钢屋盖从上海机施公司技术人员手中顺利旋转了180度，距离最终位置还有3米时，我们团队用“矢量合成”计算，用“逐步趋近”控制，向着最终目标冲刺。误差由 10 毫米缩小到 5 毫米、3 毫米……最终“天衣无缝”落定。至于承接的八万人体育馆、世博会世博轴、上海南站、中环线高架等，也都是异军突起，精彩纷呈。沪闵高架钢箱梁吊装，我们采用“逐跨滑移、连续牵引”新工艺，做到了市领导提出的不封锁交通施工。要知道，当时最狭窄的地方离 22 万伏高压线只有数米距离，但我们都依托技术改进、工艺创新，“有惊无险”地挺过来了。

还有一件事想提一提。那位设计浦东机场 T1 航站楼的法国建筑设计师安德鲁后来又跑到北京去了。他设计的国家大剧院，被北京人称为透明玻璃“薄壳鸡蛋”。建一座国家级歌剧院是周恩来总理等老一辈无产阶级革命家的共同心愿，而建设地点就在天安门广场人民大会堂的西侧。设计方案中央有关部门都认可了，但北京建设方业主可愁坏了，这成千上万吨的大型钢结构件，怎么能拼成一个“薄壳”大鸡蛋啊？安德鲁倒好，他带了他们来到上海。他带领他们参观浦东国际机场 T1 航站楼，喋喋不休地告诉他们，“鸡蛋”与航站楼的建造原理相近相通。他还告诉北京中方业主，上海建工集团的钢结构安装团队完全可以承接这个重任。就这样，我们接下了北京中国国家大剧院的建设重任。也就是这样，我和安德鲁有了“第二次握手”。至于国家大剧院钢结构建设过程中种种难题是如何被一一攻克的，简直可以汇总成一本国家级钢结构吊装工程教科书了。

整理者言：意犹未尽啊！还想听听你主持参与广州电视塔“小蛮腰”的建设。

2006 年初，广州市为迎接 2010 年在羊城举办的亚运会，决定建一座造型新颖的钢结构电视塔。新电视塔规划建于新城区中轴线与珠江观景轴的交汇点上。站在电视塔周边，既可观赏珠江美景，也可隔江眺望对岸崭新崛起的广州新城区。

电视塔由荷兰建筑设计师马克设计。他的设计方案大胆、新颖而又有一点“诡异”。610 米高的塔身，套在混凝土核心筒的钢网格升至 462 米高度时，来一个“扭腰一转”，俗称“小蛮腰”。电视塔如此新颖的造型，恰似“少女回眸”，亭亭玉立在珠江之畔。马克的设计是通过国际招标而中标的。“小蛮腰”确实人见人爱，招人喜欢。但它给施工带来的困难，还真是一言难尽。

我多次提到过，“小蛮腰”扭一扭腰，建筑师马克可能要多画上万张图纸，而我们上海机施公司则要面对国内外绝无仅有的“高、扭、偏、重、空”的特殊“一扭”，必须要解决 10000 多个造型各异的钢构件的高空安装，三维空间的零差错对接，2000 多千米长电焊接缝，才能自下而上地在空中扭成 45 度的“小蛮腰”。当然，我们是有信心、有能力来迎接“小蛮腰”的挑战的。

在广州，我们有备而来。我们制定了用两台高达 60 米、重达 300 吨的吊车在钢筋混凝土核心筒上“攀壁而上”的起重方案；首次引进 GPS 全球定位系统，采用三维坐标测量法控制施工精度；又运用专门设计的插入式操作平台等“绝技高招”，来创造工人超高空操作的安全环境；将全塔上万个大小不一的钢构件“编织”得无比精准，天衣无缝。

在经过相当一段时间的准备后，2006 年 8 月 8 日，广州“小蛮腰”电视塔钢结构件终于开吊。那天，工地上彩旗飘飘，人潮涌动，连大吊车都披红挂彩地插满了彩旗。在阵阵哨声中，钢构件开始徐徐上升。而我却突然感到一阵胸闷，身背上隐隐作疼。我向同事要了几颗麝香保心丸，吞了下去。这件事被建工集团领导发现了，二话没说，就从上海请来建工医院的医生，没有任何商量余地，就把我“请”回了上海。经过检查治疗，我的病情已有所好转。但广州电视塔钢结构起吊还刚刚开始，千头万绪，我怎么能放得下？

我又赶回了羊城。外挂于混凝土核心筒的重型塔吊爬升支架是由上海机施公司技术中心的机械工程师自行设计、首次使用的。在第一次安装、第一次试吊、第一次爬升过程中，我一刻也不敢离开现场，连饭都是在工地上吃的。我一刻不停地在心中盘算：筒壁加固是否合理、预设埋件是否准确、焊接质量是否达标、安装过程是否到位、人员操作是否安全？我要对朝夕相处的员工们的安全负责，我要对施工质量全过程负责，我要对价值连城的进口设备负责。一句话，我责无旁贷。好在现场总是能在不同位置上、不同时间段、不同工种操作中传来“正常、正常、正常”的声音，我久悬的心也慢慢放下来了。

超大型建筑工程的钢结构吊装，每时每刻都在“如履薄冰”，更何况电视塔还有“凌空一扭”的广州特色，施工过程中充满着超级难题。例如我们发现因广州日照温度分布值的特殊性，结构因温差引发的变形足以影响安装的精度，这是大家都没遇到过的难题。公司陈晓明博士通过详细分析和验算，简化结构变形控制，提出采用“以动制动”的测量技术路线，有效规避了温差对钢结构施工精度的影响。

2009 年初，广州电视塔桅杆特种钢材的高空焊接即将开始。我对焊接技师王兆根师傅说：“焊接质量控制由你全权负责，出了问题唯你是问。”我和王师傅是几十年的老搭档了，当年我进上海机施公司二队当起重工时，还是他第一个把我拎上高空的。当时，我讲那句话是半开玩笑半认真的。但王师傅却当“军令状”接了下来。他整天忙碌在工地上，不断地在五六百米的高空攀登、检查、督促、记录……他还要照顾众多焊接工人，强调技术要领，甚至在烈烈骄阳下，把牛奶送到每位工人手中。2009 年 5 月 6 日，广州新电视塔结构顺利封顶，“小蛮腰”风姿绰约，156 米高的电视塔天线钢桅杆直指苍穹。在当天各方的庆功会上，王师傅握着半杯红葡萄酒走到我面前，喃喃地说：“今天工程完成，我可以跟你讲了。几个月前大便有血，医生检查后叫我立即住院复查，要动手术的。但我哪里有时间啊。现在好向你请假了。”我一听，如遭雷击，大惊失色。我立刻买了两张机票，拖着王师傅就往上海飞。

回沪后，公司领导立刻请建工医院副院长亲自为王师傅动手术，结果手术顺利，切除了直肠癌肿瘤，还化疗了几次。记得动手术前，我与王师傅在医院小花园里相对而坐，面对吉凶未卜的手术，我俩沉默了许久。我想说句安慰他的话，呐呐了半天才说："人啊，生命有限。但我们参与的工程，包括'小蛮腰'将与世长存。"王师傅因手术顺利，至今身体健康，我们还经常见面聊天。

而我自己呢，也在2009年夏因心脏不适而做了心脏支架手术。因此，从某种意义上说，"小蛮腰"也成了我本人六旬的"收官之作"。

整理者言：在你接受"小蛮腰"工程前后，你还是上海许多重大工程现场总指挥、责任人或首席顾问，如世博会世博轴上的"阳光谷"，世界第三、全国第一的上海中心大厦等。能谈谈你的人生体会吗？

我的人生中，有三人对我影响最深。第一位是我的起重队长陈阿龙，他是一位耿直的工人师傅。我当起重工时，"文革"尚未结束，当时工地上干活的人少，混日子的人多。在这样特殊氛围中，阿龙师傅都会督促我和他一起好好干活。他说的最多的一句话就是："我们要对得起国家，对得起单位。"

第二位是原上海机施公司副总工程师陈尚翰。他是我的恩师，是牵着我的手让我走进"机施"这门学科的引路人。

第三位就是我的父亲，他的学识与人品，影响了我一生。我爸爸是上海老派知识分子。新中国成立前，他毕业于交通大学，以优异成绩进入了当时由英商掌控的杨树浦发电厂。进厂最初三年，他从不坐"写字间"，而是下车间，从当司炉工起，到当电工、钳工、木工、钣金工等，发电厂各个工种的活他都干过。这样，我爸爸既有大学里学到的机电理论，又有到工厂学到的超强动手能力。上海解放，新中国成立后不久，20世纪五十年代初，国民党对上海进行"二六"轰炸，因杨树浦发电厂遭到重创，一度全市停电。当时，就是我父亲带领几位同事参与抢修杨树浦发电厂的，不久全市就恢复了照明。后来，父亲还因抢修电厂有功，被评为上海市第一届劳动模范。从那时起，他就一直说共产党好，国民党卑鄙。

家父一有扎实的理论基础，二有极强的动手能力，这些都深深地影响了我。我干机械施工数十年，有所成就，就是因为我的身上有着他的影子。

我感恩我强大的祖国，我庆幸自己遇上了改革开放大好年代，我有幸见证上海乃至全国城市建设的黄金时期，我也为我能贡献一份工程技术人员的绵薄之力而深感荣幸与骄傲。

我为“城市，让生活更美好”鼓与呼

口述 吴志强　整理 郑正恕

吴志强简介

男，1960年8月7日生于上海，中共党员。城乡规划学家、工程创新教育学家。同济大学副校长、享受国务院政府特殊津贴专家、中国工程院院士，德国工程科学院院士，瑞典皇家工程科学院院士，美国建筑师协会荣誉院院师，中国2010年上海世博会园区总规划师，北京城市副中心总体城市设计综合方案总规划师。国务院学位委员会城乡规划学科评议组第一召集人，曾任全国城乡规划学专业指导委员会主任委员，亚洲规划院校联合会主席，世界规划院校联合会首届联席主席。获得上海世博会先进个人、全国先进工作者、全国五一劳动奖章、上海市劳动模范、全国优秀科技工作者、全国优秀城市规划科技工作者、上海市科技精英和领军人才等荣誉称号。获多项国家级、教育部、建设部、科技部和上海市等省部级科技进步奖和设计奖项，以及国际规划设计重要奖项。2016年被评选为首批规划领域的全国工程勘察设计大师。

整理者言：七月似火，采访吴志强院士适逢2019年上海第一个高温日。尽管赤日炎炎，但同济院内的高大梧桐、青青草坪仍给人带来丝丝清凉。吴校长办公地点在“文远楼”，这是同济苑里一幢二层楼房，庭柱、窗棂都带有欧洲风格，而淡黄色墙面上，竟爬满了翠绿一抹的青藤。我告诉吴校长从5月下旬起就想采访他，吴校长接过话题，顺势娓娓道来……

吴志强：哦，我5月份去云南了。入夏以来，云贵高原一带进入雨季，不断有山洪暴发，泥石流频发。云南是上海重点对口支援省份，接到指令，我立刻动身。这次，我去了位于云南西北的迪庆州，那儿有个美称，叫香格里拉。这一带是三江并流的重要流域，也是我国脱贫奔小康要重点攻克的区域。一路走来，真的感到这一带少数民族兄弟姐妹的生活已发生了巨大变化。但问题也接踵而来，不少小城镇建设规模日长夜大，许多村落盖起了一幢又一幢楼房。我告诉迪庆州有关部门负责人说，改善民生各方工作中应该包含城市规划这一块。在多次会商中，我反复强调：城镇建设包括村庄扩容与重建，都要有超前的小城镇建设规划。这次我考察的三江并流地貌，真是大自然鬼斧神工的杰作。所到之处，群山绵延，江流奔涌。凭借祖辈的智慧，昔日众多村落都坐落在险恶山峰仅留下的一弯平坡上。现在情况不同了，小城镇毫无节制地扩展开来，但那炸平的山头或抹平的沟豁可能就是大自然阻挡山洪和留给泥石流的“通道”啊。我亲眼看到某个刚建成的村庄，因规划不到位，一场泥石流又毁于一旦了。

现在，上海承担着对口支援云南、贵州、西藏、新疆喀什等地区的重任，在帮助脱贫致富的开发建设中，各省市都很重视城市建设的总体规划。自我出任全国城乡规划学专业指导委员会主任委员后，我一直强调人类要与大自然和谐相处，我们只能向大自然索取那么一点点，要顺势而为，要天人合一，这些观念都要体现在全国中小型城市制定的城市规划中。

整理者言：能谈谈上海这座城市对您的影响吗？您怎么会选择城市规划这门专业？您是上海人吗？

吴志强：对，我是上海人。我从小就在南京西路静安寺一带长大。1967年，我开始上小学。我喜欢读书，但生不逢时，偏偏遇上“文革”。小学几乎没学到什么，读中学时，学校曾派我7次学工，5次学农，这哪里是在读书啊？但我就是一个爱读书的孩子，好在我家对面就有一家静安寺新华书店，穿过一条马路，那里就成了我读书福地了。别看我年纪小，有时捧上一本书，一读就是好几个小时。有一天，新华书店一位营业员发现了我，他悄悄走近我，问我在看什么书？我说我读《欧阳海之歌》啊。他笑了，又悄悄对我说：“你带回家读吧，可明天早晨书店开门，你要交还给我。”我一溜烟地奔回家中，打开书本就读了起来。

那晚，外婆一直在唠叨：“志强怎么还不关灯？”我的中学时代就是这样度过的。

我还喜欢站在南京西路华山路口，望着马路发呆。那时，小小的我就一直在想，南京路为什么总那么弯曲，那么拥挤？我长大了也要造一条南京路，要造一条笔直笔直的大马路，两边要造许多像国际饭店那样的高楼，楼顶上都要闪亮出像中苏友好大厦塔顶上的红五角星。

十年“文革”结束了。1978 年，经邓小平同志提议，党中央决定恢复高考。那年，适逢我高中毕业，我和许多“老三届”的哥哥姐姐们一起参加了考试。我成绩考得很好，填志愿时，我毫不犹豫地选择了同济大学城市规划专业，我要“重建”南京路，我要让城市变得更加美好！

那年，我如愿以偿地走进了同济校园。四年本科，两年研究生，时间都到哪里去了？我感到我学得很充实，很专业，但对其他相关学科也充满了新奇感。同济大学的城市规划专业，开设的科目相当“杂”。理工方面要读高等数学、材料力学、地理学、地质学等，甚至对石料承重、钢筋混凝土捣浇等，都要学习掌握。但有趣的是我们同时还要学美术，学素描、水粉画等。大三时，我们还开设了管理、摄影、艺术、哲学、心理等学科。这么多的科目，就是要让我们把文理相通起来，因为城市规划就是一门文理相融的学科。城市建设有其本身发展的科学规律，但城市也是一个有温度、有人脉、有文化源的“大操场”，这些都需要专攻“城市规划”的人去学习、了解和掌握。我一直记得有一位教授曾在课堂上这样说：城市规划师就是一名“指挥家”，你们要学会去指挥一个交响乐团，要有弦乐，有小提琴、大提琴、倍大提琴；要有管乐，有木管、长笛、圆号……你要学会把城市各部门——道路、建筑、桥梁、交通、给排水、供电供气等等都协调起来，唯如此，这才能绘制出高瞻远瞩的城市规划宏图，才能奏响气势恢宏的城市交响乐。

1978 年至 1982 年，我以优异成绩读完四年城市规划本科。1982 年至 1985 年，攻读同济大学研究生。1995 年至 1988 年，我留校任同济大学城市规划与建筑研究所助教、讲师。在这段时间里，我还利用业余时间参加了中国律师函授学院律师专业的函授学习，这使我对中国现实社会与法制环境有了理性的接触与了解。

整理者言：1988 年，作为改革开放后我国第一批公派留学生，您被派往联邦德国留学读博。1997 年，经历“十年寒窗”的苦读与教学，您又回到上海报效祖国。能谈谈这段时期您取得的学习、教育与研究成果吗？

吴志强：往事历历在目，一言难尽啊！

1988 年，作为中国改革开放后的一名公派留学生，我远渡重洋来到联邦德国柏林工业大学攻读博士学位。不久，我就凭借着优异成绩和优秀表现，成为该校大环境与社会学院城市与区域规划研究所的研究员，同时开始讲课。

1988 年——欧洲当时还处在哪个年代？那时，德国还未统一，分成民主国家与联邦德国，而位于民主国家的柏林市还分成东柏林与西柏林。一句话，柏林墙还未被推倒。我所攻读的那座大学位于西柏林，跨出一步，就到了东柏林。这给我这个来自中国上海的大学生带来的最大的好处就是我能到东欧各国去旅游。要知道，那时候，东欧诸国还都是社会主义国家，计划经济，火车票便宜啊。利用这个机会，我开始自费考察东欧各国的著名城市——华沙、布拉格、布达佩斯、贝尔格莱德、布加勒斯特、索菲亚等。说是旅游，那是讲讲而已。我对自己有明确规定：利用这个机会去考察东欧城市规划，去研究这些城市的建设与发展史，这对我的专业会有很大帮助。在布拉格，我看到了气势恢宏的建筑——教堂、剧院、博物馆。在布达佩斯，我参观了位于多瑙河畔的皇宫宫殿以及架设于河上的美丽桥梁。在华沙，我惊讶地发现，城市建筑上还刻意保护着残存的弹洞与残垣。穿梭在这些城市的大街小巷中，我感受到了城市的温度，体会到了那些城市规划师的睿智与付出。他们把握着城市规划的广度与深度，重视城市历史的传统和继承，呵护城市文化与文明留下的脉络。当然，这些城市也有不尽如人意的地方，比如一些城市地铁都建于第二次世界大战前，轨道运行线都埋得过深，投资巨大，又不方便行人。

还有一件事想告诉你，位于某城市某商厦的一家鞋店建造得像宫殿一样金碧辉煌，踏上数十级花岗岩台阶，走进大理石铺成的大厅，高耸的圆柱下方排列着一排明亮的玻璃柜，而这家著名鞋店凭票可供出售的鞋子只有6双！这就是当年东欧某些城市典型的商业写照。这件事，给了我很大触动。20世纪80年代起，我国开始了伟大的变革，计划经济正逐步转移到市场经济轨道上来。每次回国探亲，到华亭路上去走走，望着那货物琳琅满目、五彩缤纷、堆积如山的服装市场，又想起了那放有6双款式陈旧鞋子的鞋店，我一下子感悟到我国改革开放的路子是走对了——坚持中国特色，走市场经济之路。那时，我会反复问自己：城市是什么？城市就是应该让老百姓宜居乐居，让老百姓感到生活满意，感受文化雨露。一句话，城市应该让生活更美好！

20世纪90年代初，我在柏林工业大学读完博士成为教师后，很快就取得了重要成果——出版发行了一部非常重要的学术著作《千年纪转折点上论大都市全球化》。我在这一著作中首次提出了“大都市全球化理论二元论”的学术观点，现在看来，这个理论是带有一定开创意义的。因为在出我此书之前，欧美大都市全球化研究都以欧美为中心，而我在这本书中首次论及中国。我首次提出了在全球化资金、技术大转移的背景下，中国城市是在全球化过程中完成了工业化，而西方城市则通过全球化完成了非工业化。这是两元的，不存在谁中心谁边缘的推论。我所表达的重要观点之一就是大都市全球化进程，并非只有欧美样板，或许根本就没有固定模式，中国完全可以走自己大都市全球化之路，走自己在全球化背景下的城市规划建设之路。这一思想，基本上成为我今后城市规划建设的哲学指导，也为我今后的教育、学术生涯奠定了基础。

整理者言：1997 年，您为了照顾年迈父母，为了报效祖国，放弃了德国给予的高薪，放弃了首席研究员的高位与殊誉，毅然回到祖国，回到上海同济大学工作。据说，您心中一直有一个梦：要为中国上海圆个“世博梦”?

吴志强：对，可以这样说。

关于世博会的话题，可以追述到 1984 年上海市老领导汪道涵市长对我的殷切嘱托。那年夏天，我读完了同济大学研究生。听说同济要举办城市规划研究专题论文演讲会，汪市长兴致勃勃亲自赶到同济礼堂。记得当时的热题就是浦东开发开放。我的演讲用“城乡一体化”作主线，洋洋洒洒，慷慨激昂地讲了一大通。当我向台下鞠躬致谢时，我发现尊敬的汪市长也坐在师生之中，他也含笑在鼓掌呢。大会结束后，我走出会场时发现汪市长还在走廊上与大家愉快交谈着。他看到了我，向我招招手说：“同学，你的演讲不错。我建议你今后可以多花点时间去研究一下‘世界博览会’，像上海这样的城市，我们早晚会举办一次世界博览会的。”

啊，世博会，1984 年的我，24 岁小伙子的我，可是第一次从尊敬的汪市长口中听说。从那天后，我一头钻进图书馆，搜寻资料，阅读有关书籍，我要了解我所不知道的世界博览会。当时，学校图书馆、上海图书馆能找到的世博会的书籍和资料，真可谓是少之又少。仅有的一点点都是英文版的。我开始一篇一篇阅读，一篇一篇翻译，一点一点记录。我开始对世博会有了了解，有了我对世博会的情有独钟。后来，我在德国读书和任教期间，我也从不放弃对世博会资料的阅读与研究。

中世纪后，欧洲列强开始了海外掠夺。随之，集市交换开始形成规模。当较大规模的跨国集市交换出现时，世博会雏形初露。18 世纪末，也出现过只展示新产品而不做买卖的大集市展示，那是 1791 年捷克在布拉格举行的新产品新成果展示会。1851 年，英国在伦敦海德公园举办了真正意义上的首届世博会，当时号称万国工业博览会。中国参加世博会首次获奖是在 1915 年，那届被称为“巴拿马世界博览会”的举办国是美国，举办地点在美国旧金山。原因是 1912 年美国宣布要举办 1915 年的世博会，而 1915 年 2 月巴拿马运河开通。为纪念这条伟大运河的开通，美国决定把那一届世博会称为“巴拿马世博会”。至于中国是否因参展人员不慎敲碎了一瓶泸州老窖，导致酒香满场而一举获得巴拿马世博会金奖，我在柏林图书馆内没有查到资料。但我由此而萌发了一个坚强的信念：中国改革开放了，中国正走向强大。上海作为一座著名国际大都市，城市规划与建设已走在全球大都市化的最前列，城市面貌日新月异，城市生活质量位于全国前茅，上海完全有能力，有机遇会办一次影响深远、规模空前的世博会!

2000 年新世纪曙光照亮了中国大地，经党中央批准，上海开始着手准备申办 2010 年中国上海世博会可行性研究。当我得知这一消息时，感到一阵激动，又想到了 1984 年汪道涵老市长的叮咛，现在终于可以一展身手！那年 6 月，德国汉诺威举办以“人·自然·技术：展示一个全新世界”为主题的世博会，我自费前往德国参观。在将近一个月的时间里，我收集一切可以收集到的世博会资料，我天天在展览场馆拍照，每一个展馆，每一个布局，甚至每一条路，每一个拐角我都一一拍到了。用摄影界行话来说就是“狂烧胶卷”，那时数码相机还未普及，大多数人拍的是负片，而我拍的全是“反转片”。一天要拍10个胶卷以上，钱都是自己掏的，通过这样的经历，使我对世博会有了更深的了解，我情有独钟。

回到上海后，我接到了市有关部门通知，由我领衔的团队要全力以赴参与中国上海世博会申办工作。我和我的团队会同上海方方面面的力量，开始研究如何才能确保上海“申世”成功。我们查阅了20世纪以来各国举办世博会的主题，如“人类与自然”“人类与海洋”“航天与太空”，等等，我们还仔细研究了其他与我们一起“申博”国家可能提出的新主题，这样就逐渐找到了上海这座国际大都市在申博时应该表现出来的高度与深度。在反复研讨中，我和我的团队提议的“Better City，Better Life”一下子“跳”了出来，一下子得到了包括各级领导在内的各方认可。上海申博把“城市”这个崭新主题单挑了出来，让城市更美，让人民得到更多实惠，让生活变得更加美好，这是一个多好的主题啊。带着这样一个寓意深刻的主题，2001年5月1日，中国上海市正式向国际世博局提出“申博”。2002年12月3日，经国际展览局投票表决，中国以54票高票获得了2010年上海世博会举办权。消息要立刻发回祖国，如何用中文诠释“Better City，Better Life”，市领导一锤定音：“城市，让生活更美好！”

得知上海申博成功，上海沸腾了，全国沸腾了！中国将在2008年首次举办北京夏季奥运会后，还将要在2010年首次举办中国上海世博会。而此时此刻，中国人口的都市化已从改革开放刚开始的18%，发展到新世纪初的55%以上。都市化的进程，西方发达国家用了一二百年，而中国只用了短短38年，所以上海完全有信心、有实力、有能力来办好一次以“城市，让生活更美好”为主题的世博会！

申博成功后，我的工作重心完全转移到上海世博会的规划筹建上来。那时的上海，因开放力度大，市场经济转轨迅速，招标设计世博会规划与建设的单位纷至沓来，数百家设计施工单位都想在筹建世博会的上海大舞台上一显身手。经过层层筛选，最后还有7家设计研究院在竞标世博会总体规划的设计任务。3家是国际知名设计公司，3家是上海实力雄厚的建筑设计院，一家就是由我领导的同济大学城市规划设计与建设研究院。在经过反复研究与商讨后，市领导在一次工作会议上提出了“四个要”：上海世博会园区总体规划要让中国人来做；要让了解上海这座城市的人来做；要让熟悉上海城市规划的人来做；要让年富力壮一直能出现在世博会工地上的人来做。这样，世博会总体规划制作的天平就明显开始向同济大学倾斜。仅三天后，我和我的团队就在会场上展示了我们设计制作的世博会模型、效果图、板块图、影视图片等。2004年5月，我们终于中标了！同时，我被上海市有关领导任命为上海世博会总规划师。从1984年老市长汪道涵对我的谆谆教诲，到2004年我被市政府任命为世博会总设计师，我等了整整20年呵！

从那一刻起，我把所有精力都用在规划5.28平方千米的世博会园区上。我率领的团队，提出要用世界眼光、中国智慧把“城市，让生活更美好”的主题凸显出来。人与自然和谐、人与城市共荣，世博会规划的每一幢建筑、每一条道路、每一片绿地、每一处休息场所都要让人感觉到城市真好，生活真好。

我经常来到世博会工地，我们保留了38万平方米城市建筑，把25万平方米老厂房改建成造型各异的展览馆。我们留住了一条河流，留下了一片湿地，又把浦江两岸的景观用美丽长廊连接起来，使各具特色的展馆融会贯通其中。我们多次实施了大规模风向模拟，在对各展馆进行的风向模拟中，统一了各个建筑、各条道路的朝向，即用东南朝向把世博园区统一规划好。为啥这样做？因为上海一年中最多飒然飘来而至的就是东南风。规划设计要的就是人与大自然的和谐。同时，我们对戴有“方型拱”的中国国家馆所在地进行了长时间的日照观察与考证，最终敲定了展馆落成的方向与角度。如此规划布局，在盛夏，中国国家馆的“拱斗”会落下一片阴影供游客避暑，而冬季则会有一片温暖阳光铺照在馆的周边。“城市，让生活更美好”的主线就是要贯彻在世博会园区规划的自始至终。

2010年5月1日，举世瞩目的中国上海世博会开幕了！5、6、7、8月份进入了参观高峰，日均参观人数不断高攀，最高峰超过100万人次的天数在不断刷新纪录。但鉴于世博会规划的人性化与周密性，许多难题都迎刃而解了。比如，我们提出实施“世博绿色公交优先”，使全市各区、长三角各城市乃至华东、全国各地游客在全市主要马路上，都能搭乘到“绿色公交”而顺利进入世博园区。我们所考虑的吃饭、休息、避暑、医疗、公厕乃至垃圾丢弃，都因世博规划的超前、周密与实用而一一顺利解决了。9月30日，享誉世界的上海世博会降下帷幕。120天展览时间，100多个国家和地区参展，7300多万人次的参观，中国、上海向全世界交出了一份世博会最为靓丽的答卷。而世博会园区也融入成为上海城市总体规划的靓丽部分。

整理者言：听了您对上海世博园区所作出的贡献，挺感动的！您最近在关注与研究什么？

吴志强：随着全球经济一体化的加速进行，世界各国，特别是发展中国家大都市化的进程也在发生巨变。前面说过，中国只用了几十年时间，大都市化进程就达到了发达国家的水平。面对这样的态势，作为一门学科、一种研究、一种发展方向，要学习实施的东西太多了。我已参与策划了全国不少城市规划的制定与建设，比如青岛园艺博览会。在对这个博览会进行构思与规划时，我把李时珍《本草纲目》中300种植物搬进了展览园区，旨在用植物净化空气，防止污染，得到了很好的效果。

当前，党中央已把“长三角一体化”作为国家重大战略交给上海来牵头落实。上海有人才、金融优势，浙江有不同成分企业生产制造优势，江苏有强有力的行政管理优势，安徽合肥中国科技大学有研究科技课题优势，把这些优势叠加起来，长三角必定能成为全世界最发达的经济区域之一。对国家级的长三角一体化规划研究，我会投以更大的关注，我会积极努力，我会锲而不舍！

以模拟画像破案的刑侦专家

口述 王建峰（张欣同事） 整理 葛乾巽

张欣（1960—2018.10）简介

男，上海松江人，中共党员。上海铁路公安局刑事侦查处一级警长，公安部刑事侦查专家。作为国内公认的手绘“模拟像”第一人，通过目击者口述、现场勘查、分析推理等综合手段，画出犯罪嫌疑人的“模拟像”，协助各地警方破获各类重大刑事案件数百起，被誉为“中国神探”“警坛神笔”“罪犯克星”，创造了多个刑事案件侦查中的奇迹。多次荣立一等功、二等功、三等功，两次被评为全国优秀人民警察，曾获全国公安系统一级英雄模范、全国公安系统二级英雄模范、人民铁道卫士、上海市劳动模范等二十多项荣誉称号。

开创模拟像抓罪犯先例

张欣从小喜欢画画，画画是他的兴趣爱好。

1977 年，17 岁的张欣参了军，来到北京海军司令部服役。因为画画，在当时部队举办的黑板报比赛中获得了二等奖，于是就有机会参加海军俱乐部的培训。

当时李可染、高泉、吕恩谊等画坛名家为学员们上课。张欣在培训班里，无论是理论，还是实践都得到有效的提升。喜欢画画，张欣犹如一块吸水的海绵，浸满了清纯的泉水。

回到连队以后，他就利用业余时间给战士画头像，全连官兵几乎都让他画遍了。不断画画，张欣的绘画技艺得到了很大的进步。

1982 年，他复员回到上海铁路公安分处松江站派出所成为驻站民警。

1985 年，张欣到上海铁路公安分局办公室报到成为一名办公室秘书。为了提高写生能力，他坚持在每天往返上下班的列车上画画，一画就是一年时间，一画就是一万多张。

1986 年夏天，上海老北站行李房有一台彩电被冒领，当时一台彩电价值 1000 多元，可以说是一起大案。

案发第二天，张欣跟着领导到案发现场了解情况。他根据行李员叙述嫌疑人的面貌特征，随手画出了一张嫌疑人的模拟像，这也是他画的第一张涉及办案的模拟像。没想到，站在边上当时负责破案的派出所副所长脱口而出："这不是刚被开除的搬运工吗？"于是根据这张模拟画像，民警迅速将冒领彩电的徐某人赃俱获。

彩电大案就这样告破。于是，张欣作为技术人才调到了技术科。从此，爱好变兴趣，兴趣成职业，张欣完成了人生历史上的"质变"，开始以画模拟像为职业抓捕罪犯。

每一次精准的模拟像过程，犹如攀登悬崖峭壁，既要不畏艰难，又要小心翼翼。从此，张欣艰难地开创了一项中国刑侦历史上的"奇迹"。

张欣成为一名刑警以后，才知道仅仅把绘画作为一种"爱好""特长"是不够的。

为了进一步画好模拟像，张欣凭着一股钻劲，读完了轻工业美术专科学校业余美术大专班后，使绘画技能更加精进。他又考入华东师范大学攻读美术专业课程，并且抓紧学习犯罪心理学、刑事侦查学、生理学、解剖学、人种学、预审学、痕迹检验等多门学科的知识，提升业务理论水平，推进实际破案能力。

张欣把分析推理综合运用到模拟画像过程中。比如学了心理学，就能够更好地判断目击者的回忆准不准确、有没有价值。

张欣为案件制作了数万张模拟像以后，渐渐摸索出了一套方法。大多数目击者的描述能力并不是很强，张欣根据经验，初步判定嫌疑对象的大概体形，然后把头脑中各种不同人物的脸形、眉毛、眼睛、鼻子、耳朵分别组合成嫌疑人的头部形象，直到目击者确认为止。

与一般画像不同，张欣更加注重模拟人物可供辨认的细节，比如脸上的皱纹、伤痕、疤痕等，以及嫌疑人面部会出现的特别的表情和动作。

张欣认为："模拟像与画作者的基本功联系紧密，只有具备扎实的画像技能才能根据目击者口述，比较准确地描绘出犯罪嫌疑人的面部肖像。"

1996 年张欣被公安部聘为特邀侦查员，1999 年被公安部聘为刑侦专家。

张欣从业 30 多年以来，在画"模拟像"缉捕罪犯领域里功勋卓著，先后参与侦破全国刑事案件 1.1 万多起，制作人像 1.3 万多张，通过画像破案超过 800 起，其中公安部督办案件 38 起。

1995 年，张欣的模拟画像步入了成熟期。

当年的第一起公安部督办大案就是发生在昆明的爆炸案。

1 月 14 日，昆明百货大楼发生了一起新中国成立以来罕见的特大恶性爆炸案件。造成 1 人死亡、98 人受伤，直接经济损失 600 万元，给国家和人民的生命财产造成了重大危害。此案影响恶劣，震动全国。

案件发生后，公安部立即派出专家组赶往昆明，张欣作为画像人才接到公安部指令第二天赶到昆明。根据女营业员的描述，根据市民提供的线索，根据 50 多个目击者不同角度的描述，经过两天时间的反复琢磨推敲，张欣一共画出了 52 张模拟像，最后定型出了两个罪犯的头像。目击者看了都说像。

警方的通缉令配了一名嫌疑人的照片和另一名嫌疑人的模拟画像，以最快的速度在当地电视台播放，同时发往全国各地。

张欣的画像工作在小年夜结束了。临别时，张欣对云南省、昆明市公安部门的领导谈了自己的推断："我在给嫌犯画像时，有个同寝室的民工讲了一个细节，他说那个东北的嫌疑人临走时问过他，是否愿意一起去广州赚钱。所以，可以推断他们有可能去了广州。另外，老板娘在给我描述他们的相貌时，说几天前刚给大家发了工资，我问了一下，只有 100 来元，这点钱他们不可能坐飞机和快车，所以我估计他俩只有坐慢车去广州。我查了一下列车时刻表，又推算了一下，如果他们坐那一趟慢车的话，估计明天下午 1 时 23 分到广州。我建议你们分两个小组，赶快坐飞机赶往广州，在火车到达之前去守候堵截他们。"

第二天，张欣飞回上海。他刚到单位不久，云南省公安厅就传来捷报，两名嫌疑人果然在广州火车站落网。

这一年，张欣一连参与了四起公安部督办的大案，每次画像都特别出神入化，为破案起到了关键作用。

随着张欣在全国知名度的提高，请他去画像破案的单位越来越多，常常是前一个案子刚刚结束，后一个案子就接踵而来。张欣坚持做到不论铁路内外，还是本市外地，无论是否节假日期，还是身体不适，只要破案需要，始终做到有求必应。

张欣说："破案是警察的天职，不能'铁路警察，各管一段'。不管是风霜雪雨，还是千里迢迢，只要破案工作需要，他都义无反顾，全力以赴。"

张欣最忙碌的时候，每年有两百多天都在全国各地出差破案，虽然很忙很辛苦，但当他画完一幅模拟像以后，听到目击者说像、很像时，他的内心会升腾起一种喜悦。如果案件成功告破，那种因技能而获得的职业幸福会充盈全身，忘却一切疲劳困难，让他久久陶醉。

为了使模拟画像技艺得到更加广泛的运用，张欣还十分注意在理论上总结提高，他先后写了《模拟画像的制作和运用》《八年画像小悟》等七篇论文，发表在《人民公安》等专业杂志上。张欣还出版了模拟人像的专著《记忆人像》。

张欣还经常到华东师大美术系、华东政法学院侦查系、沈阳刑警学院等院校去讲课，讲授模拟画像课程，传授模拟人像的技巧。

创建"张氏计算机模拟画像系统"

通过多年来的模拟画像经验，张欣对人脸构造早已谙熟于心。即使蒙面者，通过观察边缘轮廓也可以分析出嫌疑人的脸形大小。再加上他对解剖学的研究经验，张欣重构出的蒙面画像可以达到六七十分，凭借这门绝技，他协助破获了多起大案。

随着时代变革，科技进步，视频监控技术的不断发展和完善，以往需要警方寻找目击者的案子，在监控之下变得一览无余。通过模拟画像协助破获的案子越来越少。

但是，监控毕竟还会有不少死角和盲点。一方面，监控受到光线、距离、角度等影响，图像质量会出现问题。另一方面，犯罪嫌疑人的反侦查能力不断提高，伪装成了一个识别障碍。这给破案带来了新的难题，成了一个全新的课题。

"机器识别的不足，恰恰是模拟画像师们的拿手好戏。"在张欣看来，即使嫌疑人蒙面作案，他鼻子、眼睛的位置不会变化的，模拟画像人员依然有用武之地，需要不断提升自己的辨识能力。

张欣逐步走上了转型之路，开始研究计算机软件组合人像，利用人像重构完成人像比对。张欣认为，通过模糊监控视频重塑人像，既可以是手绘，也可以计算机组合，然后将模拟人像放到犯罪前科数据库里进行比对，寻找嫌疑人。

1999 年以后的数年时间，是张欣最忙的一段时间。一边是大量案子有待侦破，一边还抓紧钻研计算机新技术，不断思考如何利用监控视频重塑人像，即通过手绘或计算机组合后，将原来不清晰、五官不完整、侧面等画面质量不高的监控画面，还原成正面清晰的人像。2011 年，张欣身体不堪重负病倒了。

2016 年病愈后，张欣立即回到了工作一线。他又开始面对新一轮的技术考验，探索人工智能技术的应用，推进计算机“以图找人”的实践，并将这项实验应用在实战中，大大提升了警方破案效率。

人像重构对画像人员的要求更高，素描画能否被计算机识别，便是第一个难题。张欣经过无数次推敲、实践，深刻体会到：每个人都具有独一无二的特征，这就是“人像密码”，计算机无非是将“密码”变成代码。既然如此，那就用笔把特征画出来，眉毛、鼻子、嘴巴，加点凹凸、灰暗、结构、起伏，计算机就能够识别了。

张欣带领着技术人员开发了一款组合人像的软件，把头发、眼睛、眉毛、鼻子等人像特征分门别类，从中挑选最像的，拼凑在一起。一共画了 6200 多幅各种脸型和五官分割图，再把这一个个“零件”，逐一输入计算机。

在开发软件的过程中，张欣每天都要花很长时间坐在计算机前，逐个摆弄这些脸部特征“零件”，常常一坐就是几个小时，等意识到应该休息一下时，早已是头晕目眩，眼前一片模糊了。

经过两年多实践的反复调试研制，张欣终于创立了“张氏计算机模拟画像系统”，被上海科委等权威部门认定通过，荣获上海铁路局科技进步一等奖。“张氏计算机模拟画像系统”可以根据需要，随意组合拼凑成各种脸型和五官，在侦查破案和打击罪犯中发挥出积极作用。

张欣曾说：“我们的科技手段在进步，犯罪分子的作案手段也在进步，大量的伪装、蒙面作案等犯罪的手段的出现，给古老的模拟画像的手段，带来新的课题。怎么去伪存真，对犯罪分子进行复原画像，我们也有很多成功的案例。”

经过不断摸索和大量尝试，张欣带着徒弟不断完善“人像密码”与“数字代码”契合度，并据此成功破案多起，实现了张欣职业生涯中的又一次飞跃。

张欣深有感触：“人始终要走在技术的最前头”。

生命不息　战斗不止

“父亲很关心我，经常鼓励我，让我好好干，争取立功。当刑警不能没有一个奖章。”儿子张惟真继承了父亲的职业，每当张惟真遭遇到挫折、面临困境时，这些话给予他一份坚定的信心。

在家里，张欣经常询问儿子的工作，一起研究案发现场状况，分享破案工作经验。近几年来，张惟真工作非常出色，屡屡在现场勘察、案件侦破中发挥作用，多次立功受奖。张惟真边工作边学习，还取得了中国人民大学法学院研究生毕业证书，入了党，这些进步和成绩都让张欣感到特别高兴。

张欣的夫人朱心心和儿子张惟真他们明白，张欣追求的不是荣誉和金钱，他追求的是一种极致、一种完美。“快退休了，要抓紧最后的时间，多破一些案子，多做出一些成绩，要对得起党和人民给予的荣誉。”张欣经常对家人这样说，对工作有着无限追求和热爱。

张欣曾说：“全国每年有那么多的案件，我即使三头六臂也忙不过来。我已为江苏、浙江、辽宁等20多个省市公安厅，带出了28名徒弟，这些徒弟已在各地发挥作用，其中已有20人立功受奖。”

近十几年来，张欣不仅自身技术不断“强化”，还将自己的技艺无私地传授给了全国各地的28名“弟子”。这些学生分散在全国各地公安战线，很多已经成为刑侦界的拔尖人才。

张欣老师言传身教，给“弟子”们留下了终生难忘的印象。

现在已经是江苏警官学院教师的蔡璐回忆道：“在老师众多的弟子中，我是学习时间最长的一个，先后两次到上海跟着老师学习了整整一年时间。有一次，老师接到公安部督办的藏族大学生被杀案，带着我当天坐飞机赶往案发地点。下飞机时已是午夜时分，此时老师出现了高原反应，头晕目眩，全身乏力，动弹不得。但是一到宾馆，听说目击证人就在隔壁，老师二话不说，提起画箱，立马和目击证人进行沟通，努力克服了高原反应带来的困扰。用了不到半小时的时间，一幅嫌疑人画像跃然纸上。目击证人脸上露出惊诧的表情，连连称像，案件很快得以侦破。从那时起，我跟老师学会了一招，如何以最快的速度缩短目击证人的记忆时间，是保证画像效果的关键。让我真心敬佩的是，老师不仅是一位模拟画像专家，更是一位刑侦专家，他将心理学、骨骼学、解剖学、侦查学等多种学科知识结合起来，融入模拟画像中去，常会觉察和探索一些常人难以发现的问题，对案件侦破工作起到至关重要的作用。”

内蒙古呼和浩特市公安局的徒弟张建慧回忆：“我在上海实习时，师傅帮我找来《犯罪心理学》《谈话技巧》等书籍让我看。师傅说要做一位优秀的模拟画像师，不仅模拟画要画得好，还要学会揣摩犯罪嫌疑人的心理状态。在与目击者或受害人的谈话时，更要注意谈话技巧。目击者或受害人的性别、年龄、文化程度、表述能力、情绪，在案发现场与嫌疑人的距离、光线等诸多因素都会影响到画像的准确性。你在工作中应该充分发挥女性模拟画像师亲和力强和有耐心的特点，引导目击者说出嫌疑人的更多特点，并且判断其是否准确，画像质量一定不会差。师傅生前一直有个愿望，退休之前能在全国每个省会城市招收一名徒弟，将模拟画像这门绝技传承下去。”

汉中市公安局汉台分局担任刑警大队技术中队长的学生鹿一吟回忆：“在上海跟

随老师学习过程中，张老师手把手教，怎么画，怎么领悟，一张过不了关，就画十张，画到过关为止。师父跟我说，画像完成以后要总结经验，不要案子破了你就骄傲，破案过程，你只是其中的一个环节，大量的工作都是团队协作完成，要戒骄戒躁，还要进行总结，不要骄傲，以为你画个像，就能把案子破了，还有大量公安外围的工作，还有抓人的办案的，他们更辛苦，这是一个团队。”

张欣的徒弟，广西钦州市公安局瞿梦佳评价师傅：“古人所谓的‘立德、立言、立功’，师傅真正做到了。师傅他屡破大案要案，惩恶扬善，是谓立功。他在模拟画像领域独树一帜，并著有系统理论，是谓立言。他勤恳钻研不曾懈怠，传道授业毫无保留，一生忠诚，一世清白，是谓立德。天堂很远，思念很长，有缘相逢，来世，我们还做您的徒弟……”

2018 年 10 月 20 日，张欣因工作劳累过度，突感身体不适，不幸因公殉职，享年 58 岁。

张欣生前的办公室里，一支画笔，几张画纸，十几份画像，静静地躺在办公桌上，英雄的一生在此定格……

在追忆张欣的日子里，有这样一首诗令人难忘：

一间画室，
看似没有战火硝烟，却有着惊心动魄的故事。
一张办公桌，
看似没有刀光剑影，却有着剑拔弩张的气息。
一支笔，
变幻成火眼金睛，让魑魅魍魉无处遁形。
一幅画，
变幻成法网恢恢，让亡命之徒束手就擒。
张欣，请你安息，
你的精神，我们会永远传承、牢记。
请接收我们最崇高的敬意！
以铁警的名义……
以公安的名义……
以人民的名义……

砥砺航海初心　建设航运强国

口述 许立荣　整理 李文祺

许立荣简介

男，1957年7月生，江苏盐城人，中共党员。中国远洋海运集团有限公司董事长、党组书记、高级工程师。历任上海远洋运输公司船长、处长、副总经理，上海远洋国际货运公司经理、党委书记，上海航运交易所总裁、党委书记，中远集装箱运输有限公司总经理，中国远洋控股股份有限公司副总经理，中国远洋运输（集团）总公司党组成员、副总裁、工会主席，中国海运（集团）总公司董事、总经理，中国海运（集团）总公司董事长、党组书记。第十届、十一届中共上海市委委员，党的十八大、十九大代表，第十三届全国人民代表大会代表、外事委员会委员。曾被授予全国五一劳动奖章、BIMCO主席特别奖，获得上海市劳动模范、2016年度海洋人物等多项荣誉。2018年被授予“改革先锋”称号。

整理者言：许立荣在担任上海航运交易所首任总裁期间，打造了我国第一个国家级水运交易市场，成为我国最早对外开放的航运交易窗口。2016年成功领导全球最大航运企业改革重组，直接策划指挥了中远集装箱货运体制改革，引领中国集装箱运输事业的发展，有力推动了中国外贸运输改革，为更多中国企业“走出去”搭建了桥梁。积极落实“海上丝绸之路”建设任务，探索国际合作新模式，加快推进码头产业国际化经营，着力打造中国融入全球经济的海洋运输通道和物流通道，为“一带一路”建设提供有力保障。

新中国航运事业走向“大时代”

习近平总书记2018年考察上海时指出，“经济强国必定是海洋强国、航运强国”，深刻地阐述了航运与强国的关系，对于广大航运工作者来说，既是莫大的荣耀，也是莫大的激励。

我国的海运业起源于唐，兴盛于明。在经历了古代海运的发展和繁荣之后，于晚清时期开始衰败。盛唐时期，广州成为中国的第一大港、世界著名的东方港市。明代是我国海运发展的顶峰，郑和七下西洋，航行距离、规模和技术均遥遥领先；明朝的大部分时间里，中国的综合国力和总人口都排名世界第一。而明朝和清朝的海禁，令我国航海业落后于西方，国力也快速衰落。

从1840年中英鸦片战争到1949年中华人民共和国成立的109年间，中国遭受了帝国主义列强的侵略，逐步沦为半封建半殖民地国家。东西方列强胁迫中国腐败的封建王朝和反动政府，签订了许多不平等条约，割去了中国大片领土，控制了中国的各个对外通商口岸，掠夺了中国沿海和内河的航行权。外国资本经营的二十几家轮船公司，垄断着中国的沿海运输和远洋运输业务。正如毛泽东主席曾经指出的：“帝国主义列强根据不平等条约，控制了中国一切重要的通商口岸，并把许多通商口岸划出一部分土地作为他们直接管理的租界。它控制了中国海关和对外贸易，控制了中国的交通事业（海上的、陆上的、内河的和空中的）。”（《中国革命和中国共产党》）中国航运业在帝国主义的压迫下逐渐衰败。

新中国成立以来，我国的航运业在风雨征程中不断发展壮大，从孤舟远征到百舸争流，我国航运产业的发展历程，是客户、市场、业务、竞争等要素融入国际市场的过程。虽然当时与欧美航运强国无法抗衡，但正是在与国际强者的同台竞争中，我们熟悉了国际规则、深化了全球思维、学到了先进管理，经过70年的努力，中国航运业顽强地发展壮大了。

我出生在黄海岸边，从小就梦想当船长。在新中国航运事业快速发展的过程中，我投身海运事业，见证了我国航运事业的发展进步和巨大变化。航运业沧海沉浮的历史，以及鲍浩贤船长等新中国第一代优秀船长的谆谆教诲，让我坚定了航运报国的理想信念。

1975年，我18岁时进入原中远集团所属上海远洋运输公司，到远洋船上当了一名水手，从此与大海结缘，开始航运人生。1979年我考取三副，接着又成为二副、大副。1984年，我通过了交通部组织的船长资格考试，27岁成为上海远洋公司最年轻的船长。1991年，我被评为上海市劳动模范。我在茫茫大海上航行了17年。后来做过货运公司总经理，我国最大的集装箱公司总经理，中远集团党组成员、副总裁，中海集团董事长、党组书记，中远海运集团董事长、党组书记等。

在我国航运业融入改革开放的过程中，我感受到一天天的发展变化：1978年"平乡城轮"启航澳大利亚，中国第一艘集装箱货轮远航；1988年，中远在英国成立首家海外独资公司；1993年中远新加坡投资公司在新加坡上市，是第一家进入海外资本市场的国企；1995年国家取消海运指令性计划；1997年中海集团成立；2001年中国"入世"，全球和中国海运业迎来了发展的黄金期；党的十八大和国家"一带一路"倡议的提出，为中国海运业注入了新动力；2016年2月18日，中远中海整合重组成为全球最大海运公司。目前，中国已经是名副其实的航运大国：年造船产能达到6000万载重吨，全球第一；海运量世界占比达到26%，全球第一；注册运力1.8亿载重吨，全球第二；全球前20大货物吞吐量的港口，中国占14个；全球前十大集装箱港口，中国占7个；全球最大的航运公司在中国，运力超过1亿载重吨，占国内总运力的56%，就是中远海运集团。

能够在这个伟大时代，见证祖国航运业的发展巨变，是我人生的幸运。我从一名普通的远洋船员，成长为全球最大航运公司的董事长，亲历了改革开放40年中国波澜壮阔的伟大变革，参与了中国远洋运输事业从近洋到远洋、从追随到领跑的历史进程，见证了举世瞩目的"中国速度""中国力量""中国奇迹"。

上海是我参加工作的地方，在这里留下了非常难忘的工作记忆。例如，1992年，我调任上海远洋国际货运公司总经理，提出"以上海为龙头，连接沿海，向内陆腹地延伸"的战略目标，为日后遍布全国、四通八达的揽货网点布局打下了基础。货物运输形成的信息流、数据流是另一大市场的源头，航运信息甚至能产生高于运输市场的更大价值。1996年，我担任上海航运交易所首任总裁，打造了我国第一个国家级水运交易市场，成为我国最早对外开放的航运交易窗口，定期发布的中国出口集装箱运价指数等已成业界重要的评价指标。

世界最大航运企业改革重组

2016年2月18日，按照党中央、国务院的部署，原中远集团与原中海集团重组，在上海成立中国远洋海运集团。两大集团重组涉及内地和香港 8 家上市公司，包含 74 项资产交易、600 多亿元资产以及 3.8 万名员工，被财务顾问称为“史上最复杂交易”。

在党中央、国务院的关心关怀下，在上海市的大力支持下，集团深入贯彻习近平总书记关于国有企业改革发展的重要思想，以新发展理念为引领，以服务国家战略为使命，持续深化改革重组，大力推进企业高质量发展，实现了规模与效益、改革与发展同步增长，成为全球最具竞争力的综合航运企业。

作为中国远洋海运集团首任董事长、党组书记，我深感使命光荣、责任重大。我认为重组，绝不是简单的“1+1”，更不能“穿新鞋、走老路”。当时，航运市场仍处寒冬。原中远、中海两大集团规模大、业务多元、同质化程度高、资产结构非常复杂，重组之际也是航运市场触底之时——2016 年开年来，波罗的海干散货运指数（BDI）降到了前所未有的 300 左右，不足 2008 年国际金融危机期间的一半。

面对复杂局面，有两条路可以选择，一是尽可能回避矛盾，二是直面问题，深改快改。如果选择第一条路，重组的价值就很难体现出来，甚至会导致问题堆积、矛盾叠加、人员精神不振，最终的后果还是要集团来承担。

在关键时刻，必须迎难而上。我们把抓改革重组作为一项重大政治责任，坚定改革决心和信心，增强推进改革的思想自觉和行动自觉，既当改革促进派、又当改革实干家。作为中国远洋海运集团改革工作小组的组长，我和工作小组全体成员认真组织开展改革重组筹备策划工作，带着“对集团长远发展负责、对国家航运事业负责、对职工群众负责、对历史负责”的责任感，发扬“协调、融合、务实、高效、智慧”的工作作风，夜以继日、辛勤耕耘，在短短数月内，高强度、高效率、高质量地完成了改革重组方案，稳步推进改革重组工作，为新集团实现良好开局夯实了基础。

两大集团重组，不仅仅是简单的总部合并，关键要把核心产业的重组整合方案做好，把全系统的整合工作统筹推进。比如，我们在推进集团总部层面重组的同时，坚持“深改快改”，同步研究制定了集装箱业务的整合方案。2016 年 2 月 18 日集团正式成立，3 月 1 日集装箱业务就重组整合完毕，正式运行。

改革重组，不能因为“重组”而原地踏步，更要在重组过程中创造效益和价值，推动企业做强做优做大。当时外界认为我们三到五年才能完成重组整合，但不到一年，我们很多重组的业务已经运行良好。队伍的稳定是重组整合的重点难点工作，重组前，我和每个班子成员、部门负责人交流谈话，甚至和最基层的干部交流。这种交流很有效，既做通了思想工作，又高效解决了问题。两家“巨无霸”企业完成合并，在国际航运市场长期低迷的严峻形势下，重组当年，新集团就实现利润 160 亿元，超额完成预期目标，外界对我们高效有序完成整合感到惊讶。我们的主要做法是：

坚持战略引领，稳步推进改革重组。在改革重组中，我们始终坚持战略引领，以建设海运强国战略、“一带一路”倡议为指引，制定了涵盖航运、物流、航运金融、装备制造、航运服务、社会化产业和基于商业模式创新的“互联网 +”相关业务的“6+1”产业集群发展战略，优先发展集装箱运输、港口、综合物流、航运金融产业，持续做强做优做大航运主业，不断提升全球竞争力。

我们以深化国企改革“1+N”系列文件为指导，坚持“一个团队、一个文化、一个目标、一个梦想”的“四个一”理念，按照“6+1”产业集群战略，不断推进“深改”“快改”，先后完成总部、集运、航运金融、能源运输、散运、码头、物流、重工、海外区域公司及海外网络、中远海控、船员和船舶管理体制、财务公司、信息资源等 19 个重点领域的重组整合。在推进改革重组的同时，我们不断推进机制体制创新。重点抓好董事会建设、混合所有制改革、股权激励机制改革和市场化经营机制改革，进一步释放了改革红利，提升了改革效益，焕发了改革活力。2018 年 12 月，集团成功入选了第二批国有资本投资公司试点，为下一步改革发展注入了新的动力。

追求改革实效，奠定行业龙头地位。重组三年来，集团坚持深改快改，完成了当时“资产交易规模最大、涉及上市公司最多、复杂程度最高”的重组。重组后，我们大力发挥协同效应，其中仅集装箱板块的协同效益每年就可实现 55 亿元。集团目前已成为全球最大的综合航运企业和全球最大的码头运营商，航线覆盖全球 160 多个国家和地区的 1500 多个港口。具体来说，在主要业务指标方面，实现了六个世界第一：综合运力世界第一，1284 艘 /1.03 亿载重吨；干散货运力世界第一，3976.05 万载重吨 /423 艘；油气运力世界第一，2494 万载重吨 /195 艘；集装箱码头吞吐量世界第一，1.26 亿 TEU；特种船队运力世界第一，444.7 万载重吨 /164 艘；全球船舶燃料销量世界第一，超过 2600 万吨。中远海运集团的改革重组在业界引起巨大反响，目前已经是全球航运业的引领者，运力规模是第二名的一倍，遥遥领先；从平衡东西方海运力量来看，传统上欧美主导全球海运的格局正在打破，我们除了业务量占据绝对优势之外，也开始参与国际规则的制定。在 2019 年最新公布的全球 500 强企业排名中，中远海运集团位居 279 位，比上一年度大幅提升 56 位；在福布斯全球最受信赖公司 2000 强榜单中排名 104 位，成为全球唯一上榜的航运企业，在中国大陆最值得信赖企业中排名第一。2018 年，全球知名海运咨询机构英国海贸（Seatrade）专门将“全球最佳表现者”大奖颁给了中远海运集团。

收购东方海外，集团实现再度飞跃。东方海外由香港船王董浩云创立，是世界排名第七的集装箱班轮公司，2017 年东方海外船队规模为 102 艘，集装箱运输及物流业务总载货量 630 万标准箱，航线覆盖亚洲、欧洲、北美、地中海、印度次大陆、中东及澳洲等地。2018 年 7 月 24 日，中远海运完成对东方海外的收购工作。随着航运业规模化经营成为大势所趋，中远海运集团收购东方海外后，使我们的集装箱船队规模达到近300万标准箱，迅速进入全球班轮行业第一梯队，成为全球第三大班轮公司，不仅是提升竞争力的举措，同时也有利于巩固香港国际航运中心的重要战略地位，进一步把握“一带一路”建设的历史机遇，为促进各国共商共建共享作出积极的贡献。

这次收购，我们联合上港集团、丝路基金、国投、和记黄埔共同来完成，为了充分体现收购实效，我们提出“六个保留”的承诺：保留东方海外独立品牌经营、保留东方海外上市公司地位、保留东方海外总部在香港运营、保留东方海外治理结构和管理制度、保留东方海外管理团队和全球服务网络、保留东方海外薪酬福利体系。东方海外凝聚力进一步增强，实现了“客户不流失，货量不下降，份额不降低”的目标。收购完成后，东方海外和中远海运集运共同推动“全球化”“端到端”“数字化”和“双品牌”四大战略，不断放大协同效应。

通过全面深化改革，中远海运集团各业务板块迅速打造规模和成本领先优势，协同效应、规模效应和产业集群优势持续显现，经济效益稳步增长，连续两年超额完成国资委考核指标目标。尤其是连续亏损多年的航运主业在市场低迷的情况下实现了扭亏为盈，集装箱运输、油品运输、散货运输、特种货运输、旅客运输五大航运公司全部实现盈利。

构建服务“一带一路”建设立体化模式

2019年4月26日，习近平主席在第二届“一带一路”国际合作高峰论坛上提出了开放、绿色、廉洁三大理念和高标准、惠民生、可持续三大目标，为我们进一步积极参与“一带一路”建设指明了方向。“一带一路”建设是海运业自身发展的难得机遇，海运网络承担了全球90%的贸易量，中远海运集团必须义不容辞地在“一带一路”建设中发挥骨干作用，为“一带一路”建设贡献力量。我们的主要做法是：

积极构建“一带一路”航运合作新格局。2016年，中远海运牵头成立全球最大班轮联盟——“海洋联盟”，为“一带一路”提供优质服务。持续放大经营能力，近两年在新兴市场运力投放增长50%。目前，中远海运集运在“一带一路”沿线布局集装箱班轮航线189条，投入运力184万标准箱，占集团总运力的62%。2018年，集团“一带一路”沿线完成集装箱运量1215.2万标准箱，同比增长9%；2019年1—5月，完成集装箱运量510万标准箱，同比增长6.2%。除了集装箱班轮运输，集团“一带一路”沿线的油品、干散货海运量每年大约分别在6500万吨和4000万吨左右。

此外，中远海运是全球唯一一家运营南北极航线的航运企业，是“冰上丝绸之路”的先行者。特别是北极东北航道，已经实现常态化、规模化运营，比经苏伊士运河传统航线节约大概7—10天航程。

积极布局全球支点网络，强化产业链核心资源管理。我们加强“一带一路”沿线网络布局，围绕欧洲、地中海，南美、中美洲及非洲等新兴市场重要节点开辟延伸服务，2016—2018年东南亚、印度、欧洲、拉美、非洲区域市场货量年均增长35%、120%、70%、122%、81%，用全球1/17的运力承运了全球1/10的运量；以码头为核心积极打造“一带一路”支点，目前，集团在“一带一路”沿线投资经营港口与码头18个，遍及亚洲、欧洲、南美洲和非洲。

其中，希腊比雷埃夫斯港已成为“中希两国合作典范”，吞吐量由接管之初的68.5万标准箱增长到500万标准箱，经营由亏损转为年盈利7000万欧元，为当地直接创造工作岗位2600个，间接创造岗位8000多个；直接经济贡献7亿欧元，包括特许经营权费3.15亿欧元，雇员工资3.31亿欧元，缴纳税金5700万欧元。据希腊知名智库“经济与工业研究所”报告分析，到2025年，比港项目将为希腊财政增收4.747亿欧元，创造3.1万个就业岗位，提高希腊GDP0.8个百分点，希腊物流的产值有望从2015年的4亿欧元增加到2025年的25亿欧元。《比雷埃夫斯港务局私有化案例》入选《雅典经济与商业大学MBA国际项目》变革管理课程。

2018年12月，集团控股90%的阿布扎比哈里发码头正式开港。2019年1月1日，集团在新加坡原有三个码头泊位的基础上，新增两个大型泊位正式启用，成为中新两国合作投资的最大项目。

2019年1月，集团在南美投资的首个控股港口——秘鲁钱凯码头项目完成签约。该项目是绿地项目，填补了集团在南美地区港口投资的空白。

积极参与建设国际新通道，提升“一带一路”全程供应链服务，推动产业向价值链高端迈进。我们加大对亚欧海铁联运、亚欧国际班列业务的投入，先后开通了渝深班列、蓉深班列、连云港—哈萨克斯坦—欧洲班列等班列；支持互联互通南向通道建设，增加以广西钦州港为始发港或经停港的远洋航线，助推内陆沿边地区成为开放前沿；深入中东欧腹地开辟物流新通道，以希腊比港作为枢纽港开辟中欧陆海快线，2018年中欧陆海快线完成货运量5万标准箱，同比增长27%，客户数量由3家增加到635家，覆盖面扩大到9个国家1500个网点7100万人口，有效改变了欧洲地区的贸易运输格局。

我们还主动整合航运物流上下游产业链，收购新加坡最大物流公司——高昇控股，投资哈萨克斯坦霍尔果斯东门无水港、阿联酋阿布扎比码头集装箱拆装箱场站等重大物流项目，取得了良好的经营效果。

打造真正意义的“全球化企业”

习近平总书记指出“实践告诉我们，要发展壮大，必须主动顺应经济全球化潮流，坚持对外开放，充分运用人类社会创造的先进科学技术成果和有益管理经验”。中远海运集团是我国最早“走出去”的企业之一，集团在境外设有欧洲、北美、东南亚、澳洲、南美、非洲等10大区域公司及1050家分支机构。新集团成立以来，我们进一步拓展跨国经营，打造全球化企业，努力做强做优做大。

开拓国际市场，由“全球承运”向“承运全球”转变。过去，我们给自己的定位是“全球承运”；现在，我们是“承运全球”。这两个定位是完全不同的。过去的“全球”是状语，核心词是“承运”二字，也就是在全球范围内承运以中国货主、中国贸易商为主的货物。今天我们新的定位“承运全球”，“全球”是宾语，核心词是“全球”二字，具体含义是：承运全球范围内各国货主及贸易商的货物。一个是全球承运，在全球范围内承运中国的货物，现在是承运全球，在全球范围内承运各个国家的货物，我觉得这个意义是非常不同的，所以我们必须做全球化的公司，随着经济格局发生变化，我们在全球的份额也要越做越大，无论从经营到资源配置、产业布局都必须全球化。我们要做承运全球的全球化公司，两头不在中国的市场要占有非常大的比重，无论集运、散运、能源、特种船都要扩大第三国市场的比例。我们不能把中国本土化作为我们的优势、本领，承运全球，服务全球市场才是本事。所以，我们要在意识、行动、目标、战略上真正实现全球化。

树立正确义利观，坚持互利多赢长期稳定发展。习近平总书记针对“一带一路”建设，提出要“坚持正确的义利观，以义为先，义利并举”。我们在服务“一带一路”建设、推进全球化发展方面，遵循这一指示精神，坚持做到：一是“义”。在跨国经营中，以“义”为主导价值观，见利思义，不义则不为。尽管财务上的回报依然是我们最主要的一个依据，但是一个企业所产生的社会影响也越来越成为我们投资的愿望。二是“惠”。“惠”强调的是仁爱，强调的是给他人带来好处。我们中国企业“走出去”，必须要讲求长期稳定发展，不能搞短期行为，要真正参与到当地的经济发展和民生改善中，增强东道国的“造血”功能，实现企业与东道国可持续的共赢目标，惠及当地、惠及社会、惠及人类。三是“多”。打造人类命运共同体，不是单赢，不是我赢你输，不是零和游戏，所以必须突出一个“多”，实现多赢。这个“多”还有一个空间概念，也就是说，“多赢”不是一个“点”赢，而是一条“链”赢，是一个“面”赢。在“多赢”理念推动下，我们对于“一带一路”沿线资源，就要讲求协同效应，避免分散、孤立的业务布局，力求连点成线，排线成面。

落实发展愿景，建设全球领先综合物流供应链集团。中远海运集团的发展愿景是，承载中国经济全球化使命，整合优势资源，打造以航运、综合物流及相关金融服务为支柱，多产业集群、全球领先的综合性物流供应链服务集团。2017年，集团联手16家境内外港口、航运企业共同发布《博鳌宣言》，港航合作新时代从此开启，建立航运物流产业链，既涵盖航运企业、码头运营商，也包括物流服务提供商、铁路经营者、航空企业等现代供应链各方面的利益相关者。散运业务以“大客户、国际化、集约化”为引领，强化精准营销，加大与淡水河谷等国际战略客户的互动，2018年国际干散货基础货源比例升至42.5%，同比增加11个百分点。能源运输按照“战略转型、挺进蓝海”的思路，深化国际合作，大力开拓亚马尔项目在内的国际清洁能源运输，2018年LNG船队规模进一步扩大，拥有和控制LNG船舶25艘，经营利润同比增长57%。

提升行业话语权，建设航运新生态引领健康发展。我们借助2016博鳌亚洲论坛、中国国际进口博览会、亚洲船东论坛年会、金砖国家工商理事会、APEC中国工商理事会、G20工商峰会等国际交流平台，主动为全球航运业健康发展发声，成功举办港航合作交流会，共同发布“博鳌倡议”，践行可持续发展社会责任，提升供应链运营效率和服务质量，为维护全球港航业健康可持续发展，发挥了重要的引领作用。我们从2004年起创办并连续14届主办国际海运年会，作为国际航运界最重要的高峰论坛，国际海运年会提高了中国航运业在国际上的影响力和话语权，被业内外誉为“航运达沃斯”。2018年的年会紧扣进博会主题，以“世界贸易的新格局　物流变革的新挑战”为主题。参会代表近1000名，是首届中国国际进口博览会287场配套活动中规模最大的活动。有来自26个国家和地区的几百名外籍代表参会，演讲嘉宾中，外籍代表达11人，占比为50%。我们在年会上倡导“回归航运的产业本质”，中外与会代表给予充分肯定。

发挥海外公司资源，调动人才积极性推动国际化。海外公司在战略上、发展上、盈利模式上，成为助推国际化发展的先锋。中远海运集团发挥海外当地优秀人才的作用，集团所属企业中远海运集运积极探索，把美国、欧洲的外籍人才调到总部来工作，然后把非洲员工调到印度去工作。在利用当地人才优势方面，把国际化人才，有水平、有能力的海外当地员工，充实到我们的高级管理人员当中，然后派驻到我们其他地区，不仅仅是从我们国内派到哪里，还可以把美国能干的人派到欧洲去，欧洲能干的人派到非洲去，都是我们的员工，就要根据市场把人才优势发挥出来。

在国际化经营中，中远海运集团坚持创效创业创新，不断做强做优做大，取得显著成效。在规模增长方面，集团成立以来收入年均增长8.3%，综合运力超1亿载重吨，成为名副其实的全球最大航运企业。在盈利能力方面，集团近两年平均利润率达到7.8%，高于国际同行水平。在抗周期性方面，集团非周期性资产占总资产比重达到52%；非周期性资产实现利润占比达到63.7%，确保了集团国际化经营稳定可持续发展。在全球公司方面，集团境外资产占总资产的比重达到 57.6% ；境外收入占比年均达到 56.2%，境外利润占比年均达到 53.7%，已成为具有全球竞争力的综合性航运企业。

加强党的建设为企业领航护航

习近平总书记指出，坚持党的领导、加强党的建设，是我国国有企业的光荣传统，是国有企业的“根”和“魂”，是我国国有企业的独特优势。作为集团党组的主要负责人，我认真学习贯彻习近平新时代中国特色社会主义思想和党的十八大、十九大精神，特别是习近平总书记关于国企改革发展、“海运强国”“一带一路”建设等重要论述，以及与中远海运“玫瑰轮”通话的殷切嘱托，牢固树立“四个意识”、坚定“四个自信”，坚决做到“两个维护”，认真履行党建第一责任人职责，把党建工作贯穿于企业改革发展的全过程各方面，以高质量党建推动集团高质量发展。集团党组的主要做法是：

坚持学懂弄通做实，牢记初心使命建设海运强国。集团党组扎实推动学习宣传贯彻习近平新时代中国特色社会主义思想往实里走、往深里走、往心里走，切实做到武装头脑、指导实践。深入推进“两学一做”学习教育常态化制度化，积极配合中央巡视，扎实开展“不忘初心、牢记使命”主题教育，教育广大党员牢记建设“海运强国”的初心使命，坚定跑赢市场，跑赢变革，跑赢时代的决心和意志，凝心聚力推动“三个切换”，即从追求做大到追求做优的切换，从外延式扩张向内涵式提升的切换，从高速发展到高质量发展的切换，助力高质量发展。树立“党建工作做实了就是生产力、做细了就是凝聚力、做强了就是竞争力”的“三做理念”，继承和发扬“支部建在船上”的优良传统，全面加强党的建设。弘扬理想信念坚定就是“压舱”，工作责任落实就是“满舱”，精神状态迸发就是“爆舱”的“三舱精神”。做到“四个坚守”，即把稳舵，坚守航运强国的理想信念；定好锚，坚守脚踏实地的实干精神；扬起帆，坚守战风斗浪的奋斗精神；拧成绳，坚守同舟共济的团队精神，为推进企业改革发展、做强做优做大领航护航。

坚持发挥党组领导作用，保证改革发展正确方向。党的领导是做好各项工作的根本保证。集团党组充分发挥把方向、管大局、保落实的重要作用，严格执行“三重一大”决策制度，完善党组议事规则，把党组研究讨论作为董事会、经理层决策重大问题的前置程序，把研究战略性、关键性、全局性重大事项作为党组会议的重要内容，党组会议研究决策重大事项。积极贯彻新发展理念，提出打造航运、物流、航运金融、装备制造、航运服务、社会化服务以及“互联网 +”的“6+1”产业集群发展战略。改革重组以来，集团高效完成了上市公司涉及 74 项 700 多亿元人民币的股权交易、新集团总部组建、七大核心板块重组、海外战略布局等工作，收购新加坡、阿联酋、荷兰等“一带一路”沿线国家码头 8 个，牵头成立“海洋联盟”、收购香港东方海外，改变了世界航运竞争格局。

坚持做好顶层设计，确保党建与改革发展同步推进。集团党组坚持把党的建设作为国有企业的“根”和“魂”，做到改革重组推进到哪里，党建工作就延伸到哪里；企业经营发展到哪里，党组织建设就覆盖到哪里。同步研究党建方案。在制定改革重组方案时，同步制定党建工作方案，把党建总体要求纳入新公司章程，落实党组织在公司法人治理结构中的法定地位。同步健全基层组织。改革重组中，集团共完成 205 个党委、144 个党总支和 12 个境外二级公司党组织的重新组建，境内二级单位全部单独设立党的工作部门，实现组织“全覆盖”并内嵌在公司治理结构中。同步配强党建力量。选优配强党务干部，党务工作者 2757 人，其中船舶政委 1026 人，总部党务干部接近总部职工数的 1/4，境外十大区域公司全部委派专职书记，主要区域公司配备纪委书记，党建工作力量有效加强。同步理顺工作流程。针对改革重组后组织架构、管理模式、人员归属发生改变的实际情况，理顺党建工作管理链条，完善党建属地化管理体制，增强党建工作合力。同步加强制度建设。按照“一个制度体系、一个文件清单”的制度建设目标，制定 61 项党建工作制度，建立党建责任考核机制，落实全国国企党建会精神，细化 34 项重点任务和 1000 分的量化指标，与各二级单位签订党建工作责任书。

坚持抓实思想政治工作，凝聚改革发展思想共识。集团党组重视发挥思想政治工作生命线作用，把思想政治工作同生产经营管理结合起来，把解决思想问题同解决实际问题结合起来。重要导向旗帜鲜明。大力倡导践行“一个团队、一个文化、一个目标、一个梦想”的理念，积极塑造“同舟共济”的企业文化，促进思想共识、感情共融、工作共进。重要问题听取意见。主要负责同志与原两大集团总部中层干部逐一谈话，各部门党支部书记与职工逐一谈心，让干部职工在岗位调整前想通想透，在岗位调整后安心工作。重大事项及时通报。多次召开总部职工大会，集团领导深入一线带头宣讲，通过设立咨询电话、印发宣传提纲以及内刊内网、新媒体宣传等方式，通报重大事项、宣传相关政策。重点人员服务关心。集团党组关心改革重组中赴异地工作的干部、援藏扶贫干部、海外和艰苦地方工作的干部、重点工程重点项目中攻坚克难的干部等，给予他们重点关心。例如，针对集团总部和二级公司机关近 500 名干部需赴异地工作的情况，党组积极争取当地政府政策支持，想方设法解决职工住宿、落户、就医和子女上学等实际问题，解除职工的后顾之忧。积极履行国有企业社会责任，坚持“不下岗、不裁员”，妥善安置每一位职工。

坚持建强干部队伍，夯实改革发展人才基础。集团党组认真落实好干部标准、国企领导人员 20 字要求，坚持事业为上，以事择人，选优配强各级领导班子和干部队伍。择优选聘，着眼发展选用人才。聚焦世界航运企业发展趋势和集团发展战略，根据岗位需要、结合考评结果，择优选拔高素质专业化干部。强化考核，切实发挥“指挥棒”作用。结合实际制定干部考核办法，全面组织开展干部考评和班子分析，树立鲜明的选人用人导向。育用结合，推进年轻干部队伍建设。建立后备干部库，实施优秀年轻干部系列培训和专项考察，与中央党校联合组织开展“启航”“远航”“领航”中青年干部培训班，重点加强理想信念和党性教育，努力储备一批高素质专业化的年轻干部，对年轻干部的使用作出制度化硬性规定。创新机制，有效激发活力。制定“十三五”人才发展规划，推进干部能上能下，部分集团管理干部退出领导岗位。实施职业经理人试点，通过社会化选聘和内部公开竞聘遴选优秀人才，为打造“6+1”产业集群提供坚强人才支撑。

坚持严肃执纪问责，营造改革发展廉洁环境。集团党组坚持全面从严治党，认真贯彻落实“两个责任”，以党风廉政建设成果为改革发展营造风清气正的环境。加强日常教育监督。把政治监督摆在首位，对学习贯彻习近平新时代中国特色社会主义思想、贯彻党中央决策部署、落实中央巡视整改、线索处置和案件查办、廉洁风险点、领导干部亲属经商办企业及形式主义、官僚主义等开展“六项自查”。建立健全谈话约谈、专项检查、重要事项通报等日常监督机制，推动日常监督制度化、常态化。深化纪检监察体制改革。坚决落实党中央和中央纪委、国家监委关于中管企业纪检监察体制改革的部署，设立集团纪检监察组，健全内设机构，建立完善《集团纪检监察制度管理办法》等 6 项纪检监察制度，印发《关于进一步健全中国远洋海运集团有限公司纪检监察工作机制的意见》，推动纪检监察工作高质量发展。加强作风建设。持续集中整治形式主义、官僚主义。系统梳理形式主义、官僚主义的 90 余种具体表现形式，加强监督检查。落实党中央、国资委“基层减负年”要求，制定《关于解决形式主义突出问题为基层减负的工作措施》，为基层干部松绑减负，激励担当作为。严肃执纪问责。层层签订党风廉政建设主体责任书、“一岗双责”责任书和监督责任书，明确责任、下达任务、传导压力。印发《中远海运集团“五条禁令”》，划出底线、红线。始终保持反腐高压态势，强化不敢腐的震慑。制订实践运用“四种形态”指导意见，建立信访举报澄清机制，为干事者鼓劲、为改革者撑腰。

以“智能装备”装备智能中国

口述 贺荣明 整理 邱曙东

贺荣明简历

男，1961年12月生，浙江镇海人，中共党员。上海微电子装备（集团）股份有限公司总经理、教授级高级工程师。先后担任原上海机电工业管理局规划处处长、原上海机电控股（集团）公司战略发展部部长和上海电气（集团）总公司战略发展部部长、执行副总裁、副总工程师。2002年受上级委派组建上海微电子装备有限公司，担任总经理至今。2002年至2017年期间，先后作为项目责任人承担国家“十五”863重大科技专项、国家科技支撑计划项目、国家02科技重大专项等任务。2007年被上海市人民政府授予“上海市科技领军人物”称号；2010年被国家科技部和国家02专项实施管理办公室授予“国家计划执行突出贡献奖”；2011年被国家科技部授予“十一五”国家科技计划执行突出贡献奖；2012年被上海市发明协会评为第十七届上海实施发明创新成果“优秀企业家”；2012年被上海市总工会评为上海市“十大劳模年度人物”；2012年荣获全国五一劳动奖章；2012年被上海市战略性新兴产业领导小组聘为“上海市战略性新兴产业科技创新推进工作小组专家委员会专家”；2016年被上海市人民政府授予“2015年度上海市市长质量奖”；2016年被国家知识产权局授予“2015年度企业知识产权工作先进个人”称号；2017年被上海市浦东新区知识产权协会授予“十周年庆典知识产权创新创业优秀个人奖”。

整理者言：光刻机是半导体芯片制造业中最核心的设备之一，在我国“十五”计划及“十一五”“十二五”发展规划中，都被明确定义为重点制造装备，并被列入国家“02”科技重大专项。2002年，由科技部和上海市共同推动成立上海微电子装备有限公司（以下简称“上微”）来承担光刻机的研制工作，十八年来，从跟踪国际专利到不断掌握具有完全自主知识产权的高端光刻设备的系统设计技术、集成技术和关键单元技术，形成系列完整的产品，上微迅速在该领域内取得重要突破，并在先进封装光刻机产品方面形成系列化和量产化，在国际同类产品中处于先进水平，同时实现光刻机海外市场的销售突破，市场占有率稳步攀升。这一切不是“天方夜谭”，上海微电子装备（集团）股份有限公司总经理贺荣明娓娓道来，低调而自信。

临危受命　使命必达

2002年，光刻机被列入国家863重大科技攻关计划，当时，世界上只有少数国家能够制造光刻机，且长期以来对中国实施技术限制。我国的集成电路长期依赖进口，2018年集成电路进口额高达3100亿美元，为第一大进口商品，且规模较第二位的石油高出两倍以上，对国家的战略安全和产业安全影响很大。

那时候，我接受组织委派在张江组建上微，临危受命后，开始艰难的光刻机研制之路。现在回想起来，这就好比“螺蛳壳里做道场”，根本不知道会有什么困难，有时“无知”也会成就人的勇气。当时，全世界只有荷兰、日本等少数几个国家能够制造光刻机，而我国在光刻机技术方面是空白，无论是专业人员还是技术设计、集成，抑或配套的供应链，都让我们无从下手。说通俗点吧，指甲大小的芯片里，密布千万线路，集成了50多亿个元件。每颗芯片的诞生，都要经过光刻机的锻造。光刻机是一个由几万个精密零件、几百个执行器传感器、千万行代码组成的超复杂思维系统，它的内部运动精度要求到了极致。打个比方，就像坐在一架超音速飞行的飞机上，拿着线头穿进另一架飞机上的针孔，其精度达到头发丝的千分之一。由于它技术的超高难度以及系统的复杂性，导致光刻机在全世界形成极高的技术门槛。

高科技从来不靠“化缘”而来。在光刻机技术领域，我们团队碰到过两件“事”。公司成立之初，我带领团队去德国谈技术合作，德国工程师不屑地看着我们，扔下一句话：“就是给你们全套图纸，你们也做不出来。”当时我的自尊心受到了极大的伤害，回国后就下定决心一定要带领团队做出中国人自己的光刻机。2012年，欧洲的一家大公司在中国申请某项光刻机技术专利。我们的专利团队很快发现，它可能是个“流氓专利”，这种专利的权利范围很大，使该范围内的其他技术此后无法申请专利。专利好比“科技领空”，不能被他国企业任意占领！我让专利工程师和研发人员把“流氓专利”剖了个底朝天，找出它的破绽。在向国家知识产权局提出反诉后，经两次调查，该专利的权利范围被缩小一半。在这些被缩小的地方，我们迅速组织力量，把自己的专利填补进去，打了一场漂亮的“科技领空反击战”。在一部电影里，张作霖有几句台词说得好：人最大的动力，除了兴趣就是耻辱。所以，你必须拼命地去折腾，要么出众，要么出局。光刻机长期落后，再不奋起直追，就是我们的耻辱。我们要为振兴国家民族的微电子装备产业雪耻，要为中国科技人员赢得一份国际同行的尊重而不懈努力。

以光刻机为代表的产品主要应用于三大领域：IC 领域、平板显示领域、LED/MEMS/ 功率器件领域。自从 1958 年世界上第一块集成电路问世以来，芯片的体积越来越小，性能却越来越强大。现在，我们进行消费类产品的供给侧改革，从小处说是满足人民群众的需求，从大处说是调整产业结构，缩小与发达国家的差距。在这一赛跑过程中，谁都想争第一，对手给你使绊，限制你，都是很正常的事。我们唯一能做的就是——融入世界，借力打力，赶超人家。

心心一艺　铆牢创新

接到研制光刻机这个任务后，我们是如何啃下“硬骨头”的呢？靠的是非常规的创新破局！

光刻机的技术、人才以及供应链在全世界已形成高度垄断和集中局面，全世界能够完整设计制造光刻机的企业屈指可数。一台先进的光刻机具有超高的技术门槛，涉及纳米级测量与高精对准、投影光学系统设计制造、精密调焦调平测量、红光定位、板卡和控制板卡等多项全球最先进技术，牵涉到的几十种学科领域。我们严格按照系统工程管理的理念进行开发，死死盯住总体设计技术、集成技术和关键单元技术三大靶标。

在这三大技术靶标上，我们大力构筑创新能力。当然，任何创新能力的构筑，都与创新对象有关，一个创新模式不可能适用于所有领域。在光刻机这类复杂的高精度设备领域构筑我们的产品和创新，必须是一个以系统设计为引导、以系统集成为重要手段的创新。围绕这三大技术靶标，我们的创新能力建设，主要包括五个层次。

首先，构筑系统设计能力。这个系统设计能力是主体框架，基本上决定整个产品开发过程的一半，它需要大量系统设计的方法、手段、能力等。

其次，产品系统集成能力。创新伊始就注重培育复杂的集成和测校能力。大家知道，从国外引进并希望自身掌握一种复杂系统的技术非常困难，但如果把这个技术一直分解到不可分解为止，深入到电子元器件，哪怕技术再高明，它的产品特征也会越来越模糊。通过研究会发现一个很有趣的现象，国外对技术的限制与封锁的强弱程度，是随着系统的复杂程度呈同步衰竭状态。倒过来同样，在集成创新能力上的培育越强，对整体把控能力就越强，打破技术垄断的机会也越多。寻找创新突破口，通过聚焦集成创新能力，打破技术垄断和封锁，可以形成自己独特的创新能力。

以上系统整体设计能力和产品集成能力成为构筑创新能力的两个“翅膀”。

再次，驾驭全球高科技资源的能力。这以前两种能力为基础和前提。在全球高科技资源链中，国外企业通常在系统设计和系统集成的两端占领制高点，而我们过去往往只是制造链底端的制造商。制造链中虽然有很多常规产品，但也不乏很多高科技产品，因此，我们将创新靶子瞄准在此。通常来说、零部件制造虽然有创新的空间，但是有范围和难度制约，同质化程度很高，所以创新难度也很高。而我们则把整个创新的基础模式颠倒过来，即由我们自己掌握创新链条两端的制高点，反过来将全球的高科技零部件及模块级的供应商作为我们的供应来源，通过改变我们在产业链中的位置，实现创新效益和效率。

第四，强有力的过程控制能力。把诸多软硬件集成起来，如果没有强有力的过程控制能力也是白搭。设计有高下之分，元器件打磨也有好坏之分，细节决定成败对于光刻机而言再正确不过了。比如，温湿度和空气压力变化会影响对焦，机器内部温度的变化要控制在千分之五度，这就得有合适的冷却方法和精准的测温传感器。一块板卡，一行软件代码，一个螺丝钉……如果每一个细节不兢兢业业做好，整个产品就不够智能、不够精美。所以，我们要拿出“大国工匠”精神，坚守自己的技术“洁癖”。

第五，保持组织内持续的创新能力。创新动力至少有两种，一种是拉力，来源于市场与应用。如果发现市场需要什么才去创新，一般来不及，但这却是大多数企业的做法。而我们已走向另外一种状态，去创造去引导客户需求，带动行业发展。另一种是创新推力。一个复杂系统从分系统到模块，由无数个关键单元技术支撑，在某一个点上的技术单点创新，必将对整个系统的集成创新能力产生巨大推力。关键问题在于，要保持对最新科学技术的敏锐性，了解全球各个领域技术发展的最前沿成果。国际眼光不宽阔、对新技术的感悟度不高，整个创新水平就不会最大限度地建立在已有最新技术成果上，严格地说，这是一种永远的落后。比如，国际巨头发展浸没式光刻机（光在水中波长更短）、磁悬浮驱动（减少工作面震动）、真空腔体的极紫外光学系统……面对这些，我们都要去跟踪掌握。所以，要始终做到把最新技术运用到技术系统中，从而实现水涨船高。

看过赛马吗？马的双目边都有块“板”，这样马的视觉广角变小了，能更专心往前跑。执着的创新带来理想的回报。多年来，在国家“02专项”的技术辐射下，上微持续在高端光刻设备、激光与检测设备、特殊应用设备等领域取得突破，创造了包括先进封装光刻机（目前国际市场占有率约为30%—40%）、高亮度LED光刻机（目前国际市场占有率约为70%）、激光退火设备、高世代平板显示用光刻机、IC前道光刻机、光配向设备以及长短寸自动检测设备等一项又一项高端智能装备，上微的创新能力、品牌质量、市场影响力等持续扩大。

第一资源　以才为先

人是企业的主体，人力资源是第一资源。马克思主义哲学告诉我们，解决一个问题首先要解决问题的主要矛盾。当下，人才紧缺是所有科技企业面临的主要矛盾。像我们这种高科技企业，不是速成经济快餐经济，也不是虚拟经济，创新是手段，人才队伍才是载体。创新的能力和成效永远离不开团队建设和多学科优秀的系统工程人才。

经过十几年发展，上微从2002年创业伊始时的9个人到目前已形成一支逾千人的年龄结构合理、学科门类齐全、专业技术扎实的优秀人才队伍，还有与产品化、产业化相适应的经营管理团队。其中博士和硕士超过40%，团队中拥有国家“万人计划”专家、国家中青年科技创新领军人才、上海市科技领军人才和上海市技术学科带头人等多人。

如果说，我带人才队伍有秘诀的话，那就是六个字：奉献、创新、坚守。

关于奉献，我总要树个榜样。除了出差，我基本上每天早上6点多出门，晚上9点多甚至更晚才回家，星期六保证不休息，星期天休息不保证，这样的工作状态已持续了十几年，我要在办公室为加班的员工亮起一盏“灯”。

关于创新，我主要抓三方面。一是创新理念的强化和创新氛围的营造。二是抓创新能力的提高。创新是有方法的，我们将创新TRIZ理论贯穿工作的始终，通过TRIZ理论在项目中的运用和实践实实在在地产出创新成果。三是注重考核和激励，完善创新体系和机制。上微四年前开始在内部发行“创新币”，形式好比“比特币”，通过发币来鼓励员工运用创新理论解决工作中的疑难问题，待产生创新成果后公司会予以价值评估，并将创新币兑现。同时，我们建立创新学院，为所有员工每年提供一周的封闭培训，激发员工的创新欲望，提高全员创新能力。

有了人才，才有专利。庞大而又有系统布局的专利变成知识产权的“核弹头”，上微也因此获得行业知识产权的尊严，以及与同行谈判的底气。如今，从跟踪国际专利到不断掌握拥有完全自主知识产权的高端光刻设备的系统设计技术、集成技术和关键单元技术，这些专利渗透在各个产品之中，为高科技产品走向世界提供自主知识产权的法律保障。截至2019年6月，上微专利申请总数共计3034项（授权1654项），其中国内专利申请2351项（授权1406项），国外专利申请683项（授权

248项）。

中国自己的光刻机，历经从无到有、从一到繁的艰辛岁月，在摩尔定律的驱动下，国际光刻技术飞速发展，我们还在努力追赶，未来还很艰苦，激励我在上海建设全球有影响力的科技创新中心的征程中奋进的是习近平总书记的话语：“我们不能总是用别人的昨天来装扮自己的明天，不能总是指望依赖他人的科技成果来提高自己的科技水平。”

以“智能装备”装备智能中国，我们永远在路上……

后　记

新中国成立以来，申城各条战线涌现出众多劳模。他们以平凡的劳动创造了不平凡的业绩，谱写出一曲曲可歌可泣的动人赞歌。他们艰苦创业、开拓创新、无私奉献，他们用行动证明，伟大出自平凡，平凡造就伟大，他们身上展现的忠诚、执着、朴实的鲜明品格影响和带动着社会，为上海人民树立了光辉的学习榜样。他们是上海工人阶级和劳动群众的突出代表，是振兴中华、建设上海的中坚力量，成为社会和国家的栋梁。

为挖掘和留存上海劳模史料，探寻上海劳模群体的发展变迁规律，从劳模群体的发展变迁见证上海的建设、改革和发展成就，早在2014年年初，上海第二工业大学劳模文化研究团队就开始酝酿、筹划采写编撰上海劳模口述史。在上海市总工会和上海市劳动模范协会的大力支持下，上海市劳模文化研究中心联合上海老新闻工作者协会，于2015年下半年开始采写编撰上海劳模口述史，经过查资料、找档案、寻报刊、排线索，对第一批遴选出的20世纪50年代至21世纪初，上海各条战线涌现出的44位代表性劳模进行挖掘采写，采编成果《时代领跑者——上海劳模口述史》于2018年4月由上海人民出版社出版发行。

本书是《时代领跑者——上海劳模口述史》的续集，从酝酿规划、遴选采编到付梓出版历经两年。通过对劳模访谈实录，让亲历者追忆细节，以口述的形式，原汁原味地记录和积累第一手史料，记述新时期上海各条战线劳模成长、奋斗、奉献历程，从而更好地传承和弘扬劳模精神、劳动精神，为劳模画像，为时代立传，为社会明德，为上海工人阶级树魂，更好地让人们穿越时光，感触不同时代劳模的美德和力量，为新时代上海改革发展提供历史智慧和借鉴，注入正能量、汇聚新动力。

本书收录的42位劳模口述史料，由劳模本人或亲友同事口述，记者整理成文，分爱岗敬业、无私奉献、发明创新、大师工匠、领军人物等五个篇章编排。这些史料凝练记录了上海新时期、各条战线代表性劳模成长发展、奋斗奉献的光辉历程和动人故事，读来亲切感人，仿佛让人置身于劳模怀着为国为民的一腔热情，甘心吃苦耐劳，奉献聪明才智的场景中。

本书编撰工作由上海市劳模文化研究中心联合上海老新闻工作者协会和上海市劳动模范协会共同完成。本书的结集出版，得到了多方面的大力支持与帮助，特别是上海市总工会原巡视员杜仁伟同志对本书策划出版、史料采写等给予了大力支持和全程指导，在此表示感谢。

由于时间仓促、水平有限，难免存在差错与疏漏，恳请读者批评指正。

图书在版编目(CIP)数据

时代领跑者:上海劳模口述史. 二/刘文主编. —
上海:上海人民出版社,2020
ISBN 978-7-208-16599-1

Ⅰ. ①时… Ⅱ. ①刘… Ⅲ. ①劳动模范-先进事迹-
上海-现代 Ⅳ. ①K820.851

中国版本图书馆 CIP 数据核字(2020)第 128871 号

责任编辑 曹怡波
封面设计 张志全工作室

时代领跑者——上海劳模口述史(二)
刘 文 主编

出　　版 上海人民出版社
（200001 上海福建中路 193 号）
发　　行 上海人民出版社发行中心
印　　刷 常熟市新骅印刷有限公司
开　　本 720×1000 1/16
印　　张 25
插　　页 4
字　　数 482,000
版　　次 2020 年 10 月第 1 版
印　　次 2020 年 10 月第 1 次印刷
ISBN 978-7-208-16599-1/K·2981
定　　价 98.00 元